国家社科基金
GUOJIA SHEKE JIJIN HOUQI ZIZHU XIANGMU
后期资助项目

自然贫困线原理、方法与实证研究

Principles, Methods and Empirical Research of Natural Poverty Line

谭诗斌 著

WUHAN UNIVERSITY PRESS
武汉大学出版社

图书在版编目(CIP)数据

自然贫困线原理、方法与实证研究/谭诗斌著. —武汉: 武汉大学出版社,2018.6
ISBN 978-7-307-20205-4

Ⅰ. 自…　Ⅱ. 谭…　Ⅲ. 贫困线—研究　Ⅳ. F113.9

中国版本图书馆 CIP 数据核字(2018)第 099011 号

责任编辑:杨晓露　　责任校对:汪欣怡　　版式设计:汪冰滢

出版发行: **武汉大学出版社**　(430072　武昌　珞珈山)
(电子邮件: cbs22@whu.edu.cn　网址: www.wdp.com.cn)
印刷: 武汉中远印务有限公司
开本:720×1000　1/16　印张:20.5　字数:355 千字　插页:1
版次:2018 年 6 月第 1 版　2018 年 6 月第 1 次印刷
ISBN 978-7-307-20205-4　定价:68.00 元

自　序

贫困线是反贫困理论与公共减贫实践中最基本的概念之一。通常人们将贫困线的含义理解为：特定社会用于衡量居民家庭或个人实际收入或消费水平是否处于贫困状态的一个最低生活标准；这一最低生活标准由该社会当时通行的、与社会发展水平相适应的满足居民最低或基本生活需要所支付的生活必需费用所决定。

从理论研究视角来看，贫困线具有两个基本测度功能：(1)作为划分穷人与非穷人的界定尺度；(2)作为测量社会总体贫困程度的基本参照。从公共减贫视角来看，贫困线是政府确定扶贫政策惠及对象和评价公共减贫绩效的重要政策工具。正因为如此，如何科学合理地确定符合社会居民实际生活水平特征的贫困线，对于反贫困理论研究和公共减贫实践来说至关重要。

那么，如何科学合理地确定贫困线，用什么方法来测定贫困线？2012年，我在拙著《现代贫困学导论》中曾谈道："贫困线的选择或确定，不可能脱离特定的时间地点条件、社会经济发展水平、主流价值观念和社会伦理规范认同，尤其与政府的执政理念和财政转移支付能力密切相关。"贫困线的确定"不仅仅是一个纯技术方法问题，更重要的是一个社会伦理问题和政治问题"。① 从这个意义上来说，一个国家或地区的贫困线尤其是官方贫困线的划定，在很大程度上是某种技术方法、价值判断和公共权力选择共同作用的结果。

对于受贫困线设定者经验取舍、价值判断和公共权力选择等因素影响较大而形成的贫困线，我们称为"人工贫困线"或"规范贫困线"。这样的一种贫困线设定方式，我们称为"规范判断型设定方式"。撇开公共权力选择因素，仅就贫困线测定技术方法而言，本书以为，长期以来人们比较常见或常用的绝对贫困线设定模式(如"菜篮子"标准预算法、食物支出比

① 谭诗斌：《现代贫困学导论》，湖北人民出版社2012年版，第125-126页。

例法、马丁法等)、相对贫困线设定模式和主观贫困线设定模式，也基本上都属于规范判断型设定方式。因为这三种模式在“贫困线划在哪里”的问题上，在很大程度上取决于贫困线设定者对某些经验数据(如卡路里热量值、恩格尔系数、收入或消费比例系数等)的选择，生活必需品项目清单的取舍和编制，以及某些价值判断等。采用规范判断型设定方式所确定的“规范贫困线”，只要它与客观存在的社会经济发展水平和居民实际收入-消费水平大致相符，对于反贫困理论研究和公共减贫实践来说是无可非议的。但问题在于，有时它往往与社会客观事实偏差很大。

那么，是否可以找到一种不受或较少受贫困线设定者的经验取舍、价值判断等主观因素影响的实证性“纯技术方法”呢？这正是本书所要重点讨论和探寻的。从理论上来说，既然贫困线这一最低生活标准是由该社会当时通行的、与社会发展水平相适应的满足居民最低或基本生活需要所支付的生活必需费用所决定的，那么，我们只要采用某种技术方法测算出作为贫困线的内在根据——“居民最低或基本生活必需费用”，也就找到了贫困线本身。但这里有两个问题需要回答：(1)“居民最低或基本生活必需费用”是一种社会客观存在，还是一个依赖于人们主观判断的产物？(2)如果它是一种社会客观存在，那么我们用什么技术方法能找到它、测定它。

本书的基本观点是：(1)一个社会的“居民最低或基本生活必需费用”，是一种社会客观存在，是该社会自然形成的并呈现出自然上升趋势，它并不以某个人或某些人的主观意志为转移。(2)一个社会的“居民最低或基本生活必需费用”作为一种社会客观存在，它与该社会的经济发展水平和居民收入、消费水平及分布状况密切相关。(3)贫困线测定者所要做的事情，就是依据可靠的观察数据，选择科学的计量方法，对已经发生了的居民收入-消费支出最终结果及截面分布这一客观事实，进行实证分析和科学描述，以探寻“居民最低或基本生活必需费用”与居民收入-消费分布之间的内在关系，从而测算出“居民最低或基本生活必需费用”，找到该社会客观存在的、自然形成的贫困线。

本书试图探索一种与传统的“规范判断型设定方式”不可通约的贫困线“实证描述型测定方式”。在借鉴扩展线性支出系统(ELES)和凯恩斯消费函数模型法及其收支均衡点贫困经济学原理基础上，建立居民收入-消费分布模型，采用“分位数函数零点法”测算出存在于社会居民收入-消费分布中的“居民最低或基本生活必需费用”，并将它们自然平稳上升的长期趋势值作为该社会自然存在的贫困线，即自然贫困线。在这一过程中，贫困线测定者无需对一些经验数据作出取舍和对必需品组合作出选择，也无需将个人意志、主观判断或价值判断掺入其中。从这个意义上来说，本书提出的测定贫困线的“分位数函数零点法”，是一种“纯技术”的实证描述型测定方法。

需要申明的是，本书提出自然贫困线概念和方法，并非企图对目前既有的各种贫困线测定方式进行否定，也并非企图对现实生活中的实际贫困线进行替代，事实上也不可能替代(因为如前所述，实际贫困线特别是官方贫困线，并不是也不可能是纯技术方法的产物)。本书的出发点是：一方面是为了助推学术研究，旨在探索一种新的贫困线理论研究路径和测定方式，以作为目前既有的各种贫困线测定方式的一种补充形式；另一方面是为了服务社会实践，试图为公共减贫实践中的实际贫困线确定，提供一个理论贫困线参照物，以尽量减少其主观性或武断性所带来的偏差，使所确定的实际贫困线更具有科学性、客观性。

在本书付梓之际，我要特别感谢全国哲学社会科学规划办公室给予本书的国家社会科学基金后期项目资助；感谢五位匿名评审专家对本书提出的宝贵意见和修改建议；感谢武汉大学出版社对本书的申报推荐和出版的大力支持！

本书在申报国家社会科学基金后期资助项目过程中，得到了湖北省社科规划办、华中科技大学人文社会科学处、华中科技大学管理学院、华中科技大学(中国·南方)减贫与发展研究院的指导和支持，在此表示衷心的感谢！

本书研究所采用的居民收入-消费统计数据，全部来自国家统计局、相关省(市、区)统计局正式出版的统计年鉴或住户调查年鉴。同时，研究所需的城乡居民住户调查一体化改革后的相关统计数据，国家统计局住户调查办公室给予了大力支持和热情提供，在此深表谢意！

在本书撰写过程中，国务院扶贫开发领导小组专家咨询委员会主任范小建给予了很大鼓励、指导和支持；国家统计局住户调查办公室主任、高级统计师王萍萍，武汉大学社会学系教授向德平，华中科技大学管理学院院长、教授王宗军，华中科技大学经济学院院长、教授张建华，华中科技大学管理学院副院长、教授张克中，华中科技大学(中国·南方)减贫与发展研究院副院长、教授陈平路，对本书提出了十分宝贵的咨询意见和修改建议；武汉大学出版社大众分社社长王军、编辑杨晓露对本书的出版付出了辛勤劳动，给予了专业指导和大力支持；华中科技大学管理学院蒋洁老师、曾芳老师为支持本课题项目顺利实施做了大量工作，提供了热情帮助。在此，一并表示衷心的感谢！

最后，我还要感谢我的妻子庞维俊！五年来，她的理解、鼓励和支持，使得我专心致志地完成了这一项目研究。

探索科学有效的贫困线实证描述型测定方式，对于传统的贫困线设定范式而言，是一个具有挑战性的新课题，本书只是为此做了初步尝试。正因为是初步尝试，再加上作者水平有限，所以本书难免有缺陷和不足之处，恳请读者不吝赐教。

谭诗斌

2018 年 2 月 21 日于武昌

目 录

导　　言

贫困线是贫困与反贫困理论体系中最基本范畴之一，也是公共减贫和社会救助实践中最常用的贫困度量尺度。如何科学地测定出符合本国或本地区居民生活实际的收入或消费贫困线(本研究的讨论范围或研究对象只限于居民收入或消费贫困线，暂不涉及非货币化的多维贫困尺度)，对于反贫困理论研究和公共减贫实践至关重要。同时，对于科学制定我国2020年后新的贫困标准、新时代扶贫开发战略与政策具有重要现实意义。

自1901年"朗特里方法"问世以来，理论学术界一直在不断探寻贫困线理论及其科学测定方法。随着社会的进步和人们对贫困概念认识的不断拓展、深化，关于贫困线理论与测定方法取得了很大进展，已由最初的朗特里"菜篮子"标准预算法，派生和拓展出了食品支出比例法、马丁法、相对收入法、主观贫困线法、扩展线性支出系统(ELES)模型法等。其中一些测定方法在许多国家和国际社会组织的公共减贫行动中得到了广泛运用。

那么，是否可以认为关于贫困线理论及其测定方法的研究工作已经大功告成，人们是否可以满足于现有既定的贫困线测定范式而"固步自封"？对此，本研究不敢苟同。理论界认为，现有既定的贫困线测定方式仍然存在着诸多争议和缺陷。因此，无论从学术研究需要上，还是从实践发展需要上，我们没有理由停下探索的步伐。正如荷兰学者伯纳德·范普拉格在其著作《幸福测定：满足度计量方法》中所说："贫困的定义和方法是最重要的。然而，尽管大家在应付这个科学问题上有了一点进展，但这一领域的研究仍然处于最初的阶段。"①

---

① ［荷兰］伯纳德·范普拉格、埃达·卡博内尔著：《幸福测定：满足度计量方法》，文燕平、傅红春等译，格致出版社、上海人民出版社2009年版，第324页。

一、问题的提出

关于贫困线，有三个基本问题：(1)贫困线的本质或内在根据是什么？(2)贫困线的内在根据在社会中是否客观存在？(3)如果贫困线的内在根据在社会中客观存在，那么是否可以找到一种科学有效的技术方法去客观地描述它、测定它？这三个基本问题，反映了贫困线理论和方法框架构建的内在逻辑。

应当说，关于第一个问题理论界似乎没有太多争议。一个基本共识是：贫困线是特定社会用于衡量居民实际收入或实际消费水平是否处于贫困的一个最低生活标准；这一最低生活标准是由该社会当时通行的、与社会发展水平相适应的满足居民最低或基本生活需要所支付的生活必需费用所决定的。这里所说的"满足居民最低或基本生活需要所支付的生活必需费用"(以下简称"居民最低或基本生活必需费用")，就是贫困线的内在根据，是贫困线的本质含义。

那么，接踵而来的第二个问题是，作为贫困线的内在根据——"居民最低或基本生活必需费用"在社会中是否客观存在？即最低生活标准或贫困线在社会中是否客观存在？这一问题是颇有争议的。许多学者认为贫困线是客观存在的，这是主流观点；但也有学者(如荷兰"主观贫困线"学派)则认为，贫困线不是一种客观存在，它只能依据居民家庭或个人的"主观感受或体验"来确定。

关于第三个问题，是一个至今悬而未决的问题。虽然许多学者认为贫困线是客观存在的，但在如何科学地观测它、确定它的问题上(尤其在生活必需品标准清单或生活必需费用标准问题上)争议颇多、分歧较大。譬如，阿马蒂亚·森在《贫困与饥荒》一书中认为，在生活必需品标准问题上，不存在一个公认的一致性准则，"随意性是难以避免的"①。再如，"马丁法"的发明者马丁·瑞沃林在《贫困的比较》一书中谈道，"贫困线是存在的，但是对于其位置却有各种看法"②；"对于贫困线的设立还没有一种公认的方法，各种方法都存在很多争议"③；"在实践中定义任何贫困线

① [印度]阿马蒂亚·森著：《贫困与饥荒》，王宇、王文玉译，商务印书馆2001年版，第34页。

② [美]马丁·瑞沃林著：《贫困的比较》，赵俊超译，北京大学出版社2005年版，第37页。

③ [美]马丁·瑞沃林著：《贫困的比较》，赵俊超译，北京大学出版社2005年版，第142页。

时一定量的随意性是不可避免的”①。

由此可见，理论界在贫困线测定问题上似乎处于一种“悖论困境”：一方面承认贫困线是客观存在的；另一方面对于“贫困线划在哪里”，又必须依赖于贫困线设定者的经验、权衡、选择和判断。正如 A. B. 阿特金森所说，确定贫困标准“在绝对和相对两种方法的情况下，我们都必须面临判断问题”②。这种在一定程度上依靠设定者的经验、选择和判断来确定贫困线的方式，我们称为“规范判断型设定模式”。

长期以来，比较常见或常用的绝对贫困线设定模式(如“菜篮子”标准预算法、食物支出比例法、马丁法等)、相对贫困线设定模式和主观贫困线设定模式，基本上都属于“规范判断型设定模式”。因为这三种模式在“贫困线划在哪里”的问题上，在一定程度上取决于贫困线设定者对某些经验数据(如卡路里热量值、恩格尔系数、收入或消费比例系数等)的选择、生活必需品项目清单的取舍、政府政策目标和财政能力的权衡，以及某些价值判断等。这类“规范判断型设定模式”所回答的是——按政策价值取向和贫困线设定者的经验常识与主观判断，贫困线“应该是怎样”；所确定的贫困线(就其“人为干预形成机制”而言)，我们称为“人工贫困线”或“规范贫困线”。

那么，是否可另辟蹊径，走出这一“悖论困境”？本研究以为：(1)一个社会的“居民最低或基本生活必需费用”是该社会自然形成的，它存在于已发生的居民收入-消费支出最终结果及截面分布之中。也就是说，以“居民最低或基本生活必需费用”为内在根据的贫困线是客观存在的。(2)贫困线测定者所要做的事情，就是依据可靠的统计数据，选择恰当的计量方法，对居民收入-消费支出最终结果及截面分布这一客观事实，进行实证分析和科学描述，以探寻“居民最低或基本生活必需费用”与居民收入-消费分布之间的内在关系，从而测算出“居民最低或基本生活必需费用”，找到该社会客观存在的、自然形成的贫困线。在这一过程中，测定者无需对一些经验数据作出取舍、对必需品组合作出选择，也无需将个人意志或主观判断掺入其中。这是本研究的一个基本思想。

这样一种“实证描述型测定方式”所回答的是——根据对社会居民收入-消费支出截面分布的客观描述，贫困线“事实上是怎样”；所测算出来

---

① [美]马丁·瑞沃林著：《贫困的比较》，赵俊超译，北京大学出版社 2005 年版，第 57 页。

② [英]约翰·伊特韦尔等编：《新帕尔格雷夫经济学大辞典》第 3 卷，陈岱孙等译，经济科学出版社 1996 年版，第 996 页。

的贫困线(就其"社会自然形成机制"而言)，我们称为"自然贫困线"。也就是说，"自然贫困线"是社会自然形成的，是客观存在的，只不过我们运用数理统计方法认识了它，或找到了它。从这个意义上来说，"人工贫困线"是贫困线设定者无中生有"发明"的；而"自然贫困线"则是社会原本存在且被贫困线测定者"发现"的。二者是两种不可通约的方式，是两种不同的贫困线形成机制。

本研究的出发点，就是试图探索和构建一种科学、有效的描述性技术方法，来测算和找到业已客观存在于社会居民收入-消费分布中的"居民最低或基本生活必需费用"，并将它们的自然平稳增长的长期趋势值作为该社会自然存在的贫困线，即自然贫困线。

二、文献回顾

关于贫困线理论与测定方法的研究文献可谓举不胜举，但真正具有原创性、开创性或里程碑意义的文献却数量不多。

早在两千多年以前，古希腊思想家、哲学家柏拉图在《法律篇》中就提出了"贫困线"这一术语。柏拉图提出："立法者一定要制定贫富标准。收入低于贫困线以下的人可以获得配给，这条规定要长期维持，执政官或其他想要获得善人名声的人，在任何情况下都不得默许取消这种配给。"①。这段话表达了柏拉图对"理想国"在济贫问题上的三点主张：(1)国家立法者要制定贫富标准。(2)以贫困线为识别标准确定国家配给救助对象。(3)对收入低于贫困线的人给予配给，并要长期坚持。柏拉图的论述为我们讨论贫困线概念的最初形成及贫困线的政策功能作用提供了理论渊源。

在近现代社会，真正意义上首次给绝对贫困和绝对贫困线下操作性定义的，是英国的查尔斯·布思和博西姆·朗特里。尤其是朗特里在对英国约克市的工人家庭进行广泛家计调查基础上，于1901年出版了其代表作《贫穷：对城市生活的研究》。书中将贫困定义为："总收入水平不足以获得'仅仅维持身体正常功能'所需的最低量生活必需品，包括食品、房租和其他项目等。"②朗特里计算得出当年五口之家的标准家庭(父母亲和3个孩子)维持身体正常功能所需的每周最低支出为21先令8便士，以及其

① [古希腊]柏拉图著：《柏拉图全集(第三卷)》，王晓朝译，人民出版社2003年版，第503页。

② 引自世界银行：《2000/2001年世界发展报告》，中国财政经济出版社2001年版，第17页。

他人口结构家庭所需的最低支出费用。朗特里开创性地提出了衡量贫困的“菜篮子”必需品标准预算法，被理论界称为“朗特里方法”。100 多年过去了，“朗特里方法”作为度量绝对贫困的传统范式一直影响至今，尤其在许多发展中国家至今仍然沿用。

然而，“菜篮子”标准预算法中的必需品组合项目清单如何选定，一直是“专家们”难以达成共识的棘手问题。人们试图在这方面寻求突破。1963 年，美国社会学家莫利·奥姗斯基率先推出了确定绝对贫困线的“食物支出比例法”①。她将贫困家庭标准预算总支出分为基本食物支出和非食物支出两个部分；并采用食物支出占家庭总支出 1/3 的经验数值(贫困家庭总支出是基本食物支出的 3 倍)测算贫困标准。1965 年，奥姗斯基对她的“食物支出比例法”作了进一步的完善与说明②。奥姗斯基的“食物支出比例法”就是“食物贫困线——恩格尔系数法”。“奥姗斯基方法”不仅在发展中国家被广泛采用，而且直到现在，美国贫困标准的制定也仍然沿用着这一方法。“奥姗斯基方法”似乎缓解了“专家们”人为选择非食物必需品组合项目难以达成共识的矛盾，但新的问题又出现了——如何科学地选择比例系数(即恩格尔系数)？并且，老问题依然摆在那里——如何科学地选择卡路里热量值及食物营养必需品组合项目清单？这是传统绝对贫困线设定方法始终无法回避的一道难题。

1967 年，美国学者维克多·福克斯在其论文《重新定义贫困与收入再分配》③中，对美国政府采纳奥姗斯基绝对贫困线提出了犀利批评，主张从相对的角度来重新定义贫困，并提出了定义相对贫困的“收入比例法”——即用社会平均收入或中位收入的 50% 比例来设定贫困线(后来被称为“半平均线”或“半中位线”)。这或许是关于相对贫困线具体设定方法的最早文献。福克斯的研究和政策主张，引起了诸多学者对发达国家的相对贫困问题及相对贫困线理论与方法的高度关注和深入研究。比较著名的是英国学者彼得·汤森 1979 年的著作《英国的贫困》。汤森提出用多维度“社会剥夺”指标来定义和识别相对贫困(多维贫困问题超出了本研究关于贫困线的讨论范畴，我们暂不予以讨论)。

---

① Mollie Orshansky: “Children of the Poor”, Social Security Bulletin, Vol. 26, No. 7, July1963, pp. 3-13.

② Mollie Orshansky: “Counting the Poor: Another Look at the Poverty Profile”, Social Security Bulletin, Vol. 28, No. 1, January1965, pp. 3-29.

③ Victor R. Fuchs: “Redefining poverty and redistributing income”, Poverty & Policy, No. 1, 1967.

关于相对贫困线问题，还有另外一种非主流的方法——人口比例法。有学者主张用固定人口比例即固定贫困发生率来定义相对贫困(如总人口的10%、15%、20%等)，然后通过建立收入分布函数反过来测算出在10%、15%或20%处的收入值，以此来作为相对贫困线。如我国学者方卫东(2001)、王兢(2005)、刘黎明、梁志军(2008)、王增文(2009)等。这种用固定人口比例来定义相对贫困的主张，实质上将贫困发生率和贫困人口规模固化，这在公共减贫实践中往往难以被接受。

1973年，康斯坦丁·吕什对英国经济学家约翰·斯通(1954)提出的线性支出系统(LES)模型进行了改进，提出了扩展线性支出系统(ELES)模型①。这一模型不仅对分析社会居民消费总需求及商品或服务消费结构随收入水平变化具有重要意义，而且它可以根据截面分布数据将居民满足基本生活需要的必需消费支出测算出来。也正是因为ELES模型具有这一功能，所以被许多学者应用于估算贫困线。如M.S. 阿里(1985)应用扩展线性支出系统(ELES)模型对巴基斯坦的家庭消费和储蓄行为进行了研究；后来，M.S. 阿里(1995)应用扩展线性支出系统(ELES)测算了巴基斯坦1990—1991年的贫困线，并进行了贫困评估。② 早在20世纪80年代末90年代初，我国就有学者应用扩展线性支出系统(ELES)研究居民消费结构和贫困线问题，如郭建军(1989)对城市居民消费结构的研究；刘钟钦(1991)对农村居民消费结构的研究；姚金琢、杨道杰(1994)对城镇贫困线的研究等。到2000年以后，我国学者应用扩展线性支出系统(ELES)模型研究城镇和农村最低生活保障标准以及贫困标准，所发表的应用性研究论文逐渐增多。如朱新玲(2003)、祝梅娟(2003)、骆祚炎(2006)、姚金海(2007)、张艳涛等(2007)等。

1977年，荷兰学者西奥·戈德哈特等发表了著名论文《贫困线：概念与测量》③，首次提出"主观贫困线"概念和方法。这一概念和方法，对传统的、由"专家或决策者们"设定的、以"客观自居"的绝对贫困线提出了挑战。荷兰学者们认为，个人作为"当事人"是自己福利状况的最好判断者；一个家庭在什么收支水平下(最小收入问题MIQ)而发生贫困，只有

---

① Constantino Lluch: The extended linear expenditure system, European Economic Review, Volume 4, Issue 1, April 1973, pp. 21-32.

② M. Shaukat Ali: "Poverty Assessment: Pakistan's Case", The Pakistan Development Review, Vol. 34, No. 1, Spring 1995, pp. 43-54.

③ Theo Goedhart, Victor Halberstadt, Arie Kapteyn, Bernard van Praag: "The Poverty Line: Concept and Measurement", The Journal of Human Resources, Vol. 12, No. 4, Autumn, 1977, pp. 503-520.

"当事人"的感觉或体验最清楚、最有发言权，而"专家或决策者们"恰恰是局外人。被调查"当事人"对自身贫困最小收入问题 MIQ 的主观判断，是测算主观贫困线的观测数据来源；而对足够量的观测数据进行回归分析便可形成社会的主观贫困线。主观贫困线概念和方法的提出，引起了许多学者的兴趣和共鸣，研究者们纷纷开展最小收入问题 MIQ 的社会调查，以寻找一国或一地区的主观贫困线，并与现实的官方贫困线或绝对贫困线、相对贫困线进行对比分析。据称，这一方法在数十个国家的研究中得到应用。如，伯纳德·范普拉格等(1980)对欧洲共同体 10 个国家的主观贫困线进行了调查研究；阿里·卡普坦(1984)对美国威斯康星州居民基本需求的主观贫困线进行了研究；古斯塔夫松、李实、佐滕(2004)对中国 12 个城市 1999 年的主观贫困线进行了研究；陈立中、张建华(2006)对中国武汉、广州等 7 个城市的主观贫困线进行了研究；卡洛斯 C. 包蒂斯塔(2010)对菲律宾的主观贫困线进行了研究等。

1994—1995 年，为进一步解决绝对贫困线制定过程中的非食物贫困线设定难问题，世界银行经济学家马丁·瑞沃林提出一种利用居民家计调查数据测算"一低一高"非食物贫困线的方法("一低"指家庭总支出恰好等于食物贫困线的家庭的非食物支出；"一高"指家庭食物支出恰好等于食物贫困线的家庭的非食物支出)。这"一低一高"非食物贫困线与事先已测算出的食物贫困线分别相加，便得到"一低一高"的绝对贫困线。这一方法被人们称为"马丁法"。"马丁法"在许多发展中国家制定官方贫困线时得到了应用。中国是最早应用"马丁法"测算贫困标准的发展中国家之一。1996 年，国家统计局农调总队《农村贫困问题研究》课题组应用"马丁法"，对 1994 年全国住户调查数据进行测算，得到 1994 年中国农村贫困标准低贫困线为 519. 85 元，高贫困线为 577. 24 元，其中食物贫困线为 408. 69 元①。需要指出的是，"专家们"在采用马丁法计算贫困线时，还得"自己动手"首先确定食物贫困线。于是，马丁法同"菜篮子"标准预算法、食物支出比例法一样，不可避免地遇到对基本食物组合具体项目的选择、取舍或判断等主观性很强的问题。这几乎成了以"热量-食品组合"为基础的绝对贫困线人工设定过程中绕不过的"一道坎"。

自"马丁法"问世以后，人们关于贫困线原理和测定方式的研究，几乎没有取得什么开创性突破和重大进展。迄今为止，"规范判断型设定"

---

① 国家统计局农调总队《农村贫困问题研究》课题组："九十年代中国农村贫困标准研究"，《调研世界》1996 年第 1 期。

三大模式——绝对贫困线设定模式(如“菜篮子”标准预算法、食物支出比例法、马丁法等)、相对贫困线设定模式和主观贫困线设定模式，一直占据着贫困线理论研究与实践应用的统治地位。在联合国统计委员会编写的《贫穷统计手册：概念、方法和政策应用》(2005)、联合国统计委员会下属的里约贫穷统计专家小组编写的《贫困测量的良好方法简编》(2006)和世界银行出版的《贫困和不平等手册》(2009)等权威文献中，所推荐、介绍的依然主要是上述三种规范判断型设定模式。至于扩展线性支出系统(ELES)模型，在这些权威文献中几乎没有提及。

事实上，许多学者不约而同地承认，在贫困线设定问题上，“还没有一种公认的方法，各种方法都存在很多争议”(马丁的观点)；“在绝对和相对两种方法的情况下，我们都必须面临判断问题”(阿特金森的观点)；“所讨论的方法(指绝对贫困预算标准法、主观贫困线法、相对剥夺法——笔者注)中，没有一个或它们的组合能提供一个唯一科学、客观的贫困度量”(皮亚乔德的观点)①。

既然如此，我们不应满足现已取得的研究成果而原地踏步、固步自封，而应在现有研究成果基础上继续往前走，去努力探寻一种尽量避免现有的贫困线测定传统范式缺陷的路径或方法，以作为一种补充方式。这就是本研究的基本出发点。

三、本研究基本框架

本研究探索性地提出了一种基于社会居民收入-消费截面分布的、描述和测定贫困线的“分位数函数零点法”：(1)测算出居民收入截面分布的“零分位”底线收入值；(2)测算出居民消费截面分布的“零分位”底线消费值；(3)测算出居民收入-消费截面分布的“零储蓄”收支相抵点消费值。(4)当“零分位”底线收入值小于“零分位”底线消费值时，所测算出的“零分位”底线消费值和“零储蓄”收支相抵点消费值具有贫困线阈值意义(在第三章做详细分析)，前者我们称为“零分位底限自然贫困线”或简称“底限贫困线”；后者我们称为“零储蓄基本自然贫困线”或简称“基本贫困线”。通常情况下，这两条贫困线阈值一低一高，具有内在的、自然的“词典式”排序关系。它们可用作国家或地区识别贫困人口的衡量标准、

① 大卫·皮亚乔德：“贫穷及不平等的定义和度量”，载尼古拉斯·巴尔、大卫·怀恩斯主编：《福利经济学前沿问题》，贺晓波、王艺译，中国税务出版社 2000 年版，第 144 页。

评估社会贫困程度及所处贫困阶段的判定依据，以及用作检验实际贫困线是否合宜的参考尺度。

本研究的基本框架结构，分四个部分：

第一部分(第一章)：贫困线理论和设定方法概论。主要讨论：(1)贫困线的功能与作用。(2)贫困线若干基本理论问题。(3)三种常见的规范判断型贫困线设定模式(绝对型、相对型和主观型)的优点及局限性。(4)线性消费函数模型法的特点、理论贡献与不足。(5)“分位数函数零点法”与自然贫困线概念的基本含义。

第二部分(第二至第三章)：自然贫困线的基本原理。主要讨论：(1)居民人均收入、人均消费截面分布函数与分位数函数。(2)基于洛伦兹曲线分布的分位数函数。(3)分位数函数的“零分位点”、“零储蓄点”的数学表达，以及“双零点”消费值分别代表居民底线生活费用、基本生活费用及其贫困线阈值意义。(4)“双零点”消费值时间序列长期趋势拟合。(5)基于自然贫困线的绝对贫困、基本贫困、相对贫困“三分法”的界定与贫困阶段划分。(6)自然贫困线的基本特性与实用价值，以及与实际贫困线的关系。

第三部分(第四章)：自然贫困线的计量模型与测算方法。主要讨论：(1)基于广义二次洛伦兹曲线 GQ 回归模型的收入-消费分布函数和分位数函数。(2)应用分位数函数测算“零分位”消费值。(3)应用复合迭代法测算“零储蓄”收支相抵点的收入-消费均衡值。

第四部分(第五至第十一章)：自然贫困线应用实证研究。主要讨论：(1)现行城乡低保标准设定方法及局限性。(2)全国和地方城乡自然低保标准测算与实际低保标准比较分析。(3)全国农村自然贫困线测算与国家贫困标准比较分析。(4)现行农村贫困标准、自然贫困线与世界银行 2011 年购买力平价 PPP 新国际贫困线比较。(5)基于自然贫困线的中国城镇贫困问题分析。(6)FGT 贫困指数变动三因素(社会平均收入 μ 、收入分配 L 、自然贫困线 z)贡献分解与沙普利值法应用模式化，贫困指数变动空间向量投影分解法，以及全国城镇贫困变动分解实证分析。(7)全国贫困地区(592 个国家扶贫开发工作重点县)自然贫困线测算与减贫分析。(8)基于城乡一体化统计口径下的自然贫困线测算与减贫分析及政策建议。

四、技术路线

第一，构建社会居民年度人均收入 x 、人均消费 y 的截面累积分布函数，并将收入分布函数 $F(x)$ 和消费分布函数 $F(y)$ 分别转化为分位数函

数 $Q_x(p)$ 和 $Q_y(p)$ 形式。

第二，将分位数函数 $Q_x(p)$ 和 $Q_y(p)$ 转化为由洛伦兹曲线收入分布 $L_x(p)$ 和消费分布 $L_y(p)$ 所表达的数学形式，并对 p 求一阶导数，推导出居民收入、消费分位数函数式：$x = L'_x(p)\mu_x$ 和 $y = L'_y(p)\mu_y$（μ_x、μ_y 分别为收入、消费期望值）。

第三，选择广义二次曲线 GQ 模型对特定社会某年度的人均收入-消费分组截面数据作回归运算，以确定具体的洛伦兹分布模型形式 $L_x(p)$ 和 $L_y(p)$ 及其一阶导数形式 $L'_x(p)$ 和 $L'_y(p)$。

第四，令 $p = 0$，由 $x = L'_x(0)\mu_x$ 和 $y = L'_y(0)\mu_y$ 得到"零分位点"的收入值 x_0 和消费值 y_0。x_0 和 y_0 分别为居民收入-消费分布中的最小收入值和最小消费值。其中 y_0 为"居民底线生活消费"，因为 p 不可能为负数，所以一个社会的居民消费分布函数不可能存在比 y_0 更小的消费支出值。当 $x_0 < y_0$ 时，意味着社会中有一部分居民的收入达不到"居民底线生活消费"水平，从而说明 y_0 具有"底限自然贫困线"阈值意义。

第五，证明在"零分位点"收入 x_0 小于"零分位点"的消费值 y_0 的情况下，即 $x_0 < y_0$ 情况下，收入分位数函数曲线 $Q_x(p)$ 与消费分位数函数曲线 $Q_y(p)$ 在 $0 < p < 1$ 区间有唯一相交点——"零储蓄"收支相抵点。在此基础上，应用复合迭代法求出"零储蓄点"处消费值 y_s 和收入值 x_s（在"零储蓄点"处，x_s 与 y_s 相等，消费倾向等于 1，并且收入分布值 p_x 与消费分布值 p_y 也相等）。"零储蓄点"处的消费值 y_s，正是该社会居民满足基本生活需要所必需支付的基本生活费用，具有"基本自然贫困线"阈值意义。

第六，按照常理，一个社会的底线生活消费水平和基本生活消费水平应呈现出长期平稳上升趋势，但考虑到测算出来的年度"零分位"底线生活费用 y_0 和"零储蓄"基本生活费用 y_s，在各年度之间可能出现一些不规则随机波动，所以需要对 y_0 和 y_s 的时间序列分别进行长期趋势回归拟合，从而得到 y_0 和 y_s 的长期趋势估计值，并用 y_0^* 和 y_s^* 来表示。本研究称 y_0^* 为"底限自然贫困线 z_0^*"，称 y_s^* 为"基本自然贫困线 z_s^*"，即 $z_0^* = y_0^*$，$z_s^* = y_s^*$。

第七，应用测算出来的自然贫困线 z_0^* 或 z_s^*，对我国城镇和农村最低生活保障标准、农村贫困标准等，进行实证对比分析，以检验和证明自然贫困线的理论意义、存在规律和实用价值。

五、探索性成果

本研究的探索性成果包括以下几点：

1. 探索性地提出了与规范判断型"人工贫困线"相对应的实证描述型"自然贫困线"概念。如前所述，规范判断型贫困线设定模式，在"贫困线划在哪里"问题上，在一定程度上取决于贫困线设定者对某些经验数据的选择、生活必需品项目清单的取舍、政策目标的考量、政府财政能力的权衡等，并掺入了贫困线设定者或决策者的某些价值判断。采用"规范判断型设定模式"所回答的是——贫困线"应该是怎样"；所确定的贫困线在很大程度上是一种"人工贫困线"。而实证描述型"自然贫困线"的基本含义和内在逻辑是：一个社会的"居民最低或基本生活必需费用"，是该社会自然形成的，它存在于已发生的居民最终消费支出结果之中，存在于居民收入-消费截面分布之中。作为贫困线测定者，所要做的事情就是依据可靠的统计数据，选择恰当的计量方法，对居民消费支出结果及其截面分布这一客观事实进行科学描述与测算，从而找到该社会的"居民最低或基本生活必需费用"。在这一过程中，测定者无需对某些经验数据作出选择，也避免了将某些价值判断掺入其中。采用"实证描述型设定模式"所回答的是——贫困线"事实上是怎样"；所测算出的贫困线是一种客观存在的、社会自然而然形成的"自然贫困线"。本研究以为，规范判断型设定方式与实证描述型测定方式，是两种不可通约的贫困线测算方式。

2. 探索性地提出了测算自然贫困线的"分位数函数'双零点'法"，并系统讨论了其基本原理、内在逻辑、计量模型和估算方法。本研究根据扩展线性支出系统(ELES)模型原理，采用基于广义二次曲线 GQ 洛伦兹分布函数所表达的社会居民收入-消费分布函数和分位数函数的计量模型，测算出了社会居民"零储蓄"收支相抵点的基本生活必需费用；同时还测算出了社会居民"零分位"点底线生活费用。这两个"零点"生活费用存在于社会居民收入-消费截面分布之中，是自然而然形成的，并呈现逐渐平稳上升趋势。本研究证明，位于"零分位"点的底线生活费用和位于"零储蓄"收支相抵点的基本生活费用，分别是该社会的"底限贫困线"和"基本贫困线"的内在根据，它们具有贫困线阈值意义。

3. 探索性地提出了以消费分位数函数 y 为迭代变量、以收入累积分布函数 p_x 为中间迭代变量的测算"零储蓄点"基本消费值的复合迭代法。通过运用 Excel 作有限 k 次迭代运算，可一次性获得"零储蓄点"处的"双均衡值"，即收支相抵点处的收入与消费相等均衡值，以及收入贫困发生率与消费贫困发生率相等均衡值。

4. 探索性地提出了基于居民收入-消费分位数函数的"2+1"贫困线体系。"2"是"双零点"自然贫困线；"1"是半中位数线，即 $p = 50\%$ 处中位数收入一半的相对贫困线。本研究讨论了“三线”之间的内在逻辑关系和有条件的“词典式”排序关系，从而为判断一国或地区的贫困处于“三分法阶段”(绝对贫困阶段、基本贫困阶段、相对贫困阶段)的何种阶段，提供了判断依据。

5. 探索性地提出了自然动态意义上的 FGT 贫困指数变动三因素(社会平均收入 μ 、收入分配 L 、自然贫困线 z)贡献分解机制。本研究突破了传统的将贫困线 z 固定后，对 FGT 贫困指数变动进行两因素贡献分解的方法，而将沙普利值分解法在 FGT 贫困指数二因素、三因素变动分析应用实行模式化。同时，提出了贫困指数变动二维、三维空间向量全投影分解法，使贫困指数变动分析更具有几何直观意义。

本研究一方面肯定了传统的、常规的规范判断型贫困线设定范式的优点和历史贡献，另一方面分析了其局限性和不足，在分析和扬弃扩展线性支出系统(ELES)模型法的基础上，原创性地提出了基于“分位数函数零点法”的自然贫困线理论体系、计量方法；在描述性贫困线和贫困测量研究方面，拓展了新领域；在建构与传统贫困线设定范式不可通约的新测定方式方面，迈出了探索性的一步。

六、自然贫困线的实用价值

本研究通过大量实证分析，证明了基于“分位数函数零点法”的自然贫困线的实用价值。

1. 在数据可获得性和数据质量条件具备的情况下，“分位数函数零点法”对测算国家或地区自然贫困线(包括城镇和农村自然贫困线)具有普适性。

2. “零分位”底限自然贫困线，可以作为检验现行城乡低保标准是否合宜的比照尺度，其自身具有自然动态调整机制，而无需进行年度性的人工调整。这样，可以改善目前一些地方在城乡低保标准制定调整方面的随意性、武断性和盲目性状况。

3. 由“零分位”底限自然贫困线和“零储蓄”基本自然贫困线形成了一个贫困线阈值选择区间 $[z_0^*, z_s^*]$ ，这一区间为决策者们制定城镇、农村或城乡一体化实际贫困线提供了一个选择范围，或者说提供了一个检验实际贫困线是否合宜的参照尺度。

4. 自然贫困线为一国或地区进行动态性的贫困程度和减贫绩效评估，以及贫困指数变动三因素沙普利值分解，增加或提供了一种新的测量维度。

5. 基于自然贫困线的“2+1”贫困线体系，为判断一国或地区的贫困问题处于何种贫困阶段，提供了量化评价依据。

需要说明的是，本研究提出自然贫困线概念和设定方法，并不是对目前既有的各种贫困线测定方式的否定，也不是为了企图对现实生活中的实际贫困线进行替代（事实上也根本不可能替代）。我们的出发点是：一方面是为助推学术研究的需要，旨在探索一种新的贫困线理论研究路径和测定方式，以作为目前既有的各种贫困线测定方式的一种补充形式；另一方面也是为服务社会实践的需要，试图为实际贫困线的线位值确定提供一个理论或理想“参照物”，以尽量减少其主观性或武断性所带来的偏差，使所确定的实际贫困线更具有科学性、客观性。我们只是希望，在规范性“人工贫困线”占主导地位的同时，让实证性自然贫困线在学术探讨和应用研究中有其一席之地，并能扮演一个补充角色。

七、应用条件：数据质量与可获得性

自然贫困线虽然是客观存在的，但它需要凭借可靠的统计观测数据和科学的计量方法才能描述它、测算它、获得它。可靠的统计观测数据和科学的计量方法，这二者缺一不可。没有可靠的统计数据，计量方法再科学、再适用，也是“无米之炊”。没有可靠的统计数据，也就不可能测算出令人信服的、能反映客观现实的自然贫困线。对于运用“分位数函数零点法”测定自然贫困线这一事项本身来说，“可靠的统计数据”是前置条件，是外部提供的“原材料”；它是“分位数函数零点法”自身原理、模型和方法无法决定的。

这里所说的“可靠的统计数据”，至少包括以下几点：

1. 数据统计口径的合理性与一致性。数据采集和发布权威部门如统计部门，关于居民住户家计调查的收入、消费支出的统计口径设置是合理的，地区间、时序间的统计口径是一致的。

2. 数据的真实性与准确性。数据一定是真实的，而不是虚假的、人为编造或杜撰的；数据观测符合客观实情，观测和原始记录误差尽可能趋近于0。

3. 数据的完整性。数据系列完整无缺，尽可能减少数据缺失现象，包括一定时期的时序数据的完整性。

4. 数据的内在逻辑性。数据与数据之间逻辑性强，不存在自相矛盾现象，且符合经济学原理、社会常理和客观规律。

5. 数据样本符合统计推断要求，能代表总体特征。

6. 数据处理信息不失真。权威部门在数据整理、加工和发布过程中，力保信息不失真，把可用信息量的损失减少到最低限度。

自然贫困线的测算结果能否反映社会真实存在，这在很大程度上取决于上述 6 个方面的数据质量条件。

除了数据质量条件以外，还有数据的可获得性。研究分析者如果不能便利地获得权威数据，也就无法着手应用模型进行描述性分析。这种对数据质量和数据可获得性的“苛刻”要求，也就在一定程度上限制了自然贫困线“分位数函数零点法”的应用。

第一章 贫困线理论与方法概论

本章着重讨论了贫困线理论与测定方法，主要包括以下问题：(1)贫困线的功能与作用；(2)关于贫困线的几个基本理论问题；(3)三种常见的规范判断型贫困线设定模式(绝对贫困线、相对贫困线和主观贫困线)分析；(4)测定贫困线的线性消费函数模型法的特点与不足；(5)本研究探索性提出的一种新的实证描述型贫困线测定方法——“分位数函数零点法”，以及基于“分位数函数零点法”的自然贫困线概述。对上述问题的讨论，使我们对贫困线理论和测定方法有一个基本的了解，并为后面各章探讨自然贫困线原理和测定方法以及进行实证分析做铺垫。

第一节 我们为什么需要贫困线

尽管迄今为止，人们对于究竟采用何种方法设定贫困线，以及对于贫困线“究竟划在哪里”还存在诸多争议，但任何一个国家或社会都需要贫困线。这是因为，贫困线的功能与作用的确非常重要，至少表现在以下三个方面。

一、微观功能：识别穷人与非穷人的基本定类尺度

关于贫困线的功用，有各种各样的表述。比较有代表性的是美国经济学家德布拉吉·瑞在《发展经济学》中所描述的：“贫困线是一个关于收入、消费的，或更一般地讲，是对产品或服务可得性的门槛，在此门槛之下的人们被认为是穷人。那么，贫困线就是在特定时点、特定社会中的一个最低的、‘可接受的’经济参与水平。”①这段话说明了两点：

① ［美］德布拉吉·瑞著：《发展经济学》，陶然等译，北京大学出版社2002年版，第232页。

1. 贫困线是一个关于收入、消费或产品、服务可得性的“门槛”，其主要功能之一是用来区分穷人与非穷人。首先，它是一个货币性价值指标，因为收入、消费或产品、服务等，都可以用货币单位来表示。其次，它是一个具有“门槛”意义的定类标尺。这里所说的“门槛”意义，是指识别或界定穷人的标尺功能，在此“门槛”之下的人被界定为穷人。反之，一个人如果被认为不贫困，则必须达到或超过这一“门槛”线。尽管按照多维贫困的观点，现代穷人的贫困不仅表现为收入、消费或产品、服务等物质资源的匮乏，而且还表现为健康、知识、能力、权利等非物质性贫困，但是，从本质上来说，区别穷人与富人、穷人与非穷人的根本标志，仍然是收入、消费和财富。我们不能说一个健康状况极差或文化程度较低的“土豪”、“大款”是穷人。正因如此，各国在区分穷人与非穷人时，所采用的主要识别标准仍然是货币性贫困线，如消费或收入贫困线。

2. 贫困线作为一个最低的、“可接受的”经济参与水平，其“门槛”的设置，与特定的时点、特定的社会范围密切相关。贫困线作为一个特殊的货币性价值指标，它因时间不同、社会空间不同而相异。显然，中国、印度等发展中国家的贫困标准，肯定不能与美国、英国等发达国家的贫困标准相提并论。并且，任何一个国家的贫困线也不是(或不应是)在任何时期都一成不变。社会空间横向的差异性和时间纵向的动态性，是贫困线所具有的两个重要基本特性。

但是，德布拉吉·瑞没有就何为“最低的”、何为“可接受的”，以及如何量化“最低的、‘可接受的’经济参与水平”等内在规定作进一步的阐述，而这恰恰是确定贫困线的最关键问题。

二、宏观功能：测量总体贫困程度的主要定距参照

评估一个国家或地区(乃至全球)的总体贫困状况及其变化，其主要计量工具是一系列贫困指数，其中比较常用的有人头指数(贫困发生率H)、贫困差距指数(PG)、贫困差距平方指数(SPG)、FGT 指数、森指数、Watts 指数等。在这些指数计量公式中，都有一个极为重要的定距参照尺度——贫困线 z。如著名的 FGT 贫困指数的一般公式：

$$P(\alpha) = \frac{1}{N}\sum_{i=1}^{q}\left(\frac{z - x_i}{z}\right)^{\alpha} \tag{1-1}$$

式中：z 为贫困线；x_i为贫困线下第 i 个贫困人口个体的收入；N 为社会总人口数量；q 为社会中生活在贫困线以下的贫困人口个体数量；i 为贫困人口个体按收入多少从低到高排序的秩，$i=1,2,3\cdots,q$；α 为贫困缺口

权重参数，α 的取值范围为大于等于 0 的整数。公式(1-1)中的$(z-x_i)$表示的是以贫困线 z 为标准的第 i 个穷人个体的收入缺口或距离。在这里，贫困线 z 成为贫困定距测量的一个基准参照。显然，FGT 贫困指数是建立在贫困线 z 这一定距尺度基础上的。

可以说，没有定距尺度贫困线 z，就不会有 FGT 指数；同理，也不会有森指数、Watts 指数等。从这个意义上来说，贫困线 z 是构成诸多贫困指数计量公式，且用于测量国家或地区(乃至全球)总体贫困程度及其变化的主要参照标准之一。

三、政策功能：确定目标对象和评价减贫绩效的重要工具

贫困线中最常见、最典型的是政府(中央政府或地方政府)制定的“官方贫困线”。官方贫困线具有多种政策工具功能。

1. 以贫困线为重要识别依据，确定谁是政府扶贫政策的目标对象。政府设定并发布城镇或农村贫困线，其主要功能之一，是为了识别或确定谁是政府扶贫政策的目标对象。包括政府设定并发布城镇或农村居民最低生活保障标准，其主要功能之一，也是为了识别或确定谁是政府低保政策的保障救助对象。

2. 以贫困线“线位设置”为调控手段，力求达到政府转移支付供给能力与贫困人口需求规模平衡。政府开展扶贫是需要付出成本的，是以财政再分配转移支付能力为支撑的。因此，政府在制定扶贫政策时，往往会在“应该做什么”和“能够做什么”之间作出评估和权衡。政府在充分考量财政转移支付能力的基础上，往往以贫困线的“线位设置”为调控手段，选定一个认为比较合适的贫困线阈值，将扶贫政策目标对象总量规模控制在政府财政能力可承受范围之内。从这个意义上来说，理论上的“贫困线应划在哪里”同实际上的“贫困线能划在哪里”，往往是不一致的，甚至是有较大差别的。也就是说，在公共减贫实践中“贫困线划在哪里”，并不仅仅是一个纯技术问题，更重要的是一个规范性问题。

3. 贫困线阈值的设定和调整，对公共减贫绩效评价影响较大。贫困发生率是评价公共减贫业绩的重要指标之一。但贫困发生率的高低，不仅与社会经济发展和政府减贫努力程度有关，而且与贫困线阈值(指贫困线所代表的实际购买力)设定的高低有关。图 1-1 表示的是某社会居民收入累积分布 p 曲线(也称贫困发生率 H 曲线)以及两条贫困线 z_1 和 z_2，且 $z_2 > z_1$。当人们选择较低贫困线 z_1 时，贫困发生率 H 为 20%；当人们选择较高贫困线 z_2 时，贫困发生率 H 为 40%。

另外，贫困线阈值是否调整、如何调整，也直接影响着对贫困发生率变化的评价。如果贫困线阈值在一定时期或若干年内被固定，贫困发生率下降必然明显；反之，贫困线阈值在一定时期或若干年内动态调整频繁，贫困发生率下降可能不那么明显，甚至出现不降反升现象。显然，贫困线阈值的设定和调整，对政府减贫绩效评价结果影响较大。

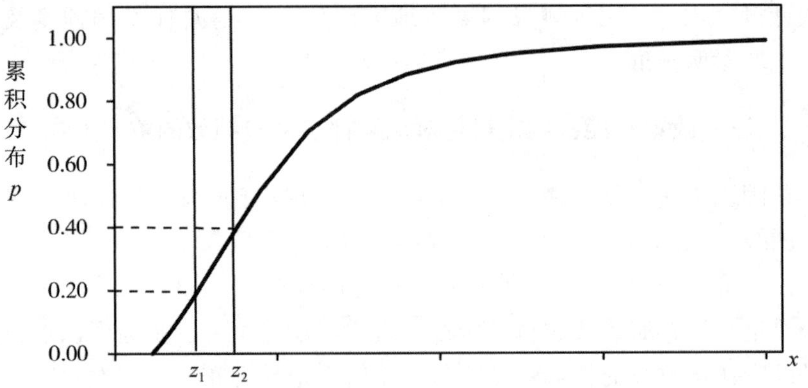

图 1-1 某社会居民收入累积分布 p 曲线

总之，官方贫困线的划定与政府的转移支付能力和政策目标设计密不可分，需要进行诸多的政治、经济、社会的权衡、考量或价值判断。从这个意义上来说，官方贫困线是一种典型的规范判断型“人工贫困线”。

第二节 贫困线若干理论问题

关于贫困线，有三个基本理论问题：(1)贫困线的本质或内在根据是什么？(2)贫困线的内在根据在社会中是否客观存在？(3)如果贫困线的内在根据在社会中客观存在，那么是否可以找到一种科学有效的技术方法去客观地描述它、测定它？本节简要讨论了贫困线的本质规定、指标类别、绝对标准与相对标准的区别、贫困线测定的两种基本方式(规范判断型方式和实证描述型方式)，以及贫困线的动态调整等几个基本理论问题。

一、贫困线的本质或内在根据

贫困线的本质是什么？或者说决定贫困线本质的内在根据是什么？这

是定义和测定贫困线首先需要回答的问题。下面，先回顾一下有关文献关于贫困和贫困线的表述，这对我们理解贫困线的本质及内在根据是有帮助的。

博西姆·朗特里(1901)在关于英国约克市工人家庭贫困问题的经典研究中，将贫困定义为“总收入水平不足以获得‘仅仅维持身体正常功能’所需的最低量生活必需品”①。在这一定义中，“维持身体正常功能所需的最低量生活必需品”，是朗特里关于生理性生存贫困标准的内在根据。

阿马蒂亚·森(1981)在《贫困与饥荒》一书中说，“识别贫困的最普通做法是确定一个‘基本’——或‘最低’——生活必需品集合，把缺乏满足这些基本需要的能力作为贫困的检验标准”。②阿马蒂亚·森将朗特里的“维持身体正常功能所需的最低量生活必需品”扩展到满足基本需要的“生活必需品集合”。这一集合就是贫困线的内在根据。

世界银行发布的《1990年世界发展报告》对贫困下的定义是：“缺少达到最低生活水准的能力。”这些所说的“最低生活水准”就是贫困线的本质。《1990年世界发展报告》进一步论述了决定消费贫困线的内在根据：“以消费为基础的贫困线可以设想为包含两个主要部分：购买最低标准的营养品和其他必需品的必要支出，以及各国间的不尽相同的反映参与社会日常生活的费用的另一部分支出。”③

世界银行经济学家马丁·瑞沃林(1994)在《贫困的比较》一书中认为：贫困线是贫困度量过程中“通常假定存在预定且明晰的生活标准的水平线——一个人如果被认为不贫困则必须达到这一水平线”。④ 也就是说，贫困线的本质就是一个预先设定的以表示某一特定生活标准的水平线。

日本经济学家速水佑次郎和神门善久(2005)在《发展经济学》一书中将绝对贫困定义为：“一个人(或一些人)的物质生活水平低于其所在社会公认的最低生活水平标准之下的状态。”显然，这里所说的“社会公认的最低生活水平标准”就是贫困线。那么，作为“最低生活水平标准”的贫困线，其内在根据是什么呢？速水佑次郎和神门善久认为是“为满足人类基

---

① 引自世界银行：《2000/2001年世界发展报告》，中国财政经济出版社2001年版，第17页。

② [印度]阿马蒂亚·森著：《贫困与饥荒》，王宇、王文玉译，商务印书馆2001年版，第35页。

③ 引自世界银行：《1990年世界发展报告》，中国财政经济出版社1990年版，第26页。

④ [美]马丁·瑞沃林著：《贫困的比较》，赵俊超译，北京大学出版社2005年版，第37页。

本需要而在市场购买一篮子商品(和服务)的成本”，即“消费的临界值”。①

联合国统计委员会里约小组(2006)在《测量贫困的良好方法简编》一书中对贫困线给出的定义是：“满足最低标准基本需求所购买的商品或服务的必需费用支出。”②

……

综上所述，我们对贫困线的本质或内在根据可作如下理解：**贫困线是特定社会用于衡量家庭或个人实际生活水平(主要指实际收入水平或实际消费水平)是否处于贫困的一个社会性最低或基本生活标准；这一社会性最低或基本生活标准，是由该社会公认的或客观存在的并逐渐上升的满足居民最低或基本生活需要所支付的生活必需费用所决定。**

对这段加重点符号的文字，我们进一步说明如下：

第一，贫困线的本质是社会性最低或基本生活标准。所谓社会性，是指这一最低或基本生活标准，要么是得到了社会的广泛认可，被社会所公认、所接受；要么是它确确实实反映了社会客观存在。二者必居其一。最低或基本生活标准的社会性，说明了最低或基本生活标准可以是一个统计学概念，它排除了依据个别人或个别家庭的生存状况或收支状况来确定贫困线阈值的可能。

第二，贫困线作为一个社会性最低或基本生活标准，其内在根据是“满足居民最低或基本生活需要所支付的生活必需费用”。贫困线作为测量贫困的社会性最低或基本生活标准，它不能自己定义自己、自己规定自己。否则，就犯了反复定义或同义反复的逻辑错误。贫困线作为社会性的最低或基本生活标准，是由该社会“满足居民最低或基本生活需要所支付的生活必需费用”所决定的。这里所说的“满足居民最低或基本生活需要所支付的生活必需费用”(我们有时简称为“居民最低或基本生活必需费用”)，就是贫困线的内在根据。由于人类基本需要具有客观性、社会性和上升性等基本属性，所以，贫困线的内在根据也具有客观性、社会性和上升性等基本属性：

1. 客观性。贫困线的内在根据“居民最低或基本生活必需费用”，是一种社会客观存在。它是由社会经济发展水平、居民消费支付能力、理性

---

① [日本]速水佑次郎、神门善久著：《发展经济学》(第3版)，李周译，社会科学文献出版社2009年版，第165页。

② Rio Group ：“Compendium of best practices in poverty measurement”, Rio de Janeiro, September 2006, ISBN 85-240-3908-6, p. 36.

消费行为模式(经济学家们认为，理性消费行为模式最基本特征之一是，人们在作消费决策时往往会先考虑满足生活必需品消费支出，然后再考虑非生活必需品或奢侈品消费支出)、地区性消费习惯等因素共同作用而自然形成的，而不是某些人主观设计或预定的，也不以某些人的主观意志为转移。

2. 社会性。贫困线的内在根据“居民最低或基本生活必需费用”具有社会普遍意义。它不是针对某些居民家庭或某些居民个人的消费支出现象，也不是指穷人特有的“最低或基本生活必需费用”。它是从社会全体居民整体来看，该社会的“居民最低或基本生活必需费用”是多少、是怎样。从统计学意义来看，它是对不同社会层次的人进行科学抽象调查并进行统计推断而得出的结果，而不仅仅是来自部分低收入群体的家计数据。

3. 逐渐上升性。因为人的基本需要是不断变化、不断上升的(称为“需要上升律”)，所以贫困线的内在根据“居民最低或基本生活必需费用”不是一成不变的，也是逐渐上升的。

第三，居民为满足最低或基本生活需要而购买商品或服务必需品的支出，包括维持家庭生计和体面参与社会生活两方面的必需品支出。亚当·斯密在《国富论》(原名《国民财富的性质和原因的研究》)中关于生活必需品的定义是：“我所说的必需品，不但是维持生活上必不可少的商品，而且是按照一国习俗，少了它，体面人固不待说，就是最低阶级人民，亦觉有伤体面的那一切商品……所以，在必需品中，我的解释，不但包括那些大自然使其成为最低阶级人民所必需的物品，而且包括那些有关面子的习俗，使其成为最低阶级人民所必需的物品。”①根据亚当·斯密的观点，作为贫困线的内在根据——满足居民最低或基本生活需要所支付的生活必需品支出，由以下两方面的生活必需品支出构成：(1)维持家庭生计的必需品支出；(2)参与社会生活并维护其体面或尊严所需的必需品支出。

需要说明的是，上述关于贫困线的本质或内在根据的释义，是一种基于最低或基本生活需要的“原初”定义。其他相关定义，如相对贫困线定义、多维贫困标准定义等，都是在这一“原初”定义上派生或扩展而来的。

二、如何确定生活必需费用标准

对于亚当·斯密关于必需品的定义，经济学家们基本上都持认同态

① [英]亚当·斯密著：《国民财富的性质和原因的研究》(下卷)，郭大力、王亚南译，商务印书馆 1974 年版，第 431 页。

度。但这只是一个理论定义，而不是一个操作性定义。于是，人们在确定贫困线的“最低或基本生活标准”时，自然而然地将关注焦点放在如何确定“必需品”清单上面。长期以来，人们一直沿袭着“朗特里式”判断取舍方式，由专家们在那里煞费苦心地斟酌、判断和取舍哪些属于生活必需品（包括食物必需品组合和非食物必需品组合），如何确定卡路里热量值和恩格尔系数等，据此来编制一个具体的必需品清单或最低生活预算标准。殊不知，靠“朗特里式”判断取舍方式，要想列出一份社会公众“可接受的”必需品清单是非常困难的。正如美国经济学家马克·罗伯特·兰克在《国富民穷》一书中所说：“刚开始，很多人可能都同意亚当·斯密的描述。然而，必需品应该包括哪些内容？我们的共识会在这个问题上崩溃。当然，我们大部分人会认为包括食品、衣服、住所等，但又该是哪些食品、衣服和住所呢？再进一步，哪些额外的东西可以添加进来——一辆小汽车、一部电话、医疗保险、儿童照料，等等？”①总之，靠专家们人为地编制一份必需品清单，必然会出现“仁者见仁、智者见智”众说纷纭的状况，难以形成共识。

并且，传统的“朗特里式”方法在确定绝对贫困线的“最低生活标准”时，总是习惯把注意力只盯在“穷人所消费的最低必需品”清单上面，这就容易犯同义反复的错误——因为他们是穷人，所以他们只能享受穷人所消费的最低必需品标准的生活；因为他们的生活水平在穷人所消费的最低必需品标准之下，所以他们是穷人。正因为传统的“朗特里式”绝对贫困线预设方法，总是把思维禁锢在如何罗列“穷人所消费的最低必需品”清单上面，所以由此设定贫困线的阈值往往较低，有的甚至十分吝啬和苛刻。

本研究的一个基本观点是：(1)贫困线的内在根据“居民最低或基本生活必需费用”，是一个适应全体居民的社会性指标，它不能仅仅被看作是满足穷人最低或基本生活需要的费用标准。(2)每个特定社会都有自己特定的经济社会发展水平、居民物质生活水平、文化传统和风俗习惯等。在特定的社会环境下，大众居民对于哪些属于生活必需品开支、哪些不属于，有着内在的观念倾向、理性消费选择排序和约定俗成，并体现在该社会的居民最终消费支出结果及分布特征中。也就是说，一个社会的“居民最低或基本生活必需费用”是一种社会客观存在，它蕴含在居民消费支出

---

① [美]马克·罗伯特·兰克著：《国富民穷》，屈腾龙、朱丹译，重庆大学出版社2014年版，第16-17页。

结果及整体分布特征中。(3)我们所要做的事情，就是选择恰当的数理统计模型工具，对该社会全体居民消费支出结果及分布这一已经发生和存在的客观事实，进行实证分析与科学描述，从而找到该社会的"居民最低或基本生活必需费用"(事实上，多年来人们运用扩展线性支出系统 ELES 模型法试图找到居民基本生活必需费用，尽管这一模型法尚存在明显的不足或缺陷)。这样，我们就可以不必劳神费力地去琢磨、判断、取舍居民必需品组合清单或穷人最低必需品组合清单，从而对穷人的最低或基本生活必需费用标准进行人为的预设。这是本书的一个基本观点，也是我们提出自然贫困线概念的基本出发点。

三、是消费指标还是收入指标

这是关于贫困线自身属于消费指标还是属于收入指标的问题。在讨论这一问题时，我们需将家庭或个人"实际生活水平"这一被测指标，与贫困线这一尺度指标严格区分开来。家庭或个人的"实际生活水平"，可以用收入水平作为被测指标，也可以用消费水平作为被测指标。对此，阿玛蒂亚·森曾说过："'穷人'是消费水平低于消费标准的人，或者他们的收入水平低于贫困线。"①在这里，"消费水平"和"收入水平"都是被测指标，它们分别与既定的贫困标准(消费标准或贫困线)作比较。这一比较过程就是识别贫困的测量过程；识别测量的结果就是对家庭或个人是否属于贫困家庭或穷人作出定性分类。

关于被测指标"实际生活水平"究竟采用收入指标为宜，还是采用消费支出指标为宜，这不是我们讨论的重点。这里我们所关注的是，贫困线本身究竟属于消费指标还是属于收入指标？事实上，在多数情况下，贫困线属于消费指标。因为，这一"社会性最低或基本生活标准"通常由该社会客观存在的"满足居民最低或基本生活需要所支付的生活必需费用"所决定。在下面的讨论中我们将看到，目前常用的以"热量-食物组合"为基础的绝对贫困标准(无论这些绝对贫困标准的阈值是采用何种技术方法得到的)，都属于消费尺度指标。

而在另一些情况下，如欧洲的一些发达国家采用的相对贫困线则是一种收入指标。因为，这些发达国家的相对贫困线与该国社会平均收入或中位收入直接挂钩，其阈值通常用社会平均收入或中位收入的一定比例(或

---

① [印度]阿玛蒂亚·森著：《贫困与饥荒》，王宇、王文玉译，商务印书馆 2001 年版，第 17 页。

50%或60%)来划定。但并不是所有的相对贫困线都采用收入类指标，也有采用消费类指标的。如我国一些地方在确定城镇最低生活保障标准(即城镇“低保线”)时，采取与城镇居民平均消费支出水平直接挂钩。这些地方的“低保线”通常选择上年度城镇居民平均消费支出的一定比例(或25%、30%、35%不等)来设定。

那么，区分贫困线究竟属于(或采用)消费指标，还是属于(或采用)收入指标有什么意义呢？主要基于两点考虑：一是有利于在贫困线设定时将这一标准量的性质预先确定下来，以避免在设定过程中出现概念上的混乱；二是有利于明确贫困线的用途，即明确是用于衡量家庭或个人的实际收入水平，还是用于衡量他们的实际消费水平。这是因为，属于消费指标的贫困线，既可以用来衡量家庭或个人的实际收入水平，还可用来衡量家庭或个人的实际消费水平；但属于收入指标的贫困线，一般只用于衡量实际收入水平(见表1-1)。

在后面讨论中我们将会看到，本研究提出的基于收入-消费分位数函数“零储蓄点”的自然贫困线，是一个具有收入和消费双重性质的收支均衡指标，它们的值是相等的。或者说，“零储蓄点”处的自然贫困线具有收入-消费指标的同一性，这是其他贫困线所不具有的。

表1-1　　**贫困线的指标类别及测量用途**

贫困线指标类别	贫困线测量用途	
	测量家庭或个人实际消费水平是否贫困	测量家庭或个人实际收入水平是否贫困
消费指标贫困线	✓	✓
收入指标贫困线		✓

四、是绝对标准还是相对标准

“绝对标准”即采用绝对方法确定的贫困标准，也称绝对尺度或绝对贫困线。设定绝对贫困线的经典方法主要有“菜篮子”标准预算法、食物支出比例法、马丁法等。绝对贫困线的基本特点是：(1)贫困标准采用消费支出指标。(2)以最低或基本的“热量-食物组合”必需品(即食物必需品)消费支出为基础，并在此基础上扩展到最低或基本的非食物必需品消费支出，由二者构成最低或基本生活消费标准。(3)最低或基本生活消费标准独立于社会平均生活水平，不与社会平均收入水平或社会平均消费水平直接挂钩。(4)绝对贫困线没有内在的自动调整机制，其阈值调整需要凭借外在的人工干预而进行。这一特点决定了人们可以作出不调整的选择：即在一定时期内或若干年内可以固定不变，充其量只参照居民消费价格指数CPI作一些微量调整。也就是说，绝对贫困线所体现的实际生活水平或实际购买力可能在一个较长时期内保持不变(在某些情况下甚至可能有所下降)。这是绝对贫困线之所以被称为"绝对"的重要原因之一。

"相对标准"即采用相对方法确定的贫困标准，也称相对尺度或相对贫困线。相对贫困线的最大特点是：贫困线的设定与社会平均收入或中位收入直接挂钩，选择某一固定比例(如选择50%)，其阈值随着社会平均水平的变动而变动，具有自动调整功能。因而，相对贫困线的阈值是动态的、相对的。

以规范判断型方式确定的绝对贫困线和相对贫困线，它们之间的根本区别在于理解贫困的视角和确定贫困线阈值的参照物有所不同：一个是绝对方法，重点关注的是穷人的基本生存或基本需要是否得到满足；一个是相对方法，重点关注的是穷人与社会平均水平的差距有多大。在这种情况下，很难说相对标准的阈值必然高于绝对标准的阈值。也就是说，以规范判断型方式设定的绝对贫困线和相对贫困线，两者之间并不一定有内在逻辑意义上的"词典式"排序关系。这不能不说是一个缺陷。

从理论和实际需要而言，绝对贫困线不应是完全绝对的，也应具有一定的相对性、动态性；而相对贫困标准也应包含一定的绝对成分，否则就成为一个度量不平等的工具，失去衡量贫困的作用和意义。那么，是否可以找到一种两者兼顾并可建立起内在逻辑意义上的"词典式"排序关系的贫困线呢？这正是本书所要探讨的问题之一。在后面的内容中我们将看到，自然贫困线就是一种既能体现绝对特点又能体现相对特点"两者兼而有之"的贫困线，并且在一定条件下可以与相对贫困线建立起"词典式"排序关系(见第三章第四节)。

五、是规范判断还是实证描述

本研究将迄今的、常见的贫困线测定方式分为两种基本类型：一种是规范判断型设定方式；一种是实证描述型测定方式。

1. 规范判断型设定方式。指在贫困线测算、确定过程中，贫困线设定者扮演为"主"的角色，其意志参与到被测定贫困线之中，因而贫困线测定结果在很大程度上与设定者的主观意愿和价值判断密切相关。具体来说，对于贫困线“划在哪里”，对于“居民最低或基本生活必需费用”如何测算，在很大程度上取决于贫困线设定者对某些经验数据(如卡路里数量、食物组合搭配、非食物消费必需品、恩格尔系数、消费支出比例系数等)的选择、公共减贫政策目标的考量、财政再分配能力的权衡，以及对穷人应当享有的最低生活标准的规范性判定等。这样一种“规范判断型设定方式”所回答的是——按社会通常的价值规范和贫困线设定者的经验常识与主观判断，贫困线“应该是怎样的”。鉴于采用这类方法设定的贫困线，从本质上来说属于人工干预机制形成的结果，所以本研究称其为“人工贫困线”或“规范贫困线”。

2. 实证描述型测定方式。指在贫困线观测、确定过程中，贫困线测定者扮演为“客”的角色，其意志未参与到被测定贫困线之中，因而贫困线测定结果不随测定者主观意愿而改变。实证描述型的基本出发点是，一个社会的“居民最低或基本生活必需费用”是该社会自然形成的，是客观存在的；贫困线测定者所做的工作，就是依据可靠的统计数据，遵循数理统计规律，采用科学合适的计量方法去实证描述它、测算它。在这一过程中，贫困线测定者无需对某些经验数据、生活必需品组合项目清单等作出取舍、选择和权衡，无需对那些外在的政治、经济、社会因素进行考量，也无需将贫困线测定者个人意志或主观判断掺入其中。这样一种“实证描述型测定方式”所回答的是——社会客观存在的、以“居民最低或基本生活必需费用”为内在根据的贫困线“事实上是怎样”。鉴于采用实证方法测算出来的贫困线，从本质上来说是对社会自然形成或客观存在的贫困线所作的一种描述或表达，所以本研究称其为“自然贫困线”或“实证贫困线”。

一直以来，对于贫困测量的工作性质，对于贫困线是否客观存在，以及对于贫困线如何测定(是依赖于规范性主观判断还是采取实证性客观描述)，理论界有较大分歧和诸多争议。主要有两种绝然不同的观点：

一种观点认为，贫困线是客观存在的，但在测定时主观价值判断不可避免。不少学者认为贫困线是客观存在的，但在如何科学地观测它、确定它的问题上(尤其在生活必需品标准清单问题上)争议较多，认为随意性难免。如阿马蒂亚·森在《贫困与饥荒》一书中谈道：“对贫困的度量就必须被看作是一种描述，是根据当时流行的生活必需品标准对人们的困难处境所进行的评价。这样的评价基本上是对事实的描述”。[①] 但阿马蒂亚·

---

① [印度]阿马蒂亚·森著：《贫困与饥荒》，王宇、王文玉译，商务印书馆2001年版，第32页。

森又认为，在生活必需品问题上，“不存在一个公认的一致性准则”，①“随意性是难以避免的”。② 再如，马丁·瑞沃林在《贫困的比较》一书中谈道：“贫困线是存在的，但是对于其位置却有各种看法”③；“对于贫困线的设立还没有一种公认的方法，各种方法都存在很多争议”④；“在实践中定义任何贫困线时一定量的随意性是不可避免的”⑤。由此可见，理论界在贫困线测定问题上处于一种“悖论”困境：一方面承认贫困线是客观存在的；另一方面对于“贫困线设在哪里”，又必须依赖于贫困线测定者的权衡、选择和判断。正如 A. B. 阿特金森所说，确定贫困标准“在绝对和相对两种方法的情况下，我们都必须面临判断问题”⑥。

另一种观点认为，贫困线不可能被客观地定义，它是人们主观感受的结果。荷兰的经济学家们早在 1977 年就提出了一种建立在居民个人对家庭收入评价基础上的“主观贫困线”方法。“主观贫困线”由“被测当事人”根据主观感觉来提出贫困线应划在哪里，它是基于“个人是自己福利状况的最好判断者”这一理论假设。范普拉格等在《幸福测定：满足度计量方法》一书中强调：“定义贫困线概念的困难在于贫困是一种感觉而不是一种客观的状况。”⑦关于贫困和贫困线的“任何‘客观的’定义都缺乏可信度，因为贫困是一种感觉。如果贫困的定义不以个人的主观感觉为依据，那么贫困的定义就存在无法反映现实的风险了”。⑧ 范普拉格等主张，设定贫困线应以居民个人主观感觉为依据，由居民根据自身“福利效用体验”和家庭收入状况，回答满足其家庭生活基本需要所必需的最低收入(最小收入问题 MIQ)。这样，每个接受调查的人都可以提出一条贫困线；

① [印度]阿马蒂亚·森著：《贫困与饥荒》，王宇、王文玉译，商务印书馆 2001 年版，第 29 页。

② [印度]阿马蒂亚·森著：《贫困与饥荒》，王宇、王文玉译，商务印书馆 2001 年版，第 34 页。

③ [美]马丁·瑞沃林著：《贫困的比较》，赵俊超译，北京大学出版社 2005 年版，第 37 页。

④ [美]马丁·瑞沃林著：《贫困的比较》，赵俊超译，北京大学出版社 2005 年版，第 142 页。

⑤ [美]马丁·瑞沃林著：《贫困的比较》，赵俊超译，北京大学出版社 2005 年版，第 57 页。

⑥ [英]约翰·伊特韦尔等编：《新帕尔格雷夫经济学大辞典》第 3 卷，陈岱孙等译，经济科学出版社 1996 年版，第 996 页。

⑦ [荷兰]范普拉格等著：《幸福测定：满足度计量方法》，文燕平、傅红春等译，格致出版社 2009 年版，第 299 页。

⑧ [荷兰]范普拉格等著：《幸福测定：满足度计量方法》，文燕平、傅红春等译，格致出版社 2009 年版，第 323 页。

而专家们所做的事情，就是对诸多个人所提出的贫困线位置数据进行“家庭实际收入水平-满足家庭基本需要的最低收入额”的回归分析，从而形成该社会的主观贫困线。

本研究认同贫困线是客观存在的观点，但不完全认同在测定贫困线时主观价值判断不可避免的观点。“不完全认同”即部分认同、部分不认同，这要具体情况具体分析。如果所设定的贫困线计划直接用于政府决策和公共减贫实践，那么规范性权衡、取舍和价值判断则不可避免；如果所测定的贫困线是理论或学术研究需要，并服务于实践参考，那么贫困线测定者的主观价值判断是可以避免的。

本研究的基本看法是：(1)一个社会的“居民最低或基本生活必需费用”是该社会自然形成的，它存在于已发生的居民收入-消费支出最终结果及截面分布之中。也就是说，以“居民最低或基本生活必需费用”为内在根据的贫困线是客观存在的。(2)贫困线测定者所要做的事情，就是依据可靠的统计数据，选择恰当的计量方法，对居民收入-消费支出最终结果及截面分布这一客观事实，进行实证分析和科学描述，以探寻“居民最低或基本生活必需费用”与居民收入-消费分布之间的内在关系，从而测算出“居民最低或基本生活必需费用”，找到该社会客观存在的“自然贫困线”。在这一过程中，测定者无需对一些经验数据作出取舍和选择，也无需将个人意志或主观判断掺入其中。这是本研究的一个基本思想。

六、是价格指数调整还是实际购买力调整

贫困线特别是官方贫困线一经设定，其阈值不应在一个较长时间内固定不变，应当进行适时、适度调整。但这种调整，不能仅仅根据居民消费价格指数作简单调整。A. B. 阿特金森的观点是正确的：“贫穷标准一旦制定，也不是简单地用一个消费者价格指数加以调整之后，就可以明显地越过时间进行对比。”①

讨论贫困线调整问题，首先应把绝对贫困线和相对贫困线区分开来。这里，我们重点讨论的是绝对贫困线调整问题。因为，相对贫困线阈值与社会平均或中位收入是直接挂钩的，它能随社会平均收入水平的增长或变化自动作出调整。但是，绝对贫困线并不具备这种自动调整功能或自我调整机制，它需要政策制定者对其进行外在的、人为的调整干预。对绝对贫

① ［英］约翰·伊特韦尔等编：《新帕尔格雷夫经济学大辞典》第3卷，陈岱孙等译，经济科学出版社1996年版，第996页。

困线阈值进行人为调整，主要有两种方式可供选择：

一种方式是，贫困线在一个较长时期内固定不变，只进行居民消费价格指数的简单调整。这里所说的“较长时期”，一般指5年以上，少则七八年，多则10年甚至10多年。对贫困线只进行消费价格指数调整，从本质上来说这不是真正意义上的调整，因为由贫困线所体现的对生活必需品的真实购买力，并没有发生实质性变化。这里，还有一点需要指出的是，绝对贫困线如果长期不进行实质性调整，由贫困线所体现的现期实际购买力，很有可能比基期的实际购买力在一定程度上有所下降。因为，在此期间，随着社会经济发展、科学技术进步和人民生活水平的普遍提高，满足居民基本生活需要所必须支付的生活费用必然“水涨船高”。一些过去列为穷人消费预算清单的廉价必需品可能变成了劣质品或淘汰品，社会不生产了；而某些过去被视为奢侈品的东西则转变为必需品。于是，在实际生活必需品发生变化的情况下，穷人的实际生活成本增加了，当初设定的贫困线体现的真实购买力对于现今来说肯定偏低了，这也意味着生活在贫困线下的穷人的实际生活水平下降了。这是绝对贫困线长期不进行实质性调整所带来的后果，也是对贫困标准不能只简单地进行价格指数调整的原因所在。

另一种方式是，在不长的周期内对贫困线进行定期调整。这里所说的“周期”或“定期”，是多长时间跨度呢？联合国统计委员会里约小组介绍说：“在大多数发展中国家，每5年或10年对贫困线进行必要的更新。”①本研究建议可以考虑每5年作一次调整。因为一般来说，每5年为一届政府任期，或每5年为一个国民经济规划周期。当然，每年的价格指数调整仍是必要的。另外，类似如城乡居民最低生活保障线每年进行一次调整也是必要的。只有在不长周期内对贫困线作实质性定期调整，才可能使贫困线比较真实地反映居民最低生活成本的变化和实际购买力的“水涨船高”。

第三节　规范判断型贫困线设定模式

长期以来，在贫困研究领域和公共减贫实践中，规范判断型贫困线设定模式一直处于绝对统治地位。比较成熟和常见的规范判断型设定模式主

① Rio Group ："Compendium of best practices in poverty measurement", Rio de Janeiro, September 2006, ISBN 85-240-3908-6, p. 63.

要有三种：绝对贫困线设定模式、相对贫困线设定模式和主观贫困线设定模式。下面系统介绍这三种模式，并对其特点和不足进行分析。

一、绝对贫困线设定模式分析

(一)绝对贫困线基本原理和一般模型

对绝对贫困线的设定研究，理论界一般认为最早是英国的查尔斯·布思和西博姆·朗特里。尤其朗特里在1901年的著作《贫穷：对城市生活的研究》中，采用“一篮子”商品方法，测算了英国约克市几种不同人口规模的工人家庭，维持其家庭成员基本生存所需的最低限度必需品消费开支，并以此作为衡量工人家庭收入和生活水平是否处于贫困的标准。这一方法被称为“朗特里方法”。事实上，后来出现的各种绝对贫困线方法，都是在“朗特里方法”基础上演变而来的，其基本原理和大致思路没有变。

设定绝对贫困线所遵循的基本原理是：(1)假定社会存在着一个能反映贫困居民家庭最低限度生活必需品的标准组合；这一标准组合由基本的食物必需品与非食物必需品构成。(2)研究者的任务就是通过一定的技术方法和合理的取舍判断，拟出一份最低限度生活必需品组合清单，并通过市场调查确定各种必需品的市场价格，进而测算出购买这“一篮子”生活必需品组合所需支付的费用预算标准。(3)将这一预算标准作为衡量该社会的居民家庭或个人是否贫困的基本尺度，即贫困线。

根据上述基本原理，我们用以下一般数学模型来表达绝对贫困线：

$$z = h \cdot p_i \cdot \bar{\boldsymbol{X}} \tag{1-2}$$

上式中：$\bar{\boldsymbol{X}}$ 是最低限度生活必需品标准组合向量，p_i 是生活必需品组合中各种商品和服务的市场价格，h 为待定系数或乘数，z 表示绝对贫困线。

下面我们将看到，绝对贫困线一般模型表达式(1-2)，可以派生出“菜篮子”标准预算法、食物支出比例法、马丁法等三种具体的绝对贫困线数学模型，由于它们的基本原理是同质的，具有可通约性，所以我们认为这三种技术方法都同属于一种范式，即“绝对贫困线设定范式”。

(二)“菜篮子”标准预算法

当绝对贫困线一般模型(1-2)中的待定系数 $h=1$ 时，便得到了“菜篮子”标准预算法模型：

$$z = p_i \cdot \bar{\boldsymbol{X}} \tag{1-3}$$

上式中，向量 $\bar{X}$ 表示的是包括基本食物和基本非食物在内的“一篮子”生活必需品标准组合；p_i 表示的是这“一篮子”必需品标准组合中各种商品和服务的市场价格；z 表示家庭或个人购买这“一篮子”生活必需品所必需支付的成本费用。于是，z 代表了最低生活预算标准。

应用“菜篮子”标准预算法确定绝对贫困线的历史最为悠久，从1901年朗特里研究开始，到20世纪40年代的英国《贝弗里奇报告》，以及第二次世界大战后的五六十年代。“菜篮子”标准预算法的最大优点是含义明确，理解简单，方法直观。

但专家们在测算和确定这一预算标准时，遇到了很多困难。其中，最大的困难是“一篮子”生活必需品组合 $\bar{X}$ 究竟如何选定，究竟哪些商品应该放进“篮子”，哪些不应该放进“篮子”？是根据人的生理需要来确定必需品，还是根据社会参与的体面需要来确定必需品？其卡路里如何选择，营养如何搭配，基本食物组合具体项目如何选择？此外，还有各地的生活习俗和消费习惯，以及商品价格的地区差异，等等。所有这些，使得专家们不仅在确定基本食物组合具体项目时面临诸多取舍或判断，而且在确定基本非食物组合具体项目时面临范围甚至更大的取舍或判断。联合国统计委员会里约小组(2006)认为：“一个完全规范的一篮子必需品，完全取决于专家的建议。但如果篮子里的商品项目不能反映消费者习惯，它可能不会显示真实的成本。”①对绝对贫困线的“一篮子”商品组合，A. B. 阿特金森说得更直截了当：“实际上以任何准确性决定 $\bar{X}$ 是困难的。”②

(三)食物支出比例法

为了避免或减少在非食物必需品项目组合上的人为选择难度，美国社会学家莫利·奥姗斯基(1963)率先推出了确定贫困线的食物支出比例法。食物支出比例法的基本思路是：(1)将家庭或个人购买最低限度生活必需品所支付的消费支出预算标准，分为基本食物支出和基本非食物支出两个部分；(2)应用“热量-食品组合”方法确定基本食物消费支出；(3)应用食物支出比例经验数值(即恩格尔系数 E)确定非基本食物消费支出。

① Rio Group：“Compendium of best practices in poverty measurement”, Rio de Janeiro, September 2006, ISBN 85-240-3908-6. p. 66.

② [英]约翰·伊特韦尔等编：《新帕尔格雷夫经济学大辞典》第3卷，陈岱孙等译，经济科学出版社1996年版，第996页。

当绝对贫困线一般模型(1-2)中的待定系数 h 为恩格尔系数 E 的倒数时，便得到食物支出比例法模型：

$$z = \frac{1}{E} p_i \cdot \bar{X} \tag{1-4}$$

上式中，向量 $\bar{X}$ 表示的是基本食物标准组合，p_i 表示的是基本食物标准组合中各种具体食品的市场价格，E 为恩格尔系数即食物支出比例，z 表示的是购买包括基本食物和基本非食物在内的生活必需品所必需支付的消费支出标准。

莫利·奥姗斯基所选择的食物支出比例经验值为 1/3，也就是说，贫困线是用基本食物支出的 3 倍来表示的。我国国家统计局以 1984 年全国农村住户抽样调查数据为依据，采用食物支出比例法测算出了中国第一个农村贫困标准。测算时，选择 2100 大卡作为最低热量摄入量，并由此确定食物组合向量包含 12 个具体品种及消费量，采用混合价格(部分市场价格和部分自产作价加权)计算出农民最低年人均食物消费支出(食物贫困线)为 120 元；所选定的食物支出比例经验值为 0.6，由此计算出 1984 年中国农村贫困标准为 200 元。①

与“菜篮子”标准预算法相比，食物支出比例法虽然回避了对基本非食物必需品组合具体项目的选择、取舍或判断，但专家们却遇到了恩格尔系数 E 经验值究竟如何选定的新难题。恩格尔系数 E 的选择范围很大(理论上 $0 < E < 1$)，E 经验值选定不同，计算出的贫困线阈值可能相距甚远。如美国奥姗斯基标准选择的是 33.3%(1/3)，而我国农村贫困标准通常选择 60%。另外，食物支出比例法与“菜篮子”标准预算法一样，同样面临着对热量值如何选择、营养如何搭配、基本食物必需品组合具体项目如何选择、饮食习惯如何兼顾等诸多取舍或判断问题。

(四)马丁法

“马丁法”由世界银行经济学家马丁·瑞沃林提出，该方法的原理和推导过程可参阅瑞沃林(1998)研究论文“贫困线理论与实践”②。马丁法的基本思路是：(1)与食物支出比例法一样，将家庭或个人购买最低限度

---

① 引自《中国农村的贫困标准》，原载国务院扶贫开发领导小组办公室编：《中国农村扶贫大事辑要(1978—2020 年)》，2001 年 7 月，第 494-498 页。

② Martin Ravallion：“Poverty Lines in Theory and Practice”，The World Bank，LSMS Working Paper，No. 133，1998.

生活必需品所支付的消费支出预算标准，分为基本食物支出和基本非食物支出两个部分，并假定食物支出贫困线 z_F 是已知的或预先给定的。(2)利用家计抽样调查数据，建立家庭食物消费支出与家庭总消费支出的函数关系回归模型，并计算出两个特殊点的食物支出比例系数：一个是那些生活消费总支出 X_i 恰好等于既定食物贫困线 z_F 的极端贫困家庭的食物支出比例系数；一个是那些食物消费支出刚好等于既定食物贫困线 z_F 的贫困家庭的食物支出比例系数。(3)在计算出两个特殊点的食物支出比例系数以后，分别得到两个高低不同的非食物消费支出费用，并将它们分别与食物贫困线相加，便得到两条高低不同的贫困线。

马丁法的食物支出比例系数回归模型如下：

$$S_i = \alpha + \beta \ln(X_i / z_F) \tag{1-5}$$

上式中：S_i 表示第 i 个居民住户的食物支出占家庭总消费支出比例系数；α 和 β 为回归估计系数；X_i 为第 i 个居民住户家庭总消费支出；z_F 为既定或已知食物贫困线。

对于生活消费总支出 X_i 恰好等于既定食物贫困线 z_F 的极端贫困家庭来说，$X_i = z_F$，由回归模型(1-5)计算得到此类家庭的食物支出比例系数 $S_i = \alpha$。于是，马丁法的低贫困线 z_L 的表达式为：

$$z_L = z_F + z_F(1 - \alpha) = (2 - \alpha) \cdot z_F \tag{1-6}$$

显然，此式与绝对贫困线一般模型(1-2)的形式一致，即 $h = 2 - \alpha$，$z_F = p_i \cdot \bar{X}$；也与食物支出比例法模型(1-4)的形式一致，即 $\frac{1}{E} = 2 - \alpha$。

对于那些食物消费支出刚好等于既定食物贫困线 z_F 的贫困家庭来说，由回归模型(1-5)计算得到此类家庭的食物支出比例系数 $S_i = S^*$。于是，马丁法的高贫困线 z_H 的表达式为：

$$z_H = z_F + z_H(1 - S^*) = \frac{1}{S^*} \cdot z_F \tag{1-7}$$

显然，此式与绝对贫困线一般模型(1-2)的形式一致，即 $h = \frac{1}{S^*}$，$z_F = p_i \cdot \bar{X}$；与食物支出比例法模型(1-4)的形式完全一致，即 $E = S^*$。

可以认为，马丁法是由食物支出比例法派生出来的，它的最大不同是对食物支出比例系数的确定进行了改进。通过食物消费支出比例回归模型分别计算出两个特殊点的比例系数后，得到了两个高低不同的非食物支出贫困线，再分别与食物贫困线相加，便得到一高一低的两条绝对贫困线。

马丁法假定食物支出贫困线 z_F 是已知的或预先给定的，但事实上并没有谁来事先科学合理地给出这一食物贫困线。所以，专家们在采用马丁法计算贫困线时，还得“自己动手”首先确定食物贫困线。于是，马丁法同“菜篮子”标准预算法、食物支出比例法一样，不可避免地遇到对基本食物组合具体项目的选择、取舍或判断等主观性很强的问题。这几乎成了以“热量-食品组合”为基础的绝对贫困线人工设定过程中绕不过的“一道坎”。

(五)绝对贫困线设定范式的特点与局限性

1. 特点或优点。长期以来，以“热量-食物组合”为基础的绝对贫困线设定范式，在中外贫困线设定中占据了主导位置，该范式对贫困理论研究与反贫困实践的贡献功不可没。其主要特点或优点是：

(1)含义比较明确。如前所述，绝对贫困线的基本含义指的是，满足贫困家庭或个人的最低限度基本生活需要的必需品标准组合或必需费用；这一标准组合或必需费用由基本的食物必需品支出与非食物必需品支出两方面构成。这一含义很明确、很质朴，容易被人们所理解、接受。

(2)测算方法简单。贫困线设定者的任务：一是拟出一份最低限度生活必需品组合(或食品组合)清单；二是通过市场调查确定各种生活必需品(或食品项目)的市场价格；三是计算出购买这“一篮子”生活必需品组合(或食品组合)所必需支付的费用预算标准。当然，采用食物支出比例法和马丁法还需要估计或设定食品支出比例系数。但总的来说，测算绝对贫困线不需要很复杂的数学计算方法或计量工具。

(3)使用范围较广。正由于绝对贫困线设定方式含义比较明确，测算方法简单，所以它不仅被发展中国家广泛接受，而且也被某些发达国家所采用。例如，我国作为发展中国家1984年以来所实行的农村贫困标准，以及美国作为发达国家自20世纪60年代以来所实行的贫困标准，都是采用绝对贫困线设定方式所测算出来的。

2. 不足或局限性。尽管绝对贫困线设定范式有上述特点或优点，但它也存在着明显的不足或局限性，主要有三个方面：

(1)人为取舍判断成分较重。在设定绝对贫困线时，如何选择标准热量大卡值，如何取舍基本食物组合项目清单和基本非食物组合项目清单，如何确定食物支出比例经验数值，如何选定必需品(商品和服务)的市场价格等，均面临着权衡和判断，其主观性、武断性或随意性不可避免。

(2)阈值设定往往容易趋向偏低。如本章第二节所述，长期以来，人们在确定绝对贫困线“最低生活标准”阈值时，总是习惯把注意力只盯在“穷人所消费的最低必需品清单”上面，这就容易犯“同义反复”错误——因为他们是穷人，所以他们只能享受穷人所消费的最低必需品标准的生活；因为他们的生活水平在穷人所消费的最低必需品标准之下，所以他们是穷人。这种只考虑“穷人所消费的最低必需品清单”的传统思维定势，决定了所设定贫困线阈值必然偏低，并且有时甚至十分吝啬和苛刻。另外，采用绝对贫困线方法来设定官方贫困线阈值，往往需要综合考量贫困人口规模与政府财政转移支付能力之间、社会公平与经济效率之间、福利救助计划与工作激励之间的权衡或价值判断。这样，贫困线设定者们或决策者们在必需品标准组合或必需费用标准设定方面一般会“从紧掌握”，所设定的贫困线阈值往往趋向偏低。

(3)缺乏自我动态调整机制。绝对贫困线相对独立于社会平均生活水平(社会平均收入水平或平均消费水平)，它不具备自我动态调整机制。贫困线一旦确定后，往往在一个较长时期内人为地固定不变，不能依据居民最低或基本生活实际成本的变化作实质性调整(一般只进行消费价格指数调整)。

上述不足或局限性，导致以“客观标准”自居的绝对贫困线的客观性被大打折扣，使之在一些国家或地区遭致“诟病”。

二、相对贫困线设定模式分析

(一)相对贫困线设定模型及特点

相对贫困线是建立在相对贫困概念基础之上的，而相对贫困概念是基于“贫困是相对的”这一理论假设。这里所说的“相对”，是指穷人的资源占有或生活水平相对于社会共同体整体或平均水平而言；而不是像绝对贫困那样，仅仅相对于满足自身生存需求或最低基本需要而与社会整体或平均水平无关。经济学家、社会学家提出相对贫困概念所秉承的一个重要价值观念是：任何一个家庭或个人都应享有符合社会共同体评价标准的体面生活，能有尊严地、体面地参与社会生活，否则就处于相对剥夺状态。美国经济学家加尔布雷思(1958)最早提出相对贫困概念，他在其著作《富裕社会》中说：“如果人们的收入远远落后于社会共同体的平均收入，即使他们的收入足以维持生存，他们依然是贫穷的。由于他们不具备社会共同体一般意义上体面生活的最低需求，按照共同体一般的评价标准，他们是不体面的。”①

最早提出相对贫困线量化方法的是维克多·福克斯。他在1967年的论文《重新定义贫困与收入再分配》②中，对美国政府采纳奥姗斯基提出的绝对贫困线提出了犀利批评，主张从相对的角度来重新定义贫困，并提出用社会平均收入或中位收入的50%比例来设定贫困线(后来被称为“半平均线”或“半中位线”)。在实际中，有的国家还提出按40%或60%的比例来定义相对贫困线。

为了方便起见，我们可将相对贫困线的基本模型表达如下：

$$z = k \cdot \mu \tag{1-8}$$

上式中，μ 为社会平均收入或中位数收入；k 为比例系数，由相关方面或决策者们酌情选定；z 为相对贫困线。

相对贫困线设定模式的最大特点或优点是：(1)贫困线测定方法十分简单，容易被人们理解和接受。(2)贫困线阈值与社会平均水平直接挂钩，具有自我动态调整机制。

(二)相对贫困线设定模式的局限性

1. 武断性不可避免。由于社会平均收入或中位收入 μ 往往是已知的，确定相对贫困线阈值的关键是选择比例系数 k 。但如何科学合理地选择 k ，并没有一个令人信服的理论依据，人们往往只能武断地确定它。通常，一些国家或国际组织选择 $k = 0.5$ 或50%。如联合国开发计划署提出的测算工业化国家人类贫困指数HPI-2，就是用生活在收入贫困线(中等可支配收入的50%)以下人口所占百分比(贫困发生率)来反映对体面生活水平的剥夺。当然，也有国家采取多比例、多条线方式，如英国自1979年以来，将相对贫困线细分为家庭收入低于中位数收入的60%、50%和40%三个等次。③ 但无论选定何种比例系数，都难免带有一定的武断性。

2. 与绝对贫困线阈值之间的排序关系不确定。由公式(1-8)计算出来的相对贫困线阈值，究竟是否能满足居民最低或基本生活需要，我们不得而知。因为，采取规范判断型方式设定的绝对贫困线和相对贫困线，其二者之间并不存在一个“词典式”排序关系，并不一定相对贫困线阈值必然

---

① [美]约翰·肯尼迪·加尔布雷思著：《富裕社会》，赵勇等译，江苏人民出版社2009年版，第225页。

② Victor R. Fuchs：“Redefining poverty and redistributing income”，Poverty &Policy，No. 1，1967.

③ 中国国际扶贫中心课题组：《世界各国贫困标准研究》，《研究报告》2010年第1期。

高于绝对贫困线阈值。例如，我国国家统计局公布的第一个农村贫困标准(1984年绝对贫困标准)，采用食物支出恩格尔系数法测算出来的最低生活费用标准——农民年人均最低消费支出200元。这一绝对贫困标准比采用相对收入方法所测算的结果(当年全国农民人均纯收入平均值为355元，其50%是177.5元)要高出22.5元(或高出12.7%)。所以，我们不能简单地认为，绝对贫困标准一定比相对贫困标准低，或者说相对贫困标准一定比绝对贫困标准高。其根本原因是，采用规范判断型方式设定的相对贫困线与绝对贫困线，它们之间并没有内在联系，所以不能进行“词典式”排序。

3. 相对贫困线设定模式仅与社会平均收入水平有关，而与社会收入分配结构无关。从理论上来说，收入相对贫困与收入分配不平等尽管是两个不同概念，但两者应有很大关联。然而，我们从公式(1-8)中，只看到相对贫困线 z 与社会平均收入或中位收入 μ 有关(并且比例 k 的取值是人们主观选定的、外生的)，而看不出 z 与社会收入分配模式 $L(p)$ 有关。也就是说，现在通行的相对贫困线设定模式并没有反映出与社会收入分配不平等结构的内在联系。

最后，谈谈另外一种非主流的相对贫困概念。有学者主张用固定人口比例即固定贫困发生率来定义相对贫困(如总人口的10%、15%、20%等)，然后通过建立收入分布函数反过来测算出在10%、15%或20%处的收入值，以此来作为相对贫困线。这种用固定人口比例来定义相对贫困的主张，有两个弊端：一是将贫困线与贫困发生率的因果关系“本末倒置”，成了先有贫困发生率再反推贫困线，这从贫困测量理论上是讲不通的。二是将贫困发生率固化，这意味着该国或地区的贫困人口将无法减少或消除，这在公共减贫实践中往往难以被接受。

三、主观贫困线设定模式分析

主观贫困线理论和方法最早是西奥·戈德哈特、伯纳德·范普拉格等于1977年在《贫困线：概念与测量》①一文中提出来的。提出主观贫困线概念，是基于“个人是自己福利状况的最好判断者”这一理论假设。那么，如何让“被测当事人”自己来确定贫困线位置呢？荷兰经济学家们设计了

① Theo Goedhart, Victor Halberstadt, Arie Kapteyn, Bernard van Praag: “The Poverty Line: Concept and Measurement”, The Journal of Human Resources, Vol. 12, No. 4, Autumn, 1977, pp. 503-520.

一个“最小收入问题”(MIQ)问卷，让被调查对象(居民家庭)回答以下一个十分简单的问题：

> 你家现期收入 y_c 是多少？你认为最少需要多少收入 y_{min} 才能维持家庭基本生活开支，达到收支相抵？

显然，每个被调查者都可以根据自身家庭收入 y_c 水平和消费状况，提出一个自己认可的维持家庭基本生活开支的最小收入 y_{min} 收支相抵点，即个人认可的贫困线。那么，如何将这些个人提出的贫困线 y_{min} 转变成社会贫困线 y^*_{min}？专家们将各个被调查者提供的家庭收入数据 y_c 和 y_{min}，按照不同家庭人口规模数量 f_c 进行排序，然后建立对数化线性回归估计方程：

$$\ln y_{min} = a_0 + a_1 \ln f_c + a_2 \ln y_c \tag{1-9}$$

当线性回归方程(1-9)所表示的最小对数收入直线 $\ln y_{min}$ 与图 1-2 中的 45°直线 $\ln y_{min} = \ln y_c$ 相交时，其相交点就是具有某个既定家庭人口规模数量 f_c 的“社会收支相抵点”，该点的对数收入就是社会对数贫困线 $\ln y^*_{min}$，或社会主观贫困线 y^*_{min}，其表达式为：

$$\ln y^*_{min} = \frac{a_0 + a_1 \ln f_c}{1 - a_2} \text{或} y^*_{min} = \exp\left(\frac{a_0 + a_1 \ln f_c}{1 - a_2}\right) \tag{1-10}$$

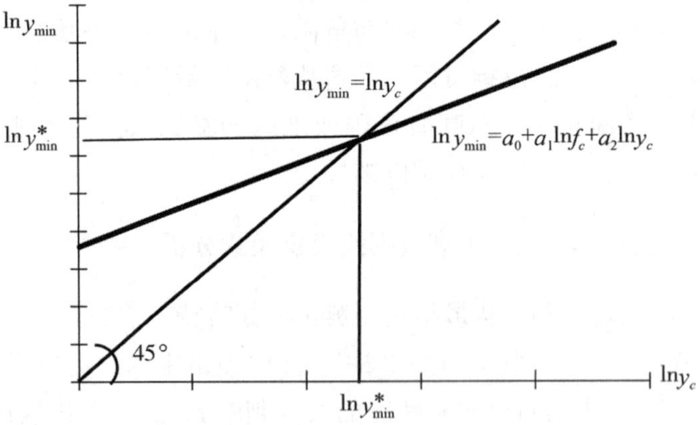

图 1-2 主观贫困线对数回归曲线

主观贫困线方法自 1977 年提出后，至今已 40 多年，这一方法在数十个国家的研究中得到应用。如，伯纳德 · 范普拉格等(1980)对欧洲共同体10个国家的主观贫困线进行了调查研究；阿里·卡普坦(1984)对美国威斯康星州居民基本需求的主观贫困线进行了研究；比约恩·古斯塔夫松、李实、伊滕(2004)对中国12个城市1999年的主观贫困线进行了研究；陈立中、张建华(2006)对中国武汉、广州等7个城市的主观贫困线进行了研究；卡洛斯C. 包蒂斯塔(2010)对菲律宾的主观贫困线进行了研究等。

主观贫困线方法有它的自身优点。它与传统的、主要依靠专家或决策者设定绝对贫困线、相对贫困线的方法有很大不同，它是一种关于家庭满足基本需求收支相抵最小收入的社会民意调查，并在民意调查数据基础上进行回归得到"社会收支相抵点"贫困线。这一方法可以体现受调查者的主观愿望，在一定程度上反映了社情民意，使贫困线尽可能地"接地气"。

但是，主观贫困线方法也有它明显的不足。一是如何科学合理地确定和选择接受调查的家庭或个人，这是一个比较棘手的问题。如果接受调查的家庭样本数量有限，且社会分层代表性不强，则调查结果是难以令人信服的。二是如何确保接受调查的家庭或个人能客观真实地反映家庭的收入和支出情况，而不掺杂太多的个人偏好，或对收支相抵点最小值描述偏高，这是调查发起者难以控制的事情。三是主观贫困线毕竟是被调查者凭"个人感觉或体验"而得出的贫困线，在这一过程中，他(她)们是不会考虑个人或家庭之外的其他社会因素的。这往往会导致主观贫困线阈值远高于官方贫困线阈值。毕竟官方贫困线的确定，涉及一些政治、经济、社会等因素，涉及政府的财政转移支付能力，而这些因素对于主观贫困线被调查者来说，并不在他们的"福利体验"或"个人感觉"范围之内。也正是这些诸如此类的原因，使得主观贫困线方法在政府主导的公共减贫中的应用受到限制。

西奥·戈德哈特等人(1977)在推出主观贫困线这一方法时，曾表示过："我们并不认为本方法能十全十美地替代确定贫困线的其他传统方法，我们的方法仅是对它们的补充。"①联合国统计委员会里约小组(2006)评价说："主观贫困线方法的主要特点，是人们根据自己的感知来确定贫困与非贫困的门槛"，"这种方法并没有正式成为任何国家或任何国际机构作为测量贫困的核心方法，它只是作为一种补充或检验的手段。"②

① 西奥·戈德哈特等：《贫困线：概念与测量》，载国务院贫困地区经济开发办公室编译：《国外贫困研究文献译丛》(第一册)，改革出版社1993年版，第348页。

② Rio Group："Compendium of best practices in poverty measurement", Rio de Janeiro, September 2006, ISBN 85-240-3908-6. p. 80.

第四节 线性消费函数模型法分析

我们将测算贫困线的线性消费函数模型法，视为对实证描述型测定方式的一种先行探索。这一方法与上一节所述的三种规范判断型设定模式有很大区别。它的基本原理和思路是：(1)认为收入是影响消费支出的决定性因素，它们之间存在着函数关系，并可以用线性函数关系来近似表示。(2)依据消费函数理论建构一元线性回归模型，通过对居民现期收入、消费支出截面统计数据，运用最小二乘法估计出回归模型系数，计算出居民收支相抵点的消费值。(3)根据扩展线性支出系统(ELES)模型推导原理，这一收支相抵点的消费值就是社会居民满足基本生活需要(购买生活必需品)所支付的必需费用，可作为贫困线的内在根据。

本节介绍了两种分析途径有所不同、但本质内涵和计量结果相同的测算贫困线的线性消费函数模型方法：(1)扩展线性支出系统(ELES)模型法；(2)凯恩斯消费函数模型法。同时，分析了这两种方法的优点、理论贡献或存在的不足。

一、扩展线性支出系统模型法

扩展线性支出系统（ELES)是经济学家康斯坦丁·吕什(Constantino Lluch)于 1973 年，在英国经济学家约翰·斯通(1954)提出的线性支出系统(LES)模型基础上，进行改进和扩展后而推出的。这一模型的功能主要用来分析社会消费总需求及商品或服务消费结构随收入水平的变化，后来被拓展用于估算贫困线。

(一)模型简介

斯通提出的线性支出系统(LES)模型如下：

$$p_i q_i = p_i q_i^0 + b_i\left(V - \sum p_i q_i^0\right) \quad (i = 1,\ 2,\ \cdots,\ n)$$

上式中，p_i 为第 i 种商品的价格；q_i 为第 i 种商品的需求量，q_i^0 为第 i 种商品的基本需求量，且 $q_i > q_i^0$；V 为支出预算；b_i 为边际预算份额，$0 < b_i < 1$。

由于 LES 模型中支出预算 V 的准确数据无法获得，模型运用受到限制。康斯坦丁·吕什对 LES 模型做了两点改进：(1)用居民收入 I 代替支

出预算 V；(2)用边际消费倾向 β_i 代替边际预算份额 b_i。于是，有了被称为“扩展线性支出系统”(ELES)模型①：

$$p_i q_i = p_i q_i^0 + \beta_i \left(I - \sum p_i q_i^0\right) \tag{1-11}$$

该模型是建立在以下假定基础上的：(1)某一时期居民对某商品(服务)的需求量 q_i，取决于他们的收入 I 和各种商品的价格 p_i 这两个变量。(2)居民对各种商品的需求分为基本需求和非基本需求两部分，并且家庭预算安排和消费支出行为是理性的，即在满足基本需求支出以后，才将剩余收入按某种边际消费倾向安排用于非基本需求(或超基本需求)支出。

显然，公式(1-11)表示的是，居民对第 i 种商品的消费支出由两部分构成：(1)第 i 种商品的基本需求支出部分，即公式(1-11)右边的第一项；(2)第 i 种商品的非基本需求支出部分，即公式(1-11)右边的第二项，它是剩余收入 $\left(I - \sum p_i q_i^0\right)$ 与边际消费倾向 β_i 的乘积($0 < \beta_i < 1$)。

将公式(1-11)右边第二项展开后并整理，得到公式(1-11)的另一种表达形式：

$$p_i q_i = \left(1 - \sum \beta_i\right) p_i q_i^0 + \beta_i I \tag{1-12}$$

令

$$a_i = \left(1 - \sum \beta_i\right) p_i q_i^0 \tag{1-13}$$

公式(1-12)则转化成以下一元线性模型形式，即第 i 种商品的 ELES 模型：

$$p_i q_i = a_i + \beta_i I \tag{1-14}$$

a_i 称为居民对第 i 种商品的“自发消费”，它与居民的收入 I 无关；$\beta_i I$ 称为居民对第 i 种商品的“引致消费”，它与居民的收入 I 和第 i 种商品的边际消费倾向 β_i 有关。a_i 和β_i 是待估计参数，将模型(1-14)两边加总，可得到 ELES 加总模型：

$$\sum p_i q_i = \sum a_i + \sum \beta_i I \tag{1-15}$$

那么，如何利用上述公式来估算贫困线呢？基本思路是，既然在 ELES 模型中，居民全部商品或服务的消费支出被分成两部分：一部分是满足基本需求的商品或服务(即生活必需品)支出；另一部分是满足非基本需求的商品或服务(即非生活必需品)支出，那么，根据贫困线的定义，只要将满足基本需求的商品或服务(生活必需品)支出 $\sum p_i q_i^0$ 计算出，也就找到了该社会的贫困线 z。按照这一思路，将公式(1-13)两边加总

① Constantino Lluch：The extended linear expenditure system，European Economic Review，Volume 4，Issue 1，April 1973，pp. 21-32.

得到：

$$\sum a_i = \left(1 - \sum \beta_i\right) \sum p_i q_i^0 \qquad (1\text{-}16)$$

于是，得到了计算贫困线 z 的公式：

$$z = \sum p_i q_i^0 = \frac{\sum a_i}{\left(1 - \sum \beta_i\right)} \qquad (1\text{-}17)$$

上式中，$\sum a_i$、$\sum \beta_i$ 为 ELES 模型(1-15)的回归系数，计算过程是：用第 i 个商品支出回归方程(1-14)对给定统计数据进行回归，分别得到各种商品的回归系数 a_i、β_i 后再加总，便可得到 $\sum a_i$、$\sum \beta_i$。

由式(1-15)和式(1-17)可知，只要通过对居民生活消费品支出统计数据进行回归，得到回归系数 $\sum a_i$、$\sum \beta_i$，就可以测算出满足居民基本需求的商品或服务(生活必需品)支出 $\sum p_i q_i^0$，也就测算出了贫困线 z。这是运用“扩展线性支出系统”(ELES)模型估计贫困线的基本原理和方法。

在后面分析我们将看到，公式(1-17)所表示的满足居民基本需求的商品或服务(生活必需品)支出 $\sum p_i q_i^0$，就是线性消费函数收支相抵点 m 处的消费支出值 y_m。这一内在关系，对于我们把居民收支相抵点消费值 y_m 作为贫困线，提供了重要依据和逻辑支撑。

(二)应用举例

下面，我们以国家统计局公布的 2005 年全国城镇居民人均可支配收入和人均消费支出数据为例，来演算采用“扩展线性支出系统”(ELES)模型估计贫困线的方法及过程。需要说明的是，这里选择 2005 年进行演算并没有特别考虑年份代表性考量，当然我们可以选择国家统计局公布的其他任何年份数据作为演算过程的例子。事实上，我们已经采用线性消费函数回归模型法测算了 2002—2011 年各年度的全国城镇贫困线，并与分位数函数零储蓄点法测算结果进行了比较(见表 1-4)。当然，我们没有必要将这些所有年份的演算过程均作为举例给予详细介绍和叙述，因为它们的模型应用和演算过程与这里的 2005 年应用举例是完全一样的。

表 1-2 给出了国家统计局公布的 2005 年全国城镇居民人均可支配收入和人均消费支出住户调查分组截面数据。我们采用扩展线性支出系统(ELES) 模型(1-14)，使用 Excel 软件分别对 8 类商品服务支出项目进行

一元线性回归，得到回归系数 a_i、β_i 和拟合优度系数 R_i^2（见表 1-3）。各商品服务项目线性回归模型拟合优度系数 R_i^2 均在 0.966—0.999 之间，说明拟合优度较高。

表 1-2　**2005 年全国城镇居民住户人均收入与人均消费支出分组数据**

指　标 （单位：人，元）	最　低 收入户 （10%）	较　低 收入户 （10%）	中　等 偏下户 （20%）	中　等 收入户 （20%）	中　等 偏上户 （20%）	较　高 收入户 （10%）	最　高 收入户 （10%）
调查户户均人口	3.34	3.22	3.1	2.95	2.79	2.68	2.64
人均可支配收入	3135	4885	6711	9190	12603	17203	28773
人均消费支出合计	3111	4295	5574	7308	9411	12103	19154
①食品	1476	1926	2336	2839	3426	4151	5367
②衣着	244	409	565	785	1011	1256	1758
③居住	384	472	580	745	922	1195	1898
④家庭设备及用品	109	172	269	397	546	755	1288
⑤医疗保健	233	308	408	562	765	998	1288
⑥交通通信	228	376	536	765	1075	1590	3770
⑦文教娱乐	364	519	720	986	1337	1700	2908
⑧其他	74	114	159	230	330	457	878

数据来源：国家统计局住户调查办公室编，《2012 年中国住户调查年鉴》2012 年版。

表 1-3　**2005 年城镇居民人均消费支出项目回归结果**

商品与服务	α_i	β_i	R^2
①食品	1302.8	0.1503	0.9714
②衣着	172.58	0.0584	0.9721
③居住	188.11	0.0592	0.9996
④家庭设备及用品	-39.62	0.0462	0.9996
⑤医疗保健	147.87	0.0427	0.9629
⑥交通通信	-407.78	0.1357	0.9662
⑦文教娱乐	55.19	0.0988	0.9989
⑧其他	-48.65	0.0313	0.994
合计	1370.5	0.6226	

将表 1-3 中的回归系数加总值 $\sum a_i = 1370.5$ 元、$\sum \beta_i = 0.6226$ 代入

公式(1-17)，计算得到8类商品与服务消费总支出中满足居民基本需求的必需消费开支：

$$\sum p_i q_i^0 = \frac{1370.5}{1-0.6226} = 3631(\text{元})$$

即贫困线 $z = 3631$ 元。

下面将看到，我们运用凯恩斯消费函数模型对表1-2中的人均收入和人均消费支出合计数截面数据直接进行回归(不按商品与服务种类消费支出分别进行回归)，可以得到与扩展线性支出系统模型完全相同的结果。这是因为，根据线性方程可加性原理，对具有相同回归元的一组线性方程组来说，其分别回归后的加总结果，与先加总再回归的结果相等。

二、凯恩斯消费函数模型法

1994年，童星、林闽钢在《我国农村贫困标准线研究》①一文中，采用凯恩斯消费函数模型法，对1989年全国23个贫困县11830户贫困户的人均纯收入和人均消费支出做一元线性回归，测算了贫困户的温饱贫困线。但这一截面数据只是23个贫困县11830户贫困户的统计数据，而不是全国农村住户调查总体截面数据。2006年，谭诗斌在《农村贫困标准体系研究》一文中②，采用凯恩斯消费函数模型法，对2004年国家统计局公布的全国农村住户调查分组截面数据的人均纯收入和人均消费支出进行一元线性回归，测算出了2004年全国农村居民收支均衡点的消费值，并建议将此作为提高农村贫困标准的一种参考。当然，这些都只是一种初步探索。

(一)凯恩斯消费函数理论简介

消费函数理论是凯恩斯在其著作《就业、利息与货币通论》中，为研究社会总需求、总投资、总就业量等宏观经济问题及相互关系提出来的。凯恩斯消费函数理论认为，影响社会居民消费支出的因素很多，但最主要的决定性因素是收入，在假定其他因素不变的情况下，现期消费 y 与现期收入 x 之间存在稳定的函数关系：

$$y = f(x)$$

并且，收入 x 、消费 y 和储蓄 S 之间的数学关系可表示为：

---

① 童星、林闽钢：《我国农村贫困标准线研究》，《中国社会科学》1994年第3期。

② 谭诗斌：《农村贫困标准体系研究》，载《扶贫开发机制创新研究》，湖北人民出版社2006年版。

$$x = y + S \tag{1-18}$$

居民消费与收入之间的函数关系可能是线性的，也可能是非线性的。但即使是非线性的，也可以采用线性函数来近似描述。因此，数理经济学家们建议采用以下线性关系式来表达凯恩斯消费函数①：

$$y = a + bx \tag{1-19}$$

上式中，a 是截距参数($a>0$)，b 是斜率系数($0 < b < 1$)。凯恩斯称斜率系数 b 为边际消费倾向 MPC：

$$\mathrm{MPC} = b = \frac{\mathrm{d}y}{\mathrm{d}x} \tag{1-20}$$

边际消费倾向 MPC 指当收入每增加 1 个单位元时，人们所增加的消费支出。MPC 的取值范围为 $0 < b < 1$。MPC 的几何意义指的是图 1-3 中消费函数曲线的斜率。$1-b$ 被称为边际储蓄倾向 MPS：

$$\mathrm{MPS} = 1 - b \tag{1-21}$$

边际储蓄倾向 MPS 指当收入每增加 1 个单位元时，人们所增加的储蓄额。边际储蓄倾向 MPS 与边际储蓄倾向 MPC 之间存在着以下镜像关系：

$$\mathrm{MPC}+\mathrm{MPS}=1 \tag{1-22}$$

公式(1-22)意味着，每增加 1 个单位元收入都必然被增加的消费和增加的储蓄所分摊。凯恩斯消费函数曲线见图 1-3。

图 1-3 是一个典型的“凯恩斯交叉图”。图中 45°虚线 $y = x$ 是一条假想的消费函数线。在这条线上，消费始终等于收入，即无论收入增加多少，都被消费掉了，没有任何储蓄。所以，$y = x$ 也称为零储蓄消费函数线。

凯恩斯消费函数理论的一个核心观点就是消费倾向递减。消费倾向包括平均消费倾向 APC 和边际消费倾向 MPC。平均消费倾向 APC 表示平均每单位收入中消费支出所占比例：

$$\mathrm{APC} = \frac{y}{x} \tag{1-23}$$

(二)收支相抵点的贫困线阈值意义

在图 1-3 中，消费函数曲线 $y = a + bx$ 与 45°直线 $y = x$ 相交于 m 点。在 m 点处，消费支出与收入相等即收支相抵，储蓄函数值 $S = 0$，所以 m 点

① 达摩达尔・N. 古扎拉蒂等著：《计量经济学基础(上册)》，费剑平译，中国人民大学出版社 2011 年版，第 4 页。

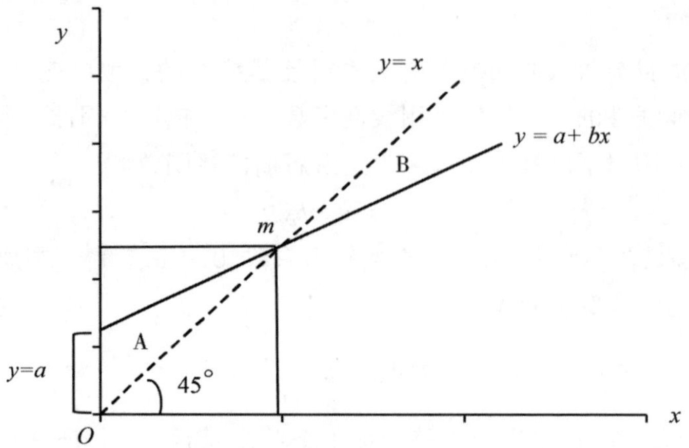

图 1-3 凯恩斯消费函数曲线

称为“收支相抵点”或“零储蓄点”。联立 $y = a + bx$ 和 $y = x$，解得 m 点消费函数值 y_m 为：

$$y_m = \frac{a}{1 - b} \tag{1-24}$$

收支相抵点 m 及 y_m 具有明确的贫困线阈值意义。

其一，根据萨缪尔森《经济学》中关于消费函数观点，收支相抵点 m 及 y_m 具有区分穷人与非穷人的阈值意义。

由图 1-3 可看出，以 m 点为临界点，居民的收入、消费和储蓄从低到高排序分为三种情况：

(1) 处在 m 点左边、$y = x$ 直线上方的 A 区居民，$y > x$，消费大于收入，消费倾向 APC>1，储 蓄 $S<0$，即居民不仅无能力储蓄，而且为了维持基本生活需要，还要进行负储蓄或举债消费。

(2) 处在 m 点上的居民，$y = x$，收支相抵，消费倾向 APC = 1，储蓄 $S = 0$，居民无结余收入用于储蓄。

(3) 处在 m 点右边、$y = x$ 直线下方 B 区的居民，$y < x$，消费小于收入，消费倾向 APC<1，储蓄 $S>0$，居民有结余收入用于储蓄。

萨缪尔森在《经济学》中论述消费函数时，提出了一个重要命题：“非常贫穷的人根本没有能力储蓄。”[①]据此，从贫困经济学意义上来看，收支相抵点 m 具有区分穷人与非穷人的临界点意义：即家庭收入处在 m 点左

① ［美］保罗·萨缪尔森、威廉·诺德豪斯著：《经济学》(第 14 版)，下册，胡代光等译，北京经济学院出版社 1996 年版，第 804 页。

边 A 区的居民属于入不敷出的穷人；而家庭收入处在 m 点右边 B 区的居民，则属于收入有节余、有储蓄的非穷人或富人。因此，将收支相抵点 m 处的消费支出值 y_m 作为贫困线阈值，是具有经济学理论支撑的。

其二，根据扩展线性支出系统(ELES)模型原理，线性消费函数收支相抵点 m 处的消费支出值 y_m 表示的就是居民满足基本需求的必需品消费支出 $\sum p_i q_i^0$。

将公式(1-24)与公式(1-17)对比，不难看出，这两个公式是等价的、同一的，即：

$$z = \sum p_i q_i^0 = \frac{\sum a_i}{\left(1 - \sum \beta_i\right)} = y_m = \frac{a}{1 - b}$$

根据前述的扩展线性支出系统(ELES)模型原理，$\sum p_i q_i^0$ 表示的是居民满足基本生活需求的必需品消费支出；所以，消费函数收支相抵点 m 处的消费支出值 y_m，所表示的就是居民满足基本生活需求的必需品消费支出。既然 $z = \sum p_i q_i^0$，那么，必有 $z = y_m$。

以上两点说明，一个社会的居民消费函数收支相抵点 m 处的消费支出值 y_m，就是该社会的居民满足基本生活需求的必需品消费支出。因此，根据本章第二节所述贫困线的本质及内在根据——“居民最低或基本生活必需费用”，所以，将收支相抵点 m 处的消费支出值 y_m 确定为贫困线 z 的阈值是符合贫困经济学原理和科学逻辑的。

(三)应用举例

我们将凯恩斯线性消费函数式(1-19)转化为一元线性回归模型：

$$\hat{y} = \beta_0 + \beta_1 \hat{x} + u$$

对表 1-2 中 2005 年全国城镇居民人均可支配收入和人均消费支出合计(8 项商品和服务支出之和)的分组截面数据，使用 Excel 软件进行回归，得到以下结果：

$$\hat{y} = 1370.5 + 0.6226 \hat{x}$$

拟合优度系数 R^2 高达 0.9991。将回归系数 $a = 1370.5$、$b = 0.6226$ 代入公式(1-24)，得到收支相抵点 m 的贫困线阈值 3631 元。

这一结果与扩展线性支出系统(ELES)模型测算结果完全一样。说明这两种线性回归模型的基本原理和内在结构是一样的，体现了子群一致性(即可加性和可分解性)。这意味着，从工作效率角度看，通过采用 ELES

模型对各商品服务项目支出截面数据进行回归估算贫困线，不如直接应用凯恩斯消费函数模型对加总后的消费支出进行回归估算来得简捷方便。当然，如果是为了分析居民消费支出结构，那么，ELES 模型就是一个很好的分析工具。

三、线性消费函数模型法的特点和启示

线性消费函数模型法与前述的三种规范判断型方式(绝对贫困线、相对贫困线、主观贫困线三种方式)相比，有以下特点或优点：

1. 运用线性消费函数模型测算贫困线，是一种实证性描述，它避免了某些主观判断。对权威机构发布的统计数据(截面数据)进行回归计量分析，以此来测算贫困线，就其工作性质本身来说属于实证性研究范畴，是一种客观性描述。所以，运用线性消费函数模型测算贫困线，在很大程度上可以避免传统的规范判断型设定方式容易出现的某些武断性、随意性和主观判断问题。

2. 扩展线性支出系统(ELES)模型法已经证明，一个社会的居民基本需求消费支出，存在于该社会的居民收入-消费截面数据排序分布中，只要采用合适的数理计量方法就可以测算出这一基本消费值。这是扩展线性支出系统(ELES)对贫困线理论和方法的一大贡献。如前所述，在应用绝对贫困线传统模式设定基本需要最低费用标准时，“专家们”对制定一份食物必需品组合和非食物必需品组合清单，煞费苦心地去斟酌、取舍，判断哪些应纳入、哪些不应纳入必需品组合清单，恩格尔系数经验值如何选定，等等。由此导致的结果是，所设定贫困线的“客观性”被大打折扣。而应用扩展线性支出系统(ELES)模型测算居民基本需求消费支出 $\sum p_i q_i^0$，对于居民消费的第 i 个商品 q_i 究竟是必需品还是非必需品，第 i 个商品 q_i 的消费支出 p_iq_i 中，究竟有多少是作为生活必需品的基本消费支出 $p_i q_i^0$，有多少是作为超生活必需品的非基本消费支出 $(p_iq_i - p_i q_i^0)$ 等问题，贫困线测定者并不需要事先作出人为的、主观的选择、权衡和回答。因为在扩展线性支出系统(ELES)模型中，居民基本需求消费支出 $p_i q_i^0$ 和 $\sum p_i q_i^0$ 均属于内生变量(它不是人们事先给定的外生变量)，它可以通过 ELES 模型对居民收入-消费截面数据排序进行回归而计算出来。

3. 运用线性消费函数模型估算贫困线，证明了居民收入-消费截面数据排序中收支相抵点的阈值意义。对居民收入-消费截面数据排序进行回

归分析，扩展线性支出系统(ELES)模型测算出来的是居民基本需求消费支出 $\sum p_i q_i^0$ ；凯恩斯消费函数模型测算出来的是居民收支相抵点的消费支出 y_m ，并且“基本需求消费支出 $\sum p_i q_i^0$ =收支相抵点消费支出 y_m ”(见公式(1-24)与公式(1-17))。这就证明了社会居民收入-消费截面数据排序中收支相抵点的理论意义：(1)收支相抵点的消费支出就是该社会居民满足基本需要所支付的生活必需品消费支出。(2)反过来也可以说，一个社会的满足居民基本需要所支付的生活必需品消费支出就处在居民收支相抵点(因为在居民收入-消费截面数据排序中，收支相抵点是唯一的，不可有两个或两个以上)。

这一理论意义给予我们两个重要启示：其一，对于居民收入-消费截面分布数据排序来说，如果采取比较理想的计量经济学方法(后面我们将谈到，线性消费函数模型法并不是一个对截面分布数据进行贫困线测算的理想方法)，就可找到排序中的收支相抵点，也就意味找到了反映该社会真实的满足居民基本需要所支付的生活必需品消费支出。其二，既然收支相抵点的消费支出就是满足居民基本需要所支付的生活必需品支出，那么在确定贫困线时，只需运用比较合适的计量经济学描述方法，找到截面数据排序中的收支相抵点即可。

4. 运用线性消费函数模型估算的贫困线，能兼顾到绝对贫困线和相对贫困线两方面的特性。从绝对意义上来说，用居民基本需求消费支出 $\sum p_i q_i^0$ 或收入相抵点消费值 y_m 表示贫困线 z，这就是一个绝对标准。从相对意义上来说，每年反映居民基本需求消费支出的 $\sum p_i q_i^0$ 或收入相抵点消费值 y_m 并不是一成不变的，它能自动与社会整体收入水平或消费水平挂钩而“水涨船高”，具有自动调整机制，所以又是一个相对标准。

四、线性消费函数模型法的不足

对于居民收入-消费截面排序数据，采用线性消费函数模型估算贫困线，尽管有以上优点，但它并不是一个十分理想的数理方法，它有三个方面的明显不足：

1. 没有考虑人均收入 x_i 和人均消费 y_i 截面分组数据的人口概率分布状况，致使估计出来的线性消费函数收支相抵点消费值，往往高于收入-消费截面分布函数收支相抵点的消费值。

在采用“人均”(人均收入和人均消费)作为数据分析单位时，所有截面分组的人均收入 x_i 和人均消费 y_i 数据，均为该组的组平均数，它们与本组的人口频数即概率密度分布密切相关。前述运用线性消费函数回归模型对分组截面数据估算贫困线，既没有考虑截面分组间距是否均等，也没有考虑各组人口概率密度分布是否均等。在这种情况下，直接建立 $x \rightarrow y$ 之间的线性因果关系模型，直接用各组的人均收入 x_i 和人均消费 y_i 组平均值进行线性回归，所估计出来的收支相抵点的消费值，往往高于收入-消费截面分布曲线收支相抵点的消费值。

譬如，本节所举的 2005 年全国城镇居民住户调查数据例子，截面分组是 7 个组且各组的调查户占比不同，占比 10%的有 4 个组，占比 20%的有 3 个组。并且，各分组调查户的户均人口也是不同的，最多的是 3. 34 人，最少的是 2. 64 人(见表 1-2)。在没有考虑各分组人口概率密度不同的情况下，直接用各组的收入与消费组平均值进行简单一元线性回归，得到的收支相抵点处的人均消费值是 3631 元。但这不是真实的收支相抵点。在截面人口概率分布情况下，本研究应用收入-消费截面分布“分位数函数零点法”得到收支相抵点处的人均消费值是 2778 元(见本章第五节)。这说明，采用线性消费函数回归模型将收支相抵点的人均消费值高估了 853 元，相对差率高达 30. 1%。

为了说明 2005 年的这一情况不是特例或个案，我们对国家统计局公布的 2002—2011 年各年度全国城镇居民住户调查 7 分组截面数据，分别采用线性消费函数回归模型和收入-消费分布分位数函数模型进行了估算，所估算的收支相抵点人均消费值，线性模型均高于分位数函数模型。其绝对差值高出 644 元至 1223 元，相对差率高出 14. 2%至 30. 7%(见表 1-4)。这足以说明，线性消费函数收支相抵点消费值高于收入-消费截面分布函数收支相抵点消费值，这是一个带规律性的普遍现象。

表 1-4 **采用线性消费函数回归法与分位数函数零点法测算全国城镇居民收支相抵点人均消费值(贫困线阈值)估计结果比较(2002—2011 年)**

年份	线性消费函数法收支相抵点消费值(元/(人·年))	分位数函数零点法收支相抵点消费值(元/(人·年))	线性法与分位数法相比绝对差值(元/(人·年))	线性法与分位数法相比相对差率(%)
2002	2914	2245	+669	+29. 8
2003	3199	2458	+741	+30. 1
2004	3466	2822	+644	+22. 8
2005	3631	2778	+853	+30. 7

续表

年份	线性消费函数法收支相抵点消费值（元/(人·年)）	分位数函数零点法收支相抵点消费值（元/(人·年)）	线性法与分位数法相比绝对差值（元/(人·年)）	线性法与分位数法相比相对差率（%）
2006	3668	2885	+783	+27.1
2007	4476	3657	+819	+22.4
2008	4940	4099	+841	+20.5
2009	5326	4256	+1070	+25.1
2010	5532	4309	+1223	+28.4
2011	6641	5817	+824	+14.2

自从我国推行城乡最低生活保障制度以来，国内不少学者纷纷应用扩展线性支出系统 ELES 模型估算地区性城镇和农村低保标准，做了大量实证研究，但这些研究成果很少被政策制定者们所采纳。一条重要原因，就是在使用 ELES 模型对城镇或农村居民人均收入-消费截面数据进行回归时，没有考虑各组的人口概率密度分布因素，只是直接用各组的组平均人均收入与人均消费进行简单的线性回归。其结果，导致收支相抵点估计值偏高，因而不能作为政策性的最低生活保障标准参照值。

表 1-5　　居民年人均收入-消费截面分组数据排序表

（m 点为收支相抵点）

按收入分组 i	1	2	…	m	…	$n-1$	n	定义域
人均收入 x_i	x_1	x_2	…	x_m	…	x_{n-1}	x_n	$x_i \geqslant 0$
人均消费 y_i	y_1	y_2	…	y_m	…	y_{n-1}	y_n	$y_i > 0$
分组人口频数 f_i	f_1	f_2	…	f_m	…	f_{n-1}	f_n	$0 \leqslant f_i \leqslant 1$

2. 以线性函数收支相抵点处贫困线 z_m 为上限临界点，收入和消费低于贫困线 z_m 的居民累积分布 p_x 和 p_y 不相同，且 $p_y > p_x$，这与收入-消费截面分布收支相抵点处累积分布一致性性质 $p_x = p_y$ 相矛盾。

如表 1-5 所示，我们假设收支相抵点在截面分组分布 m 处，则此均衡点处人均收入 x_m 与人均消费 y_m 相等（$x_m = y_m$）。那么，以 m 为界，收入 x_i 低于 x_m 的居民累积分布 p_x 和消费 y_i 低于 y_m 的居民累积分布 p_x 应该相等，即：

$$p_x = p_y = \sum_{i=1}^{m} f_i = (f_1 + f_2 + \cdots + f_m) \tag{1-25}$$

这就是基于居民收入-消费截面分布的收支相抵点累积分布的一致性质。从贫困指数意义上来看，收支相抵点累积分布的一致性，表示以 y_m 作为贫困线来测量，在收支相抵点 m 以下的收入贫困发生率 H_x 与消费贫困发生率 H_y 应相等，即 $H_x = H_y$。也就是说，生活在收支相抵点贫困线 y_m 下的贫困居民是同一群体，他们的收入贫困和消费贫困在对象及规模上具有一致性。这是以收支相抵点贫困线 y_m 测量贫困的最大特点和最重要性质之一。反过来说，用某个贫困线 z 去同时测量基于居民收入-截面分布的收入贫困发生率 H_x 和与消费贫困发生率 H_y，如果 $H_x \neq H_y$，则说明该贫困线 z 并不是真正意义上的收支均衡贫困线。

表 1-6 **采用线性消费函数法与分位数函数零点法测算全国城镇居民收支相抵点及收入-消费累积分布一致性比较（2002—2011 年）**

年度	线性消费函数收支相抵点				收入-消费分布函数收支相抵点			
	贫困线阈值（元）	收入累积分布 $p_x = H_x$（%）	消费累积分布 $p_y = H_y$（%）	分布一致性比较 $p_y - p_x$（%）	贫困线阈值（元）	收入累积分布 $p_x = H_x$（%）	消费累积分布 $p_y = H_y$（%）	分布一致性比较 $p_y - p_x$（%）
2002	2914	9.76	11.96	2.20	2245	3.89	3.89	0
2003	3199	10.16	16.05	5.89	2458	4.14	4.14	0
2004	3466	9.63	11.37	1.74	2822	4.99	4.99	0
2005	3631	8.32	10.14	1.82	2778	2.84	2.84	0
2006	3668	5.55	7.16	1.61	2885	1.26	1.26	0
2007	4476	6.39	8.12	1.73	3657	2.49	2.49	0
2008	4940	6.03	7.95	1.92	4099	2.52	2.52	0
2009	5326	5.48	7.87	2.39	4256	1.54	1.54	0
2010	5532	3.92	6.10	2.18	4309	0.31	0.31	0
2011	6641	4.48	6.47	1.99	5817	2.17	2.17	0

表 1-6 结果说明，对于 2002—2011 年各年度全国城镇居民住户调查

分组截面数据，采用线性消费函数模型所测算的“收支相抵点”贫困线，分别估计的收入累积分布 p_x 即贫困发生率 H_x ，和消费累积分布 p_y 即消费贫困发生率 H_y ，各年度均不满足 $p_x = p_y$（即 $H_x = H_y$）一致性原理，且均为 $p_y > p_x$ 。说明假若以这一点为阈值，消费贫困发生率高于收入贫困发生率，消费贫困人口规模大于收入贫困人口规模，即如果使用该贫困线来识别贫困人口，就会出现一部分居民从收入角度看并不贫困，而从消费角度看则处于贫困。这种贫困对象的不一致性，将会给扶贫政策实施和贫困评估分析带来一些不利影响。

而采用收入-消费截面分布“分位数函数零点法”(本研究提出的一种测算贫困线方法)所测算的收支相抵点贫困线，分别估计的收入累积分布 p_x 即贫困发生率 H_x ，和消费累积分布 p_y 消费贫困发生率 H_y ，各年度均满足 $p_x = p_y$（即 $H_x = H_y$）一致性原理(见表1-6)。显然，基于收入-消费截面分布的收支相抵点，才是真正意义上的居民收支相抵点。

3. 线性消费函数回归模型存在“拟合不足”问题，往往会导致估计值偏高。计量经济学回归模型是分析随机变量不确定关系的，所以得到的估计值与“真实值”肯定会有误差，我们只能希望尽量减少误差，而不可能完全消除误差。在减少回归误差方面，一项很重要的工作就是科学合理地设定回归模型中的解释变量(即自变量)。如果出现解释变量漏掉问题，即出现“模型拟合不足”问题，必然导致回归系数估计值偏大，其结果也必然导致被解释变量(即因变量)估计值偏大。这是计量经济学的一个基本常识。对于居民消费来说，决定居民现期消费行为模式及支出选择的重要因素有很多，而不仅仅是现期收入。关于这一点，消费函数理论提出者凯恩斯在《就业、利息和货币通论》中有大篇论述，其他学者如杜森贝利的相对收入论、弗里德曼的永久收入假说、莫迪利安尼的消费生命周期函数等，都对消费-现期收入决定论提出诸多质疑。从计量经济学原理角度看，线性消费函数回归模型只将现期收入作为模型中唯一的解释变量，存在“模型拟合不足”解释变量漏掉问题，这必然会导致回归系数估计值偏大，即必然导致贫困线 z 的估计值偏大。

综上所述，采用线性消费函数模型法测算贫困线，既有其优点和理论贡献，又有不足或缺陷。而这些不足或缺陷，极大限制和影响了线性消费函数模型法在贫困线测定方面的应用。现在的问题是，我们是否可以找到一种数理方法，既可以继承和发挥其长处或优点，又可以克服其短处或不足？这正是本研究的探索重点。

第五节 分位数函数零点法与自然贫困线

在前面分析中我们谈到，在贫困线测定问题上，人们似乎处于一种“悖论”困境：一方面承认贫困线(即以“居民最低或基本生活必需费用”为内在根据的贫困线)是客观存在的；另一方面对于“贫困线划在哪里”，又不得不依赖于贫困线设定者的权衡、选择和判断。于是长期以来，规范判断型贫困线设定方式在学术研究与减贫实践中占据绝对统治地位。同时，在前面分析中我们还谈到，尽管人们探索应用线性消费函数模型法来试图描述或测定社会客观存在的贫困线，但由于线性消费函数模型法自身的不足或缺陷，使其“难堪重任”。为了探寻走出“悖论”困境的途径，以及克服线性消费函数模型法的固有缺陷，本研究提出了一种新的测算贫困线的实证描述型方法——收入-消费分位数函数零点法(简称“分位数函数零点法”)，并在此基础上提出了自然贫困线概念。

一、分位数函数零点法的含义

我们这里所说的“分位数函数”，是指基于一个国家或地区社会的居民收入、消费(主要指居民人均可支配收入和人均生活消费支出)截面分布，由按收入高低排序的居民人口累积概率密度，即人口分位数 p 或 $p\%$ 作为自变量所表达的收入、消费函数。居民收入、消费分位数函数与居民收入、消费累积分布函数在数学关系上互为反函数。

对于任何一个社会的任一个年度来说，基于居民收入、消费截面分层排序的人口概率密度累积分布和分位数分布是客观存在的，无论我们是否能用确切的数学模型来表达它，它都存在着。这种存在性是一个无需证明的客观事实。并且，每个社会在每个年度的居民收入、消费累积分布特征是各不相同的，就像“世上没有完全相同的两片树叶”一样，这也是一个无需证明的客观事实。

基于居民收入截面排序的收入分位数函数，存在着唯一的“零分位点($p=0$)”及“零分位点”处的收入函数值 x_0。这个“零分位点”的收入函数值 x_0，代表了该社会居民收入分布的最低收入值 x_{min}。与此同时，基于居民消费截面排序的消费分位数函数，存在着唯一的“零分位点($p=0$)”及“零分位点”处的消费函数值 y_0。这个“零分位点”的消费函数值 y_0，代表了该社会居民收入分布的最低消费值 x_{min}。本书第三章第二节已证明，当 $x_0 < y_0$ 时，居民收入分位数函数与消费分位数函数在分位数 $0 < p < 1$

区间存在唯一的相交点 s，即收支相抵点。在这一点上，收入函数值 x_s 与消费函数值 y_s 相等，并且收入分位数 p_x 与消费分位数 p_y 也相等。我们称这一收支相抵点 S 为“零储蓄点”。

本书所说的“分位数函数零点法”，是指基于社会居民收入-消费累积分布函数和分位数函数模型且用于测算贫困线的一种实证描述性方法。这一技术方法的功用是：(1)测算出该社会的“零分位点”处居民底线消费值 y_0；(2)测算出该社会的“零储蓄点”(即收支相抵点)处居民基本消费值 y_s；(3)对这两个“零点”消费值的时间序列进行长期趋势拟合估计(如果历史数据条件具备的话)，并以此作为该社会的收入或消费贫困线。

二、分位数函数零点法的技术路线

第一，分别独立地构建居民年度人均收入 x 、人均消费 y 的截面累积分布函数。其中，收入累积分布函数一般表达式为：

$$F(x) = \int_0^{\infty} f(x)\,\mathrm{d}x = p \quad (0 \leqslant p \leqslant 1) \tag{1-26}$$

消费累积分布函数的一般表达式为：

$$F(y) = \int_0^{\infty} f(y)\,\mathrm{d}y = p \quad (0 \leqslant p \leqslant 1) \tag{1-27}$$

第二，将收入分布函数 $F(x)$ 和消费分布函数 $F(y)$ 分别转化为分位数函数形式。其中，收入分位数函数 x 的一般表达式为：

$$x = F^{-1}(x) = Q_x(p) \tag{1-28}$$

消费分位数函数 y 的一般表达式为：

$$y = F^{-1}(y) = Q_y(p) \tag{1-29}$$

第三，将上述两分位数函数表达式分别转化为由洛伦兹分布曲线形式 $L_x(p)$ 和 $L_y(p)$ 来表示，并对 p 求一阶导数。于是有以下关于收入和消费的两个重要分位数函数表达式：

$$x = L'_x(p)\,\mu_x \tag{1-30}$$

$$y = L'_y(p)\,\mu_y \tag{1-31}$$

上两式中，$L'_x(p)$ 是收入洛伦兹曲线函数关于 p 的一阶导数，μ_x 为社会平均收入期望值；$L'_y(p)$ 是消费洛伦兹曲线函数关于 p 的一阶导数，μ_y 为社会平均消费期望值。

第四，选择广义二次曲线 GQ 模型对特定社会某年度的人均收入-消费分组截面数据作回归运算，以确定具体的洛伦兹曲线函数形式 $L_x(p)$ 和 $L_y(p)$ 及其一阶导数形式 $L'_x(p)$ 和 $L'_y(p)$。

第五，令 $p = 0$，由式(1-30)得到 x_0（基于收入分位数函数“零分位点”的收入值)，由式(1-31)得到 y_0（基于消费分位数函数“零分位点”的消费值)。y_0 系居民消费分布中的最小消费值，我们称为社会“居民底线生活消费”。因为 p 不可能为负数，所以居民消费分布函数不可能存在比 y_0 更小的消费支出值。当 $x_0 < y_0$ 时，意味着社会中有一部分居民的收入达不到“居民底线生活消费”水平，从而说明 y_0 具有“底限自然贫困线”阈值意义。

第六，证明在 $x_0 < y_0$ 的情况下，收入分位数函数曲线 $Q_x(p)$ 与消费分位数函数曲线 $Q_y(p)$ 在 $0 < p < 1$ 区间有唯一相交点——“零储蓄”收支相抵点。在此基础上，令式(1-30)与式(1-31)相等，即令 $x = y$，应用复合迭代法求出“零储蓄点”S 处居民收支相抵的消费值 y_s 和收入值 x_s（且 $x_s = y_s$）。此外，在“零储蓄点”处，不仅收入分位函数值 x_s 与消费分位函数值 y_s 相等，而且收入分布函数值 $F(x) = p_x$ 与消费分布函数值 $F(y) = p_y$ 也相等，即 $p_x = p_y$。并证明“零储蓄”收支相抵点及消费值 y_s 所表达的就是贫困线的内在根据，具有贫困线阈值意义。

为了说明以上技术路线，这里，我们仍以国家统计局公布的 2005 年全国城镇居民住户人均可支配收入与人均消费支出截面数据(见表 1-2)为例(选择以 2005 年为例说明上述技术路线纯属是随意的，事实上本书后面的实证研究对大量数据的分析，都是采用“分位数函数零点法”技术路线)。通过拟合分布函数，我们分别绘出了 2005 年全国城镇居民人均可支配收入分布函数 $F(x) = p$ 曲线和人均消费支出分布函数 $F(y) = p$ 曲线(见图 1-4(a))，以及两分布曲线交叉点放大图 1-4(b)。同时，通过分布函数转换，分别绘出了收入分位函数 $x = Q_x(p)$ 曲线、消费分位函数 $y = Q_y(p)$ 曲线(见图 1-4(c))，以及两条分位函数曲线交叉点放大图 1-4(d)。

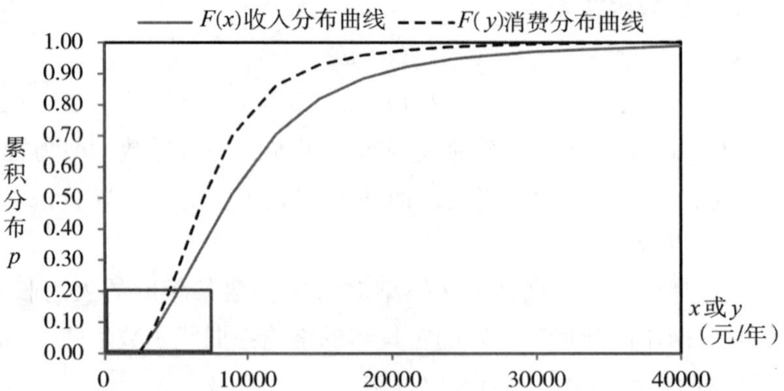

(a) 2005 年全国城镇居民收入-消费分布曲线

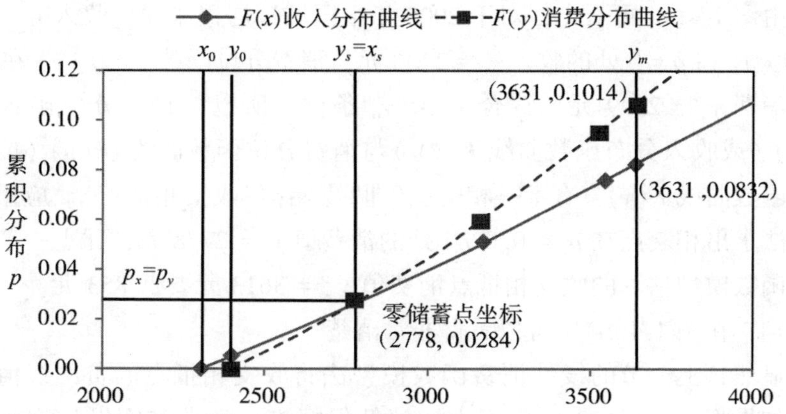

(b) 收入-消费分布曲线交叉点处放大

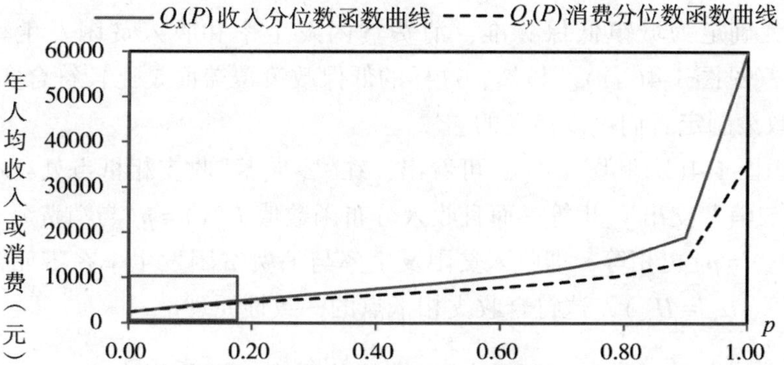

(c) 2005 年全国城镇居民收入-消费分位数函数曲线

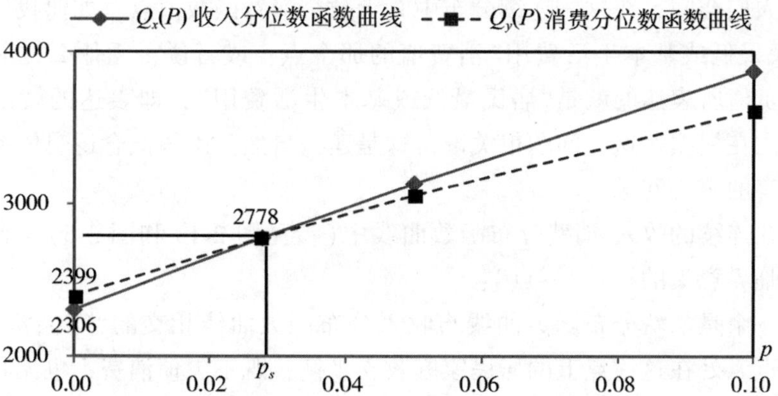

(d) 收入-消费分位数函数曲线交叉点放大

图 1-4

由图 1-4(d)可看出，对于 2005 年中国城镇居民来说，收入分位函数 $x = Q_x(p)$ 在 $p = 0$ 处的收入 $x_o = 2306$ 元；消费分位函数 $y = Q_y(p)$ 在 $p = 0$ 处的消费 $y_o = 2399$ 元，符合 $x_o < y_0$ 条件。所以，收入分位函数曲线 $Q_x(p)$（或收入分布函数曲线 $F(x)$）与消费分位函数曲线 $Q_y(p)$（或消费分布函数曲线 $F(y)$）有唯一相交点(即“零储蓄”收支相抵点)。应用复合迭代法求出相交点在 $p_s = 0.0284$ 处的消费值 $y_s = 2778$ 元，比上一节线性消费函数模型估算的收支相抵点消费值 $y_m = 3613$ 元要低 853 元。y_m 与 y_s 的差别，在图 1-4(b)中可以看得非常清楚。

显然，上一节的线性消费函数模型法将收支相抵点的贫困线值高估了。如果将 $y_m = 3613$ 元确定为城镇低保标准，消费贫困发生率将高达 10.14%，收入贫困发生率也高达 8.32%(见图 1-4(b))。显然，10.14%或 8.32%的低保政策覆盖面，是政策制定者们所不能接受的。而将 $y_s = 2778$ 元确定为城镇低保标准，消费贫困发生率和收入贫困发生率均为 2.84%(见图 1-4(b))。显然，这样的低保政策覆盖面是比较符合实际的，也是政策制定者们可以接受的。

由图 1-4(b)和图 1-4(d)可看出，在“零储蓄”收支相抵点处，不仅收入 x_s 与消费支出 y_s 相等，而且收入分布函数值 $F(x) = p_x$ 与消费分布函数值 $F(y) = p_y$ 也相等，即收入贫困发生率与消费贫困发生率在零储蓄点处也相等($H_x = H_y$)，这符合收支相抵点的一致性原理。

三、“双零点”消费值贫困线阈值意义

一个社会的收入-消费分布函数曲线或分位数函数曲线都是连续的。那么人们会问，在这一连续分布中有无数个消费函数值点，如何找到表达“居民最低或基本生活费用”消费值的那个点？或者说，凭什么说那个点的消费值所表达的就是“居民最低或基本生活费用”，即表达的就是贫困线的内在根据？这一问题很关键，这是建构自然贫困线概念逻辑体系所必须回答的核心问题。

在连续的收入-消费分布函数曲线中(参见图 2-13 和图 3-5)，有两个具有临界意义的特殊“零点”：

一个是消费分布函数曲线与收入分布函数曲线相交的“零储蓄”收支相抵点。处在这一点上的居民家庭收支平衡，既不欠债消费，也无收入结余。在上一节我们讨论线性消费函数模型法时已论证说明(在第三章第二节我们还将深入讨论“零储蓄”收支相抵点的贫困学阈值意义)，收支相抵点的消费值 y_s 表达的就是该社会“居民满足基本生活需要所必需支付的基

本生活费用”，“零储蓄点”收支相抵点具有区分基本贫困与非基本贫困的阈值点或临界点意义。所以，本研究把“零储蓄点”消费值 y_s 作为贫困线阈值是合适的，是符合贫困经济学理论逻辑的，也是符合该社会居民收入-消费截面分布客观事实存在的。

另一个是消费分布函数曲线 $p=0$ 处的“零分位点”。在当 $p=0$ 时，由公式(1-31) $y=L_y'(p)\mu_y$ 计算得到 $y_o=L_y'(0)\mu_y$。根据卡瓦尼洛伦兹曲线条件，对于消费洛伦兹函数曲线来说，$L'(p)>0$，所以 $y_o>0$。由于公式(1-29)与公式(1-31)是等价的，所以 y_o 的消费分位函数形式是：

$$y_o=Q(0)=L_y'(0)\mu_y \tag{1-32}$$

上式表示的是，当消费分位数函数变量 $p=0$ 时，其社会居民消费支出是 y_o。我们知道 p 的定义域是 $0\leqslant p\leqslant 1$，因此，从消费分布函数或分位数函数意义上来看，y_o 是该社会最底线、最小的居民生活消费支出值，因为 p 不可能是负值，所以在连续分布中再也找不到比 y_0 更低或更小的消费函数值，它表达的是该社会“居民最低或底线生活费用”。当居民收入分布 $p=0$ 处最小收入 x_0 小于 y_o 时，即当 $x_0<y_0$ 时，这意味着社会中有一部分居民的收入达不到“居民底线生活消费”水平，这说明 y_0 具有“底限自然贫困线”阈值意义。因而，把“零分位点”消费值 y_o 作为贫困线阈值是合适的。

综上所述，我们从连续的居民收入-消费分布函数和分位数函数曲线中，找到了两个十分重要的阈值点：一个是“零分位点”及其消费值 y_o；一个是“零储蓄点”及其消费值 y_s。(1)“零分位点”底线消费值 y_o，表达的是“社会居民底线生活费用”。(2)“零储蓄点”消费值 y_s，表达的是“社会居民基本生活费用”。在符合 $x_o<y_0$ 条件下，这两个“零点”消费值一高一低：$y_s>y_o$(参见图1-4(b)和图1-4(d))。因为“零分位点”底线消费值 y_o，符合本章第一节关于贫困线的内在本质规定，所以我们称它为底线贫困线。同理，“零储蓄点”基本消费值 y_s，符合本章第一节关于贫困线的内在本质规定，所以我们称它为基本贫困线。这两条一低一高贫困线，本书称它们为“自然贫困线”。

四、“双零点”消费值的长期趋势估计

采用“分位数函数零点法”描述和测算社会居民最低或基本生活费用(零分位点处的最底线生活费用 y_o 和零储蓄点处的基本生活费用 y_s)，都是以某个年度现期收入-消费截面数据为依据进行估算的。但是在一般情况下，我们不能仅以某个年度的估算结果就将其确定为贫困线，这样做风

险较大，稳定性或可靠性较差。

我们知道，居民现期收入(包括社会平均收入和社会分层分组平均收入)，在各年度之间具有一定的波动性，尤其对于经济周期而言，收入波动起伏更大、更明显。而居民消费习惯形成之后具有不可逆的“棘轮效应”，即消费者易于随收入的提高增加消费，但不易于随收入降低而减少消费。因此，对于仅就某个年度的现期收入-消费支出截面数据为依据测算出来的居民最低或基本生活费用，我们无法判别该年度的最低或基本生活费用相对于其他年度来说，是向上波动还是向下波动，或是未出现明显波动而只是平稳增长。很有可能在某个时期，出现最低或基本生活费用“在某年忽高而在某年忽低”的现象。在这种情况下，如果我们简单地直接地将某个年度的最低或基本生活费用作为贫困线来使用，就会出现贫困线“在某年忽高而在某年忽低”的现象。这有悖贫困线要么固定不变、要么逐年提高(如低保标准逐年提高)的常理。

从理论上或理想状态来说，一个社会的居民最低或基本生活必需费用(无论是零分位底线生活费用，还是零储蓄基本生活费用)应是一个自然、平稳的增长过程，各年度之间不应出现较大波动或跳跃现象。但由于经济波动、价格波动、统计口径、数据可获得性、观测误差和数据处理等随机干扰因素，使得我们测算出来的居民最低或基本生活费用，在年度之间很有可能出现不规则变动，有时相邻年度的最低或基本生活费用值可能上下波动比较明显。

由此看来，为了客观描述社会居民最低或基本生活费用的自然、平稳增长过程，寻找真实的、稳定的居民最低或基本生活费用，很有必要将这些不规则变动干扰部分剔除或过滤。这就需要对测算出来的、多年度的“双零点”消费值 y_o 和 y_s 时间序列，进行长期趋势回归模型拟合，从而得到“双零点”消费值长期趋势拟合估计值，并用 y_0^* 和 y_s^* 来表示。y_0^* 和 y_s^* 就是我们要寻找的两个生活费用标准：一个是底线生活费用标准；一个是基本生活费用标准。

当然，进行“双零点”消费值长期趋势拟合估计，需要历史数据条件作支撑。当历史数据条件不具备时，或仅分析一、两年的居民最低或基本生活费用时，也可以直接采用“双零点”消费值 y_o 和 y_s 进行分析。不过，这只是一个次优方案或无奈之举。

五、自然贫困线概念

本研究将贫困线测定方式分为两种基本类型：一种是规范判断型；一

种是实证描述型。采用规范判断型方式回答的是，根据人们的经验常识和价值目标取向，贫困线“应该是怎样”，由此方式设定的贫困线我们称之为“人工贫困线”。实证描述型方式回答的是，根据对社会居民收入-消费分布特征的描述，贫困线“事实上是怎样”，由此方式所测算出来的贫困线我们称之为“自然贫困线”。本研究提出“自然贫困线”这一术语，是基于自然贫困线具有以下四个基本特征或要素：

1. 自然贫困线符合贫困线的内在本质规定。即自然贫困线是一个社会性最低或基本生活标准，并且这一社会性最低或基本生活标准，是由“居民最低或基本生活必需费用”所决定的。

2. 自然贫困线是一种社会客观存在。即由“居民最低或基本生活必需费用”所决定的自然贫困线，是一种社会客观存在。

3. 自然贫困线是可描述、可测量的。“任何真实的事物都是可测量的”。[①] 人们可以凭据可靠的统计数据和采用科学的数理统计方法，对“居民最低或基本生活必需费用”进行实证性描述和测算。

4. 在描述和测算过程中，自然贫困线阈值的获得与“测定者”的主观意志和价值判断无关。

我们将基于居民收入-消费“分位数函数零点法”所测算出的“零分位”消费值 y_0^*（或 y_o）和“零储蓄”消费值 y_s^*（或 y_s），称其为“自然贫困线”。自然贫困线除了具有以上四方面基本特征或要素以外，还有很重要的一点是：一个社会维持居民最低限度社会性生存需要的“零分位点”底线生活费用，和满足居民基本生活需要“零储蓄点”基本生活费用，存在于社会居民收入-消费收支结果及分布之中，并且社会居民收入-消费收支结果及分布是全体社会居民收支行为自然而然形成的；也就是说，“零分位点”底线生活费用 y_o 和“零储蓄点”基本生活费用 y_s 是自然而然形成的，它们不是少数“专家或决策者”人工或人为预设的。这是本研究将“零分位点”底线生活费用和“零储蓄点”基本生活费用称为“自然贫困线”的基本依据和出发点。

---

① ［美］艾尔·巴比著：《社会研究方法》，邱泽奇译，华夏出版社 2005 年版，第 119 页。

第二章　居民收入-消费分布与分位数函数

自然贫困线的原理、描述与测算，是建立在社会居民收入-消费截面分布函数、分位数函数、洛伦兹曲线分布函数基础上的。所以，本章将重点讨论：(1)基于居民收入-消费随机变量与 Pen 氏排列的截面分布函数；(2)基于居民收入-消费截面分布函数的分位数函数；(3)由居民收入-消费洛伦兹曲线分布所表达的分位数函数；(4)居民收入-消费分布与贫困测量、贫困线之间的内在联系。

第一节　居民收入-消费分组数据的启示

采用“分位数函数零点法”来描述或测算贫困线，这一方面是受线性消费函数模型法的启发；另一方面是从统计部门公布的居民住户调查按收入水平高低分组截面数据所得到的启示。本节以国家统计局公布的 2002—2012 年相关年度全国城镇居民按收入分组的人均可支配收入和人均消费支出截面排序数据为例，做一些初步分析。

一、全国城镇居民收入、消费分组排序数据

表 2-1 是国家统计局公布的 2002—2012 年相关年度全国城镇居民按收入分组的人均可支配收入和人均生活消费支出截面排序数据；人均储蓄根据公式(1-18)计算。由表 2-1 可看出，就各年度而言，随着收入截面分组的人均可支配收入依次增加，各分组的人均消费支出和人均储蓄也依次相应增加。

为了分析表 2-1 中数据变化规律，根据公式(1-23)对表 2-1 中各年度的分组排序截面数据，计算各分组的平均消费倾向 APC(平均消费倾向 APC 与平均储蓄倾向 APS 存在镜像关系，见第一章第四节)。于是，得到了一个新的截面排序数据表——各年度、各分组的平均消费倾向 APC 排序数据表(见表 2-2)。

表 2-1 **2002—2012 年全国城镇居民分组人均收入、消费、储蓄排序数据** 单位：人，元/年

年份	指 标	困难户 5%	最低收入户 10%	低收入户 10%	中等偏下户 20%	中等收入户 20%	中等偏上户 20%	高收入户 10%	最高收入户 10%
	分组序号		1	2	3	4	5	6	7
2002	户均人口		3. 43	3. 34	3. 20	3. 04	2. 91	2. 78	2. 68
	人均收入 x_i	1957	2409	3649	4932	6657	8870	11773	18996
	人均消费 y_i	2080	2388	3260	4206	5453	6940	8920	13041
	人均储蓄 S_i	−122	21	389	726	1204	1930	2853	5955
2004	户均人口		3. 36	3. 24	3. 1	2. 99	2. 84	2. 74	2. 64
	人均收入 x_i	2313	2826	4429	6024	8167	11057	14971	25377
	人均消费 y_i	2441	2855	3942	5096	6498	8346	10749	16842
	人均储蓄 S_i	−128	−29	487	928	1669	2711	4222	8535
2006	户均人口		3. 31	3. 2	3. 09	2. 92	2. 79	2. 69	2. 62
	人均收入 x_i	2839	3569	5541	7554	10270	14049	19069	31967
	人均消费 y_i	2953	3423	4766	6108	7905	10218	13170	21062
	人均储蓄 S_i	−114	146	775	1446	2365	3831	5899	10905
2008	户均人口		3. 33	3. 22	3. 06	2. 89	2. 74	2. 62	2. 51
	人均收入 x_i	3734	4754	7363	10196	13984	19254	26250	43614
	人均消费 y_i	3863	4533	6195	7994	10345	13317	17888	26982
	人均储蓄 S_i	−129	221	1168	2202	3639	5937	8362	16632
2010	户均人口		3. 29	3. 2	3. 02	2. 82	2. 7	2. 61	2. 51
	人均收入 x_i	4739	5948	9285	12702	17224	23189	31044	51432
	人均消费 y_i	4715	5472	7360	9649	12609	16140	21000	31762
	人均储蓄 S_i	24	476	1925	3053	4615	7049	10044	19670
2012	户均人口		3. 3	3. 21	2. 99	2. 8	2. 67	2. 58	2. 52
	人均收入 x_i	6520	8215	12489	16761	22419	29814	39605	63824
	人均消费 y_i	6367	7301	9610	12281	15720	19830	25797	37662
	人均储蓄 S_i	153	914	2879	4480	6699	9984	13808	26162

数据来源：表中人均可支配收入和人均消费支出分组数据来自相关年度《中国统计年鉴》；人均储蓄根据公式(1-18)计算。

表 2-2 **2002—2012 年全国城镇居民各收入分组消费倾向 APC 排序数据**

年份	困难户 5%	最低收入户 10%	低收入户 10%	中等偏下户 20%	中等收入户 20%	中等偏上户 20%	高收入户 10%	最高收入户 10%
分组序号		1	2	3	4	5	6	7
2002	1. 062	0. 991	0. 893	0. 853	0. 819	0. 782	0. 758	0. 687
2004	1. 055	1. 010	0. 890	0. 846	0. 796	0. 755	0. 718	0. 664
2006	1. 040	0. 959	0. 860	0. 809	0. 770	0. 727	0. 691	0. 659
2008	1. 035	0. 954	0. 841	0. 784	0. 740	0. 692	0. 681	0. 619
2010	0. 995	0. 920	0. 793	0. 760	0. 732	0. 696	0. 676	0. 618
2012	0. 977	0. 889	0. 769	0. 733	0. 701	0. 665	0. 651	0. 590

二、分组排序数据规律初步认识

由表 2-1 和表 2-2 可看出：

1. 无论是从截面排序数据还是从时间序列数据，各分组的户均人口数量均呈现下降趋势。从截面排序数据来看，如 2002 年七分组的户均人口，依次为 3. 43 人、3. 34 人、3. 20 人、3. 04 人、2. 91 人、2. 78 人、2. 68 人，呈截面分组下降趋势；再如 2012 年七分组的户均人口，依次为 3. 3 人、3. 21 人、2. 99 人、2. 8 人、2. 67 人、2. 58 人、2. 52 人，也呈截面分组下降趋势。其他年份也呈现出同样趋势。从时间序列数据来看，2012 年与 2002 年相比较，七分组的户均人口依次减少了 0. 13 人、0. 13 人、0. 21 人、0. 24 人、0. 24 人、0. 2 人、0. 16 人。各分组的户均人口数量的不同及时序变化，对收入-消费累积分布曲线和分位数函数影响很大。

2. 从各个年度截面排序数据来看，各收入分组平均消费倾向 APC，随着分组平均收入的增加呈现出递减趋势。如 2002 年，5%最困难户组的消费倾向为 1. 062，然后依次递减，直到 10%最高收入组的 0. 687。再如 2012 年，5%最困难户组的消费倾向为 0. 977，然后依次递减，直到 10%最高收入组的 0. 59。其他年份也呈现出同样趋势。也就是说，各个年度的收入分组平均消费倾向 APC 的变化，符合凯恩斯提出的“消费倾向递减规律”，即消费倾向随着收入的增加呈现出递减趋势(见表 2-2 和图 2-1)。

3. 从纵向时间序列来看，各个分组的平均消费倾向 APC 在 2002—2012 年期间，随着分组平均收入的增加呈现出波动性下降趋势。比如，5%最困难户组，平均消费倾向 APC 由 2002 年的 1. 062，波动性地减少至

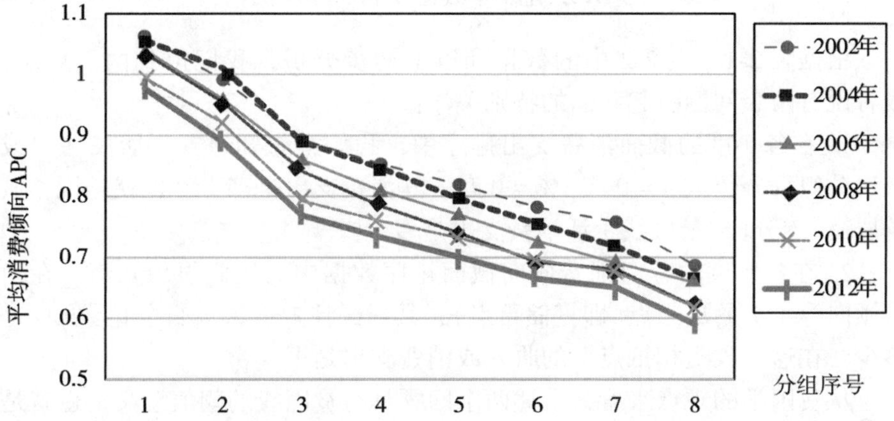

图 2-1　各年度全国城镇居民截面分组消费倾向呈递减趋势(2002—2012 年)

2012 年的 0.977；还比如，10%最低收入户组，平均消费倾向 APC 由 2002 年的 0.991，波动性地减少至 2012 年的 0.889。其他各收入分组的平均消费倾向 APC 也在 2002—2012 年期间均呈现出波动性下降趋势(见表 2-2 和图 2-2)。

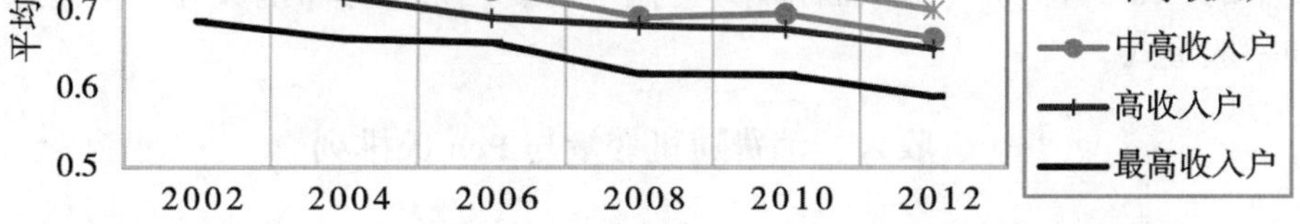

图 2-2　全国城镇居民各分组平均消费倾向时间序列递减趋势(2002—2012 年)

4. 无论是从截面排序数据还从时间序列数据，分组居民消费倾向与人均储蓄存在内在关系。凡分组居民消费倾向大于 1 的，其收入小于消费支出，人均储蓄为负值(负储蓄)；凡分组居民消费倾向小于 1 的，其收入大于消费支出，人均储蓄为正值(正储蓄)。显然，当居民消费倾向等于 1 时，必是收支相抵或收支均衡，人均储蓄等于 0(零储蓄)。

三、从分组排序数据中得到的启示

根据表 2-1、表 2-2 中的数据和以上初步分析，我们得到两点启示，或者说有两个问题引起我们的特别关注：

1. 在各年度的截面消费支出排序中，我们很想知道，当居民住户或人口分组百分位数 $p = 0$ 或 $p\% = 0$ 时，其消费支出是多少？也就是说，城镇居民“零分位”最底线生活消费支出是多少？

2. 在各年度的分组消费倾向截面排序数据中，我们很想知道，在消费倾向等于 1 的那一点（即零储蓄点），其居民住户或人口百分位数 p%是多少？在这一收支相抵点上的收入或消费支出是多少？

从贫困学的观点来看，上述两个问题具有贫困线的阈值意义。也就是说：(1) 如果我们测算出了“零分位”消费支出值，那么，也就获得了该社会的居民最低生活成本费用值。(2) 如果我们测算出了消费倾向等于 1 的“零储蓄”收支相抵点的消费值，那么，按照第一章第四节的分析，也就获得了基于收入-消费分布的满足居民基本生活需要所必需支付的基本生活成本费用。这是我们从居民住户调查分组排序数据中得到的两个非常重要的启示。

第二节　居民收入-消费分布函数

对于任何一个社会来说，某个年度的各居民家庭的收入和消费支出是随机变量，具有截面分布特征。本节重点讨论了居民收入和消费支出随机变量的 Pen 氏排列①（即截面排序）、概率密度、累积分布函数等基本概念和一般形式。

一、收入、消费随机变量与 Pen 氏排列

一个基本事实是，对于任何一个实行市场经济制度、总人口为 N、时间为某时点（如某年度 t）的国家或社会来说，其居民个体（或居民个人个体、或居民家庭个体等）的年人均收入 X 和年人均消费支出 Y 均属于随机变量。也就是说，对于某年度 t，社会各居民个体的年人均收入 x_i 和年人均消费 y_i 的具体数值（横截面数据）是随机的、不确定的，并且往往是各

---

① 简·佩恩（Jan Pen），荷兰经济学家，在其著作《收入分配：事实、理论与政策》（1971）中提出，采用“游行队伍”排序方式表述收入分配不平等情形，其中收入“侏儒”为最穷的人，收入“巨人”为最富的人。这一方式被称为 Pen 氏游行或 Pen 氏排序。

不相同的。

正因如此，经济学家简·佩恩(Jan Pen)曾提出一种根据居民收入横截面数据从高到低或从低到高"游行队伍"排列方式(简称Pen氏排列)，来形象表示一个国家或社会的居民收入分配不平等状况排序，其中最低收入者阶层为"游行队伍"中的侏儒，最高收入者阶层为"游行队伍"中的巨人。这样，人们可将某年度 t 社会居民个体各自获得的年人均收入 x_i 按其数值大小，从小到大分成 n 个收入分组进行排列，得到一个关于该社会全体居民年人均收入离散随机变量 X 所取值 x_i 的Pen氏截面排列：

$$x_1 \leqslant x_2 \leqslant \cdots \leqslant x_i \leqslant \cdots x_{n-1} \leqslant x_n \quad (x_i \geqslant 0) \tag{2-1}$$

在上面Pen氏排列式中：(1) $i=1, 2, \cdots, n$，表示按年人均收入取值多少将全体居民分为 n 个组的排序秩(或排序位置)，各分组的居民人口数可以是相等的(等分组方式)，也可以是不相等的(非等分组方式)；(2) x_i 为各分组的人均收入平均值，并假定 $x_i \geqslant 0$，即不存在负收入现象。

如果用 m_i 表示第 i 个居民分组的人口数(即年人均收入平均值为 x_i 的居民人口数)，那么，第 i 个分组人口 m_i 占社会总人口 N 的比重，记为：

$$f_i = \frac{m_i}{N} \quad (0 \leqslant f_i \leqslant 1) \tag{2-2}$$

我们称 f_i 是年人均收入为 x_i 的居民分组人口频率或概率。于是，可以得到一个与Pen氏排列式(2-1)相对应的居民分组人口频率排列：

$$f_1, f_2, \cdots, f_i, \cdots, f_{n-1}, f_n \tag{2-3}$$

下面，接着讨论消费支出排序问题。我们用 y_i 表示年度 t 第 i 个居民分组已发生的年人均消费支出，并假定：

(1)社会居民消费行为模式符合理性消费假设，即从总体上来说，居民消费支出行为符合"在预算约束条件下先满足基本需要，然后再满足非基本需要"的理性消费假设。

(2) y_i 和 x_i 之间符合凯恩斯消费倾向递减规律。

于是，与收入Pen氏排列式(2-1)相对应，我们可得到一个关于该社会全体居民年人均消费支出离散随机变量 Y 所取值 y_i 的Pen氏截面排列：

$$y_1 \leqslant y_2 \leqslant \cdots \leqslant y_i \leqslant \cdots y_{n-1} \leqslant y_n \quad (y_i > 0) \tag{2-4}$$

在此排列式中，$y_i > 0$，表示任一分组的年人均消费支出均大于0。这是因为，即使对于没有任何收入或收入极低的最底层居民(如 $i=1$ 分组居民)来说，其维持基本生存的最低消费也是必需的，因此，y_1 必然大于0。

综上所述，我们得到了一个基于居民年人均收入和人均消费支出随机变量横截面分组的Pen氏分布排列表(见表2-3)。

表 2-3 **社会居民年人均收入-消费随机变量截面分组 Pen 氏排序表**

按收入分组 i	1	2	…	i	…	$n-1$	n	定义域
人均收入 X	x_1	x_2	…	x_i	…	x_{n-1}	x_n	$x_i \geqslant 0$
人均消费 Y	y_1	y_2	…	y_i	…	y_{n-1}	y_n	$y_i > 0$
分组人口频率 f	f_1	f_2	…	f_i	…	f_{n-1}	f_n	$0 \leqslant f_i \leqslant 1$

为了直观地说明上述内容，我们以国家统计局 1985 年全国农村住户调查样本相关数据为例，列出了 1985 年中国农村居民各分组的人均纯收入和人均消费支出 Pen 氏排序情况，以及各分组人口频率 f_i 和累积人口分布 $F(x)$（见表 2-4）。需要说明的是，我们选择以 1985 年全国农村住户调查统计数据为例来说明前述 Pen 氏排列问题，并没有特别考量。事实上，我们可以选择国家统计局公布的任一年份的全国农村住户调查统计数据为例，因为它们的各分组人均纯收入和人均消费支出都具有表 2-3 所表述的 Pen 氏排列特征。

表 2-4 **1985 年中国农村居民收入-消费随机变量分组数据 Pen 氏排列**

分组序号 i	按人均纯收入分组（元）	农户占比（%）	户平人口（人）	人口频数	各组人口占比	组平均人均纯收入（元）	组平均人均消费支出（元）	累积人口占比
					f_i	x_i	y_i	$F(x)=p$
1	0~100	1.0	5.2	5.20	0.0102	72.2	152.5	0.0102
2	100~150	3.4	5.5	18.70	0.0365	133.3	169.9	0.0467
3	150~200	7.8	5.6	43.68	0.0854	179.8	191.1	0.1321
4	200~300	25.5	5.4	137.70	0.2691	252.4	236.2	0.4012
5	300~400	24.1	5.2	125.32	0.2449	347.7	297.3	0.6461
6	400~500	15.9	5.0	79.50	0.1554	444.2	357.0	0.8015
7	500~600	9.1	4.8	43.68	0.0854	542.4	419.8	0.8869
8	600~800	8.0	4.5	36.00	0.0704	680.6	502.3	0.9572
9	800~1000	2.9	4.3	12.47	0.0244	878.9	614.8	0.9816
10	1000~1500	1.8	4.1	7.38	0.0144	1157.2	756.3	0.9960

续表

分组序号 i	按人均纯收入分组（元）	农户占比（%）	户平人口（人）	人口频数	各组人口占比	组平均人均纯收入（元）	组平均人均消费支出（元）	累积人口占比
					f_i	x_i	y_i	$F(x)=p$
11	1500~2000	0.3	4.3	1.29	0.0025	1686.6	1080.9	0.9986
12	2000元以上	0.2	3.7	0.74	0.0014	2538.2	1461.7	1.0000
合计		100.0		511.66	1.00			

说明：(1)数据来源：①国家统计局农村社会经济调查总队编，《中国农村住户调查年鉴》2005年版。②人口频数、各组人口占比和累积人口占比系本书计算结果。(2)住户调查数据0~100元组的人均消费支出高于100~150元组，按缺失数据处理，并根据消费函数线性回归模型估算得到152.5元。

二、收入、消费截面分布函数一般形式

根据式(2-2)、式(2-3)和表2-3，年度 t 社会各分组居民人均收入离散随机变量 X 的截面累积分布函数为：

$$F(x)=P|X=x_i|=\sum_{i=1}^{i}f_i=\frac{1}{N}\sum_{1}^{i}m_i \quad (0\leqslant P\leqslant 1) \qquad (2\text{-}5)$$

上式表明：$F(x)=P$ 是 f_i 之和或累积；$0\leqslant P\leqslant 1$，表示 $F(x)=P$ 的最大值是1，最小值是0。显然，对于所有的 $x_i(i=1,2,\cdots,n)$：

$$F(x)=P|X=x_i|=\sum_{i=1}^{n}f_i=1 \qquad (2\text{-}6)$$

当我们把社会全体居民的年人均收入横截面数据 x 视为连续随机变量 X 时，那么，该社会的居民年人均收入随机变量 X 的截面累积分布函数的一般表达形式为：

$$F(x)=\int_0^x f(x)\,\mathrm{d}x=p \quad (0\leqslant p\leqslant 1) \qquad (2\text{-}7)$$

上式中，函数 $f(x)$ 称为收入随机变量 X 的概率密度函数或概率密度。$F(x)=p$ 的经济学意义是：收入不多于 x 的居民人口数量占社会居民人口总数的百分比。

根据概率论原理，概率密度函数 $f(x)$ 具有以下四点基本性质：

1. $f(x)\geqslant 0$；

2. $\int_{0}^{\infty} f(x)\,\mathrm{d}x = 1$；

3. $F(x_2) - F(x_1) = \int_{x_1}^{x_2} f(x)\,\mathrm{d}x (x_1 \leqslant x_2)$，即累积分布函数 $F(x)$ 是一个单调增函数；

4. 若 $f(x)$ 在点 x 处连续，则有 $F'(x) = f(x)$。

需要指出的是，当式(2-7)中的积分上限 x 为贫困线 z 时，式(2-7) $F(x) = p$ 的贫困学意义是：收入低于贫困线 z 的居民人口数量占社会居民人口总数的百分比：

$$F(z) = \int_{0}^{z} f(x)\,\mathrm{d}x = H \tag{2-8}$$

显然，这就是我们熟知的贫困人口指数即贫困发生率 H。需要说明的是，关于居民收入-消费截面分布函数与贫困指数(即与 FGT 贫困指数)的关系，是本书所要讨论的重要内容之一，我们将在第四章予以讨论。

对于社会居民消费式(2-4)排序来说，我们同样也可以将居民年人均消费支出横截面数据 y 视为连续随机变量 Y，那么，社会居民年人均消费支出连续随机变量 Y 的截面分布函数一般形式为：

$$F(y) = \int_{0}^{y} f(y)\,\mathrm{d}y = p \tag{2-9}$$

上式表示社会中人均生活消费支出低于 y 的居民人口数量占社会居民人口总数的百分比。

显然，上述关于收入概率密度函数 $f(x)$ 的四点基本性质，对于消费概率密度 $f(y)$ 来说同样适用，这里就不赘述了。

为了直观理解上述内容，根据表 2-4 中数据，我们绘制出 1985 年中国农村居民人均纯收入分组人口频率 f_i 直方图 2-3，及其收入累积分布拟合曲线图 2-4。需要指出的是，当把图 2-4 中横坐标随机变量 X 的任一取值 x_i 视为贫困线 z 时，即 $x_i = z$ 时，那么图 2-4 中的收入累积分布拟合曲线实际上表示的是收入贫困发生率曲线。

同理，我们根据表 2-4 中数据，绘制出 1985 年中国农村居民人均消费支出分组人口频率 f_i 直方图 2-5，及其消费累积分布拟合曲线图 2-6。虽然图 2-5 与图 2-3 所表示的按纯收入分组的人口频率(纵坐标)是相同的，但分组的组平均消费与对应的组平均收入(横坐标)是不同的。

与前述同理，当把图 2-6 中横坐标随机变量 Y 的任一取值 y_i 视为贫困线 z 时，即 $y_i = z$ 时，那么图 2-6 中的消费累积分布拟合曲线实际上表示的是消费贫困发生率曲线。

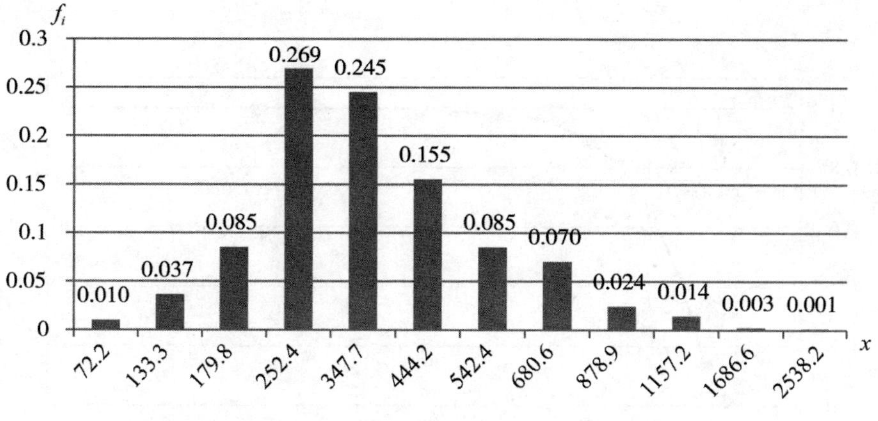

图 2-3 1985 年中国农村居民收入分组人口频率

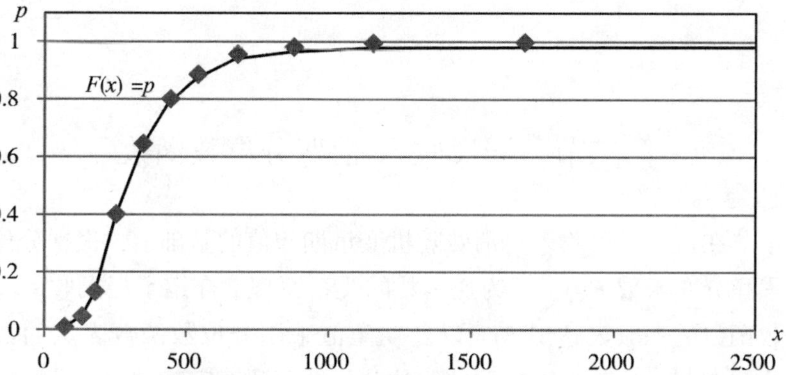

图 2-4 1985 年中国农村居民收入累积分布拟合曲线

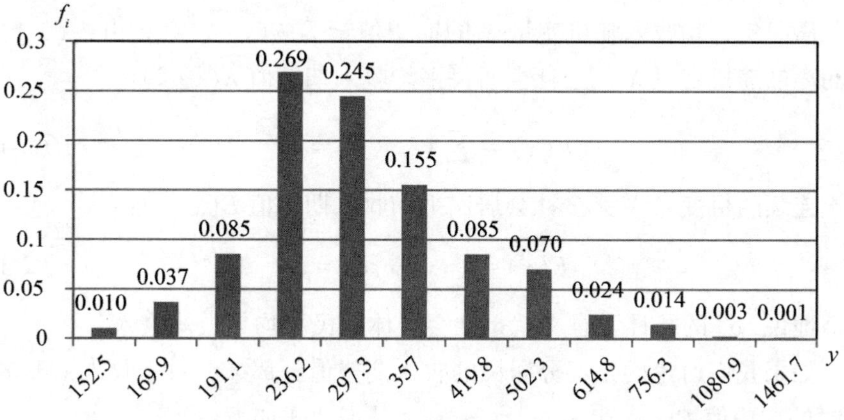

图 2-5 1985 年中国农村居民消费按收入分组人口频率

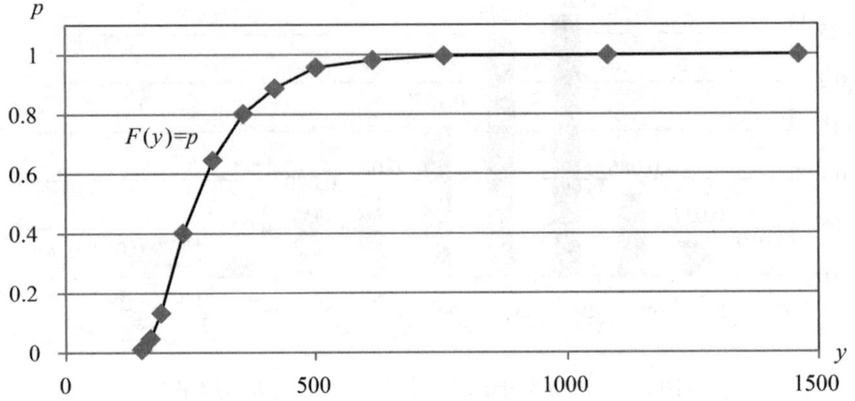

图 2-6　1985 年中国农村居民消费累积分布拟合曲线

第三节　居民收入-消费分位数函数

本节在讨论居民收入、消费随机变量期望值的基础上，根据分位数函数与累积分布函数 $F(x)$ 互为逆函数的关系原理，介绍了居民收入、消费分位数函数的一般表达形式，以及期望值采用分位数函数表达的数学形式，为第四节讨论基于洛伦兹曲线的分位数函数奠定基础。

一、收入、消费随机变量期望值

居民年人均收入随机变量 X 的期望值记为 $E(x)$ 。对于由式(2-1)表示的离散随机变量 X，全社会居民平均收入期望值 $E(x)$ 为：

$$E(x) = \sum_{i=1}^{n} (x_i \times f_i) = \mu_x \tag{2-10}$$

对于连续随机变量 X，全社会居民平均收入期望值 $E(x)$ 为：

$$E(x) = \int_0^{\infty} xf(x)\,\mathrm{d}x = \mu_x \tag{2-11}$$

通俗地说，μ_x 的统计学意义就是社会全体居民平均年人均收入。

如果我们讨论的是部分居民的收入期望值，那么，对于收入 x 不多于 x_κ 时的期望值 $E(x_\kappa)$ $(0 \leqslant x_\kappa \leqslant \infty)$，其表达式如下：

$$E(x_\kappa) = \int_0^{x_\kappa} xf(x)\,\mathrm{d}x \tag{2-12}$$

不难理解，$E(x_\kappa)$ 实际上是一个关于 x_κ 的一阶矩函数（或期望值函数），它随着 x_κ 取值的变化而变化。对比(2-11)式，当 x_κ 在定义域 $0 \leqslant x_\kappa \leqslant \infty$ 取任何实数值时，$E(x_\kappa)$ 必然是一个小于或等于 $E(x)=\mu_x$ 的有限期望值，即：

$$E(x_\kappa) \leqslant E(x) = \mu_x \tag{2-13}$$

由式(2-11)和式(2-12)可得到：

$$\frac{E(x_\kappa)}{E(x)} = \frac{\int_0^{x_\kappa} xf(x)\,\mathrm{d}x}{\int_0^{\infty} xf(x)\,\mathrm{d}x} = \frac{1}{\mu_x}\int_0^{x_\kappa} xf(x)\,\mathrm{d}x \tag{2-14}$$

式(2-14)实际上是居民收入洛伦兹曲线函数的一种表达式。关于这一表达式，在本章第四节将进一步讨论。

同理，对于居民人均消费支出连续随机变量 Y，全社会平均消费支出期望值 $E(y)$ 为：

$$E(y) = \int_0^{\infty} yf(y)\,\mathrm{d}y = \mu_y \tag{2-15}$$

此式表达的 μ_y 实际上是社会全体居民平均人均消费支出。

对于人均消费支出不多于 y_κ 时的期望值 $E(y_\kappa)$ $(0 \leqslant y_\kappa \leqslant \infty)$，其表达式如下：

$$E(y_\kappa) = \int_0^{y_\kappa} yf(y)\,\mathrm{d}y \tag{2-16}$$

当 y_κ 在定义域 $0 < y_\kappa \leqslant \infty$ 取任何实数值时，$E(y_\kappa)$ 必然是一个小于或等于 $E(y)=\mu_y$ 的有限期望值，即：

$$E(y_\kappa) \leqslant E(y) = \mu_y \tag{2-17}$$

同样，由式(2-15)和式(2-16)可得到：

$$\frac{E(y_\kappa)}{E(y)} = \frac{\int_0^{y_\kappa} yf(y)\,\mathrm{d}y}{\int_0^{\infty} yf(y)\,\mathrm{d}y} = \frac{1}{\mu_y}\int_0^{y_\kappa} yf(y)\,\mathrm{d}y \tag{2-18}$$

式(2-18)是关于居民消费洛伦兹曲线函数的一种表达式。

为了直观地说明上述关于期望值的讨论内容，我们根据表 2-4 中的数据计算出了 1985 年中国农村居民人均纯收入和人均消费支出的期望值，以及各分组期望值（见表 2-5）。

表 2-5 **1985 年中国农村居民人均纯收入和人均消费期望值**

分组序号 i	按人均纯收入分组（元）	各组收入期望值 $x_i \cdot f_i$	各组消费期望值 $y_i \cdot f_i$	累积收入期望值 $\sum(x_i \cdot f_i)$	累积消费期望值 $\sum(y_i \cdot f_i)$
1	0～100	0.7	1.6	0.7	1.6
2	100～150	4.9	6.2	5.6	7.8
3	150～200	15.4	16.3	21.0	24.1
4	200～300	67.9	63.6	88.9	87.6
5	300～400	85.2	72.8	174.0	160.4
6	400～500	69.0	55.5	243.1	215.9
7	500～600	46.3	35.9	289.4	251.8
8	600～800	47.9	35.4	337.3	287.1
9	800～1000	21.4	15.0	358.7	302.1
10	1000～1500	16.7	10.9	375.4	313.0
11	1500～2000	4.2	2.7	379.6	315.7
12	2000 元以上	3.6	2.0	383.2	317.8
合 计		383.2	317.8		

二、收入、消费分位数函数一般形式

分位数函数是测量收入-消费分布及不平等的一个重要工具，它与洛伦兹曲线分布有着密切的内在联系。在测量收入不平等时，我们常说社会中 10%或 20%最穷的穷人拥有多少收入，或常说 10%或 5%最富的富人拥有多少收入等，这就是用分位数函数来表述社会收入分配状况。以收入 x 为例，其分位数函数由下式来表示：

$$x = Q_x(p) \tag{2-19}$$

其含义是：当分位数函数自变量为分位数 p 或百分位数 p %时，其因变量收入为 x 。我们用下标 x 表示收入分位数函数 $Q_x(p)$ ，用下标 y 表示消费分位数函数 $Q_y(p)$ 。

比较式(2-19)和式(2-7)，显然，分位数函数 $Q_x(p)$ 是累积分布函数 $F(x)$ 的反函数；或者说，分位数函数 $Q_x(p)$ 与累积分布函数 $F(x)$ 互为逆函数。于是，收入分位数函数 $Q_x(p)$ 又可记为：

$$x = Q_x(p) = F^{-1}(x) \tag{2-20}$$

由图 2-4 可知，收入累积分布函数 $F(x)$ 曲线的横坐标为自变量收入 x，纵坐标为因变量 p。而对于分位数函数 $Q_x(p)$ 曲线来说，p 为自变量，用横坐标来表示；收入 x 为因变量，用纵坐标来表示。也就是说，累积分布函数 $F(x)$ 曲线与分位数函数 $Q_x(p)$ 曲线是相互变换了横、纵坐标的两条曲线。

对于任一分位数 p(自变量)，通过分位数函数 $Q_x(p)$ 对应着一个收入变量 x(因变量)。有了公式(2-20)，由式(2-12)表示的一阶矩函数可改写为：

$$E(Q_x(p)) = \int_0^{Q_x(p)} xf(x)\,\mathrm{d}x \tag{2-21}$$

于是，据(2-13)式，我们有：

$$E(Q_x(p)) \leqslant E(x) = \mu_x \tag{2-22}$$

在第四节我们将看到，式(2-21)和式(2-22)对于建立洛伦兹曲线函数一般表达式具有重要意义。

同理，对于消费分位数函数可记为：

$$y = Q_y(p) = F^{-1}(y) \tag{2-23}$$

公式(2-20)和(2-23)分别称为收入、消费分位数函数的最一般形式。

根据表 2-4 中的数据，我们将图 2-4 中的纵坐标与横坐标对换，绘出了 1985 年中国农村居民收入分位数函数拟合曲线(见图 2-7)。同理，我们将图 2-6 中的纵坐标与横坐标对换，绘出了 1985 年中国农村居民消费分位数函数拟合曲线(见图 2-8)。

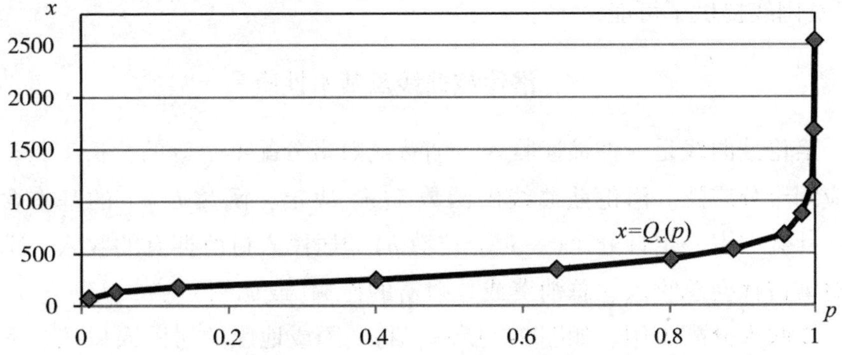

图 2-7　1985 年全国农村居民收入分位数函数拟合曲线

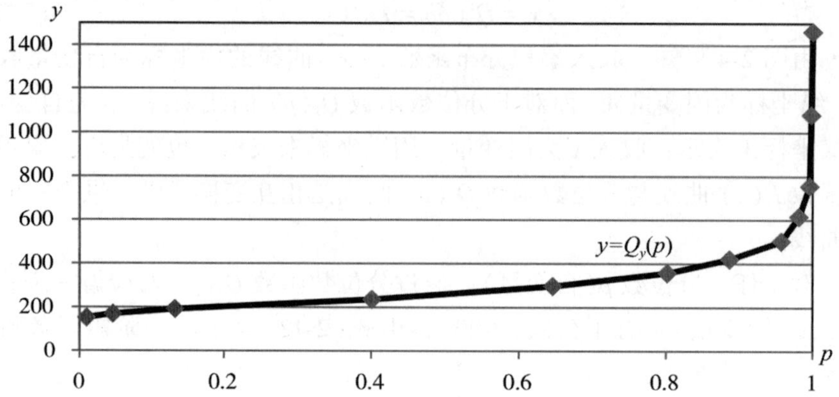

图 2-8　1985 年全国农村居民消费分位数函数拟合曲线

第四节　基于洛伦兹曲线分布的分位数函数

虽然本章第二节分别给出了收入、消费累积分布函数表达式(2-7)和式(2-9)，第三节也分别给出了收入、消费分位数函数表达式(2-20)和式(2-23)，但这些式子都是最一般的抽象形式。如何将这些最一般的抽象形式转化为具体形式？一个有效的途径是采用洛伦兹曲线函数充当这一转换的角色或工具。因为洛伦兹曲线函数也是一种以人口累积分布 p 为自变量的分布函数，所以它可以将收入、消费分位数函数转化为洛伦兹曲线函数一阶导数的表达形式，从而为采用计量经济模型估算分位数函数"双零点"贫困线提供了可能。

一、洛伦兹曲线及基本性质

洛伦兹曲线是一种描述收入、消费或财富分配不平等的分析工具，它的应用十分广泛。洛伦兹曲线由函数 $L(p)$ 决定，函数 $L(p)$ 的基本含义是：社会中占一定百分比(一定分位数 p)的居民人口所拥有的收入、消费或财富占社会总收入、总消费或总财富的份额(或比例)。

以收入分配为例。如图 2-9 所示，将一国或地区的居民人口按收入分配所得(严格地说是规模性收入分配所得)从少到多进行排序，横轴表示累计人口百分比，纵轴表示累计收入百分比。由各累计人口百分比与对应的累计收入百分比的坐标点形成洛伦兹曲线 $L(p)$ 。图中 45°对角线是绝

对平均线 a，它表示同等百分比人口获得了同等百分比的收入，这是一种绝对平均极端情况。另一种极端情况如图所示，$\widehat{OPC}$ 直角线段称为绝对不平均线，它表示社会成员中某个人得到社会收入的全部，而其余人的收入均为零。上述两种极端情况在现实生活中并不存在，任何实际收入分配曲线 $L(p)$ 都将落在绝对平均线 a 和绝对不平均线 $\widehat{OPC}$ 之间。洛伦兹曲线 $L(p)$ 是一条向上的凹曲线，其弯曲程度越小，与绝对平均线 a 的距离越接近，表示分配越趋向平等；反之，其弯曲程度越大，与绝对平均线 a 的距离越远，则表示分配越不平等。

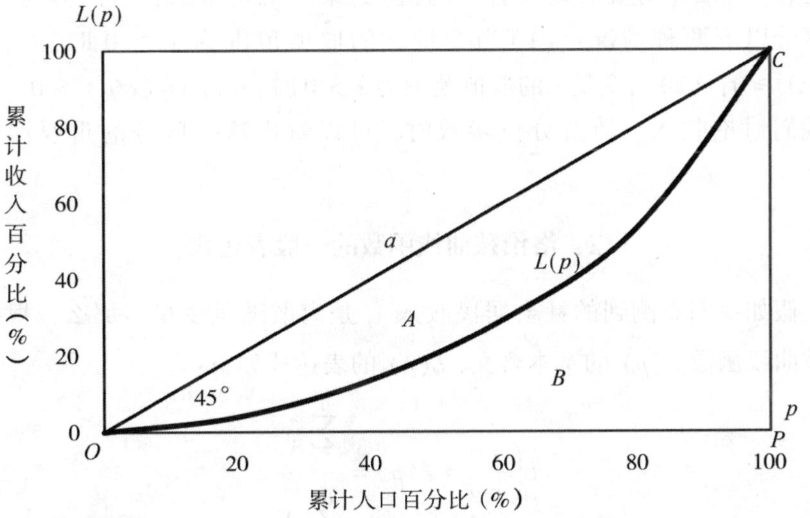

图 2-9　洛伦兹曲线示意图

卡瓦尼(Kakwani)(1980)认为，洛伦兹曲线函数 $L(p)$ 具有以下基本特性，或者说满足以下条件：

(1)若 $p=0$，则 $L(p)=0$；

(2)若 $p=1$，则 $L(p)=1$；

(3) $L'(p)=\left(\dfrac{x}{\mu}\right)\geqslant 0,\ L''(p)=\dfrac{1}{\mu f(x)}>0$；

(4) $L(p)\leqslant p$ 。

上述 4 点称为卡瓦尼洛伦兹曲线函数条件①，它说明：

① 纳纳克·卡瓦尼：《洛伦兹曲线》，载《新帕尔格雷夫经济学大辞典》第 3 卷，陈岱孙等译，经济科学出版社 1996 年版，第 262-263 页。

(1)洛伦兹曲线函数 $L(p)$ 的定义域为 $0 \leqslant p \leqslant 1$，值域为 $0 \leqslant L(p) \leqslant 1$。

(2)当 $p=0$ 时，$L(p)$ 有最小值0；当 $p=1$ 时，$L(p)$ 有最大值1。除这两个端点以外，在开区间 $0 < p < 1$，恒有 $L(p) < p$。

(3)洛伦兹曲线函数的二阶导数 $L''(p) > 0$，一方面说明洛伦兹曲线 $L(p)$ 是一条向上凹曲线(见图 2-9)；另一方面说明 $L(p)$ 的一阶导函数 $L'(p)$ 是一个单调增函数。

(4)对于 Kakwani 条件中关于洛伦兹函数一阶导数 $L'(p)=\left(\frac{x}{\mu}\right) \geqslant 0$ 的设定，由于 μ (期望值或社会平均值)为某一既定常数，所以对变量 x，可区分以下两种情况：(1)当变量 x 的取值范围为 $x \geqslant 0$ 时，$L'(p) = (x/\mu) \geqslant 0$；(2)当变量 x 的取值范围为 $x > 0$ 时，$L'(p)=(x/\mu) > 0$。在后面我们讨论收入、消费分位函数时，可以看出这一区分的重要性和必要性。

二、洛伦兹曲线函数的一般表达式

假如我们观测到的社会居民收入 x_i 是离散随机变量，那么，根据洛伦兹曲线函数 $L(p)$ 的基本含义，$L(p)$ 的表达式如下：

$$L\left(\frac{i}{n}\right) = L(p) = \frac{\sum_{i=0}^{i} x_i}{\sum_{i=0}^{n} x_i} \tag{2-24}$$

上式中，$i=0, 1, 2, \cdots, n$；$p=\frac{i}{n}$。显而易见，公式(2-24)的分母表示的是社会全体居民收入加总(总收入)，分子表示根据居民个体收入分组排序的秩累计到 i 的居民收入之和；两者之商，就是累计到 i 的居民(即占 $\frac{i}{n}$ 人口的)收入之和占总收入的比重。这就是洛伦兹曲线函数 $L(p)$ 的原始定义。

假如将社会居民收入 x 视为连续随机变量，那么根据式(2-19)，洛伦兹曲线函数 $L(p)$ 则可表达如下：

$$L(p) = \frac{\int_{p=0}^{p} Q(P)\,\mathrm{d}p}{\int_{p=0}^{1} Q(P)\,\mathrm{d}p} \tag{2-25}$$

上式的几何意义是：分位数函数曲线 $x=Q(P)$ 下面在[0，p]区间的面积与该曲线 $x=Q(P)$ 在[0，1]区间的面积之比(见图 2-7)。其函数意义是：式(2-25)分子在[0，p]区间的面积与分母在[0，1]区间的面积之比，正好是图 2-9 中横轴 p 点对应的纵轴上洛伦兹曲线 $L(p)$ 处的值，它表示的是占总人口 p%的人口所拥有的收入占社会总收入的份额。

对于社会居民收入 x 连续随机变量，由式(2-14)、式(2-21)和式(2-22)，还可推导出一个很重要的、比较实用的洛伦兹曲线函数 $L(p)$ 表达式①：

$$L(p)=\frac{E(Q(P))}{E(x)}=\frac{\int_{x=0}^{Q(P)} xf(x)\,\mathrm{d}x}{\int_{0}^{\infty} xf(x)\,\mathrm{d}x}=\frac{1}{\mu}\int_{x=0}^{Q(P)} xf(x)\,\mathrm{d}x \tag{2-26}$$

公式(2-26)的数学意义是：社会居民收入随机变量 x 在 p 点处的一阶矩函数值(即期望值 $E(Q(P))$)与该社会居民收入总体期望值(即社会平均收入期望值) μ 的比率，正是图 2-9 中横轴 p 点对应的纵轴上收入洛伦兹曲线 $L(p)$ 处的值。

通过公式(2-26)，建立起了洛伦兹曲线函数 $L(p)$ 与社会平均收入期望值 μ 和居民收入 x 随机变量概率密度 $f(x)$ 、分布函数 $F(x)$ 以及分位数函数 $Q(P)$ 之间的数学关系，这对于我们采用“分位数函数零点法”并测算“零分位点”和“零储蓄点”的消费值及自然贫困线阈值，具有重要意义。同时，对建立洛伦兹曲线函数 $L(p)$ 与 FGT 贫困指数之间的关系，也有着重要意义。

上述式(2-24)、式(2-25)和式(2-26)，我们统称为洛伦兹曲线函数 $L(p)$ 的一般表达式。

下面，我们仍以 1985 年中国农村居民人均纯收入和人均消费住户调查数据为例。根据式(2-26)和表 2-5，我们计算出了 1985 年农村居民人均纯收入和人均消费的洛伦兹曲线(分组)函数值 $L(p)$ (见表 2-6)。根据表 2-6 数据，我们绘制出了 1985 年农村居民人均纯收入和人均消费洛伦兹曲线(见图 2-10)。由图 2-10 可直观看出，消费洛伦兹曲线的弯曲度要小一些，离绝对平均线要近一些；而收入洛伦兹曲线下凸得更厉害一些，说明收入分配不平等程度更严重一些(一般来说，一个社会的收入不平等比消费不平等要严重一些，这是一个普遍规律)。

---

① [美]郝令昕、奈曼著：《估计不平等》，巫锡炜译，格致出版社 2012 年版，第 20 页。

表 2-6　**1985 年中国农村居民人均纯收入和人均消费洛伦兹函数值**

分组序号 i	按人均纯收入分组（元）	累计人口占比 $F(x)=p$	累积收入期望值 $\sum(x_i \cdot f_i)$	累积消费期望值 $\sum(y_i \cdot f_i)$	收入洛伦兹函数值 $L(p)$ $\sum(x_i \cdot f_i)/\mu_x$	消费洛伦兹函数值 $L(p)$ $\sum(y_i \cdot f_i)/\mu_y$
1	0~100	0.0102	0.7	1.6	0.0019	0.0049
2	100~150	0.0467	5.6	7.8	0.0146	0.0244
3	150~200	0.1321	21.0	24.1	0.0547	0.0757
4	200~300	0.4012	88.9	87.6	0.2319	0.2757
5	300~400	0.6461	174.0	160.4	0.4541	0.5048
6	400~500	0.8015	243.1	215.9	0.6342	0.6794
7	500~600	0.8869	289.4	251.8	0.7550	0.7921
8	600~800	0.9572	337.3	287.1	0.8799	0.9033
9	800~1000	0.9816	358.7	302.1	0.9358	0.9505
10	1000~1500	0.9960	375.4	313.0	0.9793	0.9848
11	1500~2000	0.9986	379.6	315.7	0.9904	0.9933
12	2000 元以上	1.0000	383.2	317.8	1.0000	1.0000

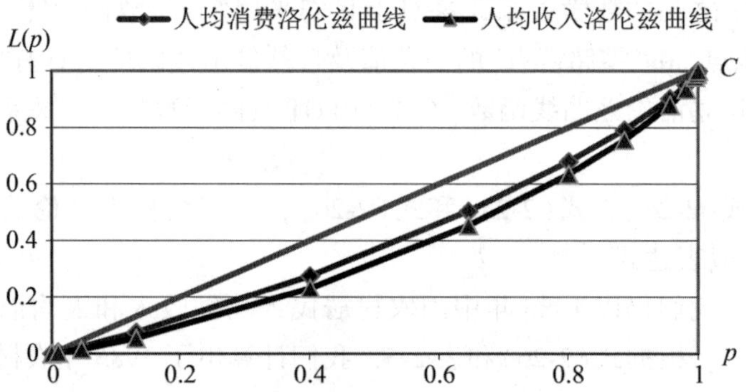

图 2-10　1985 年中国农村居民收入-消费洛伦兹曲线

三、基于洛伦兹函数的基尼系数

洛伦兹曲线为分析比较国家或地区收入分配不平等状况，提供了一个比较直观的几何图示方法。但是，这一曲线并没有说明其不平等程度在量化数据上究竟是多少。洛伦兹曲线的这一缺陷后来由基尼系数所弥补。如图 2-9 所示，A 表示洛伦兹曲线 $L(p)$ 与绝对平均线 a 之间的面积；B 表示

洛伦兹曲线 $L(p)$ 与绝对不平均线 $\widehat{OPC}$ 之间的面积。基尼系数 Gini 的几何含义是面积 A 与三角形面积 $(A+B)$ 之比：

$$\text{Gini} = \frac{A}{A+B} \tag{2-27}$$

由于 A 和 B 都表示的是图 2-9 中的曲线所围成的面积，基尼系数的具体数值可通过对洛伦兹曲线 函数 $L(p)$ 进行定积分而计算得到，其计算公式如下：

$$\text{Gini} = 1 - 2\int_0^1 L(p)\,\mathrm{d}p \tag{2-28}$$

如果我们知道或拟合出洛伦兹曲线的具体数学表达式 $L(p)$ ，那么就可以根据式(2-28)计算出基尼系数。基尼系数的取值范围为 0~1，值越小表明分配越趋于平等；反之，越趋于不平等。

据表 2-6 和图 2-10，运用 Excel 软件系统，我们分别拟合得到 1985 年全国农村居民人均纯收入和人均消费洛伦兹曲线函数近似表达式：

收入：$L(p) = 3.3112x^5 - 6.5208x^4 + 4.2104x^3 - 0.4044x^2 + 0.395x$

$(R^2 = 0.9999)$

消费 ：$L(p) = 2.3171x^5 - 4.6348x^4 + 3.1074x^3 - 0.3667x^2 + 0.5715x$

$(R^2 = 0.9999)$

将上述两式代入公式(2-28)进行计算，分别得到 1985 年全国农村居民人均纯收入和人均消费的基尼系数为 0.274 和 0.201。

四、基于洛伦兹一阶导数的分位数函数

洛伦兹曲线函数 $L(p)$ 的一阶导函数 $L'(p)$ ，在“分位数函数零点法”中具有重要位置。现推导如下：

由公式(2-26)对 x 求一阶导数有：

$$\frac{\mathrm{d}L(p)}{\mathrm{d}x} = \frac{xf(x)}{\mu} \tag{2-29}$$

由于 $L(p)$ 是 x 的复合函数，所以：

$$\frac{\mathrm{d}L(p)}{\mathrm{d}x} = \frac{\mathrm{d}L(p)}{\mathrm{d}p}\frac{\mathrm{d}p}{\mathrm{d}x} = L'(p)f(x) \tag{2-30}$$

上式中，$\frac{\mathrm{d}p}{\mathrm{d}x}$ 是累积分布函数对 x 求导，所以据式(2-7)，求导结果是概率密度函数 $f(x)$ 。

联立式(2-29)和式(2-30)并化简，得到收入洛伦兹曲线函数 $L(p)$ 对

p 在区间 [0，1] 的一阶导数为：

$$L'_x(p) = \frac{x}{\mu_x} \quad (x \geqslant 0) \tag{2-31}$$

上式的含义是：洛伦兹曲线 $L(p)$ 上的任意一点 p 的斜率 $L'(p)$ 等于该点累积分布函数值 p 所对应的收入 x 与社会平均收入期望值 μ_x 的比率。

对于居民收入变量 x，前面已分析到，收入 x 的取值范围为 $x \geqslant 0$ 时（因为社会中绝大多数居民的年收入大于 0，但不排除有的居民年收入可能为 0）。于是，根据前述的卡瓦尼洛伦兹曲线函数条件，有 $L'_x(p) = \frac{x}{u_x} \geqslant 0$。

同理，消费洛伦兹曲线函数 $L(p)$ 对 p 在区间 [0，1] 的一阶导函数为：

$$L'_y(p) = \frac{y}{\mu_y} \quad (y > 0) \tag{2-32}$$

上式中，y 为累积分布函数值 p 所对应的居民人均消费值，μ_y 为社会平均人均消费期望值。

与收入洛伦兹曲线函数一阶导函数（2-31）所不同的是，居民消费 y 的取值范围为 $y > 0$，所以无论 p 在 [0，1] 区间取何值，恒有 $\frac{y}{\mu_y}$ 始终大于 0，即 $L'(p)$ 始终大于 0。这是因为，社会中任何一个居民或居民家庭，无论他是穷或是富，无论他有收入或是无收入，他都需要消费，他都会发生一定的消费支出。因此，对于社会中任何一个居民或居民家庭来说，消费支出 y 始终是大于 0 的一个正数，绝不会出现等于 0 的情况。

从几何意义上来说，对于消费洛伦兹曲线函数 $L(p)$ 而言，它在 [0，1] 区间任意一点的切线斜率都会大于 0，即 $L'(p) = \frac{y}{\mu_y} > 0$ 恒成立。这一点与收入洛伦兹曲线一阶导函数有所不同。认识和理解这一点，对于后面的分析十分重要。

将公式（2-31）变形，我们得到了基于洛伦兹函数一阶导数的收入分位数函数表达式：

$$x = Q_x(p) = L'_x(p)\,\mu_x \tag{2-33}$$

同理，将公式（2-32）变形，我们也得到了基于洛伦兹函数一阶导数的消费分位数函数表达式：

$$y = Q_y(p) = L'_y(p)\,\mu_y \tag{2-34}$$

上述两个式子，正是我们在第一章第五节介绍的式(1-30)和式(1-31)。

第五节 收入-消费分布与贫困测量的内在联系

由本章前四节讨论可知，任何一个社会、任一年份的居民个体的人均可支配收入或人均消费支出，都可以用收入截面分组形式的Pen氏排队方式从低到高进行排序，并且这一排序可以用居民人口概率密度、累积分布及分布拟合函数曲线等数学方式来表达。正因如此，我们一直反复强调说社会居民收入-消费截面分布是一种社会客观存在，而这一客观存在是由全体居民的实际人均可支配收入水平或人均消费支出水平的真实收支结果所决定的，它不是人们臆想、推测或杜撰的。那么，社会居民收入-消费分布与贫困测量、贫困线有什么内在联系呢？这一问题正是本节所要讨论的。

一、收入-消费累积分布曲线即贫困发生曲线

对社会进行贫困测量，有一个极为重要、极为常用的测量指标，这就是贫困发生率。贫困发生率的定义是：社会居民中生活在贫困线 z 以下的贫困人口占社会总人口的比率或百分比。记为：

$$H = \frac{q}{N} \tag{2-35}$$

式中，q 为生活在贫困线 z 以下的贫困人口数量；N 为社会总人口；H 为贫困发生率。

那么，贫困发生率 H 与社会居民收入-消费累积分布函数 $F(x)$ 或 $F(y)$ 是什么关系呢？我们知道，累积分布 $F(x)$ 或 $F(y)$ 函数的含义是指居民收入或消费水平低于 x 或 y 的人口累积概率。可见，从概率论视角看，贫困发生率 H 就是生活在既定贫困线 z 以下的人口累积概率 $F(z)$，二者是等价的或同一的。二者之间的关系可用以下式子表达：

$$F(z) = \int_0^z f(x)\,\mathrm{d}x = H \tag{2-36}$$

图2-11直观说明了社会居民收入累积分布函数 $F(x)$ 与收入贫困发生率 H 的关系。图中 x_0 表示 $p = 0$ 时的收入值(也称初始收入值)，它是整个收入分布中的收入最小值。我们给定的条件是 $0 \leqslant x_0 < z_1 < z_2$。如图所

示，当贫困线取 z_1 时，累积分布 $F(z_1)$ 和收入贫困发生率 H 同为 p_1，即 $F(z_1)=H=p_1$；当贫困线取 z_2 时，累积分布 $F(z_2)$ 和收入贫困发生率 H 同为 p_2，即 $F(z_2)=H=p_2$。从图 2-11 可看出，收入累积分布 $F(x)$ 曲线与收入贫困发生率曲线（简称贫困发生曲线）是同一条曲线，这是由社会居民收入累积分布 $F(x)$ 的定义和贫困发生率的定义所决定的。

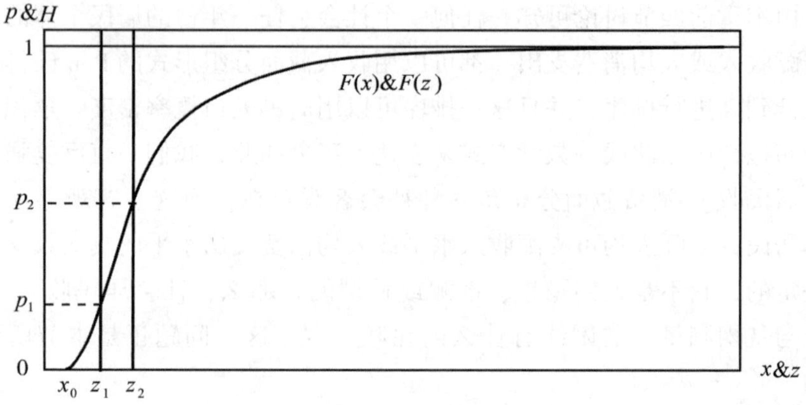

图 2-11　社会居民收入累积分布曲线即收入贫困发生曲线

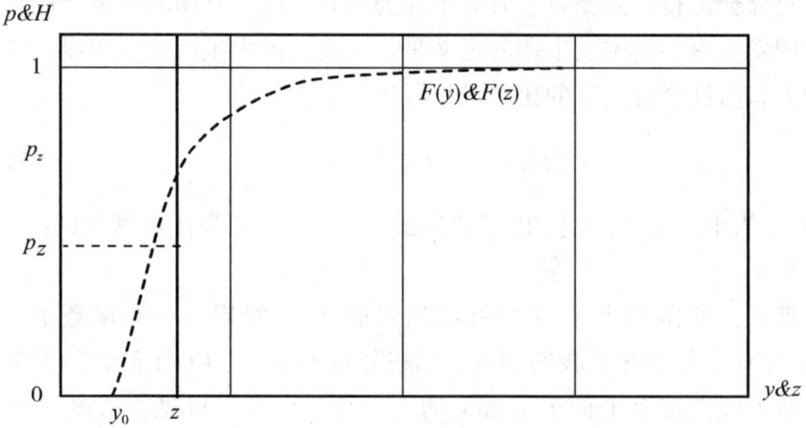

图 2-12　社会居民收入累积分布曲线即消费贫困发生曲线

同理，居民消费累积分布 $F(y)$ 曲线与消费贫困发生曲线也是同一条曲线（见图 2-12），这也是由社会居民消费累积分布 $F(y)$ 的定义和贫困发生率的定义所决定的。图中 y_0 表示 $p=0$ 时的消费值（也称初始消费值），它是整个消费分布中的消费最小值。

二、收入-消费分布曲线的贫困测量区间特征分析

当居民收入累积分布曲线和消费累积分布曲线用同一个坐标系来表示时，就可以得到一个收入-消费累积分布组合曲线。图 2-13 表示的是一个典型组合曲线。这一典型组合曲线满足以下假设条件或特征值条件：

(1)社会全体居民的人均收入期望值 μ_x 大于人均消费支出期望值 μ_y，即 $\mu_x > \mu_y$。

(2)社会居民收入基尼系数 G_x 大于消费基尼系数 G_y，即 $G_x > G_y$。

(3)消费分布的“零分位点”消费值 y_0 大于收入分布的“零分位点”收入值 x_0，即 $y_0 > x_0$。其中 x_0 定义为 $x_0 \geqslant 0$, y_0 定义为 $y_0 > 0$。

(4)收入-消费截面分组排序的消费与收入之比 $\frac{y_i}{x_i}$，符合凯恩斯平均消费倾向 APC 递减规律且 $\frac{y_n}{x_n} < 1$，即社会中最富裕组的平均消费倾向小于 1。

对上述假设条件或特征值条件，我们将在第三章予以详尽讨论，这里只讨论满足上述假设条件或特征值条件的典型组合曲线的分布特征。图 2-13 所示的就是满足上述假设条件或特征值条件的典型组合曲线。图中的横坐标是收入和消费值，纵坐标是人口累积分布即贫困发生率。毫无疑问，收入-消费累积分布组合曲线也是收入-消费贫困发生曲线。当给定任意一个横坐标值(或贫困线 z)时，通过收入-消费累积分布函数就可以得到相应的收入-消费贫困发生率。由图 2-13 可看出，根据横坐标的取值范围(或贫困线 z 取值范围)和收入贫困发生率 p_x 与消费贫困发生率 p_y 之间的数值关系，通过两个特殊点消费值 y_0 和y_s，将收入-消费贫困发生率或收入-消费累积分布曲线分成了三个不同贫困测量含义的特征区间。现将这“三个区间、两个特殊点”依序说明如下：

1. 第一区间，横坐标取值范围为 (x_0, y_0)。在这一区间，只有收入贫困发生率曲线，没有消费贫困发生率曲线，即收入贫困发生率 $p_x > 0$，消费贫困发生率 $p_y < 0$(图中无法显示)。显然，贫困线 z 如果在 (x_0, y_0) 范围内取值，其线位值必定偏小，从而使得消费贫困发生率为负值，这对于贫困测量来说是没有意义的。所以，我们认为这一区间不是贫困线 z 的合宜区间。

2. 第一个特殊点，消费值 y_0。这一点称居民消费分布“零分位点”。在这一点上，收入贫困发生率 $p_x > 0$，消费贫困发生率 $p_y = 0$，即 $p_x > p_y$

=0。这意味着，当以居民消费分布中"零分位点"最小消费值 y_0 为贫困线 z 时，社会居民中没有消费贫困人口(居民的最低基本消费均得到满足)，只有收入贫困人口。

3. 第二区间，横坐标取值范围为（y_0，y_s）。在这一区间，收入贫困发生率曲线在上，消费贫困发生率曲线在下，即收入贫困发生率 $p_x > 0$，消费贫困发生率 $p_y > 0$，且 $p_x > p_y$。也就是说，若贫困线 z 在这一区间取值，将出现社会中的收入贫困人口多于消费贫困人口。如图 2-13 中，当贫困线 z 取值 y_1 时，收入贫困发生率高于消费贫困发生率，即 $p_{x1} > p_{y1}$。

4. 第二个特殊点，消费值 y_s。这一点是社会居民收支相抵点或均衡点，也称"零储蓄点"。在这一点上，收入 x 与消费 y 相等($x = y$)；收入贫困发生率 p_x 与消费贫困发生率 p_y 相等($p_x = p_y$)。这是整个收入-消费累积分布组合曲线上唯一的"双均衡点"，具有特殊意义。

5. 第三区间，横坐标取值范围为（y_s ~ ）。在这一区间，收入贫困发生率曲线在下，消费贫困发生率曲线在上，即收入贫困发生率 p_x 小于消费贫困发生率 p_y（ $p_x < p_y$ ）。也就是说，若贫困线 z 在这一区间取值，将出现社会中收入贫困人口少于消费贫困人口。如图 2-13 中，当贫困线 z 取值 y_2 时，收入贫困发生率低于消费贫困发生率，即 $p_{x_2} < p_{y_2}$。从贫困学和贫困测量观点看，将贫困线 z 选在这一区间是没有太大意义的。所以，我们认为这一区间不是贫困线 z 的合宜区间。

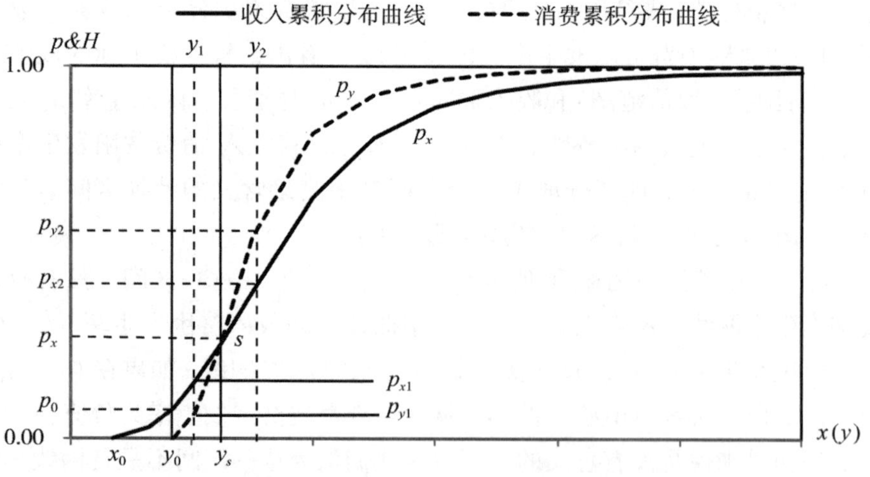

图 2-13 居民收入-消费累积分布组合曲线即贫困发生曲线

我们将上述分析结果，采用表格形式进行了汇总(见表2-7)。

表2-7　　收入-消费分布组合曲线的贫困发生率区间特征分析表

分布区间和特殊点	收入贫困发生率 p_x 取值范围	消费贫困发生率 p_y 取值范围	p_x 与 p_y 比较	贫困线 z 取值的合宜性判断
区间Ⅰ：(x_0, y_0)	$p_x > 0$	$p_y < 0$(没意义)		不合宜
零分位点消费值：y_0	$p_x > 0$	$p_y = 0$	$p_x > p_y$	合宜
区间Ⅱ：(y_0, y_s)	$p_x > 0$	$p_y > 0$	$p_x > p_y$	合宜
零储蓄点消费值：y_s	$p_x > 0$	$p_y > 0$	$p_x = p_y$	合宜
区间Ⅲ：$(y_s \sim \quad)$	$p_x > 0$	$p_y > 0$	$p_x < p_y$	不合宜

三、收入-消费分布曲线中具有临界点特征的消费值

由前面讨论我们知道(或由图2-13和表2-7可看出)：(1)对于整个居民收入-消费分布曲线而言，通过两个特殊点——“零分位点”消费值 y_0 和“零储蓄点”消费值 y_s，将分布曲线或贫困发生率曲线分成了三个不同贫困测量含义的特征区间。(2)贫困线 z 取值合宜区间是包括两个“零点”消费值 y_0 和 y_s 的闭区间 $[y_0, y_s]$；而其他两个区间 (x_0, y_0) 和 $(y_s \sim \quad)$ 是不合宜的。

那么，接下来的问题是，这两个“零点”消费值 y_0 和 y_s 属不属于临界点？它们是否具有贫困线内在规定的阈值意义？

对于第一个问题，事实上前面关于收入-消费分布组合曲线的贫困发生率区间特征的讨论，已经回答了这个问题。所谓“临界点”，是指事物由一种状态转变成另一种状态的条件。既然对于整个居民收入-消费分布曲线而言，通过这两个“零点”的消费值 y_0 和 y_s，将收入-消费分布曲线或贫困发生率曲线分成了三个不同贫困测量含义的特征区间，那么这两个“零点”的消费值 y_0 和 y_s，就可以称为临界点，或者说就是临界点。这里需要特别强调的是，这两个“零点”或临界点消费值 y_0 和 y_s，并不是人们人为赋予的或外加的，而是通过收入-消费分布函数或分位数函数测算出来的，它们属于内生变量，并非外生变量。也就是说，它们存在于居民收入-消费分布之中，是社会居民收支行为及结果自然形成的。

对于第二个问题，这两个“零点”或临界点消费值 y_0 和y_s，是否具有贫困线内在规定的阈值意义？或者说它们是否表达的就是“居民最低或基本生活必需费用”？这将是第三章讨论的重点。

第三章 “双零点”消费值及贫困线阈值意义

在第一章我们谈到，贫困线的内在根据是“满足居民最低或基本生活需要所支付的生活必需费用”。同时，我们还谈到，每个社会都有自己特定的经济社会发展水平、居民物质生活消费水平、文化传统和风俗习惯等。在特定的社会环境下，大众居民对于哪些消费属于生活必需品开支、哪些不是，有着内在的观念倾向、消费习俗和理性选择。因此，一个社会的“居民最低或基本生活必需费用”，必然会体现在该社会的全体居民最终消费支出结果及分布特征中。

如果我们承认一个社会的“居民最低或基本生活必需费用”是一种社会客观存在，那么，人们可以通过两种途径来测算出这一“社会客观存在”。一种是传统的规范判断型方式：依靠“专家们”的判别、筛选和权衡，从而列出一份生活必需品组合清单，并根据其最低消费量和市场价格，估算出一个“最低消费预算标准”（在第一章，我们已对这一传统规范判断型方式的特点和局限性做了较详细分析）。另一种是实证描述型方式：通过对社会居民的最终消费支出结果及收入-消费分布特征这一已经发生和存在的客观事实，选择恰当的计量工具和方法进行数理统计描述，从而找到该社会的“居民最低或基本生活必需费用”，即找到该社会的贫困线内在根据。

在第二章，我们已经讨论了社会居民收入-消费累积分布函数和分位数函数的一般表达。应用这些函数表达式，我们可以描绘出一个社会的收入-消费分布或分位数函数连续曲线。显然，在整个收入-消费累积分布 $0 \leqslant F(y)=p \leqslant 1$ 区间，连续分布曲线有无数个消费函数值点。那么接踵而来的问题是：我们如何从这一连续分布中找到表达“居民最低生活费用”的消费值和表达“居民基本生活费用”的消费值？这是本研究建构自然贫困线概念体系所必须回答的最核心、最关键问题之一。

根据第二章第五节的讨论，在整个居民收入-消费分布 $0 \leqslant p \leqslant 1$ 区间，有两个特殊“零点”消费值：一个是“零分位点”（$p=0$）处的消费值

y_0；一个是“零储蓄”收支相抵点（$x=y$、$p_x=p_y$）处的消费值 y_s。那么，这两个点是不是我们要寻找的表达“居民最低生活费用”和“居民基本生活费用”的消费值？如果说是的，那么凭什么说这两个点的消费值所表达的就是“居民最低生活费用”和“居民基本生活费用”？即凭什么说这两个点所表达的就是贫困线的内在根据？这就是本章重点讨论的内容。

第一节　零分位点消费值及贫困线阈值意义

在第二章第四节，我们讨论了基于洛伦兹曲线一阶导数的分位数函数表达式(2-33)和表达式(2-34)，有了这两个表达式，就可以进一步讨论分位数函数的两个特殊点——“零分位点”和“零储蓄点”，以及这两个“零点”消费值的贫困学阈值意义。本节首先讨论“零分位点”消费值作为贫困线的逻辑依据。

一、消费分位数函数的几个基本概念

（一）消费分位数函数的定义域与值域

由式(2-34)给出的消费分位数函数 $y=L_y'(p)\mu_y$，其自变量分位数 p 的定义域为 $0\leqslant p\leqslant 1$ 或 $0\leqslant p\%\leqslant 100\%$。$p$ 在闭区间[0，1]内可为任一实数。

关于消费分位数函数 $y=L_y'(p)\mu_y$ 的值域，由于某个年度的社会居民平均消费期望值 μ_y 是一个既定常量（它不随 p 的变化而变化），所以消费分位数函数 y 的变化和值域主要取决于 $L_y'(p)$ 的取值。由第二章第三节、第四节讨论可知，根据卡瓦尼洛伦兹曲线条件，消费洛伦兹曲线函数一阶导数 $L_y'(p)$ 在 $0\leqslant p\leqslant 1$ 闭区间，是一个大于 0 的单调增函数（参见图 3-1）。所以，由式(2-34)表达的消费分位数函数 y，在 $0\leqslant p\leqslant 1$ 闭区间也是一个单调增函数，其值域为 $y>0$，或 $0<y<\infty$。

（二）消费分位数函数的最大值与最小值

对于某个年度来说，由于社会居民平均消费 μ_y 是一个既定常量，所以由公式(2-34)表达的消费分位数函数 y 的最大值取决于 $L_y'(p)$ 的最大值。而 $L_y'(p)$ 在 $0\leqslant p\leqslant 1$ 闭区间是一个大于 0 的单调增函数，显然，当 $p=1$ 时，$L_y'(1)$ 是消费洛伦兹曲线一阶导函数的最大值。于是，消费分位

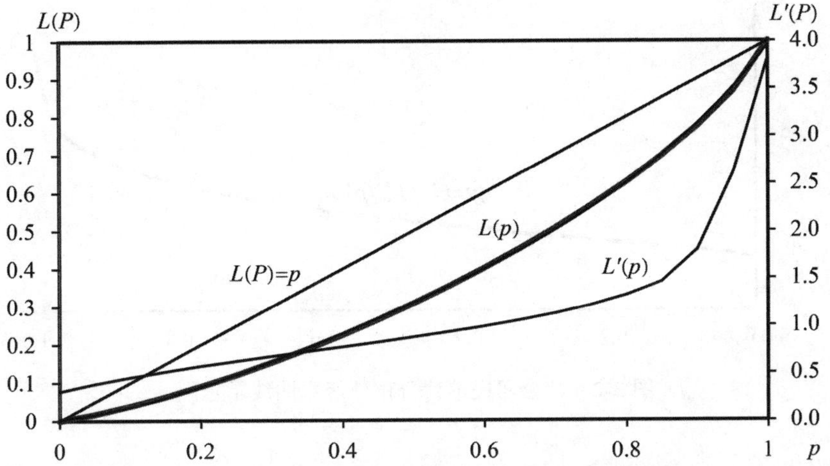

图 3-1 典型消费洛伦兹曲线及其一阶导函数曲线示意图

数函数 y 的最大值 $y_{\max}$ 为：

$$y_{\max} = L'_y(1)\,\mu_y \tag{3-1}$$

显而易见，当 $p = 0$ 时，$L'_y(0)$ 是消费洛伦兹曲线一阶导函数的最小值(参见图 3-1)。于是，消费分位数函数 y 的最小值为：

$$y_{\min} = y_0 = L'_y(0)\,\mu_y \tag{3-2}$$

式(3-2)所表示的就是消费分位函数在“零分位点”的消费值，它是社会居民消费分位数函数的最小值 $y_{\min}$，也记为 y_0，表示当 $p = 0$ 时的消费值。图 3-2 是一个比较典型的居民消费分位数函数曲线，其消费分位数函数最大值 $y_{\max}$ 和最小值 $y_{\min}$ 分别位于 $p = 1$ 和 $p = 0$ 处。

综上所述，对公式(2-34) $y = L'_y(p)\,\mu_y$ 来说：

(1)一个社会某个年度的社会居民平均人均消费值(总体期望值) μ_y 是一个常量。

(2)自变量分位数 p 的定义域为 $0 \leqslant p \leqslant 1$，消费洛伦兹曲线一阶导数 $L'_y(p)$ 在 $0 \leqslant p \leqslant 1$ 闭区间是一个大于 0 的单调增函数。

(3)消费洛伦兹曲线一阶导数 $L'_y(p)$ 在 $p=0$ 处有最小值，于是由公式(2-34)表达的消费分位数函数 y 有最小值 $y_{\min} = y_0 = L'_y(0)\,\mu_y$；消费洛伦兹曲线一阶导数 $L'_y(p)$ 在 $p = 1$ 处有最大值，且消费分位数函数 y 的最大值 $y_{\max} = L'_y(1)\,\mu_y$。

从贫困学理论和贫困线测定视角来看，我们没有必要对消费分位数函数 y 的最大值 $y_{\max}$ 作进一步的讨论；我们只是对由式(3-2)所表示的“零分

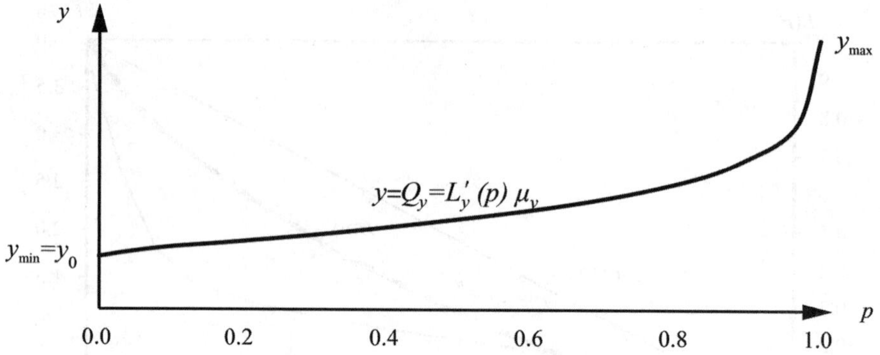

图 3-2　社会居民消费分位数函数曲线示意图

位点”处的最小消费值 y_{min} 即 y_0 感兴趣。

二、零分位点最小消费值的贫困线阈值意义

阈值即临界值。一个领域或一个系统的界限称为阈，其数值称为阈值。我们认为，“零分位点”($p=0$)处的最小消费值 $y_{min}=y_0$ 具有贫困线阈值意义。这是因为：

1. “零分位点”处的消费函数值 y_0 ，是整个居民消费分布函数值的最下限，具有阈值意义。从社会全体居民消费支出排序及累积分布原理来看，“零分位点”处的最小消费函数值 $y_{min}=y_0$ ，表示的就是该社会居民已经发生的和客观存在的最低限度生活必需消费支出，它代表了该社会居民的最底线生活消费水准。为什么这么说呢？这是因为：(1)自变量分位数 p 不可能取负值，$p=0$ 是分位数的下限。(2) $L_y'(p)$ 也不可能取负值(见洛伦兹曲线卡瓦尼条件)。所以，(3)在全体居民消费支出 Pen 氏截面排列中，再没有比“零分位点”处的最小消费函数值 $y_{min}=y_0$ 更低的消费值了。由此看来，“零分位点”处的最小消费值，是该社会居民消费分布中的一个临界值，它反映的是居民消费分布中最底线生活消费水准，具有阈值意义。

2. 最小消费函数值 y_{min} 出现在“零分位点” $p=0$ 处，而 $p=0$ 表达的正是零消费贫困发生率。我们知道，分位数函数与累积分布函数互为反函数。对于消费累积分布函数而言，$F(z)=p=H$ 的贫困学意义是：实际消费水平不高于贫困线 z 的居民人口数量占社会居民人口总数的百分比。既然“零分位点”处的最小消费值 y_{min} ，代表了该社会居民最底线生活消费水

准，那么反过来，如果我们以 $y_{\min}$ 作为衡量消费的贫困线 z，并以此贫困线来测量该社会的消费贫困发生率 H，就必然有消费贫困发生率 $H=0$。也就是说，消费分位数函数的“零分位点”就是该社会处于消费贫困的人口比例(占总人口的比率)，其值为零，即零消费贫困发生率(即 $p = H = 0$)。

3. 当 $x_0 < y_0$ 时，意味着社会中有部分居民的收入水平低于居民最底线生活消费水准 y_0，此时，$y_0 = y_{\min}$ 具有重要的贫困线阈值意义。居民收入分布“零分位点”处的最低收入值 x_0 小于居民消费分布“零分位点”处的最低消费值 y_0，即 $x_0 < y_0$，是一种较为普遍的分布状况(如我国一直以来的农村居民收入-消费分布，以及许多年度的城镇居民收入-消费分布)。这一分布状况说明，社会中有一部分居民的收入水平，达不到居民的最底线生活消费水平 $y_0 = y_{\min}$，出现了“底线收入匮乏”绝对贫困状况。在此情况下，居民最底线生活消费水准 $y_0 = y_{\min}$ 就具有十分重要的贫困线阈值意义。我们可以用 $y_{\min}$ 作为贫困线来度量“底线收入匮乏”绝对状况，从而反映该社会的收入绝对贫困的发生率是多少，收入绝对贫困的缺口率是多少，等等。

基于以上分析，从贫困学理论及贫困线测定视角来看，我们完全有理由将一个社会的“零分位点”处最小消费值 $y_{\min} = y_0$，视为该社会以消费为基础的一条最低限度贫困线(我们简称为“底限贫困线”)，记为 z_0：

$$z_0 = y_{\min} = y_0 = L'_y(0)\,\mu_y \tag{3-3}$$

这条贫困线(即该社会的居民底线生活成本费用)，不是由人工通过选择经验数据，或依靠“专家们”的主观取舍或个人判断所计算得到的，它是由该社会的居民收入-消费支出结果及截面分布特征这一客观事实存在所决定的，是社会自然形成的。而我们所做的工作，只不过是对已获得的观测数据(我们假定所获得的观测数据是可靠的并能代表社会总体特征)进行计量分析和描述性测算而得到了它。这就是我们将其取名为“自然贫困线”的缘由所在。

公式(3-3)表示的“零分位点”处的自然贫困线，对于制定和调整城乡居民最低生活保障标准有重要实用价值。它既可以作为制定低保标准的重要参考依据，也可以作为检验已出台的低保标准是否合宜的一个“自然”标尺。对于任何一个地区社会，只要建立了较为完善的、科学的城镇、农村(或城乡一体化)居民住户调查统计制度，就可以获得较合理的城镇、农村(或城乡一体化)居民住户调查收入和消费分组数据。观测者们就可以对这些数据拟合建立居民消费分布函数和分位数函数，从而测算出当

$p=0$ 时的居民最底线消费支出 y_0 。本书第五章实证测算了全国城镇、农村以及部分省(区、市)的“零分位点”消费值 y_0 ，并与已出台的低保标准进行了对比分析。结果表明，多数地方执行的城镇和农村低保标准，都低于本地区“零分位点”消费值 y_o 。这或许说明，一些地方在制定城镇和农村低保标准时，存在一定的盲目性和随意性。

现在，我们仍以1985年的中国农村为例(当然我们完全可以以任何年度农村或城镇为例，事实上，在后面实证研究的各章中，我们给出了很多年份全国和地方的“零分位点”底线消费值 y_0 的测算结果)，给出1985年全国农村居民“零分位点”底线消费值 y_0 的测算结果(测算过程见第四章第四节)：

$$y_0 = L_y'(0)\,\mu_y = 0.4902 \times 317.84 = 155.82(\text{元})$$

上式中，$L_y'(0) = 0.4902$，期望值 $\mu_y = 317.84$(元)，均为回归模型计算结果。

这里，我们也给出2005年全国城镇居民“零分位点”底线消费值 y_0 的测算结果(测算过程见第四章第四节)：

$$y_0 = L_y'(0)\,\mu_y = 0.2987 \times 8032 = 2399.16(\text{元})$$

上式中，$L_y'(0) = 0.2987$，期望值 $\mu_y = 8032$(元)，也均为回归模型计算结果。

三、消费支出比例的洛伦兹一阶导数决定

在我国现行的城乡最低生活保障标准测算技术方法中，一个常见的方法是消费支出比例法，可用下式来表示：

$$z = k \cdot u_y \tag{3-4}$$

上式中，z 为最低生活保障标准，μ_y 为上年度当地统计部门公布的社会居民平均人均消费支出，k 为消费支出比例系数。

由于上年度当地社会居民平均人均消费支出 μ_y 为一个已知常量，最低生活保障标准 z 如何设定，主要取决于消费支出比例系数 k 的选定。各地实践和国内大量研究文章，大多没有对消费支出比例系数 k 的经济学意义或消费分布意义给出更多的理论解释，只是就事论事地讨论如何从经验数据层面对 k 进行人工选择。其结果是，各地在确定消费支出比例系数 k 的问题上存在一定的随意性，缺乏理论支撑和科学依据。

事实上，第二章和本章各节的分析已经回答了消费支出比例系数 k 的经济学意义，以及 k 如何决定的问题。我们将式(3-4)与式(2-34)进行对比，不难看出，当用 y 表示最低生活保障标准时，即 $y=z$ 时，这两个公式

完全可以统一起来，则式(3-4)或式(2-34)可改写成以下形式：

$$z = L'_y(p)\,\mu_y \tag{3-5}$$

也就是说，从理论上看，消费支出比例系数 k 的经济学意义可视为消费洛伦兹曲线函数的一阶导数 $L'_y(p)$ ，即：

$$k = L'_y(p) \tag{3-6}$$

由上式可知，消费支出比例系数 k 并不是可以随意选取的，它与上年度的社会居民消费洛伦兹分布模式有关。根据前述的自然贫困线原理，我们认为，消费支出比例系数 k 应选取 $p = 0$ 处的洛伦兹分布函数一阶导数值 $L'_y(0)$ 为宜，即 $k = L'_y(0)$ 。关于这个问题，我们在第五章将做进一步的讨论。

第二节 零储蓄点消费值及贫困线阈值意义

上一节我们讨论了基于洛伦兹曲线的消费分位数函数“零分位点”最小消费值 $y_{\min} = y_0$ 及其贫困学阈值意义。本节讨论的是消费分位数函数的另一个重要“零点”——“零储蓄”收支相抵点的存在条件，以及“零储蓄”收支相抵点消费值作为贫困线的逻辑依据。

一、零储蓄收支相抵点的存在性分析

由表 2-3 可知，居民年人均收入随机变量 X 和年人均消费随机变量 Y 的截面分组 Pen 氏排序数据，它们有着共同的或相同的分组人口频率 f_i 。这意味着我们可以在一个坐标体系下(以分位数 p 为横坐标，以货币元为纵坐标)，来描述人均收入和人均消费分位数函数曲线。那么，接下来的问题是，人均收入和人均消费这两条分位数函数曲线在 $0 < p < 1$ 开区间内是否存在相交点？如果存在，那么这一相交点是否是唯一的，它在什么条件下得以存在？

为讨论分析以上问题的需要，我们先预设了以下假定条件：

(1)社会全体居民的人均收入 μ_x 大于人均消费支出 μ_y ，即 $\mu_x > \mu_y$ 。

(2)社会居民收入基尼系数 G_x 大于消费基尼系数 G_y ，即 $G_x > G_y$ 。

(3)消费分布的“零分位点”消费支出 y_0 大于收入分布的“零分位点”收入 x_0 ，即 $y_0 > x_0$ 或 $x_0 < y_0$ 。其中 x_0 定义为 $x_0 \geqslant 0$, y_0 定义为 $y_0 > 0$。

(4)表 2-3 中截面分组排序的消费与收入之比 $\dfrac{y_i}{x_i}$ ，符合凯恩斯平均消

费倾向 APC 递减规律且 $\frac{y_n}{x_n} < 1$(即社会中最富裕组的平均消费倾向小于1)。

对上述四个预设假定条件，作如下说明：

首先，关于第一、第二个条件，其假定显然符合社会常理。因为，对于任何一个奉行市场经济的现代社会来说，其全体居民的人均收入 μ_x 大于人均消费支出 μ_y，这是一个客观事实，即 $\mu_x > \mu_y$ 恒成立。同样，对于任何一个奉行市场经济的现代社会来说，该社会的居民收入基尼系数 G_x 大于消费基尼系数 G_y，这也是一个客观事实，即 $G_x > G_y$ 恒成立。

其次，关于第三个条件。这是一个对论域作出限定的条件，意味着还有其他两种情况($y_0 = x_0$ 和 $y_0 < x_0$)，这不是本节讨论的重点。这是因为：(1)若 $y_0 = x_0$，则消费分位函数曲线与收入分位函数曲线的交点就在 $p = 0$“零分位点”处；而我们所要讨论的是两条曲线在 $0 < p < 1$ 开区间内是否存在相交点。(2)若 $y_0 < x_0$，由于居民收入基尼系数 G_x 大于消费基尼系数 G_y，则消费分位数函数曲线与收入分位数函数曲线不仅在 $0 < p < 1$ 开区间内没有交点，而且在 $p = 0$ 处也不相交。它们的相交点或许在 $p < 0$ 区间(贫困发生率 $p = H$ 为负值)，但这对于收入-消费累积分布函数来说，$p < 0$ 是没有意义的。(3)一个社会如果确实客观真实地出现 $y_0 \leqslant x_0$ 情况(只要不是由于统计抽样调查不科学或数据观测出现较大误差的原因所致)，那么，$y_0 \leqslant x_0$ 的情况意味着消费分位函数曲线与收入分位函数曲线在 $0 < p < 1$ 开区间内没有交点，即不存在“零储蓄”收支相抵点。也就是说，从数理统计和贫困学角度来看，$y_0 \leqslant x_0$ 表示全体居民都已满足基本需要，而且都有正储蓄，这意味着该社会已经消除绝对贫困和基本贫困，真正进入相对贫困阶段(见本章第四节)。

最后，关于第四个条件。经济学家们认为，凯恩斯平均消费倾向 APC 递减规律在反映社会居民收入-消费截面数据时是成立的。① 所以，我们作出“表 2-3 中截面分组排序的消费与收入之比 $\frac{y_i}{x_i}$，符合凯恩斯平均消费倾向 APC 递减规律”的假定，这与经济学理论和客观实际是相符的。另外，提出 $\frac{y_n}{x_n} < 1$ 的假定条件，表示社会中最富裕组第 n 组的人均消费

---

① [英]约翰·伊特韦尔等编:《新帕尔格雷夫经济学大辞典》第 1 卷，陈岱孙等译，经济科学出版社 1996 年版，第 664 页。

低于人均收入，即该组的平均消费倾向小于 1，这意味着他们可以将一部分收入转化为储蓄或投资。这也符合客观实际和常理。

基于以上四个假定条件，并结合图 3-3 和图 3-4，下面我们对“零储蓄点”在 $0 < p < 1$ 开区间的存在性和唯一性讨论如下。

首先，我们分析“零储蓄点”在 $0 < p < 1$ 开区间的存在性。在图 3-3 中，实线为收入概率密度分布曲线 $f(x)$，虚线为消费概率密度分布曲线 $f(y)$（这里我们只讨论具有代表性的正态分布情况，对于偏态分布，以下讨论的结论也是适用的）。由于居民收入不平等程度大于消费不平等程度，收入分布的标准差 σ_x 比消费分布的标准差 σ_y 要大，即 $\sigma_x > \sigma_y$。并且，在 $f=0$ 处，$y_0 > x_0$；此外，$\mu_x > \mu_y$。上述描述性特征条件，决定了收入概率密度分布曲线与消费概率密度分布曲线的特征区别：收入概率密度分布曲线起始点 x_0 靠左边一些，且线形比消费概率密度分布曲线要扁平、相对于期望值分布得更分散一些(见图 3-3)。基于以上分布曲线描述性特征，我们分别对图 3-3 中的收入概率密度函数曲线和消费概率密度函数曲线进行定积分：

$$F(x) = \int_0^x f(x)\,\mathrm{d}x \tag{3-7}$$

$$F(y) = \int_0^y f(y)\,\mathrm{d}y \tag{3-8}$$

我们知道，上述两个积分式在 x 和 y 的各自定义域内的积分极限值都是 1。事实上，我们总是可以在 x 和 y 的定义域内找到一个积分上限，使得式(3-7)和式(3-8)相等，譬如图 3-3 中的 y_s。在这一点，收入概率密度曲线 $f(x)$ 下的面积，与消费概率密度曲线 $f(y)$ 下的面积相等，这一面积或定积分结果，我们记为 p_s。于是有：

$$F(x) = \int_0^{y_s} f(x)\,\mathrm{d}x = p_s \tag{3-9}$$

$$F(y) = \int_0^{y_s} f(y)\,\mathrm{d}y = p_s \tag{3-10}$$

显然，图 3-4 收入和消费累积分布曲线中的纵坐标 p_s 表示的就是上述两式定积分的结果。图 3-4 中的 S 点就是“零储蓄点”，因为在这一点上，收入 x 与消费支出 y 相等，即收支相抵且消费倾向 $\frac{y_s}{x_s} = 1$。

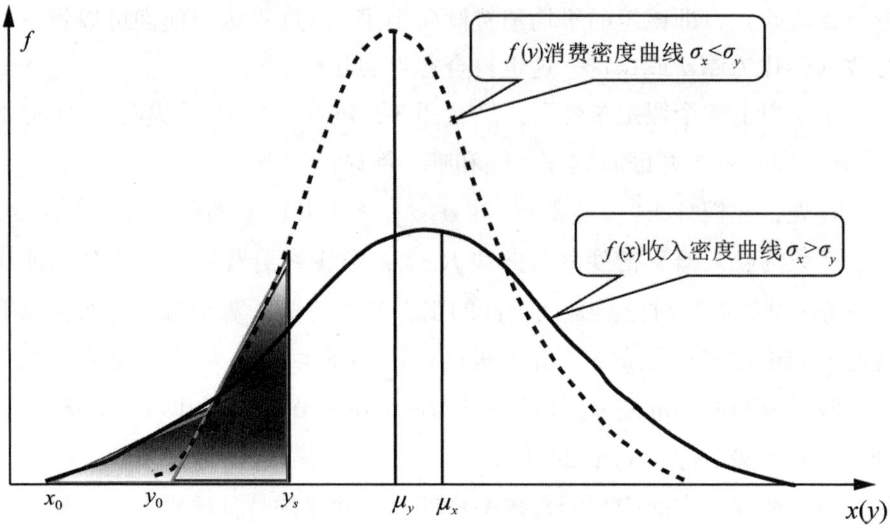

图 3-3 居民收入和消费概率密度曲线

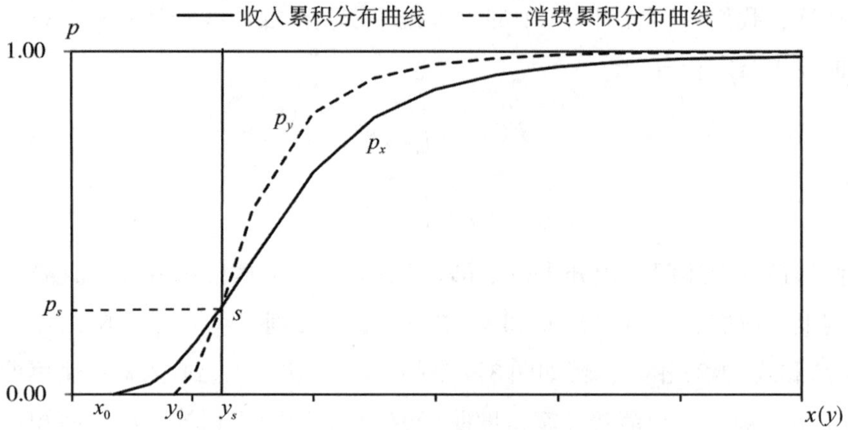

图 3-4 居民收入和消费累积分布曲线

表 3-1 **社会居民年人均收入-消费随机变量截面分组 Pen 氏排序表**

按收入分组 i	初始	1	2	…	$n-1$	n	定义域
人均收入 X	x_0	x_1	x_2	…	x_{n-1}	x_n	$x_i \geqslant 0$
人均消费 Y	y_0	y_1	y_2	…	y_{n-1}	y_n	$y_i > 0$
消费倾向 APC	$\frac{y_0}{x_0}$	$\frac{y_1}{x_1}$	$\frac{y_2}{x_2}$	…	$\frac{y_{n-1}}{x_{n-1}}$	$\frac{y_n}{x_n}$	$\frac{y_i}{x_i} > 0$

其次，我们分析“零储蓄点”在 $0 < p < 1$ 开区间的唯一性。根据假定条件(3) $y_0 > x_0$，于是有 $\frac{y_0}{x_0} > 1$；根据假定条件(4)，表 2-3 中截面分组排序的消费与收入之比 $\frac{y_i}{x_i}$ 符合凯恩斯平均消费倾向 APC 递减规律且 $\frac{y_n}{x_n} < 1$。于是，我们可以根据表 2-3 得到一个分组平均消费倾向 APC 从高到低的序列(见表 3-1)。

我们假设表 3-1 中的 i 可以无限细分，则消费倾向 APC 可以视为一个连续函数，其消费倾向 APC 的初始值(最大值)为 $\frac{y_0}{x_0} > 1$，而末端值(最小值)为 $\frac{y_n}{x_n} < 1$。显然，这是一个由大于 1 到小于 1 的连续递减函数。那么，我们总可以找到其中的一个特殊点，使得 $\frac{y_s}{x_s} = 1$。这个使得 $\frac{y_s}{x_s} = 1$ 的特殊点就是收支相抵的“零储蓄”S 点。由于消费倾向 APC 可以视为一个连续单调递减函数，因此，它不可能存在两个使得 $\frac{y_s}{x_s} = 1$ 的零储蓄 S 点。

结合图 3-3、图 3-4 可看出，y_s 是一个“分水岭”，具有以下标志性意义：

(1)在 $0 < x < y_s$ 区间，收入概率密度曲线 $f(x)$ 下的面积大于消费概率密度曲线 $f(y)$ 下的面积(见图 3-3)，即收入累积分布函数值 p_x 大于消费累积分布函数值 p_y，所以收入累积分布曲线在上，消费累积分布曲线在下(见图 3-4)。

(2)在 $y_s < x < 1$ 区间，收入概率密度曲线 $f(x)$ 下的面积小于消费概率密度曲线 $f(y)$ 下的面积(见图 3-3)；即收入累积分布函数值 p_x 小于消费累积分布函数值 p_y，所以收入累积分布曲线在下，消费累积分布曲线在上(见图 3-4)。

(3)唯有在 y_s 点处，收入概率密度曲线 $f(x)$ 下的面积与消费概率密度曲线 $f(y)$ 下的面积相等($p_x = p_y = p_s$)。因此，图 3-4 中收入累积分布曲线与消费累积分布曲线在 y_s 点相交。并且，这是两条累积分布曲线在 $0 < p < 1$ 开区间的唯一相交点。

最后，从居民收入和消费累积分布曲线特征，证明二曲线交叉点存在并且是唯一存在。由于我们预设了以下两个条件：(1)社会居民收入基尼系数 G_x 大于消费基尼系数 G_y，即 $G_x > G_y$。(2)消费分布的“零分位点”

消费支出 y_0 大于收入分布的“零分位点”收入 x_0，即 $y_0 > x_0$。所以，对于满足第二个条件的收入累积分布曲线 p_x 来说，其在 $p = 0$ 处的起点(即在横坐标上的起点) x_0，必然在 y_0 的左边；或者说，对于满足第二个条件的消费累积分布曲线 p_y 来说，其在 $p = 0$ 处的起点(即在横坐标上的起点) y_0，必然在 x_0 的右边(见图 3-4)。也就是说，两条累积分布曲线的起点不一样。这是其一。其二，由于社会居民收入分布不平等程度比消费分布不平等程度要大，即收入基尼系数 G_x 大于消费基尼系数 G_y，收入-人口累积分布值上升幅度比消费-人口累积分布值上升幅度要小，即收入累积分布曲线相对于横坐标的陡峭程度始终比消费累积分布曲线要小一些、低平一些。也就是说，两条累积分布曲线并不是各对应点曲率相同的平行曲线。其三，基于以上两个假定条件和以上两点特征，由于两条曲线的起点不一样，再加上两条曲线不是平行曲线，所以，收入累积分布曲线 p_x 与消费累积分布曲线 p_y 必然在 $0 < p < 1$ 区间存在相交点。其四，由于收入累积分布曲线 p_x 与消费累积分布曲线 p_y 在 $0 < p < 1$ 区间均为单调增函数曲线，所以不存在有两个及以上的相交点，其相交点 S 点是唯一的(见图 3-4)。

二、零储蓄点消费值的贫困线阈值意义

将图 3-4 中的收入累积分布曲线和消费累积分布曲线，转换成收入分位数函数曲线和消费分位数函数曲线，可得到图 3-5。图 3-5 中的 S 点就是两条分位数函数曲线的相交点，这就是我们所说的“零储蓄”收支相抵点。“零储蓄”S 点的横坐标分位数是 p_s，在这一点上收入累积分布函数值 p_x 与消费累积分布函数值 p_y 相等，即 $p_s = p_x = p_y$。S 点的纵坐标的消费分位数函数值是 y_s，在这一点上收入 x 与消费 y 相等，即 $y_s = x = y$。所以，我们也称 S 点是“双均衡点”。

“零储蓄”S 点及该点的消费分位数函数值 y_s，具有十分明晰的贫困线阈值(临界值)意义：

1. “零储蓄”收支相抵点是区分穷人和非穷人的一个重要临界点标志。

第一，由图 3-5 可清楚看到，在 S 点左边 A 区，收入分位数函数曲线处在消费分位数函数曲线的下方。这说明，处在这一区域范围的居民入不敷出，家庭收入少于消费支出，即 $x < y$。这一区域的家庭为了维持家庭生活必需消费，要么举债度日，要么动用家庭原有储蓄(如果原来有储蓄的话)，总之，采取“负储蓄”方式维持家计基本消费。毫无疑问，处在 A 区的居民家庭，是社会中那些入不敷出的贫困家庭。

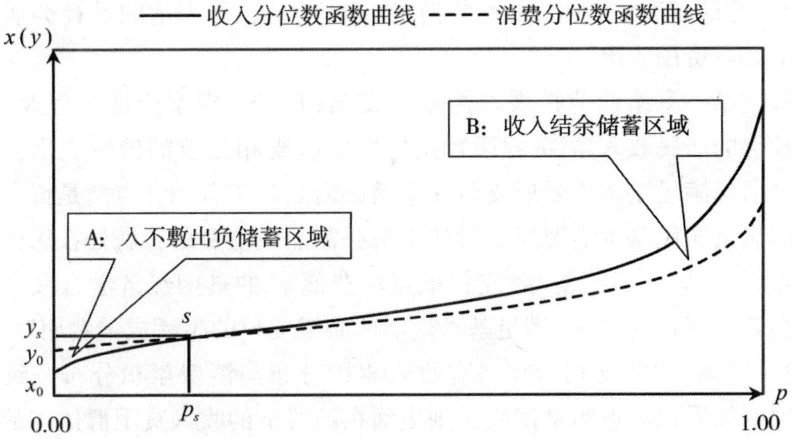

图 3-5　典型居民收入-消费分位数函数曲线

第二，在 S 点右边 B 区，收入分位数函数曲线处在消费分位数函数曲线的上方。这说明，处在这一区域范围的居民收入大于消费支出，$x > y$，家庭有储蓄。并且，根据消费倾向递减规律，越是收入高的居民，家庭储蓄额和储蓄比例越高。同样毫无疑问，处在 B 区的居民家庭，是社会中那些收入绰余的非贫困家庭或富裕家庭。

第三，A 区和 B 区的分界线就是“零储蓄”S 点。该点的消费分位数函数值 y_s 就是一个临界值——处在这个点上的居民，其收入正好满足其基本生活消费支出，他们既不是入不敷出进行负储蓄，也没有多余收入进行正储蓄，而是收支相抵“零储蓄”。

萨缪尔森在《经济学》中阐述消费函数理论时，将“零储蓄”收支相抵点作为区分社会中的穷人和非穷人的一个重要标志。他说：“不论是从绝对值还是从占收入的比例数来看，富人的储蓄都多于穷人，非常贫穷的人根本没有能力储蓄。不仅如此，只要他们能够借到钱或减少其财富，他们还会进行‘负储蓄’。”①入不敷出的穷人为了维持家庭基本生活，不惜减少原有储蓄或举债度日，成为“负储蓄”者。而位于收支相抵点的家庭，“消费支出正好等于可支配收入，处在此点的家庭既不举债，也不储蓄。”②根据萨缪尔森的观点，“零储蓄”收支相抵点是区分穷人（进行负储

---

① ［美］保罗·萨缪尔森、威廉·诺德豪斯著：《经济学》（第 14 版），下册，胡代光等译，北京经济学院出版社 1996 年版，第 804 页。

② ［美］保罗·萨缪尔森、威廉·诺德豪斯著：《经济学》（第 14 版），下册，胡代光等译，北京经济学院出版社 1996 年版，第 807 页。

蓄的人）和非穷人（进行正储蓄的人）的一个重要临界点标志。

2. “零储蓄”收支相抵点处的消费函数值 y_s ，所表达的是社会居民基本生活必需费用支出。

根据第一章第四节扩展线性系统支出（ELES）模型论证过程及结论，一个社会的居民收入-消费截面数据排序中收支相抵点的消费支出，就是该社会居民满足基本需要所支付的生活必需品成本费用；也就是说，一个社会的满足居民基本需要所支付的生活必需品成本费用，就处在居民收支相抵点。可见，“零储蓄”收支相抵点消费值 y_s 的贫困经济学含义，就是该社会客观存在的居民“满足基本生活所必需支付的生活成本费用”。

3. “零储蓄”收支相抵点具有收入累积分布与消费累积分布一致性性质，说明如果以此点为贫困线，则生活在该线下的收入贫困群体与消费贫困群体在对象集合上和规模数量上具有相同性或一致性。

基于收入-消费分布的“零储蓄”收支相抵点是一个“双均衡点”。在此点处，不仅收入与消费支出相等（ $x = y$ ），而且收入累积分布与消费累积分布相等（ $p_x = p_y$ ）。这一“双均衡”特性具有重要贫困学意义。它意味着，唯有以此点的消费值 y_s 作为贫困线来测定贫困人口和贫困发生率，其结果才能反映生活在此线下的收入贫困人口规模及发生率与消费贫困人口规模及发生率是同一的或相等的（ $H_x = H_y$ ）（见图 3-4 或图 3-5）。否则，采用任何大于或小于“零储蓄”收支相抵点消费值作贫困线，要么出现线下的收入贫困人口规模及发生率低于消费贫困人口规模及发生率，要么出现线下的收入贫困人口规模及发生率高于消费贫困人口规模及发生率，二者始终不能满足一致性条件。从这个意义上来说，采用线性消费函数模型法（如采用扩展线性支出系统 ELES 模型）所测算的“收支相抵点”不是真正意义上的收支相抵点，因为它不满足“双均衡”特性，其收入累积分布与消费累积分布不相等，即 $p_x \neq p_y$ 或 $H_x \neq H_y$ 。总之，唯有将基于收入-消费的“零储蓄”收支相抵点的消费值 y_s 作为贫困线是合宜的。

4. 把居民收支相抵点的消费值或收入值作为贫困线的阈值，是现有贫困线测定方法中的一个惯例做法。

如在第一章介绍的主观贫困线法、扩展线性支出系统（ELES）模型法、凯恩斯消费函数模型法，都是把一个社会的居民收支相抵点（而不是少数、个别居民家庭的收支相抵点）的消费值或收入值，作为该社会的贫困线阈值。这是采取回归分析方法测定贫困线的一个惯例做法；同时，它也是符合贫困经济学科学逻辑的。

综上所述，我们认为：（1）基于收入-消费分位数函数曲线的收支相抵“零储蓄”S点及消费值y_s（见图3-5），具有十分明晰的贫困线阈值意义——y_s所表达的就是该社会的“居民满足基本生活需要所必需支付的消费成本费用”，而这恰恰就是贫困线(基本贫困线)的内在根据。(2)把居民收支相抵点的消费值y_s作为贫困线的阈值，符合现有一些贫困线测定方法的惯例做法。据此，本研究称基于收入-消费分位数函数“零储蓄”收支相抵点处消费值y_s为“基本自然贫困线”，用符号“z_s”表示，即$z_s = y_s$。

三、零储蓄点消费值的求解问题

在已知收入和消费洛伦兹曲线函数一阶导数的情况下，可以直接令收入分位数函数式(2-33)与消费分位数函数式(2-34)相等：

$$x = L'_x(p)\mu_x = y = L'_y(p)\mu_y$$

于是有

$$L'_x(p)\mu_x = L'_y(p)\mu_y \tag{3-11}$$

从理论上说，只要求出了“零储蓄点”S处的分位数p_s，就可以代入公式(3-11)计算出S点的消费值y_s，也就得到了“零储蓄点”基本贫困线估计值：

$$z_s = y_s = L'_x(p_s)\mu_x = L'_y(p_s)\mu_y \tag{3-12}$$

但事实上，由于$L'_x(p)\mu_x$和$L'_y(p)\mu_y$均属于非线性函数，只有在$L'_x(p)\mu_x$和$L'_y(p)\mu_y$拟合回归基础上，通过复合迭代法才能最终计算出p_s和y_s。在第四章，我们将专题讨论计算“零储蓄点”S处的“双均衡值”(收入与消费均衡值、收入贫困发生率与消费贫困发生率均衡值)的复合迭代方法。

第三节 “双零点”消费值长期趋势估计

前面，我们讨论了“分位数函数零点法”以及如何据此测算社会居民的“零分位点”底线生活费用y_o和“零储蓄点”基本生活费用y_s。不过，这些都是以某个年度的现期收入-消费截面数据为依据的。我们在第一章曾谈到，在一般情况下，仅凭某个年度的“双零点”消费值测算结果就将其确定为贫困线，这样做风险较大。因为，所测算出来的单个年度消费值稳定性或可靠性较差，不能体现社会居民最低生活费用(无论是“零分位”底线生活费用，还是“零储蓄”基本生活费用)的自然、平稳增长。因此，很有必要对一个较长时期的“双零点”消费值时间序列，进行长期趋势估计，并将长期趋势估计值作为最终确定相关年度t自然贫困线的依据。

一、依据长期趋势值确定自然贫困线

我们假定，通过对某个社会长期统计数据的截面分析，我们得到了一个零分位点消费估计值的时间序列 $\{y_{0t}\}$ ：

$$y_{01}\ ,y_{02}\ ,y_{03}\ ,\cdots,y_{0n-1}\ ,y_{0n} \tag{3-13}$$

以及得到了一个零储蓄点消费估计值的时间序列 $\{y_{st}\}$ ：

$$y_{s1}\ ,y_{s2}\ ,y_{s3}\ ,\ \cdots,y_{sn-1}\ ,y_{sn} \tag{3-14}$$

在上两式中，t 表示一个较长时期的时间序列年度排序，$t=1$ 表示时间序列期初，$t=n$ 表示时间序列期末。这里所说的一个较长时期并不是三五年时间，至少是七八年，甚至十年或更长时间。因为，时期越长久，时间序列长期趋势估计结果就越能真实反映客观事物(当然，这需要以历史数据的可获得性和数据质量的可靠性作支撑)。需要说明的是，上述两个时间序列，可以是当年现行价格序列，也可以是不变价格序列。在没有特定说明的情况下，我们一般指的是当年现行价格序列。

那么，为什么要对上述“双零点”消费估计值的时间序列进行长期趋势分析，并依据长期趋势估计值 y_{0t}^* 和 y_{st}^* 来最终确定年度 t 的自然贫困线，而不直接采用某个年度 t 的截面回归分析结果 y_{0t} 和 y_{st} 来作为自然贫困线呢？

这是因为，某个年度 t 的截面分析属于短期分析，而由短期截面分析所得到的“双零点”消费值时间序列，可能包含以下四个方面的不规则变动成分：

1. 收入、消费作为经济变量的短期不规则变动性。截面分析所采用的是 t 年度居民现期收入和现期消费数据，而各年度的现期收入和现期消费由于受宏观经济波动的影响，会在一定程度上出现波动(即短期波动)。虽然从理论上来说，居民消费具有一定程度的不可逆“棘轮效应”，但根据消费函数理论，消费随收入变动而变动的因果效应还是客观存在的。如果孤立地仅以某个年度的现期收入-消费支出截面数据为依据测算出居民最低生活费用和基本生活费用，并以此为依据确定为自然贫困线，这显然不太科学。因为，我们无法判别该年度的最低生活费用 y_{0t} 和基本生活费用 y_{st} 相对于上一年度来说，是向上变动还是向下变动，或是与上年持平。然而，常理告诉我们：一个国家或社会所确定的贫困线在短期内不应出现上下波动情况；要么是与上年度持平，要么是呈现出上升趋势，但不可能出现本年度贫困线阈值比上年度下降的现象。也就是说，贫困线是不可逆的，同样具有“棘轮效应”。

2. 居民消费价格的不规则变动性。统计部门提供的年度现期收入-消费支出截面数据，一般是用现价货币单位来表示的，它包含着消费价格变动因素。而各年度之间居民消费价格变动是不规则的、随机的，有时上涨(且上涨幅度也是随机的)，有时持平，有时可能出现下降现象，即通缩现象。

3. 人的消费行为的随机性。社会各居民家庭或个人的消费行为包括收入预期心理、消费习惯、消费倾向、储蓄倾向、家庭成员构成和生命周期状况、对商品广告效应和消费邻居效应的反应程度等，都是各不相同的。因此，各居民家庭或个人对消费所作出的决策和选择是各不相同的，并且在各个年度也是有变化的。

4. 样本观测数据的随机误差。这方面的误差可能由以下几方面叠加而成：(1)抽样方式，包括样本量和数据采集点的选择和分布；(2)原始数据的记录与采集的准确性、真实性和完整性方面存在的质量问题；(3)采集数据的处理、过滤、汇总与加工方面的问题。比较典型的问题是可供截面分析的数据分组数量过少，数据高度加总，信息量损失严重。如近几年统计部门公布的中国城镇和农村居民收入-消费截面数据分组只有五个组，以此分组数据的平均值进行截面分析，必然会产生一定程度的误差。上述样本观测数据所产生的误差，对于各年度而言是不确定的、随机的。

按常理，一定时期内的社会居民最低生活消费费用或基本生活消费费用，应是一个自然、平缓的上升过程，不应出现较大波动或跳跃起伏现象。但由于以上四方面的随机因素或不规则变动，短期分析所获得的“双零点”消费估计值时间序列有可能出现较大波动，甚至跳跃起伏，有时可能会出现一阶差分为负值的异常值现象。

为了说明“双零点”消费估计值时间序列可能出现的波动性，我们以浙江省为例。表 3-2 和图 3-6 给出的是根据浙江省统计年鉴城镇居民分组人均消费数据，测算出的 2005—2013 年浙江省城镇居民零分位点处的底线消费支出估计值 y_0。由表 3-2 可看出，2006 年和 2009 年的底线消费支出一阶差分 $\Delta y_{0t} = y_{0t} - y_{0t-1}$ 出现负值，这是因为 2006 年 $y_0 = 4402$ 元和 2008 年 $y_0 = 6857$ 元是两个异常值。由图 3-6 可看出，这两年的底线消费支出 y_0 出现了明显的跳跃起伏，这显然与社会居民最低生活消费费用呈平缓增长的假设不符。

以上分析告诉我们，不可直接将截面分析所获得的“双零点”消费估计值时间序列作为各年度的自然贫困线阈值。为了客观描述一定时期内社会居民最低生活费用或基本生活费用的平缓增长过程，我们需要对多年度的“双零点”消费估计值时间序列进行长期趋势拟合分析，并将长期趋势拟合回归估计值作为自然贫困线的阈值。

表 3-2 **浙江省城镇居民零分位点底线生活消费支出估计值时间序列（2005—2013 年）**

年度	2005	2006	2007	2008	2009	2010	2011	2012	2013
t	1	2	3	4	5	6	7	8	9
底线消费支出 y_{0t}（元/(人·年)）	4556	4402	5580	6857	6580	6643	8138	8798	10306
一阶差分 $y_{0t}-y_{0t-1}$		-154	1178	1277	-277	63	1495	660	1508

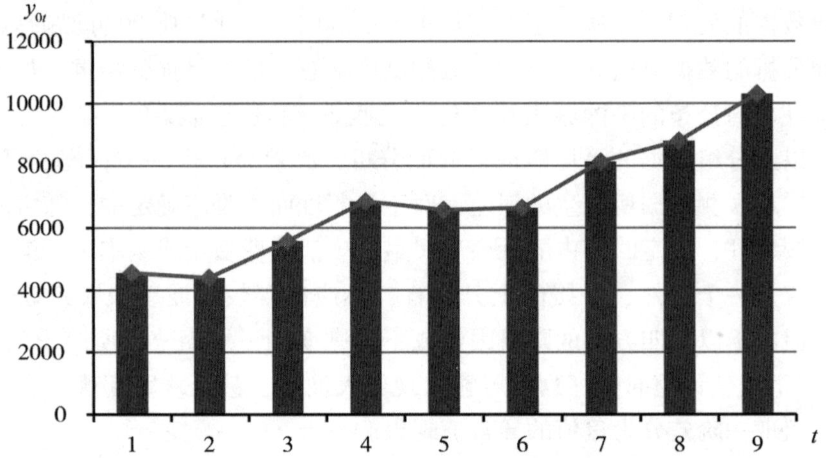

图 3-6 浙江省城镇居民零分位点底线生活消费支出时间序列（2005—2013 年）

二、一般时间序列构成因素分解

数理统计学认为，时间序列的形成是各种不同的因素对事物的发展变化共同起作用的结果。一般来说，这些因素概括起来可以归纳为四个类别：长期趋势因素、季节变动因素、循环变动因素和不规则变动因素。由这四种因素所表述的时间序列变化或客观事物变动，可分解为四种不同的状态：

第一，长期趋势。长期趋势因素是指在事物的发展过程中起着主要的、决定性作用的因素。这类因素使得事物的发展水平长期沿着一定的方向(或单一方向)持续发展，使事物的变化呈现出某种长期的变化趋势。从大的方向看，这种趋势可能是持续向上的(上升趋势)，也可能是持续向下的(下降趋势)，还可能是持续平稳的(平稳趋势)。从趋势表现的轨迹形式上看，可能是直线形式，也可能是指数曲线形式，还可能是其他曲线形式，如二次抛物曲线等。时间序列的长期趋势一个很重要特点是，不因短期因素的干扰而改变其发展方向。

第二，季节变动。季节变动或称季节波动，是指某些现象由于受自然条件和社会经济条件的变动影响，在一年中随季节变化而发生的有规律的变动。季节变动有两个重要特点：一是变化周期比较固定，其长度不会超过一年；二是每个周期内的波动幅度基本相同。

第三，循环变动。循环变动是指以一年以上为周期，呈现出的扩张和收缩的交替波动变化，是一种周而复始的有规律的变动。循环变动不同于趋势变动，它不是沿着单一的方向持续运动，而是升降相间、涨落交替的变动。循环变动也不同于季节变动，季节变动有比较固定的规律，且变动周期长度在一年以内；而循环变动则无固定规律，变动周期多在一年以上，且周期长短不一。

第四，不规则变动。不规则变动也称随机变动，它是指短时间内由于各种偶然因素影响所形成的不规则波动。不规则变动往往无法预测，它相当于时间序列中剔除长期趋势、季节变动和循环变动后的剩余部分，等同于回归分析模型中的随机干扰项，可用实际观测值与回归估计值(或条件均值)的差值来表示。

根据上述的影响时间序列变动的四类构成因素，可以将时间序列设定为不同的因素成分的组合模型。其中，最常用的有乘法模型和加法模型。

$$\text{乘法模型}: Y_t = T_t \cdot S_t \cdot C_t \cdot I_t \tag{3-15}$$

$$\text{加法模型}: Y_t = T_t + S_t + C_t + I_t \tag{3-16}$$

上两式中：Y_t 为时间序列数值；T_t 为长期趋势成分；S_t 为季节变动成分；C_t 为循环变动成分；I_t 为不规则变动成分。

乘法模型是假定四个因素对现象的发展的影响是相互作用的，以长期趋势成分的绝对量为基础，其余量均以比率表示。加法模型是假定四个因素的影响是相互独立的，每个成分均以绝对量表示。

需要说明的是，并不是每个时间序列都包含全部四种成分。当某个时间序列既不包含季节变动也不包含循环变动，那么，这个时间序列就只包含长期趋势和不规则变动两种成分，其加法模型为：

$$Y_t = T_t + I_t \tag{3-17}$$

三、“双零点”消费值时间序列两因素分解

我们认为，由式(3-13)表达的零分位点消费估计值时间序列 $\{y_{0t}\}$（现价），以及由式(3-14)表达的零储蓄点消费估计值时间序列 $\{y_{st}\}$（现价），它们既不含季节变动成分，也不明显包含循环变动成分。这是因为：(1)零分位点消费估计值 y_0 和零储蓄点消费估计值 y_s 是通过对年度观测数据进行截面分布分析得到的，而以年度为时间单位的观测数据是不显示季节变化的(或将一年内各季节值已经平均化了)。(2)按照经济学观点和消费行为理论，在经济周期循环或商业周期循环期间，虽然经济增长和国民收入可能会出现交替波动，但居民对最底线生活消费和基本生活消费是首先需要保证的，一般不会出现大起大落的交替循环波动。因此，可以认为零分位点消费估计值时间序列 $\{y_{0t}\}$ 和零储蓄点消费估计值时间序列 $\{y_{st}\}$，不存在或不明显存在循环交替变动因素，或者说循环交替变动因素较弱，可以忽略不计。

基于以上讨论，我们的结论是：由式(3-13)表达的零分位点消费估计值时间序列 $\{y_{0t}\}$（现价），以及由式(3-14)表达的零储蓄点消费估计值时间序列 $\{y_{st}\}$（现价），可视为只包含长期趋势和不规则变动两种成分的时间序列，其两因素构成适用加法模型(3-17)。于是，零分位点消费估计值时间序列的加法模型可表达为：

$$y_{0t} = y_{0t}^* + u_{ot} \tag{3-18}$$

零储蓄点消费估计值时间序列加法模型可表达为：

$$y_{st} = y_{st}^* + u_{st} \tag{3-19}$$

上两式中：

y_{0t}^* ——零分位点消费值时间序列 $\{y_{0t}\}$ 的长期趋势估计值(包含居民消费价格长期趋势)；

u_{ot} ——时间序列 $\{y_{0t}\}$ 的不规则变动随机干扰值或偏差值(包含居民消费价格不规则随机变动成分)；

y_{st}^* ——零储蓄点消费值时间序列 $\{y_{st}\}$ 长期趋势估计值(包含居民消费价格长期趋势)；

u_{st} ——时间序列 $\{y_{st}\}$ 的不规则变动随机干扰值或偏差值(包含居民消费价格不规则随机变动成分)。

由式(3-18)和式(3-19)可知，只要我们分别从时间序列 $\{y_{0t}\}$ 中估计

出长期趋势值 y_{0t}^* ，以及从时间序列 $\{y_{st}\}$ 中估计出长期趋势值 y_{st}^* ，也就分别同时剔除了随机干扰值 u_{ot} 和随机干扰值 u_{st} 。这就意味着找到了我们所定义的自然贫困线：$z_0^* = y_{0t}^*$ 和 $z_s^* = y_{st}^*$ 。

四、“双零点”消费值时间序列长期趋势拟合

如何估计时间序列 $\{y_{0t}\}$ 的长期趋势值 y_{0t}^* 和时间序列 $\{y_{st}\}$ 的长期趋势值 y_{st}^* ？常用方法是对时间序列(3-13)和时间序列(3-14)进行长期趋势曲线拟合并建立回归模型，应用回归模型估计第 t 年的 y_{0t}^* 值和 y_{st}^* 值。具体方法是：首先，将时间序列(3-13)和时间序列(3-14)描绘成以年度 t 为自变量的折线图，并观察和判断折线图的变化趋势；其次，运用统计分析软件进行多种长期趋势曲线拟合比较分析；最后，选择拟合优度最高的曲线建立回归估计模型。一般来说，可选用以下三种曲线进行长期趋势拟合并建立回归估计模型。

1. 直线型长期趋势回归模型：

$$y_{0t}^* = \beta_0 + \beta_1 t \tag{3-20}$$

$$y_{st}^* = \beta_0 + \beta_1 t \tag{3-21}$$

具有直线型长期趋势的时间序列，其基本特点是长期趋势回归估计值的一阶差分等于常数。即：

$$\Delta y_{0t}^* = y_{0t}^* - y_{0t-1}^* = b$$

或
$$\Delta y_{st}^* = y_{st}^* - y_{st-1}^* = b$$

2. 二次抛物线长期趋势回归模型：

$$y_{0t}^* = \beta_0 + \beta_1 t + \beta_2 t^2 \tag{3-22}$$

$$y_{st}^* = \beta_0 + \beta_1 t + \beta_2 t^2 \tag{3-23}$$

具有二次抛物线长期趋势的时间序列，其基本特点是长期趋势回归估计值的二阶差分等于常数。即：

$$\Delta y_{0t}^* - \Delta y_{0t-1}^* = b$$

或
$$\Delta y_{st}^* - \Delta y_{st-1}^* = b$$

3. 指数曲线长期趋势回归模型：

$$y_{0t}^* = \beta_0 \mathrm{e}^{\beta_1 t} \tag{3-24}$$

$$y_{st}^* = \beta_0 \mathrm{e}^{\beta_1 t} \tag{3-25}$$

具有指数曲线长期趋势的时间序列，其基本特点是相邻两个年度的长期趋势回归估计值的比值是常数，即增长指数是常数：

$$\frac{y_{0t}^*}{y_{0t-1}^*} = b$$

或

$$\frac{y_{st}^*}{y_{st-1}^*} = b$$

我们仍以表 3-2 中的浙江省城镇居民零分位点底线生活消费支出费用时间序列为例，采用 SPSS 统计分析软件系统进行长期趋势曲线拟合，分别得到三个曲线(线性、二次曲线和指数曲线)回归模型及参数估计值输出结果(见表 3-3)：

表 3-3 **浙江省城镇居民零分位点底线生活费用时间序列长期趋势曲线拟合 SPSS 输出结果**

长期趋势拟合曲线模型	R^2	F 值	回归模型参数估计值		
			β_0	β_1	β_2
线性模型	0. 9263	88. 04	3449. 31	684. 78	
二次曲线	0. 9432	49. 82	4196. 79	277. 07	40. 77
指数曲线	0. 9346	100. 11	3999. 40	0. 10	

三个回归模型的 F 检验都达到 0. 01 或 1%的显著水平。相比较而言，二次曲线拟合优度系数 $R^2=0.9432$，比线性模型($R^2=0.9263$)和指数曲线模型($R^2=0.9346$)要高。因此，可确定 2005—2013 年浙江省城镇居民零分位点底线生活消费支出时间序列 $\{y_{0t}\}$ 长期趋势由二次曲线回归模型来表达。于是有：

$$y_{0t}^* = 4196.79 + 277.07t + 40.77t^2 \tag{3-26}$$

将表 3-2 中的年度 $t=1, 2, \cdots$，分别代入模型(3-26)，得到各年度 t 的浙江省城镇居民零分位点底线生活消费支出的长期趋势回归估计值 y_{0t}^*。同时，我们计算出了各年度 t 的不规则变动随机偏差 u_{ot}，计算公式如下：

$$u_{ot} = y_{0t} - y_{0t}^* \tag{3-27}$$

各年度 t 的长期趋势回归估计值 y_{0t}^* 和不规则变动随机偏差 u_{ot} 及变化趋势见表 3-4 和图 3-7。

表 3-4 浙江省城镇居民零分位点底线消费时间序列长期趋势回归估计值（2005—2013 年） 单位：元/(人·年)

年 度	2005	2006	2007	2008	2009	2010	2011	2012	2013
t	1	2	3	4	5	6	7	8	9
居民底线消费估计值 y_{0t}	4556	4402	5580	6857	6580	6643	8138	8798	10306
底线消费长期趋势回归值 y_{0t}^*	4515	4914	5395	5957	6601	7327	8134	9023	9993
不规则变动随机偏差 u_{ot}	41	−512	185	900	−21	−684	4	−225	313

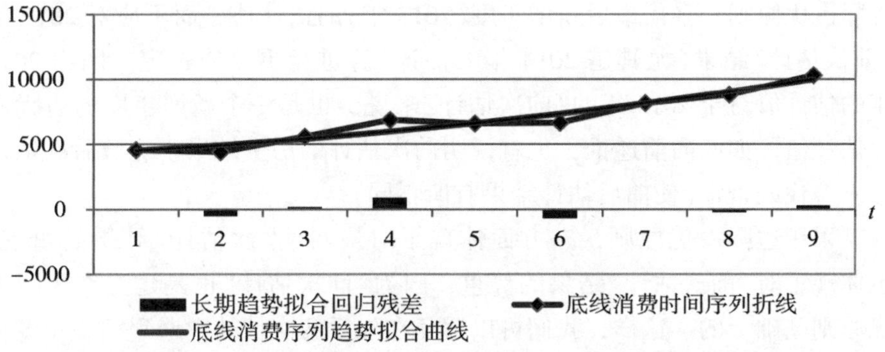

图 3-7 浙江省城镇居民底线消费折线与长期趋势拟合曲线(2005—2013 年)

由图 3-7 可看出，经过对 2005—2013 年浙江省城镇居民零分位点底线生活消费估计值时间序列 $\{y_{0t}\}$ 的长期趋势回归拟合，我们得到了浙江省城镇居民零分位点底线生活消费在 2005—2013 年期间的一个平缓上升趋势序列 $\{y_{0t}^*\}$ ，其年度 t 的趋势估计值 y_0^* ，就是我们所要估算年度 t 的“底限自然贫困线 z_0^* ”，即 $z_0^* = y_0^*$ 。图 3-7 中的长期趋势拟合二次曲线是一条光滑曲线，它是对原来波动起伏折线(见图 3-6)的一种“削峰填谷”式的熨平。

当然，对于基本自然贫困线 z_s^* ，其估算原理和方法与底限自然贫困线 z_0^* 完全类似，这里没有必要再赘述了。

五、长期趋势估计的边际占优原则

我们将“双零点”消费值长期趋势估计分为两种动态类型：一是前次

估计，指上一年度对前 n 年的历史数据所做的长期趋势估计。二是本次估计，指本年度对 $n+1$ 年的历史数据所做的长期趋势估计。这里我们不妨举例说明。假如“前次估计”发生在上一年(2015 年)，并假设前 n 年为 2000—2014 年。那么，在“前次估计”时，拟合得到了一个当时认为最优的长期趋势回归模型，并估算出 2000—2014 年各年度的“双零点”消费值的长期趋势值。接着，到今年(2016 年)进行“本次估计”，对 2000—2015 年($n+1$ 年)“双零点”消费值做长期趋势估计，也拟合得到一个认为最优的长期趋势回归模型，并估算出 2000—2015 年各年度的“双零点”消费值的长期趋势值。那么，由于新一年(2015 年)数据的加入，使得两次拟合的模型参数，以及两次估计的各年度“双零点”消费值的长期趋势值，可能会有所不同。

那么，在这种情况下，我们对于 2016 年“本次估计”结果，只能本着边际占优原则，采信最后新增年度(2015 年)的估计值，而不应对 2015 年“前次估计”结果(尤其是 2014 年的估计值)进行更改或否定。因为 2014 年的估计值对于 2015 年的“前次估计”来说，也是一个新增年度的边际占优估计值。如此向前递推，也就说明前次估计的历史结果不能被后次估计结果替代或否定(使前后估计结果有所不同)。

采用边际占优原则，一方面体现了对最新“本次估计”结果的重视，也体现了对“前次估计”结果的尊重，因为“前次估计”也是建立在边际占优原则基础上的。这样，我们可以避免在先后两次估计中遇到相关年度估计结果可能发生变化的“两难尴尬”。

综上所述，我们把由社会居民收入-消费分位函数表述的两个特殊点函数值(零分位点消费值和零储蓄点消费值)分别称为居民底线生活费用 y_0 和居民最基本体面生活费用 y_s。我们假设，在一个较长时期内，随着社会居民收入水平或生活水平的持续提高，各年度 t 的居民底线生活消费费用 y_0 和居民基本生活消费费用 y_s 所形成的时间序列，分别呈现出一种自然的、长期的、平缓的上升趋势(尽管在短期内会出现上下波动)。那么，我们通过长期趋势回归拟合方式得到了 y_0 和 y_s 的长期趋势估计值 y_0^* 和 y_s^*。本书将 y_0^* 和 y_s^* 分别视为该年度 t 的“底限自然贫困线阈值 z_0^*”和“基本自然贫困线阈值 z_s^*”，即 $z_0^* = y_0^*$ 和 $z_s^* = y_s^*$。

最后需要说明的是，y_0 和 y_s 与 y_0^* 和 y_s^* 的区别，就在于 y_0 和 y_s 是没有进行长期趋势拟合的消费估计值，而 y_0^* 和 y_s^* 是经过长期趋势拟合后得到的消费估计值(两者在数值上可能略有些差别，尤其在 y_0 和 y_s 出现较大波动的情况下)。通常，我们用 y_0^* 和 y_s^* 表示自然贫困线的阈值，即 $z_0^* = y_0^*$

和 $z_s^* = y_s^*$；但不排除在某些情况下(如缺乏历史数据，或不以年度为时间段，或只研究分析某个年度的贫困问题等)，直接用 y_0 和 y_s 来表示自然贫困线的阈值，即 $z_0 = y_0$ 和 $z_s = y_s$。这要视具体情况而定。

第四节 “2+1”贫困线体系与贫困阶段划分

贫困的界定及贫困层次、贫困阶段划分，往往与贫困线的“线位”联系在一起。传统的贫困定义方法，就是先人工设定一个贫困线，然后再依据这一人工贫困线来界定贫困和划分贫困层次，并确认一国或地区所处的贫困阶段。本书以为，采用人工设定的贫困线来划分贫困层次，来评估、判断一国或地区的贫困程度或贫困阶段的变化，往往缺乏说服力或难以令人信服。因为，人工设定的贫困线本身伴有诸多的权衡、选择和判断，主观性、随意性或武断性较强。此外，人工贫困线往往在一个较长时期内其实际购买力水平固定不变(只进行居民消费价格指数调整)，它没有反映居民基本生活真实成本的变化；并且，人工贫困线之间(如绝对贫困线与相对贫困线之间)缺乏内在联系和逻辑关系，不能进行“线位”的“词典式”排序，也就无法将其作为依据对一国或地区的贫困阶段作出判断。

现在有了居民收入-消费分位数函数模型，有了自然贫困线，我们就可以建立起“2+1”贫困线体系，从而可以探索解决一国或地区的贫困类型划分、贫困层次排序和贫困阶段判断问题。这里所说的“2+1”贫困线体系是：“2”指“双零点”自然贫困线(即“零分位点”底限自然贫困线和“零储蓄点”基本自然贫困线)；“1”指收入分位数函数 $p = 50\%$ 处的收入值一半的相对贫困线(半中位线)。“2+1”贫困线体系是建立在居民收入-消费分位数函数基础上的，“三条线”的“线位”均属于分位数函数值，所以它们之间有着内在联系和逻辑关系，能建立起“词典式”的排序体系。

一、“双零点”自然贫困线的内在关系

这里所说的“双零点”自然贫困线的内在逻辑关系，主要指“零储蓄”基本自然贫困线 z_s^*（或$z_s = y_s$）与“零分位”底限自然贫困线 z_0^*（或$z_0 = y_0$）之间的数值大小及分布位置关系。由于“双零点”线之间的数值大小和位置关系是社会自然形成的，而不是由人工设定和人为调整后形成的，所以它们之间的内在关系实质上是一种自然动态关系。

在讨论“双零点”线的自然动态关系时，我们把零分位收入 x_0 作为一

个基准或参照，因为无论是零储蓄线的收入贫困发生率，还是零分位线的收入贫困发生率，都是相对于收入分布函数特别是零分位收入 x_0 而言的。下面分三种情况讨论。

1. $y_0 > x_0$ 情况。

在 $y_0 > x_0$ 即$x_0 < y_0$ 情况下，零分位点 $p=0$ 处的消费倾向 $\frac{y_0}{x_0} > 1$，所以在 $0 < p < 1$ 区间，必有消费倾向 $\frac{y_s}{x_s} = 1$ 的零储蓄收支均衡点。正如图 3-8 所示，在 $0 < p < 1$ 区间，消费累积分布曲线与收入累积分布曲线相交于 S 点。S 点就是零储蓄收支均衡点，显然该点的消费值 y_s 大于零分位点的消费值 y_0。于是，零储蓄线 $z_s = y_s$ 的值大于零分位线 $z_0 = y_0$ 的值，即 $z_s = y_s > z_0 = y_0$。就两线的位置而言，零储蓄线 z_s 在右边，零分位线 z_0 在左边，于是有：基于零储蓄线 z_s 的收入贫困发生率 p_s 大于基于零分位线 z_0 的收入贫困发生率 p_0，即 $p_s > p_0$（见图 3-8）。

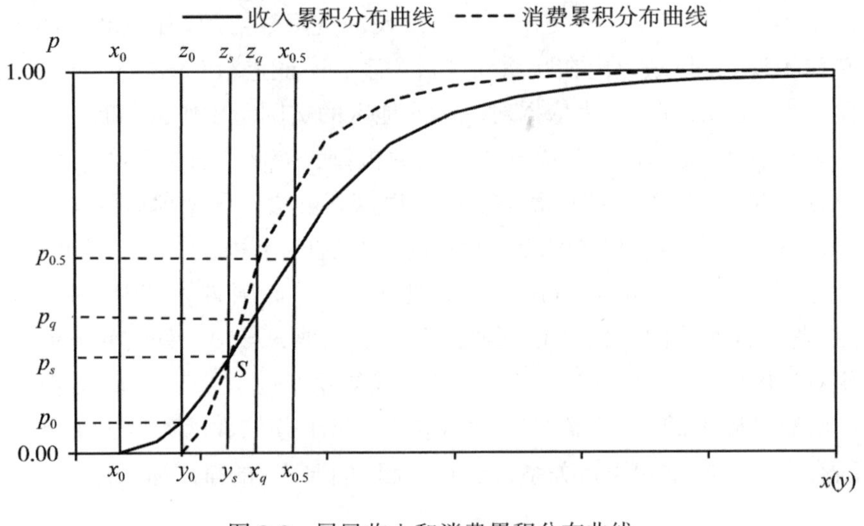

图 3-8 居民收入和消费累积分布曲线

2. $y_0 = x_0$ 情况。

在 $y_0 = x_0$ 情况下，零分位点 $p=0$ 处的消费倾向 $\frac{y_0}{x_0} = 1$，所以在 $0 < p < 1$ 区间，不存在零储蓄收支均衡点。而在此情况下，消费累积分布曲线与收入累积分布曲线的相交点就在 $p = 0$ 处（见图 3-9）。于是有，零储蓄

线 $z_s = y_s$ 的值等于零分位线 $z_0 = y_0$ 的值，也等于零分位收入 x_0 。这样，就形成了收入零分位点 x_0 、消费零分位点 y_0 和收支均衡零储蓄点 y_s 的“三点重合”($y_0 = x_0 = y_s$)。同时，也形成了零储蓄线 z_s 和零分位线 z_0 在 $p = 0$ 处“两线合一”，这意味着无论对于零储蓄线 z_s 来说，还是对于零分位线 z_0 来说，它们的收入贫困发生率都为0，即 $p_s = p_0 = 0$。“三点重合”($y_0 = x_0 = y_s$)对一个社会来说，是一个很重要的标志，它意味着，该社会以底限自然贫困线 z_0 为尺度的绝对贫困，和以基本自然贫困线 z_s 为尺度的基本贫困均被消除。

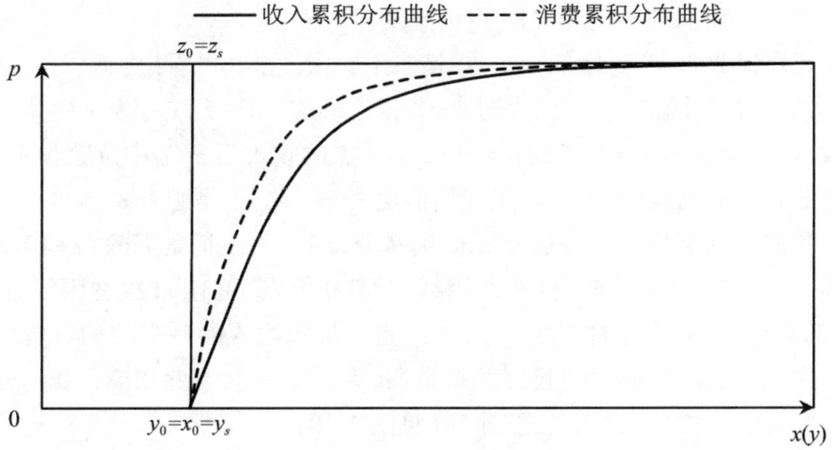

图 3-9 居民收入-消费累积分布曲线

3. $y_0 < x_0$ 情况。

一个社会的居民收入-消费分布如果出现 $y_0 < x_0$ 即 $x_0 > y_0$ ，说明该社会全体居民的收入均多于消费支出，不仅消除了绝对贫困和基本贫困，而且全体居民都有正储蓄。在 $x_0 > y_0$ 情况下，有两种层次可能：一种是低层次，仍然存在相对贫困；另一种是高层次，相对贫困被消除，社会进入共同富裕阶段。

居民收入-消费分布出现 $x_0 > y_0$ 的情况，不是本研究的重点。因为，一旦居民收入-消费分布出现 $x_0 > y_0$ 情况，底限自然贫困线 $z_0 = y_0$ 和基本自然贫困线 $z_s = y_s$ 在 $0 \leqslant p \leqslant 1$ 区间已经不存在了。也就是说，只有在 $y_0 \geqslant x_0$ 情景下，讨论自然贫困线才是有意义的。

二、“2+1”贫困线体系与贫困“三分法”层次排序

英国社会学家汤森和香港浸会大学的莫泰基，于 1993 年分别独立地

提出将贫困划分为绝对贫困、基本贫困和相对贫困三个层次的“三分法”概念①。这一划分方法也得到了国际社会和学术界的广泛认同。如联合国统计司(2005年)《贫困统计手册：概念、方法和政策运用》、联合国统计委员会里约小组(2006年)《贫困测量的良好方法简编》和世界银行(2009年)出版的《贫困和不平等手册》，都认同对贫困进行“三分法”的划分。但是，如何在一个统一的、有机的贫困线体系框架内，应用“三分法”对一国贫困人口的贫困层次和对一国所处的贫困阶段进行系统估计，这是一个悬而未决的问题。显而易见，使用主观色彩较浓的人工贫困线是无法解决这一问题的。然而，基于收入-消费分布 $y_0 > x_0$ 情景下的自然贫困线“2+1”体系，为解决这一问题提供了可能。

在居民收入-消费分布 $y_0 > x_0$ 情景下，由图3-8可看出，x_0、z_0、z_s、z_q、$x_{0.5}$ 这五条线依次呈现出“词典式”排序形式。其中，$x_{0.5}$ 表示的是中位数收入(即分位数 $p = 0.5$ 或 $p = 50\%$ 那一点的收入)；z_q 为中位数收入 $x_{0.5}$ 一半的相对贫困线(当然，这里我们假定 $z_q > z_s$，于是必有 $p_q > p_s$)。这样，我们得到了某个社会基于收入-消费分布 $y_0 > x_0$ 情景下的“2+1”贫困线体系：“2”是“双零点”自然贫困线(“零分位点”底限自然贫困线 z_0 和“零储蓄点”基本自然贫困线 z_s)；“1”是中位数收入的一半的相对贫困线 z_q。这三条线的“词典式”排序关系是：$z_0 \leqslant z_s \leqslant z_q$。与此相应，我们可得到该社会的三类贫困“词典式”排序(见图3-10)。

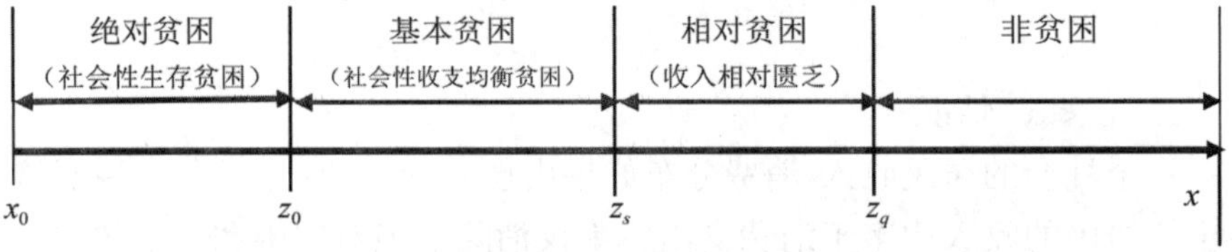

图3-10 基于收入-消费分布“2+1”贫困线体系的三类贫困排序

结合图3-8和图3-10，我们在自然贫困线体系和语境下(基于收入-消费分布 $y_0 > x_0$ 情景下)，对三类贫困(绝对贫困、基本贫困、相对贫困)给出以下定义和解释：

1. 绝对贫困——底线收入匮乏或社会性生存贫困

本研究所说的绝对贫困，是指当一个家庭或个人的收入水平未达到社

① 唐钧著：《中国城市居民贫困线研究》，上海社会科学出版社1998年版，第19-21页。

会底限自然贫困线 z_0 水平时，即不足以支付居民底线生活成本费用 y_0 时，我们称这个家庭或个人处于底线收入匮乏或社会性生存贫困状态，即绝对贫困。

“底线收入匮乏”好理解，如果一个家庭或个人的收入水平低于社会底限自然贫困线 z_0 ，就意味着最起码的支付居民底线生活成本费用 y_0 的收入能力都不具备，这一状况就是底线收入匮乏、底线收入贫困，即绝对意义上的贫困。

这里我们还使用了“社会性生存贫困”这一表述，旨在突破传统的绝对贫困界定思维定式，以区别于传统的朗特里式“生理性生存贫困”概念。传统的绝对贫困界定，是建立在“生理性生存贫困”概念或温饱水准基础上的。如我国 20 世纪 80 年代关于农村绝对贫困的定义，指的是“食不果腹、衣不蔽体、房不遮风雨”，这就是一种“生理性生存贫困”。

我们用以界定绝对贫困的底限自然贫困线 z_0 ，是基于社会居民消费截面分布的底线生活成本费用 y_0 ，而不是传统的基于“热量—食物—非食物”的“生理性生存”绝对贫困线。社会居民底线生活成本费用 y_0 ，就是该社会居民的最低“社会性生存”消费预算水平。如果一个家庭或个人的收入水平不能满足这一最低“社会性生存”消费的支出需要，那么这个家庭就处于一种绝对意义上的“社会性生存贫困”，即处于底线收入匮乏状态。也就是说，“底线收入匮乏”与“社会性生存贫困”所表达的是同一个意思。

如图 3-8、图 3-10 所示，绝对贫困在三个贫困层次中处于最底层。绝对贫困发生率就是图 3-8 中的 p_0 。

2. 基本贫困——基本收入匮乏或社会性收支均衡贫困

本研究所说的基本贫困，是指当一个家庭或个人的收入水平虽然高于社会底限自然贫困线 z_0 水平，但未达到社会基本自然贫困线 z_s 水平时，即不足以支付社会居民收支相抵所需的基本生活费用 y_s 时，我们称这个家庭或个人处于基本收入匮乏或社会性收支均衡贫困状态，即基本贫困。

“基本收入匮乏”同样好理解——如果一个家庭或个人的收入水平虽然高于社会底限自然贫困线 z_0 水平，但低于社会基本自然贫困线 z_s 水平，则意味着其收入能力不足以支付满足居民基本生活需要所需的成本费用 y_0 ，这一状况就是基本收入匮乏、基本收入贫困，即基本贫困。

在上述界定中，我们使用了“社会性收支均衡贫困”这一表述，旨在强调居民收支相抵均衡点是社会性的，而不是指某个或某些居民家庭的收支相抵点。同时，强调居民家庭或个人的收入如果达不到社会性收支均衡水平的收入标准，那么就处于"社会性收支均衡贫困"，即基本贫困。在这里，"基本收入匮乏"与"社会性收支均衡贫困"所表达的是同一个意思。

如图 3-8、图 3-10 所示，基本贫困在三个贫困层次中处于中间层次。基本贫困发生率就是图 3-8 中的 $p_s - p_0$，包括绝对贫困发生率 p_0 在内的累计发生率是 p_s。

3. 相对贫困——收入相对匮乏或收入相对贫困

本研究所说的相对贫困，是指当一个家庭或个人的收入水平虽然高于社会基本自然贫困线 z_s 水平，但未达到社会相对贫困线 z_q 水平时，即未达到居民收入分布函数中位数收入 50% 比例水平时，我们称这个家庭或个人处于收入相对匮乏状态或收入相对贫困状态，即相对贫困。

如图 3-8、图 3-10 所示，相对贫困在三个贫困层次中处于最高层。相对贫困发生率是图 3-8 中的 $p_q - p_s$，包括基本贫困发生率 p_s 在内的累计发生率是 p_q。

除了在图 3-8、图 3-10 中可以清晰看到基于"2+1"贫困线体系的三类贫困"词典式"排序，我们还可以用维恩图来表示三类贫困的"词典式"排序（见图 3-11）。该图说明，相对贫困在最外层，基本贫困在中间层，绝对贫困在最里层或核心层。

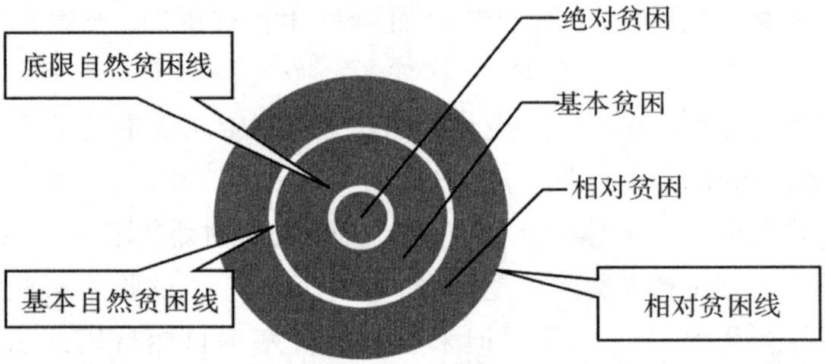

图 3-11　三类贫困层次图

我们仍以 2005 年全国城镇居民收入-消费分布及自然贫困线为例，来说明当年全国城镇三类贫困状况（见表 3-5）。该年度零分位点收入 $x_0 = 2306$ 元，零分位点消费支出 $y_0 = 2399$ 元，属于 $y_0 > x_0$ 情况，于是测算出零储蓄点消费支出 $y_s = 2778$ 元。同时，测算出 $p = 50\%$ 的中位数收入 $x_{0.5} = 8797$ 元。这样，在未做长期趋势估计情况下，我们得到了两条自然贫困线和一条相对贫困线：$z_0 = 2399$ 元、$z_s = 2778$ 元和 $z_q = 4399$ 元（中位数收入的一半）。我们相应计算出三条贫困线所代表的三类贫困的收入贫困发生率，分别为：绝对贫困发生率0.53%、基本贫困发生率2.25%和相对贫困发生率11.07%。

表3-5　2005年全国城镇自然贫困线及三类收入贫困发生率

指　标	阈　值（元/（人·年））	各贫困线收入贫困发生率H（%）	累计收入贫困发生率H（%）	贫困类型
零分位底限自然贫困线（$z_0 = y_0$）	2399	0.53	0.53	绝对贫困
零储蓄基本自然贫困线（$z_s = y_s$）	2778	2.25	2.78	基本贫困
相对贫困线z_q	4399	11.07	13.85	相对贫困

三、贫困阶段的判断依据与方法探讨

前面，我们给出了基于自然贫困线体系和语境下的三类贫困（绝对贫困、基本贫困、相对贫困）的界定或层次划分。那么，对于一个国家或地区的贫困状况而言，我们如何确认其处于哪一个贫困阶段？或者说我们依据什么来判断该国或地区处在哪一个贫困阶段？

在回答上述问题前，有必要先讨论一个人们经常遇到但又没有规范性答案的问题：即如何依据贫困发生率H来量化判断某类贫困已经被“消除”或已经被“基本消除”？对于这个问题，由于没有统一规范答案，所以本研究只能按常理“武断”地提出自己的量化判断依据了。

我们的看法是，不必非要等到某类贫困的贫困发生率$H=0$时，就判定这类贫困被“消除”了。$H=0$是“百分之百”或“100%”地被消除，这在实践中一般很难做到。社会科学不是自然科学。对于解决贫困这类社会问题，我们切不能把话说得太满，也无需把目标值定得那么绝对、那么精确。况且，对贫困问题的统计、汇总与测算等，必定会存在随机误差。此外，还有一些家庭可能因遇到突发不幸事件而返贫。所以，本研究提出，当某类贫困的贫困发生率小于2%时（$H < 2\%$）时，可以认定该类贫困已被“消除”。也就是说，对一个国家或地区来说，当某类贫困在全体人口中发生的概率小于2%时，我们可以确认该类贫困被消除了。

对于“基本消除”，它与“消除”是有区别的，允许贫困发生率有一定量的剩余。但剩余多少呢？本研究的观点是，当某类贫困的贫困发生率小于5%时（$H < 5\%$）时，就可以认定该类贫困已被“基本消除”。也就是

说，对一个国家或地区来说，当某类贫困在全体人口中发生的概率小于5%时，我们就可以确认该类贫困被基本消除。或者说，当这类贫困在全体人口中95%以上被消除了，我们就可以视它为基本消除了。

现在回到前面提出的问题：对于一个国家或地区的贫困状况而言，我们如何确认其处于哪一个贫困阶段？或者说我们依据什么来判断该国或地区处在哪一个贫困阶段？我们的看法是，基于自然贫困线“2+1”体系，对三类贫困的贫困发生率进行测定后，可根据贫困发生率“基本消除门槛值”来进行依次判断。这里所说的贫困发生率“基本消除门槛值”就是5%。这里所说的依次判断，就是先看绝对贫困发生率，再看基本贫困发生率，最后看相对贫困发生率。倘若社会某低一层次类贫困的贫困发生率 $H<5\%$，我们就说该层次类的贫困已基本消除，社会转入高一层次类贫困阶段。反之，倘若社会某层次类贫困的贫困发生率 $H\geqslant5\%$，我们则认为该层次类的贫困尚未基本消除，即仍处于本层次类贫困阶段。

需要说明的是，我们不能仅以一两年的自然贫困线及贫困发生率的变化，就断言一国或地区的贫困状况开始或者已经转入某个贫困阶段。作出“转段”的判断至少需要三至五年的观察，以避免因发生短期波动现象而影响我们的判断。在第八章第二节，我们运用本节介绍的方法，讨论了全国城镇贫困阶段的变化问题。

此外，我们再次申明，本节或本书关于贫困类型划分、贫困层次排序，以及对一国或地区的贫困阶段判断的讨论，都是建立在“2+1”自然贫困线体系基础上和语境中的。在前面的分析中我们已看到，“2+1”自然贫困线体系有其内在联系和“词典式”排序，所以基于这一贫困线体系而界定的贫困类型划分、贫困层次排序和贫困阶段判断，是有其内在逻辑的。而这一点恰恰是人工贫困线所不能做到的。

第五节　自然贫困线的基本特性与实用价值

与人工贫困线相比，自然贫困线具有哪些基本特性？它有何实用价值？它与实际贫困线（公共减贫实践中实际使用的贫困线）是什么关系？本节将讨论这几个问题。

一、自然贫困线的基本特性

与人工贫困线相比较而言，自然贫困线具有六个方面的基本特性：社会客观存在性、时序自然动态性、地区社会差异性、绝对相对兼容性、分位数可压缩性、数据条件依赖性。

1. 社会客观存在性。无论是基于“零分位”的底限自然贫困线 z_0 或 z_0^* ，还是基于“零储蓄”的基本自然贫困线 z_s 或 z_s^* ，它们所体现的“居民最低或基本生活必需费用”，是由社会居民收支结果自然形成的，它们存在于社会居民收入-消费分布特征之中。而一个社会的居民收入-消费分布特征，反映的就是一种社会客观存在，这种社会客观存在是不以人们的意志为转移的。由此可见，以“双零点”居民最低或基本生活必需费用为内在根据的自然贫困线，是一种社会客观存在，它与人们(特别是贫困线测定者)的个人意志、权衡选择或主观判断无关。当然，有一点需要特别说明的是，无论是基于“零储蓄”的基本自然贫困线 z_s ，还是基于“零分位”的底限自然贫困线 z_0 ，其存在是有前提条件的。这一前提条件就是，社会居民收入-消费分布特征必须满足 $y_0 \geqslant x_0$ 。如前所述，只有在 $y_0 \geqslant x_0$ 情况下，讨论自然贫困线才是有意义的；而在 $y_0 < x_0$ 情况下，自然贫困线在 $0 \leqslant p \leqslant 1$ 区间也就不复存在了。

2. 时序自然动态性。由于自然贫困线取决于和来源于社会居民收入-消费分布函数，而一个社会各个年度的居民收入-消费分布特征是不相同的、是动态变化的(包括社会平均水平和截面分层分布两方面的变化)，因此，以“双零点”居民最低或基本生活必需费用为内在根据的自然贫困线，在时序上必然是动态变化的。并且，这种时序动态变化是社会各年度居民收入-消费分布特征自然变化的结果，而不是人为调整和干预的结果。所以我们说，自然贫困线具有时序自然动态性。它不像某些人工贫困线，一经设定，其真实购买力多年固定不变；即使调整也只是人工有选择地干预所为。

3. 地区社会差异性。如果说自然贫困线的时序自然动态性是相对于时间(不同年度)而言，那么自然贫困线的地区社会差异性，则是相对于空间(不同地区社会)而言。不同的地区社会，其经济社会发展水平、居民收入和消费水平必然有所不同，还有各地区的文化传统、生活习惯、社会习俗等方面的不同，所有这些都影响着人们对生活必需品和体面生活的理解和认同。同时，也影响着人们的消费行为模式和支出结果。最终必然体现为不同的地区社会，有着不同的收入-消费分布特征，有着不同的“居民最低或基本生活必需费用”水平，即有着不同的自然贫困线阈值水平。自然贫困线的地区社会差异性也是一种客观存在。既然是一种客观存在，那么，只要我们获得了不同地区社会的可靠统计数据，我们就可以对不同地区社会的自然贫困线进行描述和测算。人们通常讲，对于不同地区社会来说，由于经济社会发展水平不同，贫困线不能搞全国“一刀切”，应当根据各地区实际因地制宜地制定贫困线。话虽这么说，理是这个理，但究竟如何科学地制定地区贫困线？这是一个很有争议的问题。现在有了“分位数函数零点法”，我们就可以根据地区社会统计数据，测算出符合地区实际的自然贫困线。总之，“分位数函数零点法”具有国家或地区的普适性，但前提条件是，必须有质量可靠的、能反映社会总体特征的居民住户调查数据。

4. 绝对相对兼容性。无论是基于零分位的底限自然贫困线，还是基于零储蓄的基本自然贫困线，它们既不是纯粹意义上(指传统意义上的与社会平均水平无关)的绝对贫困线，也不是纯粹意义上(指只与社会平均水平有关)的相对贫困线，而是绝对和相对两方面特征“兼而有之”的贫困线(我们称之为“绝对相对兼容性”)。一方面，自然贫困线具有绝对意义。自然贫困线的本质规定仍是基于“居民最低或基本生活必需费用”，从理论上说这仍然是一种绝对意义上的贫困线。另一方面，自然贫困线又具有相对意义。因为其阈值即“居民最低或基本生活必需费用”是每年变化的，不是一成不变的；并且这种变化与社会平均水平 μ 和分配状况 $L(p)$ 密切相关。这一点我们可以通过公式(2-33)和公式(2-34)清楚地看出。正是自然贫困线具有“绝对相对兼容性”特征，所以它在贫困“三分法”(绝对贫困、基本贫困、相对贫困)中，可以充当划分贫困阶段的尺度角色。

5. 分位数可压缩性。这里所说的“分位数可压缩性”，是指相对于收入分布特征函数零分位 $p_{x0}=0$ 来说，一个社会基于消费分布的零分位底限自然贫困线分位数 p_0 ，和基于收入-消费分布的零储蓄基本自然贫困线分位数 p_s ，在一定条件下都是可压缩的或可降减的，直到最后实现 $p_s=p_{y0}=p_{x0}=0$。自然贫困线的“分位数可压缩性”，就是自然贫困线的贫困发生率可降减性，二者表达的是同一个意思。

也许有人质疑，既然自然贫困线具有自然动态性和绝对相对兼容性特征(尤其是相对性特征)，那么，这是否意味着以自然贫困线为依据界定的社会贫困现象将会永久存在下去，得不到消除？从理论视角来看，正如上一节所分析，一个社会的发展(包括社会平均收入-消费水平的提高和收入分配状况的改善)出现 $y_0 \leqslant x_0$ 情况是完全可能的。一旦出现较稳定的 $y_0=x_0$ 情况(即出现较稳定的零分位点处消费倾向 $y_0/x_0=1$ 情况)，也就形成了较稳定的收入零分位点 x_0 、消费零分位点 y_0 和收支均衡零储蓄点 y_s 的“三点重合”；同时，也形成了零储蓄线 z_s 和零分位线 z_0 在 $p=0$ 处的

"两线合一"。这意味着"两线"的收入贫困发生率都为0，即 $p_s = p_0 = 0$。也就是说，在较稳定的 $y_0 = x_0$ 情况下，社会中基于自然贫困线的绝对贫困(社会性生存贫困)和基本贫困(社会性收支均衡贫困)已经被消除，从而进入相对贫困阶段。出现 $y_0 \leqslant x_0$ 情况绝不是一种理论推理，现阶段中国城镇(尤其是一些发达地区城镇)的居民收入-消费分布已经出现 $y_0 \leqslant x_0$ 情况。第八章第二节的实证说明，全国城镇贫困的基本面是相对贫困问题，基于自然贫困线的绝对贫困和基本贫困已经被消除和基本消除。

6. 数据条件依赖性。自然贫困线虽然是客观存在的，但它需要凭借可靠的统计数据和科学的计量方法才能描述它、测算它、获得它。可靠的统计数据和科学的计量方法，这二者缺一不可。没有可靠的统计数据，计量方法再科学、再适用，也是"无米之炊"。没有可靠的统计数据，也就不可能测算出令人信服的、能反映客观现实的自然贫困线，甚至有可能产生误导。

这里所说的"可靠的统计数据"，至少包括以下几点：(1)数据统计口径的合理性与一致性。数据采集与发布权威部门如统计部门，关于居民住户家计调查的收入、消费支出的统计口径设置是合理的，地区间、时序间的统计口径是一致的。(2)数据的真实性与准确性。数据一定是真实的，而不是虚假的、人为编造或杜撰的；数据观测符合客观实情，观测和原始记录误差尽可能趋近于0。(3)数据的完整性。数据系列完整无缺，尽可能减少数据缺失现象。此外，还包括一定时期时序数据的完整性和可获得性。(4)数据的内在逻辑性。数据与数据之间逻辑性很强，不存在自相矛盾现象，且符合经济学原理、社会常理和客观规律。(5)数据样本符合统计推断要求，能代表总体特征。(6)数据处理信息不失真。权威部门在数据整理、加工和发布过程中，力保信息不失真，把可用信息量的损失减少到最低限度。

目前在数据的可获得性和质量可靠性方面，仍然存在一些不尽如人意的地方。其实，测算自然贫困线并不需要很多指标数据，它只需要若干年度的三项居民住户调查截面分组数据：(1)按收入高低分组的各组居民调查住户占比及户均人口数；(2)各组人均可支配收入平均值；(2)各组人均生活消费支出平均值。即使是这三项指标数据，我们往往在权威部门的公开出版物或网站上也难以全部获得。另外，近些年统计部门公开公布的居民住户调查截面分组数据，分组数量过少(一般为五等分组)，使得信息量损失偏大，影响了回归估计的质量。

总之，基于"分位数函数零点法"的自然贫困线方法，是建立在社会居民人均收入-消费分布函数和分位数函数模型基础之上的；而居民收入-消费分布函数和分位数函数模型的建立，是以统计部门或权威部门公布的居民住户调查样本数据为依据。自然贫困线的测算结果能否反映客观存在，在很大程度上取决于统计数据的质量可靠性和可获得性。就运用“分位数函数零点法”测定自然贫困线这一工作本身来说，“可靠的统计数据”是前置条件，是外部提供的“原材料”，它是“分位数函数零点法”自身原理、模型和方法不可决定的。尽管这种对外部数据条件的高度依赖，并不是“分位数函数零点法”本身固有的内在缺陷，但它或多或少影响了其在数据条件薄弱情况下的使用，从而使得自然贫困线测定方法的应用受到一定的限制。

二、自然贫困线的实用价值

在第一章第一节，我们曾经谈到贫困线的三大功能作用：(1)用于识别穷人和非穷人；(2)用于衡量一国或地区的总体贫困程度；(3)用于评价一国或地区的公共减贫绩效。这是就所有贫困线(无论人工贫困线还是自然贫困线、官方贫困线还是非官方贫困线等)而言的。除了这三方面的共性功能作用以外，与人工贫困线相比，自然贫困线还有它特有的实用价值或实际用途，主要表现在以下五个方面：

1. 作为描述社会居民最低或基本生活成本费用变化的基本依据。一个社会的居民最低生活成本费用是多少？满足居民基本生活需要所必需的支出费用是多少？在一个时期内，该社会这两项生活成本费用的实际价值水平(或实际购买水平)是一个什么样的变化趋势？等等。有了底限自然贫困线和基本自然贫困线，我们就可以对这些问题作出回答和描述。

2. 作为检验实际低保标准是否合宜的尺度。这里有两层意思：一是将底限自然贫困线 $z_0^* = y_0^*$ 作为一种尺度，用来对现行的城乡实际最低生活保障标准进行合宜性检验，看现行的城乡实际低保标准是否真正反映或达到了社会居民最低生活消费水平 y_0^* 。二是在新制定和调整城乡实际低保标准时，可以将底限自然贫困线 z_0^* 作为制定的参考依据或比照尺度。

3. 作为检验实际贫困线是否合宜的尺度。这里也有两层意思：一是将底限自然贫困线 $z_0^* = y_0^*$ 和基本自然贫困线 $z_s^* = y_s^*$ 作为一个区间尺度 $[z_0^*, z_s^*]$ ，看实际贫困线(或官方贫困线)阈值是否处于 $[z_0^*, z_s^*]$ 区间，尤其要验证其阈值是否低于底限自然贫困线 z_0^* 。二是在新制定实际贫困线时，将 $[z_0^*, z_s^*]$ 作为确定阈值的一个区间参照尺度，尤其要保证其阈值不要低于底限自然贫困线 z_0^* 。

上述两个尺度，我们统称为以底限自然贫困线为基准的实际贫困线“合宜性最低检验原则”。

4. 作为评估贫困程度和贫困阶段变化的客观依据。自然贫困线在这方面的功能作用，是人工贫困线所不能比拟的。鉴于人工贫困线存在的主观性、武断性和随意性等缺陷，使得其在评估贫困程度和贫困阶段变化方面，不是那么令人信服。而自然贫困线作为评估贫困程度和贫困阶段变化的尺度，其评估结果比较符合客观实际、比较令人信服。对于这一问题，本章第四节已经作了较详细的讨论。

5. 作为贫困指数变动三因素贡献分解的变量之一。从理论上来说，一国或地区贫困指数变动尤其是对 FGT 贫困指数变动，取决于三个因素：社会平均收入 μ 、收入分配 $L(p)$ 和贫困线 z。然而，长期以来，几乎所有对一国或地区贫困指数变动分解的研究文献，都是在假定贫困线 z(居民最低或基本生活成本费用)固定不变的前提下，只考虑社会平均收入 μ 和收入分配 $L(p)$ 这两个因素的变化影响。但是，任何一个社会的居民最低或基本生活成本费用是变化的、上升的，这是一个客观规律。由于人工贫困线无法反映这一客观规律，人工贫困线自然而然地被排除在贫困指数变动贡献分解因素之外。有了自然贫困线，这一状况就可以得到改变。对贫困指数变动的贡献，可以进行社会平均收入 μ、收入分配 $L(p)$ 和自然贫困线 z 这三个变量因素的分解。

三、自然贫困线与实际贫困线的关系

这里所说的实际贫困线，主要指在公共减贫实践中实际使用的贫困线。对于一个国家或地区来说，公共减贫实践中实际使用的贫困线往往就是“官方贫困线”。那么，本书提出的自然贫困线，与实际贫困线究竟是一个什么关系呢？简单地说，它们之间是一种理论与现实、实然与应然、实证与规范的关系。即自然贫困线是一种理论的、实然的、实证的贫困线；而实际贫困线则是一种现实的、应然的、规范的贫困线。两者最大的区别之一，前者是实证技术方法的产物；后者是综合权衡考量的结果。

如前所述，自然贫困线是在假定“数据质量可靠且能反映总体特征”的前提条件下，应用数理统计学工具拟合出社会居民收入-消费分布及分布函数和分位数函数模型，并运用分布模型测算出该社会的居民最低或基本生活必需费用，然后进行多年的长期趋势拟合，从而得到基于“零分位点”和“零储蓄点”的一低一高两条自然贫困线。显然，自然贫困线是运用数理统计工具而得到的一种实证描述性贫困线，是纯技术方法的产物，它反映的是社会客观存在。所以，我们称它是一种理论的、实然的、实证的贫困线。

而实际贫困线（主要指“官方贫困线”）作为政府直接应用于公共减贫实践的政策性工具，它往往是公共选择或政府权衡的结果，是决策者们从政治、经济、社会等诸多方面进行综合考量后作出的选择。实际贫困线的设定，需要服从政府的阶段性宏观目标，需要权衡效率与公平的关系，需要考虑公共财政支出结构和再分配能力，需要防范可能出现的扶贫“外部效应”（如福利依赖道德风险、挫伤劳动者的工作积极性）等。这些都是无可非议的，也是必需的。所以，我们称实际贫困线是一种现实的、应然的、规范的贫困线。它不是一种理论贫困线，更不是纯技术方法的产物。

基于以上分析，我们不难理解，在实际贫困线线位值与自然贫困线阈值之间，存在一定的距离或较大距离。这种现实与理论、应然与实然、规范与实证之间的差别，是一种很正常的现象，我们不必感到困惑和意外。

需要再次申明的是，本研究提出自然贫困线概念和方法，并不是对目前既有的各种贫困线测定方式的否定，也不是为了企图对现实生活中的实际贫困线进行替代（事实上也根本不可能替代）。我们的出发点是：一方面是为了助推学术研究的需要，旨在探索一种新的贫困线理论研究路径和测定方式，以作为目前既有的各种贫困线测定方式的一种补充形式；另一方面也是为了服务社会实践的需要，试图为实际贫困线的线位值确定提供一个理论或理想“参照物”，以尽量减少其主观性或武断性所带来的偏差，使所确定的实际贫困线更具有科学性、客观性。我们只是希望，在规范性人工贫困线占主导地位的同时，让实证性自然贫困线在学术探讨和应用研究中有其一席之地，并能扮演一个补充角色。

第四章　“双零点”消费值计量模型与测算方法

如果说，前述第一章至第三章讨论的是贫困线基础理论和自然贫困线基本原理问题，那么本章将重点讨论基于收入-消费分位数函数的“双零点”消费值计量模型和估算方法问题。主要内容有：(1)广义二次洛伦兹曲线 GQ 模型，以及基于洛伦兹曲线 GQ 模型的分位函数表达式、累积分布函数表达式和 FGT 贫困指数。(2)利用分位函数和累积分布函数计算“零储蓄点”收入-消费均衡值的复合迭代方法及其收敛性。最后，我们以 1985 年中国农村和 2005 年中国城镇为例，系统介绍“双零点”消费值的建模、回归与估计的具体演算过程。

第一节　广义二次洛伦兹曲线计量模型

在实际应用分析中，拟合洛伦兹曲线 $L(p)$ 的计量模型有多种，常见的与 FGT 贫困指数建立起严格数学关系的主要有两种：(1)由 Villasenor 和 Arnold(1984、1989)提出的广义二次(general quadratic)洛伦兹曲线模型(简称 GQ 模型)；(2)由 Kakwani(1980)提出的贝塔(Beta)洛伦兹曲线模型(简称 β 模型)。关于 GQ 模型和 β 模型的推导和介绍，可参见 G. Datt (1998)的研究报告和林伯强(2003)的研究论文。考虑到根据公式(2-34)测算社会“零分位”底线消费值的需要(主要是为了方便计算 $L'(0)$ 的需要；读者可参见 G. Datt(1998)研究报告给出的洛伦兹曲线 β 模型，当 $p=0$ 时，基于 β 模型的洛伦兹曲线函数一阶导数公式 $L'(0)$ 是无意义的)，所以，本书估算“双零点”函数值所选择的是广义二次洛伦兹曲线 GQ 模型。本书的大量实证应用分析结果表明，GQ 模型的拟合优度很高，用于测算“双零点”自然贫困线的工具性效果良好，对数据条件的适应性也很强。因此，本研究只介绍了 GQ 回归模型的构建过程和计量应用。

一、广义二次洛伦兹曲线 GQ 模型的推导①

广义二次曲线 GQ 方程(也称一般二次方程)的数学表达式如下：

$$A x^2 + Bxy + D y^2 + Cx + Ey + F = 0 \tag{4-1}$$

在常数项 $F = 0$ 时(根据洛伦兹曲线函数的性质和条件，其函数常数项为零)，上式中各系数存在以下关系：

$$A + B + C + D + E = 0 \tag{4-2}$$

令式(4-1)中的自变量 x 为分位数 p，因变量 y 为洛伦兹曲线函数 $L(p)$(简写 L)，同时规定 L^2 的系数等于 1，也就是说将公式(4-1)中的各系数均除以 D，所得到的一组新系数用相应的小写字母表示，于是公式(4-1)改写为：

$$L^2 + eL + bpL + a p^2 + cp = 0 \tag{4-3}$$

那么，公式(4-2)则可改写为

$$a + b + c + 1 + e = 0$$

于是有

$$e = -(a + b + c + 1) \tag{4-4}$$

将式(4-4)代入式(4-3)，并整理可得到：

$$L(1 - L) = a(p^2 - L) + bL(p - 1) + c(p - L) \tag{4-5}$$

公式(4-5)就是广义二次洛伦兹曲线 GQ 数学模型的一个非常重要的表达式，它是构建洛伦兹曲线 GQ 回归模型的基本依据。

由公式(4-3)对 L 解一元二次方程(过程略)得到：

$$L(p) = -\frac{1}{2}[bp + e + (m p^2 + np + e^2)^{\frac{1}{2}}] \tag{4-6}$$

上式中的参数 m、n 由以下一组公式计算得到：

$$m = b^2 - 4a$$

$$n = 2be - 4c \tag{4-7}$$

公式(4-6)是广义二次洛伦兹曲线显函数模型。

在建构广义二次洛伦兹曲线 GQ 回归模型时，通常使用的是 GQ 数学模型公式(4-5)。基本思路是令：

$$\hat{Y} = L(1 - L)$$

$$\hat{X}_1 = p^2 - L$$

$$\hat{X}_2 = L(p - 1)$$

---

① 林伯强：《中国的经济增长、贫困减少与政策选择》，《经济研究》2003 年第 12 期。

$$\hat{X}_3 = p - L$$

于是，广义二次洛伦兹曲线 GQ 数学模型公式(4-5)便转化成以下三元一次线性回归模型：

$$\hat{Y} = a\hat{X}_1 + b\hat{X}_2 + c\hat{X}_3 + \varepsilon_i \tag{4-8}$$

这样，我们可以应用回归模型(4-8)，对给定的居民收入或消费分组截面数据，采用最小二乘法(OLS)进行估计，以确定回归系数 a、b、c，并假定随机干扰项 $\varepsilon_i = 0$，由此得到拟合的广义二次洛伦兹曲线。

一旦回归系数 a、b、c 确定以后，我们就可以进行一系列计量测算，如计算洛伦兹曲线的一阶、二阶导数、基尼系数、累积分布函数、分位数函数、FGT 贫困指数，以及自然贫困线消费值等。因此，建立 GQ 回归模型，采用最小二乘法(OLS)估计回归系数 a、b、c，是做好一系列后续工作的基础。

二、一阶导数与基尼系数公式①

由公式(4-6)对 p 求一阶导数(过程略)有：

$$L'(p) = -\frac{b}{2} - \frac{(2mp + n)(mp^2 + np + e^2)^{-\frac{1}{2}}}{4} \tag{4-9}$$

当 $p = 0$ 时，上式可简化为：

$$L'(0) = -\frac{b}{2} - \frac{n}{4|e|} \tag{4-10}$$

上式中 $|e|$ 表示 e^2 在开平方时取正数。式(4-10)表示的是 $p = 0$ 处的洛伦兹曲线一阶导数值，它是计算“零分位”消费值 y_0 和“零分位”收入值 x_0 的一个很重要参数。

由广义二次洛伦兹曲线 GQ 模型表达的基尼系数计算公式有两个。

当 $m < 0$ 时，基尼系数计算公式为：

$$\text{Gini} = \frac{e}{2} - \frac{n(b+2)}{4m} + \frac{r^2}{8m\sqrt{-m}}\left[\sin^{-1}\frac{(2m+n)}{r} - \sin^{-1}\frac{n}{r}\right] \quad (m < 0) \tag{4-11}$$

当 $m > 0$ 时，基尼系数计算公式为：

$$\text{Gini} = \frac{e}{2} - \frac{n(b+2)}{4m} - \frac{r^2}{8m\sqrt{m}}\ln\left[abs\left(\frac{2m + n + 2\sqrt{m}(a + c - 1)}{n - 2e\sqrt{m}}\right)\right]$$

① G. Datt: “Computational Tools for Poverty Measurement and Analysis”, FCND Discussion Paper No. 50, 1998.

$$(m > 0) \tag{4-12}$$

在上两式中

$$r = \sqrt{n^2 - 4m e^2} \tag{4-13}$$

三、基于 GQ 洛伦兹曲线的分位数函数

将广义二次洛伦兹曲线一阶导数公式(4-9)代入公式(2-33)，我们得到了收入分位数函数 x 的具体表达式

$$x = Q_x(p) = \mu_x \left[-\frac{b}{2} - \frac{(2mp + n)(m p^2 + np + e^2)^{-\frac{1}{2}}}{4} \right] \tag{4-14}$$

上式中，μ_x 为社会平均收入(期望值)；p 为分位数；b、e、m 、n 为估算系数，通过对给定的居民收入分组截面数据，采用最小二乘法(OLS)估计回归系数 a、b、c ，并由公式(4-4)、(4-7)计算得到。

同理，将广义二次洛伦兹曲线一阶导数公式(4-9)代入公式(2-34)，我们可得到消费分位函数 y 的具体表达式：

$$y = Q_y(p) = \mu_y \left[-\frac{b}{2} - \frac{(2mp + n)(m p^2 + np + e^2)^{-\frac{1}{2}}}{4} \right] \tag{4-15}$$

上式中，μ_y 为社会平均消费(期望值)；p 为分位数；b、e、m 、n 为估算系数，通过对给定的居民消费分组截面数据，采用最小二乘法(OLS)估计回归系数 a、b、c ，并由公式(4-4)、(4-7)计算得到。

上述式(4-14)和式(4-15)，是基于广义二次洛伦兹曲线的收入和消费分位数函数表达式，它们是本书运用复合迭代法测算零储蓄自然贫困线的两个重要公式。

四、基于 GQ 洛伦兹曲线的累积分布函数

将收入分位数函数公式(4-14)变形为：

$$\frac{x}{\mu_x} = -\frac{b}{2} - \frac{(2mp + n)(m p^2 + np + e^2)^{-\frac{1}{2}}}{4} \tag{4-16}$$

由于分位数函数与累积分布函数互为反函数，通过解以 p 为一元的二次方程式(4-16)，可得到基于 GQ 洛伦兹拟合曲线的收入累积分布函数 p_x 的表达式(推导过程省略)：

$$p_x = F_x(x) = -\frac{1}{2m}\left[n + r\left(b + \frac{2x}{\mu_x}\right)\left\{\left(b + \frac{2x}{\mu_x}\right)^2 - m\right\}^{-\frac{1}{2}} \right] \tag{4-17}$$

同理，我们可以得到基于 GQ 洛伦兹拟合曲线的消费累积分布函数 p_y 的表达式：

$$p_y = F_y(y) = -\frac{1}{2m}\left[n + r\left(b + 2\frac{y}{\mu_y}\right)\left\{\left(b + 2\frac{y}{\mu_y}\right)^2 - m\right\}^{-\frac{1}{2}}\right] \quad (4\text{-}18)$$

上述式(4-17)和式(4-18)，是基于广义二次洛伦兹曲线的收入和消费累积分布函数表达式，它们也是本书运用复合迭代法测算零储蓄自然贫困线的两个重要公式。

第二节　基于 GQ 洛伦兹曲线的 FGT 贫困指数

贫困指数是用于对一个国家或地区的贫困总体状况进行衡量或评价的一组无量纲指标工具。常见的衡量收入或消费贫困的指数有人头指数(贫困发生率)H、贫困差距指数 PG(贫困缺口指数)、贫困差距平方指数 SPG(贫困缺口平方指数)、福-格-索(FGT)指数、森指数、瓦茨(Watts)指数等。在实际贫困度量中，最常用的贫困指数是福-格-索(FGT)指数。本节重点介绍：(1)由洛伦兹曲线函数表达的 FGT 贫困指数一般形式；(2)由广义二次洛伦兹曲线 GQ 函数表达的 FGT 贫困指数具体形式。这样，我们在采用 GQ 模型工具测算自然贫困线的同时，又可以利用 GQ 模型工具估算 FGT 贫困指数，实现“一举两得”。

一、FGT 贫困指数简介

1984 年，福斯特(Foster)、格里尔(Greer)和索别克(Thorbecke)提出了一个可以计算一组具有可分解性的贫困指数公式，人们将其简称为 FGT 贫困指数公式。当被评价福利指标 x_i（收入或消费)为离散变量时，FGT 贫困指数公式的一般形式是：

$$P(\alpha) = \frac{1}{N}\sum_{i=1}^{q}\left(\frac{z - x_i}{z}\right)^{\alpha} = \frac{1}{N}\sum_{i=1}^{q}\left(1 - \frac{x_i}{z}\right)^{\alpha} \quad (4\text{-}19)$$

上式中：z 为收入或消费贫困线；x_i 为贫困线下第 i 个贫困人口个体的收入或消费，$x_i \geqslant 0$；N 为社会总人口数量；q 为社会中生活在贫困线以下贫困人口数量；i 为贫困人口个体按收入或消费多少从低到高排序的秩，$i = 1, 2, 3, \cdots, q$；α 为贫困缺口权重参数，α 的取值范围为 $\alpha \geqslant 0$ 的整数。

当 $\alpha=0$ 时，FGT 贫困指数一般公式(4-19)表达的是贫困发生率或人

头指数公式 H：

$$P(0) = H = \frac{q}{N} \tag{4-20}$$

当 $\alpha=1$ 时，FGT 贫困指数一般公式(4-19)表达的是贫困差距指数公式 PG：

$$P(1) = \mathrm{PG} = \frac{1}{N}\sum_{i=1}^{q}\left(\frac{z-x_i}{z}\right) \tag{4-21}$$

当 $\alpha=2$ 时，FGT 贫困指数一般公式(4-19)表达的是贫困差距平方指数公式 SPG：

$$P(2) = \mathrm{SPG} = \frac{1}{N}\sum_{i=1}^{q}\left(\frac{z-x_i}{z}\right)^2 \tag{4-22}$$

由于 FGT 贫困指数公式(4-19)能将贫困发生率、贫困差距指数和贫困差距平方指数统一于一体，并且它能满足贫困指数的聚焦公理条件、单调性公理条件、转移公理条件和可分解公理条件，它在贫困总量测度分析中获得最为广泛的应用。

当收入或消费 x 可视为连续随机变量时，其 FGT 贫困指数一般形式则由以下积分式表达：

$$P(\alpha) = \int_0^z \left(\frac{z-x}{z}\right)^{\alpha} f(x)\,\mathrm{d}x \tag{4-23}$$

积分区间为 $[0, z]$；$f(x)$ 为收入或消费连续随机变量概率密度函数。

当 $\alpha=0$ 时，FGT 贫困指数一般积分式(4-23)便简化为 $0 \leqslant x \leqslant z$ 区间的累积分布函数形式，即贫困发生率或人头指数 H 的表达式：

$$P(0) = H = F(x) = \int_0^z f(x)\,\mathrm{d}x \tag{4-24}$$

它表示生活在贫困线 z 以下的贫困人口占社会总人口的百分比(累积人口频率)。

当 $\alpha=1$ 时，FGT 贫困指数一般积分式(4-23)便转化为贫困差距指数公式 PG：

$$P(1) = \mathrm{PG} = \int_0^z \left(\frac{z-x}{z}\right) f(x)\,\mathrm{d}x \tag{4-25}$$

当 $\alpha=2$ 时，FGT 贫困指数一般积分式(4-23)便转化为贫困差距平方指数公式 SPG：

$$P(2) = \mathrm{SPG} = \int_0^z \left(\frac{z-x}{z}\right)^2 f(x)\,\mathrm{d}x \tag{4-26}$$

二、FGT 贫困指数的内在逻辑排序关系

我们以 FGT 贫困指数一般表达式(4-19)为分析对象，看看当 α 分别取值 0，1，2 时，它们的值 $P(\alpha)$ 存在什么样的内在排序关系。

(1)当 $\alpha=0$ 时，式(4-19)为：

$$P(0)=\frac{1}{N}\sum_{i=1}^{q}\left(1-\frac{x_i}{z}\right)^0=\frac{1}{N}\sum_{i=1}^{q}1=\frac{1}{N}(1_1+1_2+\cdots+1_q)=\frac{q}{N}$$

(2)当 $\alpha=1$ 时，式(4-19)为：

$$P(1)=\frac{1}{N}\sum_{i=1}^{q}\left(1-\frac{x_i}{z}\right)=\frac{1}{N}\left\{\left(1-\frac{x_1}{z}\right)+\left(1-\frac{x_2}{z}\right)+\cdots+\left(1-\frac{x_q}{z}\right)\right\}$$

由于 $0\leqslant x_i<z$，所以 $\frac{x_i}{z}<1$，于是 $\left(1-\frac{x_i}{z}\right)<1$，这意味着 $P(1)<P(0)$。

(3)当 $\alpha=2$ 时，式(4-19)为：

$$P(1)=\frac{1}{N}\sum_{i=1}^{q}\left(1-\frac{x_i}{z}\right)^2=\frac{1}{N}\left\{\left(1-\frac{x_1}{z}\right)^2+\left(1-\frac{x_2}{z}\right)^2+\cdots+\left(1-\frac{x_q}{z}\right)^2\right\}$$

由于 $\left(1-\frac{x_i}{z}\right)<1$，所以 $\left(1-\frac{x_i}{z}\right)^2<\left(1-\frac{x_i}{z}\right)$，这意味着 $P(2)<P(1)$。

综上所述，当 α 分别取值 0，1，2 时，由式(4-19)表达的 FGT 贫困指数 $P(\alpha)$，存在以下内在逻辑排序关系：

$$P(0)>P(1)>P(2)$$

三、由一般洛伦兹曲线表达的 FGT 贫困指数

虽然，我们有 FGT 贫困指数一般表达式(4-23)，但应用式(4-23)来测算一国或一地区的贫困指数仍是比较困难的，因为我们并不知道一国或一地区贫困人口收入或消费随机变量的概率密度函数 $f(x)$ 究竟是何具体数学形式。因而，我们往往无法直接应用式(4-23)来计算 FGT 贫困指数。为解决这一问题，经济学家们利用分布函数与洛伦兹曲线函数 $L(p)$ 之间的数学关系，将 FGT 贫困指数式(4-23)中的概率密度函数 $f(x)$ 转换为洛伦兹曲线函数 $L(p)$ 表达方式，由对收入或消费变量 x 进行积分转变为对人口分位数 p 进行积分。其转换思路如下：

(1)将第二章的式(2-7)转化为一般微分形式：

$$dp = dF(x) = f(x)\,dx \tag{4-27}$$

(2)将第二章的式(2-31)改写为更一般形式:

$$x = L'(p)\mu \tag{4-28}$$

(3)将式(4-27)、式(4-28)代入式(4-23)，于是得到由洛伦兹曲线函数一阶导数 $L'(p)$ 表达的 FGT 贫困指数公式:

$$P(\alpha) = \int_0^H \left(1 - \frac{\mu}{z}L'(p)\right)^\alpha dp \tag{4-29}$$

这里需要说明的是，式(4-23)的积分变量是收入或消费 x，是对 x 进行积分，它的积分区间下限是 $x = 0$，上限是贫困线 $x = z$，因为，收入或消费 x 超过贫困线 z 的人口就不是贫困人口了；而式(4-29)的积分变量则是人口分位数 p，是对 p 进行积分，它的积分区间下限是 $p = 0$，上限是生活在贫困线 z 以下的贫困人口百分数 p，即贫困发生率 H。

当 $\alpha=0$ 时，式(4-29)简化为贫困发生率或人头指数表达式:

$$P(0) = H = \int_0^H dp \tag{4-30}$$

当 $\alpha=1$ 时，式(4-29)表示贫困差距指数公式 PG:

$$P(1) = \mathrm{PG} = \int_0^H \left(1 - \frac{\mu}{z}L'(p)\right) dp = H - \frac{\mu}{z}L(H) \tag{4-31}$$

当 $\alpha=2$ 时，式(4-29)表示贫困差距平方指数公式 SPG:

$$\begin{aligned} P(2) = \mathrm{SPG} &= \int_0^H \left(1 - \frac{\mu}{z}L'(p)\right)^2 dp \\ &= \int_0^H \left(1 - 2\frac{\mu}{z}L'(p) + \left(\frac{\mu}{z}\right)^2 L'(p)^2\right) dp \\ &= H - 2\frac{\mu}{z}L(H) + \left(\frac{\mu}{z}\right)^2 \int_0^H (L'(p)^2)\, dp \\ &= 2(\mathrm{PG}) - H + \left(\frac{\mu}{z}\right)^2 \int_0^H (L'(p)^2)\, dp \end{aligned} \tag{4-32}$$

于是，由式(4-30)、(4-31)、(4-32)分别给出了基于洛伦兹曲线计算 FGT 贫困指数的一组公式，它们是贫困发生率 H、贫困差距指数 PG 和贫困差距平方指数 SPG。

四、由 GQ 洛伦兹曲线表达的 FGT 贫困指数

在实际应用分析中，与 FGT 贫困指数建立起数学关系的洛伦兹曲线 $L(p)$ 模型主要有两种：一是广义二次洛伦兹曲线模型，即 GQ 模型；二

是贝塔洛伦兹曲线模型，即β模型。关于GQ模型和β模型及其与FGT贫困指数的数学计算关系，可参见G. Datt(1998)的研究报告和林伯强(2003)的研究论文。本节重点介绍GQ洛伦兹曲线模型与FGT贫困指数的数学关系。

当累积分布函数式(4-17)中的x为贫困线z时，则式(4-17)中的累积分布函数p_x转变成人头指数(即贫困发生率)H，其计算公式为：

$$H = -\frac{1}{2m}\left[n + \frac{r\left(b + \frac{2z}{\mu}\right)}{\sqrt{\left(b + \frac{2z}{\mu}\right)^2 - m}}\right] \tag{4-33}$$

上式即为式(4-30)由GQ洛伦兹曲线模型参数所表达的具体形式。

将公式(4-6)中的p转变成人头指数H，并代入式(4-31)，由GQ洛伦兹曲线模型参数所表达的贫困差距指数PG计算公式：

$$\mathrm{PG} = H + \frac{\mu}{2z}[bH + e + (mH^2 + nH + e^2)^{\frac{1}{2}}] \tag{4-34}$$

上式中的H就是式(4-33)。

对于贫困差距平方指数SPG计算公式(4-32)，将式(4-9)代入其中进行积分运算(运算过程略)，便可得到：

$$\mathrm{SPG} = 2(\mathrm{PG}) - H - \left(\frac{\mu}{z}\right)^2\left[aH + bL(H) - \left(\frac{r}{16}\right)\ln\left(\frac{1 - \frac{H}{S_1}}{1 - \frac{H}{S_2}}\right)\right] \tag{4-35}$$

上式中：

$$s_1 = \frac{r - n}{2m}$$

$$s_2 = -\frac{r + n}{2m} \tag{4-36}$$

上述公式(4-33)、(4-34)、(4-35)就是基于广义二次洛伦兹曲线GQ模型的一组FGT贫困指数数学表达式，它们在本书的实证分析中经常用到。

现将本章第一节、第二节所述的GQ广义二次洛伦兹曲线和相关计量公式汇集于表4-1(表中计算公式大部分引自G. Datt 1998年的研究报告)。

表 4-1 广义二次洛伦兹曲线 GQ 及相关计量模型

名 称	模型或公式
GQ 广义二次洛伦兹曲线	$L(1-L)=a(p^2-L)+bL(p-1)+c(p-L)$ 或 $L(p)=-\frac{1}{2}[bp+e+(mp^2+np+e^2)^{\frac{1}{2}}]$
GQ 回归模型	$\hat{Y}=a\hat{X}_1+b\hat{X}_2+c\hat{X}_3+\varepsilon_i$，
$L(p)$ 一阶导数	$L'(p)=-\frac{b}{2}-\frac{(2mp+n)(mp^2+np+e^2)^{-\frac{1}{2}}}{4}$
累积分布函数 p	$p=-\frac{1}{2m}\left[n+\frac{r\left(b+\frac{2x}{\mu}\right)}{\sqrt{\left(b+\frac{2x}{\mu}\right)^2-m}}\right]$
分位数函数 x	$x=\mu\left[-\frac{b}{2}-\frac{(2mp+n)(mp^2+np+e^2)^{-\frac{1}{2}}}{4}\right]$
基尼系数	当 $m<0$ 时： $\text{Gini}=\frac{e}{2}-\frac{n(b+2)}{4m}+\frac{r^2}{8m\sqrt{-m}}\left[\sin^{-1}\frac{(2m+n)}{r}-\sin^{-1}\frac{n}{r}\right]$ 当 $m>0$ 时： $\text{Gini}=\frac{e}{2}-\frac{n(b+2)}{4m}-\frac{r^2}{8m\sqrt{m}}\ln\left[abs\left(\frac{2m+n+2\sqrt{m}(a+c-1)}{n-2e\sqrt{m}}\right)\right]$
FGT 贫困指数	$H=-\frac{1}{2m}\left[n+\frac{r\left(b+\frac{2z}{\mu}\right)}{\sqrt{\left(b+\frac{2z}{\mu}\right)^2-m}}\right]$ $\text{PG}=H+\frac{\mu}{2z}[bH+e+(mH^2+nH+e^2)^{\frac{1}{2}}]$ $\text{SPG}=2(\text{PG})-H-\left(\frac{\mu}{z}\right)^2\left[aH+bL(H)-\left(\frac{r}{16}\right)\ln\left(\frac{1-\frac{H}{S_1}}{1-\frac{H}{S_2}}\right)\right]$
备注	$e=-(a+b+c+1)$；$m=b^2-4a$；$n=2be-4c$ $r=\sqrt{n^2-4me^2}$；$s_1=\frac{r-n}{2m}$；$s_2=-\frac{r+n}{2m}$ $\hat{Y}=L(1-L)$；$\hat{X}_1=p^2-L$；$\hat{X}_2=L(p-1)$；$\hat{X}_3=p-L$

第三节 测算零储蓄点双均衡值的复合迭代法

假定我们采用最小二乘法(OLS)估计出了收入和消费GQ回归模型系数a、b、c，并由公式(4-4)、(4-7)计算得到e、m、n，那么，我们需要首先计算零分位点处的收入和消费值。将$p=0$代入式(4-14)，得到零分位点的收入值：

$$x_0=\mu_x\left(-\frac{b}{2}-\frac{n}{4|e|}\right) \tag{4-37}$$

将$p=0$代入式(4-15)，得到零分位点的消费值：

$$y_0=\mu_y\left(-\frac{b}{2}-\frac{n}{4|e|}\right) \tag{4-38}$$

需要注意的是，式(4-37)中的b、n、e是收入GQ回归模型相关参数，而式(4-38)中的b、n、e则是消费GQ回归模型相关参数，它们并不相等。

求出零分位点收入值x_0和零分位点消费值y_0后，需要比较两值的大小。如前所述，若$y_0>x_0$，则收入分位数函数曲线与消费分位数函数曲线在$0<p<1$开区间有唯一相交点——“零储蓄点”(即收支相抵点)。

由第三章第二节可知，“零储蓄点”S点(图3-4和图3-5)是一个双均衡点：一方面收入分位数函数x_s与消费分位数函数y_s相等，即$x_s=y_s$；另一方面收入累积分布函数值p_x与消费累积分布函数值p_y相等，即分位数$p_s=p_x=p_y$。那么，如何根据式(4-14)和式(4-15)计算出$x_s=y_s$，并同时根据式(4-17)和式(4-18)计算出$p_s=p_x=p_y$呢？

由于式(4-14)、(4-15)、(4-17)、(4-18)都是非线性显函数方程，只能采用“复合迭代法”(或称“二重迭代法”)来估算“零储蓄点”处的双均衡值。

一、复合迭代法的基本思路

类似$x_{k+1}=g(x_k)$，($a<x<b$)，($k=0, 1, 2, \cdots$)的一元非线性函数表达式，称为简单迭代函数式或简单迭代法。但对于由式(4-14)、(4-15)、(4-17)、(4-18)表达的收入和消费分位数函数，以及收入和消费累积分布函数，它们都是非线性的显函数，所以不能转化为$x_{k+1}=g(x_k)$这类简单迭代形式。

因此，对消费分位数函数y作迭代运算，需借助p这个“中间”变量，

建立起 $y_k \to p_x \to y_{k+1}$ 的迭代函数关系。这是本书提出复合迭代法的一个基本出发点。事实上，采用这一复合迭代法，可以达到同时求出“零储蓄点”处双均衡值(收入分位数函数与消费分位数函数均衡值、收入累积分布与消费累积分布均衡值)的运算目标。复合迭代法的基本思路和方法是：

(1)选择迭代变量并建立复合迭代函数式。我们选择消费分位数函数 y 为迭代变量，收入累积分布函数 p_x 为中间迭代变量，并建立复合迭代函数关系式如下：

$$\begin{cases} p_{xk} = F_x(y_{k-1}) \\ y_k = Q_y(p_{xk}) \end{cases} \tag{4-39}$$

上式中，k 为迭代次数，$k=1, 2, 3, \cdots$ 显然，式(4-39)还可表达成以下“标准”复合迭代形式：

$$y_k = Q_y(F_x(y_{k-1})) \tag{4-40}$$

另外，收入分位数函数 x 和消费累积分布函数 p_y 仍分别由 p_{xk} 和 y_k 所决定：

$$x_k = Q_x(p_{xk}) \tag{4-41}$$

$$p_{yk} = F_y(y_{k-1}) \tag{4-42}$$

图 4-1 示意了式(4-39)至式(4-42)所表达的复合迭代及相关函数关系。需要说明的是：(1)当式(4-39)与式(4-41)组合时，便是以 p_x 为自变量(横坐标)、以消费分位数函数 y_k 与收入分位数函数 x_k 为因变量(纵坐标)的迭代关系组合(见图 4-2)。(2)当式(4-39)与式(4-42)组合时，便是以 y 为自变量(横坐标)、以收入累积分布函数 p_x 和消费累积分布函数 p_y 为因变量(纵坐标)的迭代关系组合(见图 4-3)。

(2)建立具体迭代函数关系式。由式(4-17)和式(4-39)得到：

$$p_{xk} = -\frac{1}{2m}\left[n + r\left(b + \frac{2y_{k-1}}{\mu_x}\right)\left\{\left(b + \frac{2y_{k-1}}{\mu_x}\right)^2 - m\right\}^{-\frac{1}{2}}\right] \tag{4-43}$$

由式(4-15)和式(4-39)得到：

$$y_k = \mu_y\left[-\frac{b}{2} - \frac{(2m\,p_{xk} + n)\,(m\,p_{xk}^{\;2} + n\,p_{xk} + e^2)^{-\frac{1}{2}}}{4}\right] \tag{4-44}$$

此外，由式(4-14)和(4-41)得到：

$$x_k = \mu_x\left[-\frac{b}{2} - \frac{(2m\,p_{xk} + n)\,(m\,p_{xk}^{\;2} + n\,p_{xk} + e^2)^{-\frac{1}{2}}}{4}\right] \tag{4-45}$$

由式(4-18)和式(4-42)得到：

$$p_{yk} = -\frac{1}{2m}\left[n + r\left(b + \frac{2y_{k-1}}{\mu_y}\right)\left\{\left(b + \frac{2y_{k-1}}{\mu_y}\right)^2 - m\right\}^{-\frac{1}{2}}\right] \tag{4-46}$$

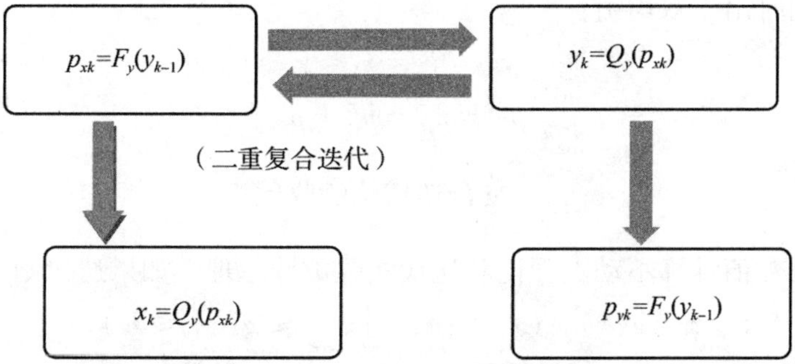

图 4-1 零储蓄点复合迭代关系示意图

(3)设定迭代初始值。由式(4-39)可知，当 $k=1$ 时，$y_{k-1}=y_0$，y_0 为迭代初始值。我们选择消费零分位函数值 y_0 为迭代初始值，且 y_0 由式(4-38)计算得到。

(4)第一次迭代($k=1$)，将初始值 $y_{k-1}=y_0$ 代入式(4-39)和式(4-42)得到：

$$p_{x1} = F_x(y_0)$$
$$p_{y1} = F_y(y_0)$$

将 p_{x1} 代入式(4-39)和式(4-41)得到：

$$y_1 = Q_y(p_{x1})$$
$$x_1 = Q_x(p_{x1})$$

(5)第二次迭代($k=2$)，将 $y_{k-1}=y_1$ 代入式(4-39)和(4-42)得到：

$$p_{x2} = F_x(y_1)$$
$$p_{y2} = F_y(y_1)$$

将 p_{x2} 代入式(4-39)和式(4-41)得到：

$$y_2 = Q_y(p_{x2})$$
$$x_2 = Q_x(p_{x2})$$

(6)将上述迭代函数关系式在 Excel 软件中模块化，运用 Excel 软件拖曳计算功能，经过 k 次迭代，最后分别得到以下四个迭代值序列：

$$\{y_k\}: y_1, y_2, \cdots, y_{k-1}, y_k \tag{4-47}$$

$$\{x_k\}: x_1, x_2, \cdots, x_{k-1}, x_k \tag{4-48}$$

$$\{p_{xk}\}: p_{x1}, p_{x2}, \cdots, p_{xk-1}, p_{xk} \tag{4-49}$$

$$\{p_{yk}\}: p_{y1}, p_{y2}, \cdots, p_{yk-1}, p_{yk} \tag{4-50}$$

由于上述四个序列都属于收敛序列(后面我们将讨论上述序列的压缩性和收敛性)，经过 k 次迭代后，必然在“零储蓄点”(数学称为“不动点” y^*)处同时出现双均衡：

$$y^* = y_k = x_k = y_s$$
$$p^* = p_{xk} = p_{yk} = p_s \tag{4-51}$$

二、复合迭代法的收敛性

根据数值计算不动点理论和迭代法收敛性原理，如果迭代函数：

$$x = g(x) \quad (x \in [a, b], a \leqslant g(x) \leqslant b)$$

存在常数 $0 < L < 1$，使对任意 $x_1, x_2 \in [a, b]$ 都有：

$$|g(x_1) - g(x_2)| \leqslant L|x_1 - x_2| \tag{4-52}$$

则迭代函数 $g(x)$ 存在唯一的不动点 x^* ，且迭代序列 $\{x_k\}$ 收敛到迭代函数 $g(x)$ 的不动点 x^* ，即当 $k \to \infty$ 时，x_k 的极限值就是不动点 x^* ：

$$\lim_{k \to \infty} x_k = x^* \tag{4-53}$$

式(4-52)中的常数 L 称为迭代压缩系数或李普希兹常数。式(4-52)也称为迭代收敛李普希兹条件。

那么，由式(4-39)至式(4-42)所表达的复合迭代函数关系式，或由式(4-47)至式(4-50)表示的迭代值序列，是否符合李普希兹迭代收敛条件呢？我们分两步讨论这一问题。

首先，我们讨论序列(4-47) $\{y_k\}$ 和序列(4-48) $\{x_k\}$ 的收敛问题。据第三章第二节给出的“零分位点”消费支出 y_0 大于“零分位点”收入 x_0 ，即 $y_0 > x_0$ 条件，以及分组收入与消费符合凯恩斯消费倾向递减规律的条件，我们绘出了 $0 \leqslant p_x \leqslant p_s$ 区间消费分位数函数迭代值 y 曲线 和收入分位数函数迭代值 x 曲线(图 4-2)。由图 4-2 可看出：

对于消费分位函数迭代值序列 $\{y_k\}$ 而言，相邻的两迭代值存在以下递减数学关系：

$$(y_1 - y_0) > (y_2 - y_1) > (y_3 - y_2) > \cdots > (y_{k-1} - y_{k-2}) > (y_k - y_{k-1})$$

这说明，消费迭代值序列 $\{y_k\}$ 是压缩的、收敛的，满足李普希兹条件：

$$(y_k - y_{k-1}) \leqslant L(y_{k-1} - y_{k-2}) \tag{4-54}$$

我们对序列 $\{y_k\}$ 和序列 $\{x_k\}$ 进行减法运算，从而得到一个消费-收入分位数函数迭代差值序列 $\{y_k - x_k\}$ ：

$$(y_1 - x_1), (y_2 - x_2), \cdots, (y_{k-1} - x_{k-1}), (y_k - x_k) \quad (4\text{-}55)$$

并且由图 4-2 可清楚看出，消费-收入迭代差值序列 $\{y_k - x_k\}$ 是一个递减序列，即：

$$(y_1 - x_1) > (y_2 - x_2) > \cdots > (y_{k-1} - x_{k-1}) > (y_k - x_k) \quad (4\text{-}56)$$

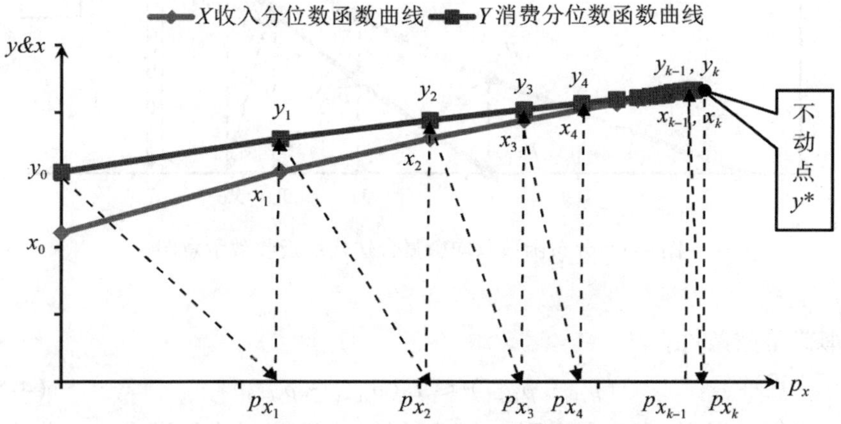

图 4-2 分位数函数双均衡复合迭代逼近收敛示意图

显然，随着迭代次数 k 增多，消费-收入迭代差值 $(y_k - x_k)$ 被逐渐压缩、变小和收敛(图 4-2 不动点 y^* 左边的消费-收入曲线缺口逐渐缩小)。当 $k\to\infty$ 时，最后收敛到不动点 y^* 处，其迭代差值 $(y_k - x_k)$ 的极限值趋于 0：

$$\lim_{k\to\infty}(y_k - x_k) = 0$$

即 $y_k = x_k$，说明这个不动点 y^* 就是收支相抵点 s。也就是说，消费-收入迭代差值序列 $(y_k - x_k)$ 满足李普希兹条件：

$$(y_k - x_k) \leqslant L(y_{k-1} - x_{k-1}) \ (0 < L < 1) \quad (4\text{-}57)$$

接着，我们讨论序列(4-49) $\{p_{xk}\}$ 和序列(4-50) $\{p_{yk}\}$ 的收敛问题。由图 4-3 可清楚看出，随着迭代次数 k 增多，收入累积分布函数迭代值序列 $\{p_{xk}\}$ 中相邻的两迭代值之间的间距越来越小，即序列 $\{p_{xk}\}$ 存在以下递减数学关系：

$$(p_{x1} - p_{x0}) > (p_{x2} - p_{x1}) > \cdots (p_{xk-1} - p_{xk-2}) > (p_{xk} - p_{xk-1})$$

当 $k\to\infty$ 时，在不动点 y^* 处的 $(p_{xk} - p_{xk-1})$ 的极限值趋于 0：

$$\lim_{k\to\infty}(p_{xk} - p_{xk-1}) = 0$$

这说明，收入累积分布函数迭代值序列 $\{p_{xk}\}$ 是压缩的、收敛的，满

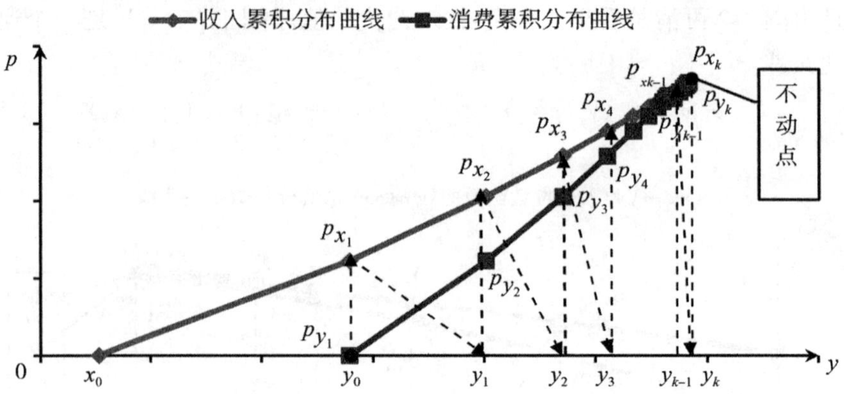

图 4-3　分布函数双均衡复合迭代逼近收敛示意图

足李普希兹条件：

$$(p_{xk} - p_{xk-1}) \leqslant L(p_{xk-1} - p_{xk-2}) \tag{4-58}$$

我们对序列 $\{p_{xk}\}$ 和序列 $\{p_{yk}\}$ 进行减法运算，从而形成一个收入-消费累积分布函数迭代差值序列 $\{p_{xk} - p_{yk}\}$ ：

$$(p_{x1} - p_{y1}), (p_{x2} - p_{y2}), \cdots, (p_{xk-1} - p_{yk-1}), (p_{xk} - p_{yk}) \tag{4-59}$$

由图 4-3 可清楚看出，收入-消费累积分布函数迭代差值序列 $\{p_{xk} - p_{yk}\}$ 是一个递减序列，即：

$$(p_{x1} - p_{y1}) > (p_{x2} - p_{y2}), \cdots, (p_{xk-1} - p_{yk-1}) > (p_{xk} - p_{yk}) \tag{4-60}$$

显然，随着迭代次数 k 增多，收入-消费累积分布函数迭代差值 $(p_{xk} - p_{yk})$ 被逐渐压缩、变小和收敛(图 4-3 不动点 p^* 左边的收入-消费累积分布曲线缺口逐渐缩小)。当 $k\to\infty$ 时，最后收敛到不动点 p^* 处，其迭代差值 $(p_{xk} - p_{yk})$ 的极限值趋于 0：

$$\lim_{k\to\infty}(p_{xk} - p_{yk}) = 0$$

即 $p_{xk} = p_{yk}$ ，说明在不动点 p^* 处 p_{xk} 与 p_{yk} 是均衡的；同时也就说明收入-消费累积分布函数迭代差值序列满足李普希兹条件：

$$(p_{xk} - p_{yk}) \leqslant L(p_{xk-1} - p_{yk-1}) \quad (0 < L < 1) \tag{4-61}$$

以上讨论说明，由式(4-39)至(4-42)所表达的复合迭代及函数式是收敛的，它们满足李普希兹条件，经过 k 次迭代后，必然在收入-消费“不动点” y^*（“零储蓄点”或“不动点” p^*）处，同时出现分位数函数值和累积分布函数值双均衡：

$$y^* = y_k = x_k = y_s$$

$$p^* = p_{xk} = p_{yk} = p_s$$

也就是说，采用复合迭代法，我们可以同时求得“零储蓄点”处的消费值(自然贫困线) y_s 和收入-消费累积分布函数均衡值(贫困发生率) p_s 。

第四节 “双零点”消费值测算方法应用举例

本章前三节系统介绍了广义二次洛伦兹曲线 GQ 模型，以及基于洛伦兹曲线 GQ 模型的分位数函数表达式、累积分布函数表达式和 FGT 贫困指数表达式；讨论了利用分位数函数和累积分布函数计算“零储蓄点”均衡值的复合迭代方法及其收敛性。所有这些都是计量模型和测量工具。为了具体说明如何运用这些模型和工具，本节以 1985 年全国农村和 2005 年全国城镇为实例，详细介绍了“双零点”消费值估算的建模、回归与测算方法的运用过程，以及如何应用自然贫困线估算 FGT 贫困指数进行对比分析。

一、1985 年全国农村“双零点”消费值测算

我国第一个农村贫困线是国家统计局在 1984 年全国农村住户抽样调查数据基础上，采用食物支出比例法测算出的。测算结果是：食物贫困线为 119.73 元，选择恩格尔系数 60%，得到 1984 年农村贫困标准为 199.6 元，约为 200 元。到 1985 年，这一标准按农村居民消费价格指数调整为 206 元。为了对比自然贫困线与实际贫困线，我们选用国家统计局公布的 1985 年全国农村住户调查分组数据，建立广义二次洛伦兹曲线 GQ 回归模型，在计算“零分位点”的收入与消费基础上，采用复合迭代法测算了“零储蓄点”的消费值，所得结果为 $y_s = 213.47$ 元 。下面介绍其建模方法和测算过程。

(一) 统计数据

表 4-2 给出了国家统计局公布的 1985 年全国农村住户调查分组统计数据。这是一个间隔非均等的收入分组。由于本年度住户调查数据0～100 元组的人均消费支出高于 100～150 元组，所以本研究按缺失数据处理，并采用消费函数线性回归模型估算得到 152.5 元。表中分组人均消费支出和人均纯收入数据符合凯恩斯消费倾向递减规律。

表 4-2　　1985 年中国农村居民按收入分组基本数据

分组序号 i	按人均纯收入分组（元）	农户占比（%）	户平均人口（人）	组平均人均纯收入（元）	组平均人均消费支出（元）
		A	B	C	D
1	0~100	1.0	5.2	72.2	152.5
2	100~150	3.4	5.5	133.3	169.9
3	150~200	7.8	5.6	179.8	191.1
4	200~300	25.5	5.4	252.4	236.2
5	300~400	24.1	5.2	347.7	297.3
6	400~500	15.9	5.0	444.2	357.0
7	500~600	9.1	4.8	542.4	419.8
8	600~800	8.0	4.5	680.6	502.3
9	800~1000	2.9	4.3	878.9	614.8
10	1000~1500	1.8	4.1	1157.2	756.3
11	1500~2000	0.3	4.3	1686.6	1080.9
12	2000 元以上	0.2	3.7	2538.2	1461.7
合 计		100.0			

说明：(1)数据来源：国家统计局农村社会经济调查总队编，《中国农村住户调查年鉴》2005 年版。(2)为表述数据加工运算过程方便，对表 4-2、表 4-3 中的相关指标统一用英文大写字母编号。

（二）数据整理加工

为了便于运用广义二次洛伦兹曲线 GQ 模型做回归分析，需对表 4-2 中原始数据进行整理加工，形成累计人口分布数据 p 和累计收入份额数据 L，以及累计消费份额数据 L（见表 4-3）。

（三）建立 GQ 回归模型并加工待回归数据

由公式(4-5)

$$L(1-L)=a(p^2-L)+bL(p-1)+c(p-L)$$

令 $\hat{Y}=L(1-L)$，$\hat{X}_1=p^2-L$，$\hat{X}_2=L(p-1)$，$\hat{X}_3=p-L$，并假定回归模型的随机干扰项为 0，于是，建立基于广义二次洛伦兹曲线 GQ 的三元一次线性回归模型如下：

$$\hat{Y} = a\hat{X}_1 + b\hat{X}_2 + c\hat{X}_3 \tag{4-62}$$

上式中 a、b、c 为待定回归系数。

对表 4-2 中的数据进行回归前的加工（应用 Excel 拖曳计算功能），加工结果见表 4-4。

（四）回归结果及分析

应用 SPSS 软件，以模型（4-62）为依据，对表 4-4 中的收入和消费数据，分别进行三元一次线性回归分析，回归结果见表 4-5。回归结果表明，采用广义二次洛伦兹曲线 GQ 模型，无论是收入还是消费，拟合优度都很高，调整 R^2 均达 0.9999 以上，回归系数 a、b、c 的标准误差很小，t 值和 F 值检验达到 1%显著性水平。

表 4-3 **1985 年中国农村居民分组累计人口占比和累计收入-消费支出占比**

分组序号 i	各组人口频数	各组人口占比 p_i	累计人口占比 p	各组人均收入期望值（元）	各组收入占比	累计收入占比 $L(p)$	各组人均消费期望值（元）	各组消费占比	累计消费占比 $L(p)$
	$E = A \times B$	$F = \frac{E}{511.66}$	G	$H = C \times F$	$I = \frac{H}{383.29}$	J	$K = D \times F$	M	N
1	5.20	0.0102	0.0102	0.73	0.0019	0.0019	1.55	0.0049	0.0049
2	18.70	0.0365	0.0467	4.87	0.0127	0.0146	6.21	0.0195	0.0244
3	43.68	0.0854	0.1321	15.35	0.0400	0.0547	16.31	0.0513	0.0757
4	137.70	0.2691	0.4012	67.93	0.1772	0.2319	63.57	0.2000	0.2757
5	125.32	0.2449	0.6461	85.16	0.2222	0.4541	72.82	0.2291	0.5048
6	79.50	0.1554	0.8015	69.02	0.1801	0.6342	55.47	0.1745	0.6794
7	43.68	0.0854	0.8869	46.30	0.1208	0.7550	35.84	0.1128	0.7921
8	36.00	0.0704	0.9572	47.89	0.1249	0.8799	35.34	0.1112	0.9033
9	12.47	0.0244	0.9816	21.42	0.0559	0.9358	14.98	0.0471	0.9505
10	7.38	0.0144	0.9960	16.69	0.0435	0.9793	10.91	0.0343	0.9848
11	1.29	0.0025	0.9986	4.25	0.0111	0.9904	2.73	0.0086	0.9933
12	0.74	0.0014	1.0000	3.67	0.0096	1.0000	2.11	0.0067	1.0000
$\sum$	511.66	1.00		383.29	1.0000		317.84	1.0000	

说明：表中 A、B、C、D 为表 4-2 中对应数据。

表 4-4　　1985 年中国农村居民收入-消费 GQ 模型待回归数据

分组序号 i	收入				消费支出			
	Y	X_1	X_2	X_3	Y	X_1	X_2	X_3
	$L(1-L)$	p^2-L	$L(p-1)$	$p-L$	$L(1-L)$	p^2-L	$L(p-1)$	$p-L$
1	0.0019	−0.0018	−0.0019	0.0082	0.0049	−0.0048	−0.0048	0.0053
2	0.0144	−0.0124	−0.0139	0.0321	0.0238	−0.0222	−0.0233	0.0223
3	0.0517	−0.0372	−0.0475	0.0774	0.0700	−0.0583	−0.0657	0.0563
4	0.1781	−0.0709	−0.1389	0.1693	0.1997	−0.1148	−0.1651	0.1255
5	0.2479	−0.0366	−0.1607	0.1921	0.2500	−0.0874	−0.1786	0.1413
6	0.2320	0.0083	−0.1259	0.1674	0.2178	−0.0369	−0.1348	0.1221
7	0.1850	0.0316	−0.0854	0.1319	0.1647	−0.0056	−0.0896	0.0948
8	0.1057	0.0364	−0.0376	0.0773	0.0873	0.0130	−0.0386	0.0539
9	0.0601	0.0278	−0.0172	0.0458	0.0471	0.0131	−0.0175	0.0312
10	0.0202	0.0128	−0.0039	0.0167	0.0150	0.0073	−0.0039	0.0113
11	0.0095	0.0067	−0.0014	0.0081	0.0066	0.0038	−0.0014	0.0052
12	0.0000	0.0000	0.0000	0.0000	0.0000	0.0000	0.0000	0.0000

表 4-5　　1985 年中国农村居民收入-消费 GQ 模型回归结果

收入 GQ 模型回归结果					
回归系数	a	b	c	调整 R^2	F 值
回归值	0.9470	−1.5872	0.1456	0.999989	382310
标准误差	0.006	0.014	0.010		
t 值	168.687	−114.15	14.406		
消费 GQ 模型回归结果					
回归系数	a	b	c	调整 R^2	F 值
回归值	0.8868	−1.6658	0.2125	0.999996	1230855
标准误差	0.006	0.011	0.011		
t 值	160.143	−145.286	19.656		

（五）计算 GQ 洛伦兹曲线相关参数及基尼系数

有了回归系数 a、b、c（见表 4-5 中的回归值），就可以根据相关公式计算 GQ 洛伦兹曲线的相关参数。如据式(4-4)计算 e，据式(4-7)计算 m、

n，据式(4-13)计算 r，并在此基础上据式(4-11)计算基尼系数 Gini。相关参数计算结果见表 4-6。

表 4-6 **1985 年中国农村居民收入和消费 GQ 洛伦兹曲线相关参数计算结果**

相关参数	e	m	n	r	Gini
收入 GQ 模型	−0.5054	−1.2689	1.0220	1.5301	0.2737
消费 GQ 模型	−0.4335	−0.7723	0.5942	0.9662	0.2003

（六）计算"零分位"收入 x_0 和消费支出 y_0

将表 4-5、表 4-6 中的收入 GQ 模型相关参数 b、e、n 和表 4-3 中的收入期望值 $\mu_x = 383.29$ 代入公式(4-37)，得到当收入累积分布函数 $F(x) = p = 0$ 时，收入分位数函数值 $x_0 = 110.42$。

将表 4-5、表 4-6 中的消费 GQ 模型相关参数 b、e、n 和表 4-3 中的消费期望值 $\mu_y = 317.84$ 代入公式(4-38)，得到消费累积分布函数 $F(y) = p = 0$ 时，消费分位数函数值 $y_0 = 155.82$。

比较"零分位"收入 x_0 和消费支出 y_0，满足 $y_0 > x_0$ 条件，故在 $0 < p < 1$ 区间存在零储蓄点。

（七）应用复合迭代法计算"零储蓄点"双均衡值

将相关参数代入式(4-39)至式(4-42)，并将"零分位"消费值 $y_0 = 155.82$(元)作为迭代初始值，运用 Excel 软件拖曳计算功能作迭代运算（我们设定：收入和消费支出迭代值精确到小数点后 2 位，即精确到人民币分；累积分布函数值精确到小数点后 4 位），所计算得到的迭代值见表 4-7。从表 4-7 可看出，由复合迭代式(4-39)至式(4-42)所作的迭代是收敛的，满足李普希兹条件（本例李普希兹常数 $L = 0.5905$）。经过 19($k = 19$)次迭代，得到了 1985 年全国农村居民收入-消费"零储蓄点" S 处的人均收入与人均消费均衡值，为 $y_s = x = y = 213.47$(元)；收入与消费累积分布函数均衡值 $p_s = p_x = p_y = 0.1692$，即"零储蓄点"处的贫困发生率为 16.92%。

表 4-7　　**1985 年全国农村居民收入-消费"零储蓄点"双均衡值复合迭代结果**

k	$y_k = Q_y(p_{xk})$	$p_{xk} = F_x(y_{k-1})$	$x_k = Q_x(p_{xk})$	$p_{yk} = F_y(y_{k-1})$
初始值	$y_0 = 155.82$			
1	180. 36	0. 0612	155. 82	0. 0000
2	194. 22	0. 1028	180. 36	0. 0612
3	202. 20	0. 1291	194. 22	0. 1028
4	206. 85	0. 1452	202. 20	0. 1291
5	209. 57	0. 1549	206. 85	0. 1452
6	211. 17	0. 1607	209. 57	0. 1549
7	212. 12	0. 1642	211. 17	0. 1607
8	212. 67	0. 1662	212. 12	0. 1642
9	213. 00	0. 1674	212. 67	0. 1662
10	213. 19	0. 1681	213. 00	0. 1674
11	213. 31	0. 1686	213. 19	0. 1681
12	213. 37	0. 1688	213. 31	0. 1686
13	213. 41	0. 1690	213. 37	0. 1688
14	213. 44	0. 1690	213. 41	0. 1690
15	213. 45	0. 1691	213. 44	0. 1690
16	213. 46	0. 1691	213. 45	0. 1691
17	213. 46	0. 1691	213. 46	0. 1691
18	213. 47	0. 1692	213. 46	0. 1691
19	213. 47	0. 1692	213. 47	0. 1692

(八) 自然贫困线与国家贫困线比较

经上述测算，我们得到了 1985 年两条全国农村自然贫困线(未进行长期趋势拟合处理)，一是零分位点自然贫困线 $z_0 = y_0 = 155.82$ 元；二是零储蓄点自然贫困线 $z_s = y_s = 213.47$ 元。这两条线与国家统计局公布的 1985 年农村贫困线 206 元相比，分别低 50. 18 元和高 7. 47 元。这说明 1985 年国家设定的 206 元贫困线是比较合理的，处在两条自然贫困线之间，并与零储蓄点自然贫困线 z_s 比较接近。

二、2005年全国城镇“双零点”消费值测算

(一)原始数据及整理加工

第一章表1-2已经给出了国家统计局公布的2005年中国城镇居民住户调查分组基本情况及相关截面数据。现将表1-2中的数据进行加工，以便于进行回归。加工后的数据结果见表4-8和表4-9。

表4-8 **2005年全国城镇居民分组累计人口占比和累计收入-消费支出占比**

分 组	各组人口占比 p_i	累计人口占比 p	各组人均收入期望值(元)	累计收入占比 $L(p)$	各组人均消费期望值(元)	累计消费占比 $L(p)$
最低收入组(10%)	0.1130	0.1130	354	0.0333	352	0.0438
低收入组(10%)	0.1089	0.2219	532	0.0833	468	0.1020
中等偏下组(20%)	0.2097	0.4317	1407	0.2157	1169	0.2476
中等收入组(20%)	0.1996	0.6313	1834	0.3881	1459	0.4292
中等偏上组(20%)	0.1888	0.8200	2379	0.6118	1776	0.6504
高收入组(10%)	0.0907	0.9107	1560	0.7584	1097	0.7870
最高收入组(10%)	0.0893	1.0000	2570	1.0000	1711	1.0000
合计	1.00		μ_x = 10637		μ_y = 8032	

表4-9 **2005年全国城镇居民收入-消费GQ模型待回归数据**

分组	收入				消费支出			
	y	x_1	x_2	x_3	y	x_1	x_2	x_3
	$L(1-L)$	p_2-L	$L(P-1)$	$P-L$	$L(1-L)$	p_2-L	$L(P-1)$	$P-L$
最低收入组(10%)	0.0322	-0.0205	-0.0295	0.0797	0.0419	-0.0310	-0.0388	0.0692
低收入组(10%)	0.0764	-0.0341	-0.0648	0.1386	0.0916	-0.0528	-0.0794	0.1199
中等偏下组(20%)	0.1691	-0.0293	-0.1226	0.2160	0.1863	-0.0613	-0.1407	0.1841
中等收入组(20%)	0.2375	0.0104	-0.1431	0.2432	0.2450	-0.0307	-0.1583	0.2020
中等偏上组(20%)	0.2375	0.0607	-0.1101	0.2082	0.2274	0.0220	-0.1171	0.1696
高收入组(10%)	0.1832	0.0709	-0.0677	0.1523	0.1676	0.0423	-0.0703	0.1237
最高收入组(10%)	0.0000	0.0000	0.0000	0.0000	0.0000	0.0000	0.0000	0.0000

(二)回归结果及分析

应用 SPSS 软件，以模型(4-62)为依据，采用最小二乘法(OLS)对表 4-9 中的收入和消费数据，分别进行三元一次线性回归分析，回归结果见表 4-10。回归结果表明，采用 GQ 模型，无论是收入还是消费，拟合优度都很高，调整 R^2 均达 0.9999 以上，回归系数 a、b、c 的标准误差很小，t 值和 F 值检验达到 1%显著性水平。

表 4-10　**2005 年全国城镇居民收入-消费 GQ 模型回归结果**

收入 GQ 模型回归结果					
回归系数	a	b	c	调整 R^2	F 值
回归值	0.9584	-1.2685	0.1910	0.999988	193558
标准误差	0.006	0.022	0.012		
t 值	170.76	-57.443	15.969		
消费 GQ 模型回归结果					
回归系数	a	b	c	调整 R^2	F 值
回归值	0.9385	-1.4799	0.1953	0.999996	641597
标准误差	0.004	0.012	0.009		
t 值	250.817	-118.562	22.281		

(三)计算 GQ 洛伦兹曲线相关参数及基尼系数

根据表 4-10 中的回归系数 a、b、c，据式(4-4) 计算 e，据式(4-7)计算 m、n，据式(4-13)计算 r，并在此基础上据式(4-11)计算基尼系数 Gini。相关参数计算结果见表 4-11。

表 4-11　**2005 年全国城镇居民收入和消费 GQ 模型相关参数计算结果**

相关参数	e	m	n	r	Gini
收入 GQ 模型	-0.8809	-2.2245	1.4709	3.0113	0.3407
消费 GQ 模型	-0.6539	-1.5639	1.1542	2.0018	0.2857

(四)计算“零分位”收入 x_0 和消费支出 y_0

将表4-10、表4-11中的收入GQ模型相关参数 b、e、n 和表4-8中的收入期望值 $\mu_x = 10637$ 代入公式(4-37)，得到当收入累积分布函数 $F(x) = p = 0$ 时，收入分位数函数值 $x_0 = 2306$。

将表4-10、表4-11中的消费GQ模型相关参数 b、e、n 和表4-8中的消费期望值 $\mu_y = 8032$ 代入公式(4-38)，得到消费累积分布函数 $F(y) = p = 0$ 时，消费分位数函数值 $y_0 = 2399$。

比较“零分位”收入 x_0 和消费支出 y_0，满足 $y_0 > x_0$ 条件，故在 $0 < p < 1$ 区间存在零储蓄点。

(五)应用复合迭代法计算“零储蓄点”双均衡值

将相关参数代入式(4-39)至式(4-42)，并将“零分位”人均消费值 $y_0 = 2399$ 作为迭代初始值，运用Excel软件数学模板拖曳计算功能作迭代运算(我们设定：收入和消费支出迭代值精确到小数点后2位，即精确到人民币分；累积分布函数值精确到小数点后4位)。本例证明，采用迭代式(4-39)至式(4-42)所计算的迭代值是收敛的，满足李普希兹条件(本例李普希兹常数 $L = 0.7909$)。经过43($k = 43$)次迭代，得到了2005年全国城镇居民收入-消费“零储蓄点”S处的人均收入与人均消费均衡值，为 $y_s = x = y = 2778.47$(元)；收入与消费累积分布函数均衡值 $p_s = p_x = p_y = 0.0278$，即“零储蓄点”的贫困发生率为2.78%。

第五章　城乡低保自然标准测算与比较

最低生活保障，是指国家对共同生活的家庭成员人均收入低于当地最低生活保障标准且符合其他相关规定（如家庭财产状况规定）的家庭，给予“托底线”的生活救助。最低生活保障制度的实施，需要首先设立一条能“反映本地区居民最低基本生活消费支出水平或生活必需费用”的标准线，然后再根据申请家庭的自身收入情况，与标准线相对照实行差额补助。这条“反映本地区居民最低基本生活消费支出水平或生活必需费用”的标准线，就是通常所说的“低保标准”。

毋庸置疑，在低保制度诸要素中，低保标准处于核心地位。一方面，它是识别低保对象的社会尺度；另一方面，它是核定差额补助水平的比照基准。也正因如此，自我国实施低保制度以来，低保标准一直是低保制度理论研究和实践创新的热门议题或争议话题，人们对如何科学测算并动态调整低保标准一直十分关注。尽管民政部、国家发展改革委、财政部和国家统计局四部门，于2011年5月联合出台了《关于进一步规范城乡居民最低生活保障标准制定和调整工作的指导意见》，提出运用基本生活费用支出法、恩格尔系数法或消费支出比例法来测算城乡低保标准，但这并不等于在理论上和实践中已经很好地解决了低保标准科学测算问题。正如关信平（2012）所说：“由于低保标准本身的复杂性，以及围绕这一问题的立场观点差异，对此问题至今仍未有一个比较一致的意见和科学的方法。”①

为了进一步探寻测定低保标准的科学方法，本章在分析现行主要低保标准测算方法的特点及局限性基础上，运用前几章介绍的自然贫困线原理、计量模型和测算方法，就我国城乡低保标准的科学测算与检验问题进行了实证研究，提出应用社会居民“零分位”底线生活消费支出（底限自然贫困线）作为制定低保标准“参照物”的思路和方法。

---

① 关信平：《我国城市居民最低生活保障制度研究》，载米勇生主编：《社会救助与贫困治理》，中国社会出版社2012年版，第7页。

第一节　低保标准设定常见方法及局限性

本节讨论的重点是：(1)我国城乡居民低保标准设定的政策规定及各地实施操作概况；(2)目前使用较普遍的三种设定低保标准的技术方法；(3)三种设定技术方法的局限性分析。

一、城乡低保标准设定概述

我国城乡居民低保标准测定方式、方法，随着低保制度体系的逐步完善，正处在由各地自由探索、自主测定向逐步统一转变的过程。

在低保制度建立初期，国家并没有对低保标准测算方法作出十分明确的具体规定。如1999年国务院颁布的《城市居民最低生活保障条例》(以下简称《条例》)第六条第一款规定：“城市居民最低生活保障标准，按照当地维持城市居民基本生活所必需的衣、食、住费用，并适当考虑水电燃煤(燃气)费用以及未成年人的义务教育费用确定。”也就是说，城市低保标准主要包括五个方面的费用项目：维持基本生活所必需的衣、食、住费用，水电燃煤(燃气)费用以及未成年人的义务教育费用。但《条例》并没有表述采用何种技术方法来测算和确定低保标准。再如，2007年国务院下发的《关于在全国建立农村最低生活保障制度的通知》(以下简称《通知》)规定：“农村最低生活保障标准由县级以上地方人民政府按照能够维持当地农村居民全年基本生活所必需的吃饭、穿衣、用水、用电等费用确定，并报上一级地方人民政府备案后公布执行。农村最低生活保障标准要随着当地生活必需品价格变化和人民生活水平提高适时进行调整。”也就是说，农村低保标准的确定具体包括衣、食、住、水、电等费用。这里突出强调了五项费用，但并没有规定只限于这五项费用，因为后面有“等费用”的表述。并且，《通知》也同样没有对采用何种技术方法测算低保标准提出具体要求。

由于我国幅员辽阔，地区发展差别很大，低保标准的测算与确定，不可能搞“一刀切”。国家在低保制度建立初期，没有对低保标准测算方法做出具体规定，并将低保标准设定权限赋予县级和县级以上城市政府，这是符合当时客观实际的，也是符合新生事物发展规律的。这样做，有利于发挥地方积极性，有利于各地自由探索、大胆创新。

但是，实践中也出现了一些问题。正如国家民政部社会救助司调查组的《最低生活保障标准法定量化调查报告》[①]所指出的："从主观方面看，地方领导和工作人员对低保政策认识的偏差、对低保标准诠释的不同，导致了低保标准在制定调整过程中人为干扰因素过多，低保标准更多体现的是个人意志。"另外，低保标准一直以来没有统一的量化或刚性要求。"长期以来，从中央到地方关于低保标准制定调整，笼统的原则性要求多，具体的操作性规定少；定性规定多，定量标准少，使得地方在标准的制定和调整方面的自由裁量空间较大。"

为了解决低保标准制定和调整方面的自由裁量空间过大问题，确保城乡低保制度平稳运行，真正发挥好最后一道社会安全网的"托底"作用，民政部等四部门于2011年5月联合出台了《关于进一步规范城乡居民最低生活保障标准制定和调整工作的指导意见》(以下简称《意见》)，提出规范城乡低保标准制定和调整工作的四项基本原则：科学性原则、合理性原则、动态性原则和规范性原则。《意见》还提出了三种技术方法作为制定和调整城乡低保标准的基本方法。这三种技术方法是：基本生活费用支出法、恩格尔系数法和消费支出比例法。

2014年，国务院颁布的《社会救助暂行办法》第十条，对低保标准的确定、公布和调整，作出如下规定："最低生活保障标准，由省、自治区、直辖市或者设区的市级人民政府按照当地居民生活必需的费用确定、公布，并根据当地经济社会发展水平和物价变动情况适时调整。"这一规定的最大变化是，低保标准的确定、公布和调整的权限上调，要么是省一级政府，要么是设区的市级政府。然而，对"当地居民生活必需的费用"究竟如何确定，《社会救助暂行办法》没有作出具体规定。

据部分省(区、市)公开发布的贯彻国务院《社会救助暂行办法》的实施意见或实施办法，各地在低保标准制定权限和测算方式规定上，差异仍然较大。归纳起来，大致有以下几种类型：

(1)规定由省(市)级统一制定标准，但没有明确具体制定方法(如上海、重庆、青海)。

(2)规定由省一级制定全省指导标准，并要求各地的实行标准不得低于省标准，但没有明确具体制定方法(如四川、湖南)。

(3)规定由省一级根据上年消费支出的一定比例制定全省指导标准，并要求各地的实行标准不得低于省标准(如黑龙江省规定城乡比例均为

---

① 国家民政部网站：国家民政部社会救助司调查组《最低生活保障标准法定量化调查报告》，2014年。

30%，云南省规定城镇比例 25%、农村比例 35%）。

（4）规定由市（州）政府根据消费支出一定比例制定标准，但没有明确具体比例（如湖北）。

（5）规定由设区的市政府或市（州）政府制定标准，但没有明确具体制定方法（如江苏、山西、贵州）。

（6）规定由设区的政府采用消费支出比例法或最低工资标准比例法确定低保标准；并明确城镇低保标准在当地月最低工资标准的 36%～42%范围内确定，农村低保标准按上年消费支出 25%确定（如福建）。

（7）规定由县级以上政府采用消费支出比例法或最低工资标准比例法确定低保标准；并明确城镇低保标准在当地月最低工资标准的 40%～50%之间确定，农村低保标准不低于当地城镇低保标准的 70%（如浙江）。

（8）强调综合运用基本生活费用比例法、恩格尔系数法、消费支出比例法测算低保标准（如新疆）。

（9）对低保标准制定只有原则规定，没有明确的具体要求（如山东、江西）。

尽管上述情况给人一种“五花八门”的感觉，但从中可以看出两点趋势：一是低保标准制定权限有“上收”的趋势。除了浙江以外，基本上没有赋予县一级制定标准的权限。二是国家相关部门推荐的三种测算方法尤其是消费支出比例法正逐步被认可。这两个趋势说明，我国城乡低保标准的制定，正处在由各地自由探索到逐步统一规范的过渡阶段。

二、测算低保标准的三种技术方法

基本生活费用支出法、恩格尔系数法和消费支出比例法，是国家相关部门推荐的测算低保标准的三种技术方法。

（1）基本生活费用支出法

指根据“当地居民基本生活费用支出”来确定城乡低保标准的一种方法。“当地居民基本生活费用支出”包括必需食品消费支出和非食品类生活必需品支出两部分。用公式表示：

城乡低保标准＝必需食品消费支出+非食品类生活必需品支出　(5-1)

其中，必需食品消费支出通过市场调查确定当地食品必需品消费清单（即标准食物清单），并根据中国营养学会推荐的能量摄入量（推荐 2200 大卡）、相应食物摄入量，以及食物的市场价格计算得出；非食品类生活必需品支出根据调查数据确定维持基本生活所必需的衣物、水电、燃煤（燃气）、公共交通、日用品等消费清单测算支出数额。

(二)恩格尔系数法

指根据“当地居民必需食品消费支出”和“上年度最低收入家庭恩格尔系数”确定城乡低保标准的方法。用公式表示：

$$\text{城乡低保标准}=\frac{\text{必需食品消费支出}}{\text{上年度最低收入家庭恩格尔系数}} \tag{5-2}$$

其中，必需食品消费支出的确定方法与基本生活费用支出法相同，即通过市场调查确定当地食品必需品消费清单(标准食物清单)、根据中国营养学会推荐的能量摄入量、相应食物摄入量以及食物的市场价格计算得出。

(三)消费支出比例法

在采用基本生活费用支出法或恩格尔系数法测算出城乡低保标准的基础上，各地区可将测算出的低保标准数据与当地上年度城乡居民人均消费支出进行比较，从而得出所测算出的低保标准占上年度城乡居民人均消费支出的比例。然后，在今后一定时期内再次计算城乡低保标准时，可直接用这一比例乘以当地上年度城乡居民人均消费支出。用公式表示如下：

$$\text{城乡低保标准}=\begin{matrix}\text{当地上年度城乡居民}\\\text{人均消费支出}\end{matrix}\times\begin{matrix}\text{低保标准占上年度城乡居民}\\\text{人均消费支出的比例}\end{matrix} \tag{5-3}$$

国家相关部门要求，为确保城乡低保标准的制定和调整符合当地实际，各地可以参考当地上年度城乡居民人均消费支出、城镇居民人均可支配收入、农民人均纯收入、城乡低收入居民基本生活费用，以及经济发展水平、财政状况等因素，对采用上述三种技术方法测算得出的低保标准，可根据需要综合考虑相关因素予以适当的调整。

三、三种技术方法的局限性

根据第一章的讨论观点和分类，上述三种方法均属于“规范判断型设定方式”。它们都给低保标准设定者留下了基于个人经验、主观意志的取舍、判断或自由裁量空间，所确定的低保标准的科学性、客观性可能会被打折扣。

(一)关于基本生活费用支出法的局限性

“基本生活费用支出法”就是本书第一章第三节所说的“‘菜篮子’标准

预算法”。如第一章第三节所述，采用基本生活费用支出法确定低保标准面临两大难题：

1. 如何科学合理确定“标准食物清单”，是一个争议较大的难题。各地标准食物清单即当地食品必需品消费清单，需要通过市场调查(或家计调查)才能确定。而事实上，由于各地饮食习惯、生活风俗和消费传统等的明显差异，使得低保标准测定专家们在确定标准食物清单或具体组合时，存在不少争议，面临着诸多取舍或主观判断。

2. 如何科学合理确定“非食品类生活必需品支出”项目，是一个争议更大的难题。国家统计部门将城乡居民消费支出分为 8 大项目，除食品消费以外，其余 7 项(衣着、居住、家庭设备及用品、交通通信、文教娱乐、医疗保健、其他)均属于非食品类生活消费支出项目。那么，对于这 7 类项目支出，究竟如何判定哪些属于生活必需品支出、哪些属于非生活必需品支出？或者说这 7 类项目支出，在多大程度上开支属于生活必需品支出，而在多大程度上开支属于非生活必需品支出？可以说，这是一个很难回答的难题。于是，各地对“非食品类生活必需品支出”有了很大的自由裁量或取舍空间。

譬如，湖北省宜昌市民政局网站(2014 年 6 月 5 日)发表的一篇署名文章《宜昌市关于量化城乡低保标准的调查与思考》认为：家庭设备及用品、交通通信、其他商品及服务这三项不属于基本生活范畴；而居住、医疗保健、教育文化娱乐服务在《社会救助暂行办法》中都有相应救助政策；所以主张“城乡低保标准应按照能够维持当地居民全年基本生活所必需的吃饭、穿衣、用水、用电”这四项费用来确定。也就是说，“非食品类生活必需品支出”只包括“穿衣、用水、用电”这三项。显然，这是一个极为苛刻和吝啬的消费必需品组合方案。

还如，随房网(2014 年 5 月 16 日)发表的湖北省随州市低保局一篇署名文章《随州市对城乡低保保障标准法定量化的调研报告》认为：统计部门的 8 项生活消费支出项目中“前三项食品、衣着、居住为维持基本生活的必需开支；家庭设备用品及服务、交通和通信、娱乐消费、其他商品及服务为提升生活品质的消费，不在维持基本生活的范畴；医疗保健应由城乡居民基本医疗保险提供最基本的需求；文化教育指标属于政策衔接的范畴，应由文、教部门提供的基本文化教育服务”。此文主张，在测算“法定量化”低保标准时，将必需品消费支出项目只限定为吃、穿、住和少量日用品；并且，城镇的“住”只含水、电和燃料费，而农村的“住”只含电，认为农民吃水和燃料均不需要花钱。

宜昌市和随州市是湖北省两个设区的市，按照国家和省的政策规定，这两个市是有确定低保标准权限的。我们并不想就这两篇文章关于界定“生活必需品”的观点是否符合国务院《社会救助暂行办法》关于低保标准“按照当地居民生活必需的费用确定”的规定进行评价。我们引用这两篇文章的观点和主张，只是为了说明一个基本事实：采用“基本生活费用支出法”制定低保标准，在确定“标准食物清单”和“非食品类生活必需品支出项目”时，并没有一个社会公认的科学合理的项目组合清单，它在很大程度上取决于各地的那些“业内专家或工作人员”的主观取舍或个人判断，其随意性、武断性色彩很浓。这是“基本生活费用支出法”的最大缺陷和局限性。

(二)关于恩格尔系数法的局限性

“恩格尔系数法”是本书第一章第三节所说的“食物支出比例法”。采用恩格尔系数法确定低保标准，也有两个问题。一个是与基本生活费用支出法相同的问题，即如何科学合理确定“标准食物清单”或必需食品项目组合；再一个是如何科学合理选择恩格尔系数的问题。国家相关部门提出采用“上年度最低收入家庭恩格尔系数”，但并没有明确何为最低收入家庭，是占居民收入分组人口的20%、10%或是5%才算是最低收入家庭？不得而知。另外，即使明确了最低收入家庭在分组中的百分比，还有一个问题是，恩格尔系数虽然从长期看呈下降趋势，但在短期内是波动的，也就是说对于近期各个具体年度的恩格尔系数，它往往是上下波动的。这有可能，在必需食品项目组合给定(或相对固定)情况下，依据公式(5-2)计算出的低保标准或许也是波动的，不能体现实际的“居民生活必需费用”或“居民最低生活成本”随经济社会发展水平而平稳增长。

(三)关于消费支出比例法的局限性

由公式(1-8)可知，消费支出比例法可用以下模型表示：

$$z = k \cdot \mu \tag{5-4}$$

上式中，z为低保标准，μ为社会居民人均消费支出，k为比例系数。由于μ是已知的，所以，确定低保标准的关键是人们如何选择比例系数k。目前，一些地方已经采用消费支出比例法测算低保标准，而所选择的比例系数差别很大。有的省(如黑龙江)的城镇低保标准采用30%比例，而有的省(如云南)的城镇低保标准则采用25%。从各地情况和测算思路来看，究竟依据什么来确定消费支出比例系数才算是科学、合理，才能尽量避免盲目性、随意性、主观性？对于这一问题，如果从就事论事的角度来看，似乎没有令人满意的答案。但是，从消费分布函数和分位数函数理论角度来看，并将式(5-4)与式(2-34)、式(3-5)进行对比，显而易见，消费支出比例系数就是消费洛伦兹曲线函数的一阶导数。这就意味着，我们可以根据自然贫困线原理和方法来测算城乡低保标准。

综上所述，既然无论是单独采用还是综合运用上述三种“判断型方法”设定低保标准，都存在一定程度的局限性，导致各地具体操作时自由裁量空间太大，存在较明显的主观性、随意性和盲目性，那么，我们是否可以打破传统思维定势，另辟蹊径呢？

四、零分位消费值作为低保标准的科学逻辑

国务院2014年颁布的《社会救助暂行办法》规定：“最低生活保障标准，由省、自治区、直辖市或者设区的市级人民政府按照当地居民生活必需的费用确定”。那么，各省(区、市)如何确定“当地居民生活必需费用”呢？可否设想，以统计部门公布的本地区(本省或本市)的居民住户调查收入分组(百分位)排序中最低收入居民的人均消费支出数据，作为本地区“居民最低基本生活消费支出水平或生活必需费用”？

我们可以逐步试问：排序收入分组底层5%分位数的困难居民的消费支出，能不能代表本地区“居民最低基本生活消费支出水平或生活必需费用”？如果不能(如果认为这一消费支出水平仍然偏高)，那么排序收入分组最底层1%分位数的最穷居民的消费支出，能不能代表本地区“居民最低基本生活消费支出水平或生活必需费用”？如果还不能(如果还认为这一消费支出水平仍然偏高)，那么排序最底端且无限趋近于0%或“零分位”的最穷居民的消费支出数据，能不能代表本地区“居民最低基本生活消费支出水平或生活必需费用”？恐怕我们的逐步试问只能在“零分位”处打住了，因为“零分位”是居民消费分布的最下限，我们再没有退路了。

本书的一个基本观点是，任何一个社会的任一个年度的居民收入和消费支出，都有它特有的截面分布状态、分布函数或分位数函数，该社会的“居民最低基本生活消费支出水平或生活必需费用”完全可以在其居民消费分布规律中找到可靠答案。居民消费分布的一个重要规律或函数关系是：随着居民收入分层排序百分位 $p\%$ 的依次增大，所处百分位 $p\%$ 居民的消费支出水平相应依次提高；反之，随着分层排序百分位 $p\%$ 的依次降低，所处百分位 $p\%$ 居民消费水平也相应依次降低。当降低到消费分布最低端的零分位 $p\%=0$ 处时，则必然存在一个在社会居民消费分布中的最

小消费支出值 $y_{\min}=y_0$。这一分布函数关系就是我们所说的收入-消费分位数函数关系。

正如我们在第三章第一节所说，“零分位点”处的最小消费值 y_0，代表了该社会居民最底线的生活消费支出水平或生活成本费用。因为居民消费分布的分位数 p 不可能取负值，所以，在社会居民消费分布中再没有比 y_0 这一阈值更低的消费值了。也就是说，一个社会的“零分位点”最小消费值 y_0（底限自然贫困线），是完全可以代表该社会“居民最低基本生活消费支出水平或生活必需费用”的，并且只会是“有不及而无过之”。这就是我们将“零分位点”最小消费值 y_0（底限自然贫困线）作为低保标准的内在逻辑。

并且，采用前几章所述的“分位数函数零点法”来测定城乡低保标准，是一种基于收入-消费分布客观事实的描述性测定方式，它完全不需要低保标准“设定者们”在生活必需品组合清单、恩格尔系数、消费支出比例等经验性数据问题上，作出权衡、取舍和主观判断，从而避开了这些长期困扰人们的、极有争议的难题。这样，也就消除了贫困线设定者的自由裁量空间，最大限度地克服了随意性、武断性和盲目性，使低保标准的测定尽可能地体现科学性、客观性和合理性。

第二节　全国城镇低保自然标准测算与比较

本节测算了 2002—2012 年全国城镇居民零分位底线生活消费值 y_0，并进行了长期趋势曲线拟合，估计出 2003—2013 年全国城镇自然低保标准 z_0^*，并与国家民政部公布的 2004—2013 年全国城镇实际平均低保标准进行了对比检验。结果表明，无论是绝对缺口还是相对缺口，各年度的实际平均低保标准均低于自然低保标准，并呈现出逐年扩大趋势。

一、零分位底线消费趋势值作为自然低保标准

按照本书第二章、第三章讨论的基于消费累积分布函数和消费分位数函数的自然贫困线原理，一个社会某个年度 t 的“居民最低生活必需费用”可以依据该社会 t 年度的居民消费分位数函数“分布频谱”来确定。我们知道，任何一个社会某个年度 t 的居民消费分位数函数“分布频谱”，都可表现为由分位数 p 从 0→1 所决定的消费函数值变化，这一变化由以下公式来表示：

$$y = L'_y(p)\mu_y \quad (0 \leqslant p \leqslant 1) \tag{5-5}$$

这就是公式(2-34)。图 5-1 表示了比较典型的消费分位数函数值变化曲线。

据第二章、第三章的讨论，对于公式(5-5)来说，我们有以下结论：

(1)一个社会某个既定年度 t 的居民人均消费期望值 μ_y 是一个常量。

(2)一个社会某个既定年度 t 的消费洛伦兹曲线函数的一阶导数 $L'_y(p)$，在 $0 \leqslant p \leqslant 1$ 闭区间是一个大于 0 的单调增函数。

(3)一个社会某个既定年度 t 的消费洛伦兹曲线函数一阶导数 $L'_y(p)$ 在 $p=0$ 处有最小值 $y_{\min} = y_0 = L'_y(0)\mu_y$。

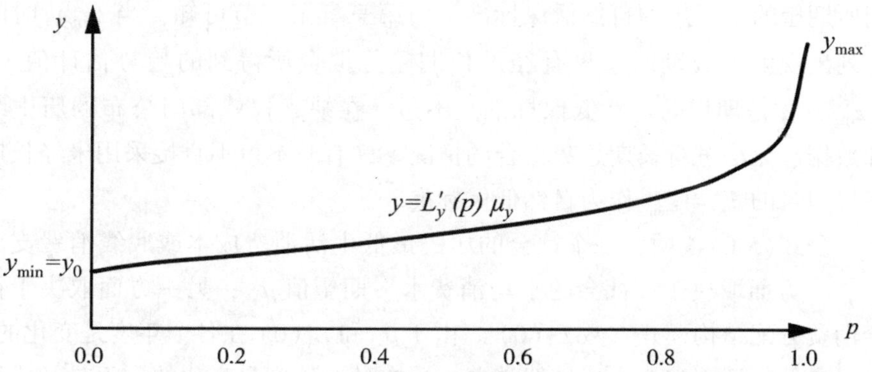

图 5-1　社会居民消费分位数函数曲线变化示意图

从社会全体居民消费排序分布和消费分位函数值变化曲线(见图 5-1)来看，“零分位点”处的最小消费值 $y_{\min}$，代表了该社会居民最底线的人均生活消费支出，即代表了该社会居民的底线生活成本。因为分位数 p 不可能取负值 $(0 \leqslant p \leqslant 1)$)，且 $L'_y(p)$ 不可能小于零($L'_y(p) > 0$)，所以，在社会全体居民年人均消费支出 Pen 氏截面排列中，再没有比 $y_{\min}$ 这一阈值更低的消费值了。

根据 2014 年国务院《社会救助暂行办法》关于最低生活保障标准按照当地“居民生活必需费用确定”的规定，本研究认为，将社会消费分位数函数在“零分位点”处的最小消费值 $y_{\min} = y_0$，视为该社会下一年度的居民最低生活保障标准是合宜的。这一标准不存在对居民最低生活必需费用高估的问题，是实实在在已经发生了的、可采用数理统计工具测算出的社会最底线生活消费支出。

由于这一居民最低生活费用支出不是由人工通过选择经验数据，或依靠“专家们”的主观取舍和个人判断所计算得到的，而是由该社会的居民消费支出结果这一客观事实存在所决定的，是社会自然形成的，人们仅仅是对已观测到的统计数据(假定观测统计数据质量可靠并能反映总体特征)进行计量分析和描述而得到了它。我们将这一居民最低生活消费支出称为“未经长期趋势拟合熨平的 t 年度自然低保标准”，记为 z_{0t} ：

$$z_{0t} = y_{\min} = y_{0t-1} = L'_y(0)\,\mu_y \tag{5-6}$$

也就是说，未经长期趋势拟合熨平的 t 年度的自然低保标准，可由上一年度(t-1 年度)基于消费分位数函数零分位点处的消费值(即社会底线消费支出) y_{0t-1} 来表示。

由于 $z_{0t} = y_{\min} = y_{0t-1}$ 未经长期趋势拟合熨平，所以，z_{0t} 或许并不是我们所期望的、理想的自然低保标准。由第三章第三节可知，当 $\{z_{0t}\}$ 时间序列出现上下波动时，只有经过长期趋势拟合所得到的趋势估计值 $y^*_{0t} = z^*_0$ ，才是理想的自然低保标准。不过，在缺乏权威部门公布的历史统计数据、无法进行长期趋势拟合的情况下，有时不得不直接采用未经长期趋势拟合的 $z_{0t} = y_{\min}$ 作为自然低保标准。

公式(5-6)说明，一个社会的居民最低生活消费成本或底线消费支出 y_0 ，一方面取决于该社会的平均消费水平期望值 μ_y ；另一方面取决于社会消费分配结构模式参数 $L'_y(0)$ 。由于 μ_y 和 $L'_y(0)$ 在各个年度是变化的，居民最低生活消费成本或底线消费支出在各个年度是变化的，不是一成不变的，也不是简单地进行居民消费价格指数调整就了事。因为，简单地进行居民消费价格指数调整，只是一种生活消费成本的名义提升，它并不能客观反映社会居民最低生活消费水平的实际提高。

有一点需要特别指出的是，公式(5-6)中的 μ_y 是社会消费期望值，是一个内生变量，它是通过建构洛伦兹曲线模型(本书为 GQ 模型)求出的。当然，也可以直接选用统计部门公布的、现成的社会居民人均生活消费支出数据。从理论上来说，这两者并没有区别，只不过统计数据经过一系列的汇总、分组、处理等，二者可能产生一些数值上的误差。但一般来说，两者数值误差不大。为了分析需要，本书在应用公式(5-6)测算自然低保标准时，一般采用通过建构洛伦兹曲线 GQ 模型求出的居民人均生活消费支出期望值来表示 μ_y 。

二、全国城镇居民零分位底线消费值估算

1. 选定统计数据。考虑到低保标准的权威性、政策性，以及统计口径的一致性，我们选定国家统计局公布的 2002—2012 年全国城镇居民住

户调查七分组基本数据，作为测算 2003—2013 年全国城镇居民平均自然低保标准的原始数据(见表 5-1)。

之所以选择 2002—2012 年全国城镇居民住户调查七分组基本数据，作为测算 2003—2013 年全国城镇居民平均自然低保标准的原始数据，主要基于统计口径和数据可获得性考虑。2002—2012 年全国城镇居民住户调查指标口径是一致的；而 2002 年以前和 2013 年以后的国家住户调查统计口径分别与 2002—2012 年不同，缺乏可比性(关于 2013 年以后国家统计局实施城乡一体化住户调查改革、实行新统计口径的城镇自然低保标准测算问题，将在第十一章进行讨论)。

表 5-1　全国城镇居民分组户均人口和人均生活消费支出(2002—2012 年)

年份	指　标	最低收入户 10%	低收入户 10%	中等偏下户 20%	中等收入户 20%	中等偏上户 20%	高收入户 10%	最高收入户 10%
2002	户均人口(人)	3. 43	3. 34	3. 20	3. 04	2. 91	2. 78	2. 68
	人均消费支出(元)	2388	3260	4206	5453	6940	8920	13041
2003	户均人口(人)	3. 4	3. 28	3. 13	3. 03	2. 87	2. 76	2. 68
	人均消费支出(元)	2562	3549	4558	5848	7547	9628	14516
2004	户均人口(人)	3. 36	3. 24	3. 1	2. 99	2. 84	2. 74	2. 64
	人均消费支出(元)	2855	3942	5096	6498	8346	10749	16842
2005	户均人口(人)	3. 34	3. 22	3. 1	2. 95	2. 79	2. 68	2. 64
	人均消费支出(元)	3111	4295	5574	7308	9411	12103	19154
2006	户均人口(人)	3. 31	3. 2	3. 09	2. 92	2. 79	2. 69	2. 62
	人均消费支出(元)	3423	4766	6108	7905	10218	13170	21062
2007	户均人口(人)	3. 3	3. 2	3. 05	2. 88	2. 74	2. 63	2. 58
	人均消费支出(元)	4036	5634	7124	9097	11570	15298	23337
2008	户均人口(人)	3. 33	3. 22	3. 06	2. 89	2. 74	2. 62	2. 51
	人均消费支出(元)	4533	6195	7994	10345	13317	17888	26982
2009	户均人口(人)	3. 29	3. 23	3. 04	2. 84	2. 71	2. 61	2. 51
	人均消费支出(元)	4901	6743	8739	11310	14964	19264	29004
2010	户均人口(人)	3. 29	3. 2	3. 02	2. 82	2. 7	2. 61	2. 51
	人均消费支出(元)	5472	7360	9649	12609	16140	21000	31762

续表

年份	指　标	最低收入户10%	低收入户10%	中等偏下户20%	中等收入户20%	中等偏上户20%	高收入户10%	最高收入户10%
2011	户均人口(人)	3. 3	3. 2	3. 01	2. 82	2. 67	2. 57	2. 53
	人均消费支出(元)	6432	8509	10873	14028	18161	23906	35184
2012	户均人口(人)	3. 3	3. 21	2. 99	2. 8	2. 67	2. 58	2. 52
	人均消费支出(元)	7301	9610	12281	15720	19830	25797	37662

数据来源：①国家统计局编，《中国统计年鉴》相关年度。②国家统计局住户调查办公室编，《中国住户调查年鉴》相关年度。

表 5-2　**2002—2012 年全国城镇居民消费洛伦兹曲线 GQ 模型回归结果**

年份	回归参数	*a*	*b*	*c*	调整 R^2	*F* 值
2002	回归系数	0. 9781	−1. 5393	0. 2026	0. 999997	1038346
	标准误差	0. 0031	0. 0098	0. 0076		
	t 值	315. 63	−157. 07	26. 56		
2003	回归系数	0. 9603	−1. 5219	0. 2013	0. 999996	605800
	标准误差	0. 0040	0. 0128	0. 0096		
	t 值	240. 60	−119. 15	20. 87		
2004	回归系数	0. 9323	−1. 5279	0. 1795	0. 999998	1223053
	标准误差	0. 0028	0. 0088	0. 0064		
	t 值	331. 11	−173. 18	27. 94		
2005	回归系数	0. 9385	−1. 4799	0. 1953	0. 999996	641598
	标准误差	0. 0037	0. 0125	0. 0088		
	t 值	250. 82	−118. 56	22. 28		
2006	回归系数	0. 9221	−1. 4784	0. 1967	0. 999996	545366
	标准误差	0. 0042	0. 0138	0. 0097		
	t 值	220. 64	−107. 32	20. 33		
2007	回归系数	0. 9184	−1. 5062	0. 1969	0. 999985	159196
	标准误差	0. 0081	0. 0258	0. 0189		
	t 值	113. 75	−58. 40	10. 44		

续表

年份	回归参数	a	b	c	调整 R^2	F 值
2008	回归系数	0.9217	−1.4394	0.2282	0.999987	173185
	标准误差	0.0074	0.0259	0.0183		
	t 值	123.85	−55.61	12.44		
2009	回归系数	0.9549	−1.4148	0.2520	0.999986	169473
	标准误差	0.0073	0.0270	0.0194		
	t 值	130.09	−52.35	12.98		
2010	回归系数	0.9552	−1.4775	0.2142	0.999997	677306
	标准误差	0.0037	0.0126	0.0092		
	t 值	257.92	−116.86	23.31		
2011	回归系数	0.9221	−1.3933	0.2832	0.999997	708284
	标准误差	0.0038	0.0144	0.0106		
	t 值	239.90	−96.92	26.68		
2012	回归系数	0.9394	−1.5037	0.2321	0.999997	861983
	标准误差	0.0036	0.0119	0.0093		
	t 值	263.21	−126.20	24.92		

2. GQ 模型回归。按照第四章介绍的计量方法，应用 SPSS 软件，采用最小二乘法(OLS)对表 5-1 中各年度数据进行线性回归估计，以确定各年度全国城镇居民消费洛伦兹曲线 GQ 回归模型的回归系数 a、b、c。同时，对回归结果进行拟合优度 R^2、t 值和 F 值检验分析(见表 5-2)。表 5-2 中的数据说明，应用广义二次曲线 GQ 模型拟合我国各年度的城镇消费洛伦兹曲线，拟合优度很高，R^2 均达到 0.9999 以上，t 值和 F 值均达到 1%显著性水平性。

3. 计算各年度 GQ 消费洛伦兹曲线零分位一阶导数 $L'_y(0)$。运用表 5-2 中的回归系数 a、b、c，根据第四章表 4-1 的相关公式，计算出 GQ 消费洛伦兹曲线一阶导数 $L'_y(p)$ 的相关参数，如 e、m、n 等，将 $p=0$ 和 b、e、m、n 等参数代入一阶导数方程 $L'_y(p)$（公式(4-9)），计算出 $L'_y(0)$ 的具体数值(见表 5-3)。

4. 测算各年度零分位底线消费支出。将测算出的全国各年度城镇居民人均消费支出期望值 μ_y 和已计算出的 $L'_y(0)$ 代入公式(5-6)，计算出各年度的全国城镇居民年人均底线消费支出 y_0 (见表 5-3)。

表 5-3　**2002—2012 年全国城镇居民零分位底线消费及长期趋势值**

年份	年度 t	居民人均消费期望值（元/年）	消费洛伦兹曲线零分位一阶导数	居民零分位人均底线消费（元/年）	人均底线消费长期趋势值（元/年）
		μ_y	$L'_y(0)$	y_0	y_{0t}^*
2002	1	5873	0. 3158	1855	1763
2003	2	6399	0. 3147	2014	1984
2004	3	7176	0. 3075	2206	2233
2005	4	8032	0. 2987	2399	2512
2006	5	8774	0. 3072	2696	2827
2007	6	10019	0. 3233	3239	3181
2008	7	11401	0. 3211	3661	3580
2009	8	12473	0. 3182	3968	4028
2010	9	13686	0. 3096	4237	4532
2011	10	15401	0. 3487	5371	5100
2012	11	16957	0. 3475	5893	5739

三、零分位底线消费长期趋势回归拟合

采用 SPSS 统计分析软件，对表 5-3 中的底线消费支出 y_0 时间序列进行长期趋势曲线拟合，分别得到以下三个曲线（线性、二次曲线和指数曲线）回归模型及参数估计值输出结果（见表 5-4）。

表 5-4　**2002—2012 年全国城镇居民零分位点底线生活消费支出时间序列长期趋势曲线拟合模型 SPSS 输出结果**

长期趋势拟合曲线模型	R^2	F 值	回归模型参数估计值	回归模型参数估计值	回归模型参数估计值
			β_0	β_1	β_2
线性模型	0. 9461	157. 83	1022. 782	398. 309	
二次曲线	0. 9897	384. 22	1819. 206	30. 729	30. 632
指数曲线	0. 9895	844. 98	1567. 155	0. 118	

比较表5-4中的三个模型，二次曲线模型与指数曲线模型拟合优度均较高并基本相同，但指数曲线模型 F 值更高一些，故采用指数曲线模型拟合2002—2012年全国城镇居民零分位点底线消费时间序列 $\{y_{0t}\}$ 的长期趋势。于是，将表5-4中的估计参数值代入模型(3-24)得到：

$$y_{0t}^{*} = 1567.155\,e^{0.118t} \tag{5-7}$$

将表5-3中的年度 $t=1,\ 2,\ \cdots$，分别代入回归模型(5-7)，得到各年度 t 的全国城镇居民零分位点底线生活消费支出的长期趋势估计值 y_{0t}^{*}（见表5-3），并绘制出了长期趋势拟合曲线(见图5-2)。

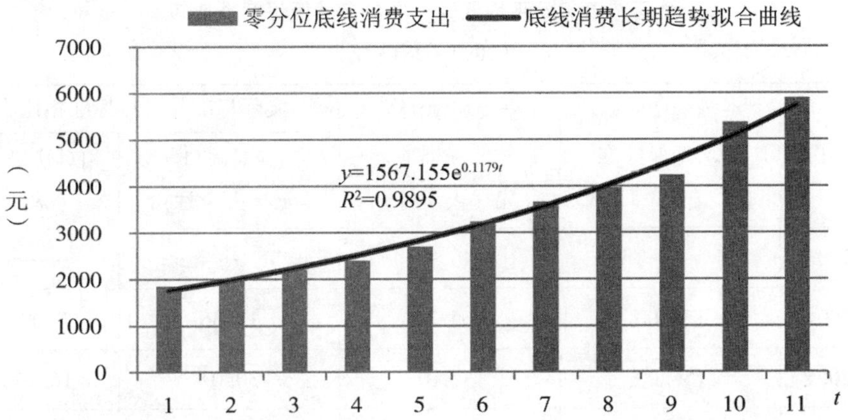

图5-2 全国城镇居民底线人均消费长期趋势拟合曲线
(2002—2012年)

根据第三章关于底限自然贫困线 $z_0^{*} = y_{0t}^{*}$ 的定义，表5-3中各年度 t 的全国城镇居民零分位底线消费长期趋势估计值 y_{0t}^{*}，就是我们所要测算的各年度 t 全国城镇居民自然低保标准 z_0^{*}（以年度为时间计量单位）。将 y_{0t}^{*} 除以12，就可以得到以月为时间计量单位的自然低保标准 z_0^{*}，具体数值见表5-5。

四、实际平均低保标准与自然低保标准比较

国家民政部官方网站公布了2004—2013年全国城镇居民最低生活保障平均月标准(见表5-5)，与本书测算出的自然低保标准相比，各年度实际平均低保标准均低于自然低保标准，存在一定的缺口。并且，绝对缺口逐年扩大，由2004年的每人每月13.36元，扩大到2013年的每人每月

105.24 元；相对缺口率$\left(\frac{\text{绝对缺口}}{\text{自然标准}}\times 100\%\right)$由 2004 年的 8.08%，波动性地上升到 2013 年的 22.01%（见图 5-3）。不过，从 2010 年开始，相对缺口率呈下降趋势，由 2010 年的 25.16%下降至 2012 年的 22.01%，两年下降了 3.15 个百分点。

检验、比较结果说明，2004—2013 年期间，我国城镇居民实际平均低保标准明显偏低，没有达到居民零分位底线消费这一最低生活成本费用的自然尺度。

表 5-5 **全国城镇实际平均低保标准与自然低保标准比较（2003—2013 年）**

年份	全国城镇实际平均低保标准（元/（人·月））	全国城镇测算自然低保标准 z_0^*（元/（人·月））	实际标准与自然标准相比	
			绝对缺口（元/（人·月））	相对缺口率（%）
2003	—	146.95	—	——
2004	152.00	165.36	13.36	8.08
2005	156.00	186.07	30.07	16.16
2006	169.60	209.37	39.77	19.00
2007	182.40	235.59	53.19	22.58
2008	205.30	265.10	59.80	22.56
2009	227.75	298.30	70.55	23.65
2010	251.20	335.66	84.46	25.16
2011	287.60	377.70	90.10	23.86
2012	330.10	425.01	94.91	22.33
2013	373.00	478.24	105.24	22.01

说明：①全国城镇实际平均月低保标准来源国家民政部网站相关年度《民政社会服务发展统计报告》；其他数据为本书计算。②自然低保标准由表 5-3 中的长期趋势估计值y_{0t}^*除以 12 得到，并向前延伸一年，即用上年度（如 2003 年）的估计值作为本年度（如 2004 年）的自然低保标准。

图 5-3 全国城镇实际平均低保标准与自然标准缺口

第三节 地区城镇自然低保标准测算与比较例证

自然低保标准测算方法，不仅适用于全国总体数据情况，而且适用于地区数据情况。由于我国城镇和农村低保标准由地方政府确定，所以，测算地方自然低保标准并进行比对分析，更具有实用价值或实际意义。当然，测算地方自然低保标准的前提条件是，地方政府统计部门的法定统计数据的真实性、准确性、完整性和可获得性，以及历史数据的延续性。鉴于上海市和浙江省的统计部门公布的城镇居民住户调查数据符合我们测算自然贫困线的条件要求，特别是历史数据延续性要求(上海市是连续 10 年数据，浙江省是连续 9 年数据)，所以本节以上海市和浙江省为例，讨论了自然贫困线方法在测算地区城镇居民自然低保标准方面的应用(计量模型与测算过程同第四章第四节的例子相同，故其过程本节全部省略)。以上海市和浙江省城镇为例，只是为了证明自然贫困线的原理、方法在测算地区性城镇自然低保标准方面是适用的、可行的。这一实证的有效性，主要与地区的数据条件有关，而与地区的代表性无关。

我们将上海市和浙江省自然低保标准测算结果，与这两省市近些年的实际城镇低保标准进行了比对。对比分析结果表明，上海市和浙江省近 10 年来，城镇居民实际低保标准明显低于自然低保标准，与城市居民零分位底线消费支出水平有一定距离。

一、上海城市自然低保标准测算与比较

我们以 2005—2015 年《上海统计年鉴》公布的上海城市居民家庭基本

情况分组截面数据为依据，根据第二至第四章的原理、模型和方法，计算出了上海城市居民人均消费支出期望值 μ_y 、消费洛伦兹曲线零分位点处一阶导数 $L'_y(0)$ 和底线生活消费支出 y_0 。这三个指标的各年度计算结果见表 5-6。表中 2005 年的底线生活消费支出 y_0 是一个奇异值，它比 2006 年的 y_0 值还要大。另外 2009 年的 y_0 也是一个奇异值，它比 2008 年的 y_0 值还要小。所以，需要对表 5-6 中的底线生活消费支出 y_0 进行长期趋势拟合熨平。

表 5-6　**2004—2013 年上海城市居民零分位底线消费及长期趋势值**

年份	年度 t	居民人均消费期望值（元/年）	消费洛伦兹曲线零分位一阶导数	居民零分位人均底线消费（元/年）	人均底线消费长期趋势值（元/年）
		μ_y	$L'_y(0)$	y_0	y^*_{0t}
2004	1	12685	0.3396	4308	4996
2005	2	13741	0.4892	6722	5481
2006	3	14773	0.3930	5806	6111
2007	4	17319	0.3635	6296	6886
2008	5	19419	0.4465	8670	7806
2009	6	21021	0.4117	8654	8871
2010	7	23172	0.4058	9404	10081
2011	8	25133	0.4539	11407	11435
2012	9	26270	0.5144	13512	12935
2013	10	28292	0.5091	14403	14579

表 5-7　**2004—2013 年上海城市居民零分位底线生活消费时间序列长期趋势曲线拟合模型 SPSS 输出结果**

长期趋势拟合曲线模型	R^2	F 值	回归模型参数估计值	回归模型参数估计值	回归模型参数估计值
			β_0	β_1	β_2
线性模型	0.9318	109.382	3061.60	1064.84	
二次曲线	0.9594	82.811	4655.35	267.96	72.44
指数曲线	0.9347	114.476	4243.03	0.12	

采用 SPSS 统计分析软件，对表 5-6 中的居民底线消费时间序列进行长期趋势曲线拟合，分别得到线性、二次曲线和指数曲线回归模型及参数估计值输出结果(见表 5-7)。比较表中的三个模型，二次曲线模型拟合优度最高(R^2 =0. 9594)。于是，我们确定 2004—2013 年上海城市居民零分位点底线消费时间序列长期趋势值由二次曲线模型来表达：

$$y_{0t}^{*} = 4655.35 + 267.96t + 72.44t^{2} \tag{5-8}$$

将表 5-6 中的年度 $t=1, 2, \cdots$，分别代入回归模型(5-8)，得到各年度 t 的上海城市居民零分位点底线消费的长期趋势回归估计值 y_{0t}^{*} (见表 5-6)，并绘制出了长期趋势拟合曲线图(见图 5-4)。

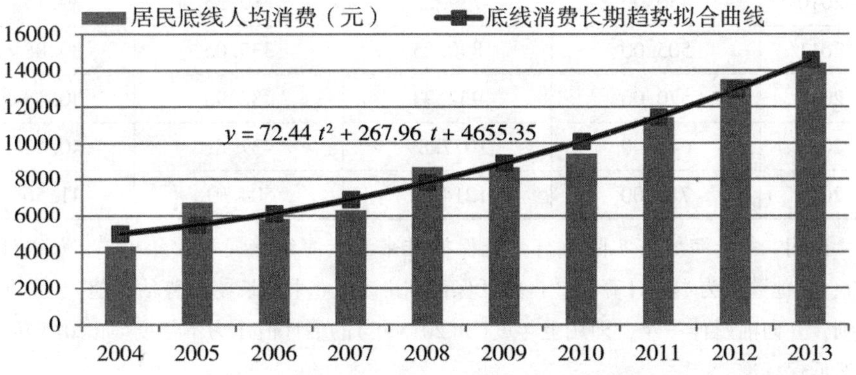

图 5-4　上海城市居民零分位底线消费长期趋势拟合
(2004—2013 年)

根据低自然贫困线 $z_0^{*} = y_{0t}^{*}$ 定义，表 5-6 中各年度 t 的长期趋势估计值 y_{0t}^{*} ，就是我们所要估计的各年度 t 的上海城市自然低保标准 z_0^{*} (以年度为时间计量单位)。将 y_{0t}^{*} 除以 12，就可以得到以月为时间计量单位的自然低保标准 z_0^{*} 。相关年度的《上海统计年鉴》公布的 2005—2014 年上海城市居民最低生活保障月标准见表 5-8。

与测算出的自然低保标准相比，上海市各年度实际执行的低保标准均低于自然低保标准，存在一定的缺口。并且，缺口逐年扩大，由 2005 年的每人每月 116. 31 元，扩大到 2014 年的每人每月 504. 91 元；相对缺口率由 2005 年的 27. 94%，上升到 2014 年的 41. 56%(见表 5-8、图 5-5)。

表 5-8　　上海城市实际执行低保标准与自然低保标准比较

（2005—2014 年）

年份	实际执行低保标准（元/(人·月)）	测算自然低保标准 z_0^*（元/(人·月)）	实际标准与自然标准相比	
			绝对缺口（元/(人·月)）	相对缺口率（%）
2005	300.00	416.31	116.31	27.94
2006	320.00	456.75	136.75	29.94
2007	350.00	509.27	159.27	31.27
2008	400.00	573.85	173.85	30.30
2009	425.00	650.51	225.51	34.67
2010	450.00	739.25	289.25	39.13
2011	505.00	840.05	335.05	39.88
2012	570.00	952.93	382.93	40.18
2013	640.00	1077.89	437.89	40.62
2014	710.00	1214.91	504.91	41.56

说明：①上海城市实际执行月低保标准来源上海统计局相关年度《上海统计年鉴》；其他数据为本书计算。②自然低保标准由表 5-6 中的长期趋势估计值 y_{0t}^* 除以 12 得到，并向前延伸一年，即用上年度（如 2013 年）的估计值作为本年度（如 2014 年）的自然低保标准。

比对结果说明，2005—2014 年期间，上海城市居民实际执行低保标准明显偏低，没有达到社会居民零分位底线生活消费这一最低生活成本费用的自然尺度。平心而论，就 2014 年的上海市民而言，每人每月 710 元生活费用（实际执行低保标准）是不可能保障吃、穿、住、教育、看病、交通、通信等最低生活必需开支的。而本书测算出的每人每月 1214.91 元的零分位最低生活消费支出成本（自然低保标准），应当说还是相对靠谱一些，比较符合上海城市居民最低收入群体的底线生活消费支出实际。

二、浙江省城镇自然低保标准测算与比较

在第三章第三节，我们曾给出了 2005—2013 年浙江省城镇居民零分位点底线消费长期趋势回归估计值 y_{0t}^*（见表 3-4）。将表 3-4 中 2009—2013 年的 y_{0t}^* 除以 12，得到了 2010—2014 年以月为时间计量单位的自然低保标准 z_0^*（见表 5-9）。2010—2014 年浙江省国民经济与社会发展统计

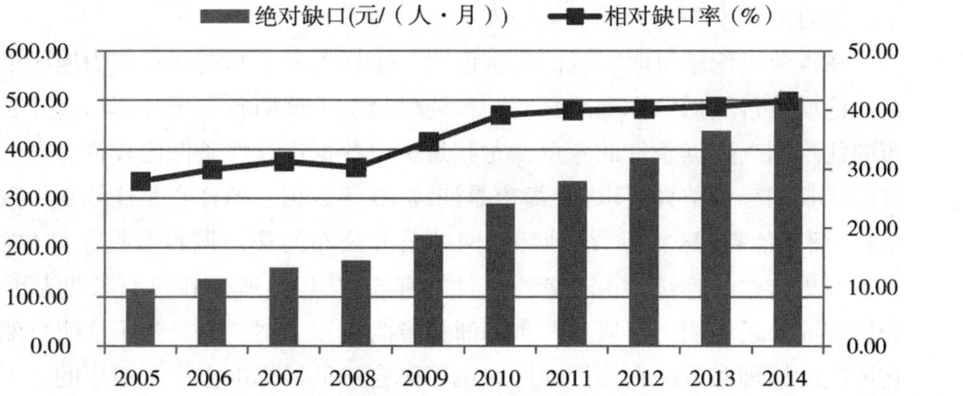

图 5-5　上海城市居民实际低保标准相对自然低保标准缺口
（2005—2014 年）

公报公布的该省城镇居民最低生活保障月标准也见表 5-9。

表 5-9　**浙江省城镇实际低保标准与自然低保标准比较**
（2010—2014 年）

年份	实际低保标准（元/（人·月））	自然低保标准 z_0^*（元/（人·月））	实际标准与自然标准相比	
			绝对缺口（元/（人·月））	相对缺口率（%）
2010	376. 70	550. 12	173. 42	31. 52
2011	441. 20	610. 58	169. 38	27. 74
2012	476. 78	677. 84	201. 06	29. 66
2013	515. 49	751. 89	236. 40	31. 44
2014	587. 00	832. 74	245. 74	29. 51

说明：①实际平均月低保标准来源浙江省统计局相关年度《统计公报》；其他数据为本书计算。②自然低保标准由表 3-4 中的长期趋势估计值y_{0t}^* 除以 12 得到，并向前延伸一年，即用上年度（如 2009 年）的估计值作为本年度（如 2010 年）的自然低保标准。

与测算出的自然低保标准相比，浙江省 2010—2014 年城镇实际低保标准均低于自然低保标准，存在一定的缺口。绝对缺口由 2010 年的每人每月 173. 42 元，扩大到 2014 年的每人每月 245. 74 元；相对缺口率一直保持在30%左右，这一指标比同期的上海市要好一些(上海市2010—2014年的相对缺口率一直保持在40%左右，见表5-8)。

在本节讨论结束时，我们再次说明，选择上海市和浙江省作为地区个案讨论城镇自然低保标准测算问题，纯粹是基于这两省市统计部门公开公布的住户调查数据条件的考量，尤其是历史数据连续性条件比较符合自然贫困线长期趋势估算要求(上海市是连续10年数据，浙江省是连续9年数据)。而其他省(区、市)统计部门网站公开公布的住户调查数据条件(尤其是历史数据的连续性)较差，一般只有5—7年，所以在进行长期趋势分析方面缺乏说服力。以上海市和浙江省为城镇个案，只是为了证明自然贫困线的原理和方法在测算地区城镇居民自然低保标准方面是适用的、可行的。我们以为，这一实证的有效性，主要与在个案地区的数据条件有关，而与个案地区的代表性无关，即与个案地区是属于发达地区、还是属于欠发达地区、或是贫困地区等无关。

第四节 全国农村自然低保标准测算与比较

农村最低生活保障(简称“农村低保”)，是由地方政府为家庭人均纯收入或可支配收入低于当地最低生活保障标准的农村居民，提供维持其基本生活的物质帮助的一种社会救助制度。国家规定，农村低保标准由县级以上地方人民政府“按照能够维持当地农村居民全年基本生活所必需的吃饭、穿衣、用水、用电等费用确定”。农村低保标准随着当地生活必需品价格变化和人民生活水平提高适时进行调整。2003年，农村最低生活保障开始在部分省(市)试点。2007年7月，国务院下发《关于在全国建立农村最低生活保障制度的通知》，标志着这项制度在全国全面铺开。据民政部网站数据，截至2016年底，全国共有农村低保对象2635.3万户、4586.5万人；2016年全国农村低保平均标准3744元/(人·年)，比上年提高566.4元，增长17.8%①。

那么，自2007年全国全面建立农村最低生活保障制度以来，全国农村低保平均标准究竟是一个什么样的消费支出水平？它与全国农村居民“零分位”底线消费支出(底限自然贫困线或自然低保标准)相比，是高了还是低了？本节将重点讨论这些问题。

---

① 民政部：《2016年社会服务发展统计公报》，民政部网站。

一、全国农村自然低保标准测算

1. 基本数据。我们选择国家统计局公布的2002—2012年全国农村居民住户调查五等份分组基本数据(见表5-10)，作为测算2003—2013年全国农村自然低保标准的原始数据。由于国家统计局从2013年开始实行城乡一体化住户调查改革，其统计口径发生很大变化，所以这里只先对2002—2012年全国住户调查数据进行分析。

2. GQ模型回归。应用SPSS统计软件，采用最小二乘法(OLS)对表5-10中各年度数据进行线性回归估计，以确定各年度全国农村居民消费洛伦兹曲线GQ回归模型的回归系数 a、b、c，并对回归结果进行拟合优度 R^2、t 值和 F 值的检验分析。表5-11中的参数说明，GQ模型拟合优度很高，R^2 均达到0.9999以上，t 值和 F 值均达到1%显著性水平。

表5-10 全国农村居民住户调查五等份分组户均人口和人均消费支出(2002—2012年)

年份	指标	低收入户20%	中低收入户20%	中等收入户20%	中高收入户20%	高收入户20%
2002	户均人口(人)	4.66	4.36	4.15	3.92	3.56
	人均消费(元)	1006	1310	1645	2087	3500
2003	户均人口(人)	4.61	4.34	4.11	3.9	3.52
	人均消费(元)	1065	1378	1733	2189	3756
2004	户均人口(人)	4.6	4.3	4.1	3.9	3.5
	人均消费(元)	1248	1581	1952	2460	4129
2005	户均人口(人)	4.6	4.3	4.1	3.9	3.5
	人均消费(元)	1548	1913	2328	2879	4593
2006	户均人口(人)	4.6	4.3	4.1	3.8	3.5
	人均消费(元)	1625	2039	2568	3230	5277
2007	户均人口(人)	4.6	4.3	4.0	3.8	3.4
	人均消费(元)	1851	2358	2938	3683	5994
2008	户均人口(人)	4.5	4.3	4.1	3.8	3.4
	人均消费(元)	2145	2653	3286	4191	6854

续表

年份	指　标	低收入户20%	中低收入户20%	中等收入户20%	中高收入户20%	高收入户20%
2009	户均人口(人)	4.5	4.3	4.0	3.7	3.4
	人均消费(元)	2355	2871	3546	4592	7486
2010	户均人口(人)	4.50	4.20	4.00	3.70	3.30
	人均消费(元)	2535	3220	3964	5026	8190
2011	户均人口(人)	4.5	4.2	3.9	3.6	3.2
	人均消费(元)	3313	3962	4818	6003	9150
2012	户均人口(人)	4.4	4.2	4.0	3.6	3.2
	人均消费(元)	3742	4464	5430	6924	10275

数据来源：①国家统计局编，《中国统计年鉴》相关年度。②国家统计局住户调查办公室编，《中国住户调查年鉴》相关年度。

表 5-11　　**中国农村居民消费 GQ 洛伦兹曲线模型回归结果**
（2002—2012 年）

年份	回归参数	a	b	c	调整 R^2	F 值
2002	回归系数	0.7620	−1.3135	0.3719	0.999996	415862
	标准误差	0.0119	0.0374	0.0297		
	t 值	63.9380	−35.1004	12.5299		
2003	回归系数	0.7426	−1.3030	0.3676	0.999993	225182
	标准误差	0.0168	0.0499	0.0388		
	t 值	44.3244	−26.1130	9.4746		
2004	回归系数	0.7210	−1.3005	0.3985	0.999997	662953
	标准误差	0.0119	0.0326	0.0264		
	t 值	60.5863	−39.8632	15.0794		
2005	回归系数	0.7328	−1.3632	0.4072	0.999997	525845
	标准误差	0.0158	0.0401	0.0354		
	t 值	46.4607	−33.9527	11.4984		

续表

年份	回归参数	a	b	c	调整 R^2	F 值
2006	回归系数	0.7174	−1.2228	0.4758	0.999979	78006
	标准误差	0.0353	0.1045	0.0864		
	t 值	20.2974	−11.6972	5.5087		
2007	回归系数	0.7564	−1.3331	0.3952	0.999992	204559
	标准误差	0.0198	0.0578	0.0484		
	t 值	38.1671	−23.0574	8.1707		
2008	回归系数	0.6524	−1.1226	0.5602	0.999997	602561
	标准误差	0.0163	0.0441	0.0364		
	t 值	40.0267	−25.4573	15.3786		
2009	回归系数	0.5092	−0.7759	0.8301	0.999999	12415927
	标准误差	0.0050	0.0133	0.0109		
	t 值	101.6096	−58.2929	76.5108		
2010	回归系数	0.7254	−1.2810	0.4360	0.999999	12614131
	标准误差	0.0003	0.0008	0.0006		
	t 值	2608.7847	−1647.8877	673.4074		
2011	回归系数	0.6021	−1.0778	0.7041	0.999991	185796
	标准误差	0.0421	0.1014	0.0934		
	t 值	14.3085	−10.6297	7.5367		
2012	回归系数	0.4673	−0.6799	1.0827	0.999999	84703765
	标准误差	0.0025	0.0065	0.0061		
	t 值	183.6464	−104.3254	178.4653		

3. 计算各年度消费洛伦兹曲线零分位一阶导数 $L_y'(0)$。运用表 5-11 中的回归系数 a、b、c，根据第四章表 4-1 的相关公式，计算出相关参数，代入 GQ 消费洛伦兹曲线一阶导数 $L_y'(p)$ 表达式(4-9)，得到 $L_y'(0)$ 的具体数值(见表 5-12)。

4. 测算各年度零分位底线消费支出。将测算出的全国各年度农村居民年人均生活消费支出期望值 μ_y 和已计算出的 $L_y'(0)$ 代入公式(5-6)，计算出各年度的全国农村居民年人均底线消费支出 y_0（见表 5-12）。

5. 零分位底线消费支出长期趋势回归拟合。采用 SPSS 统计分析软件，对表 5-12 中的底线消费支出 y_0 时间序列进行长期趋势曲线拟合，分别得到三个曲线(线性、二次曲线和指数曲线)回归模型及参数估计值输出结果(见表 5-13)。

表 5-12 **2002—2012 年全国农村居民零分位底线人均消费支出时间序列及长期趋势值**

年份	年度 t	农村居民人均消费期望值(元/年)	消费洛伦兹曲线零分位一阶导数	农村居民零分位人均底线消费(元/年)	人均底线消费长期趋势值(元/年)
		μ_y	$L'_y(0)$	y_0	y^*_{0t}
2002	1	1834	0.4534	831	807
2003	2	1942	0.4554	884	927
2004	3	2186	0.4866	1063	1066
2005	4	2559	0.5242	1341	1225
2006	5	2833	0.4903	1389	1407
2007	6	3223	0.4828	1556	1617
2008	7	3670	0.5139	1886	1858
2009	8	3998	0.5310	2123	2135
2010	9	4386	0.4952	2172	2454
2011	10	5218	0.5732	2991	2820
2012	11	5909	0.5790	3421	3240

表 5-13 **2002—2012 年全国农村居民零分位底线人均消费时间序列长期趋势曲线拟合模型 SPSS 输出结果**

长期趋势拟合曲线模型	R^2	F 值	回归模型参数估计值	回归模型参数估计值	回归模型参数估计值
			β_0	β_0	β_0
线性模型	0.9232	108.19	327.036	243.327	
二次曲线	0.9766	166.83	871.764	−8.085	20.951
指数曲线	0.9841	555.33	702.366	0.139	

比较表 5-13 中的三个模型，指数曲线模型拟合优度最高（R^2 = 0.9841）。于是，确定 2002—2012 年全国农村居民零分位点底线生活人均消费支出时间序列 $\{y_{0t}\}$ 长期趋势由指数曲线回归模型来表达：

$$y_{0t}^{*} = 702.366\,e^{0.139t} \tag{5-9}$$

将表 5-12 中的年度 $t=1, 2, \cdots$，分别代入回归模型(5-9)，得到各年度 t 的全国农村居民零分位点底线生活消费支出的长期趋势回归估计值 y_{0t}^{*}（见表 5-12），以及长期趋势拟合曲线（见图 5-6）。

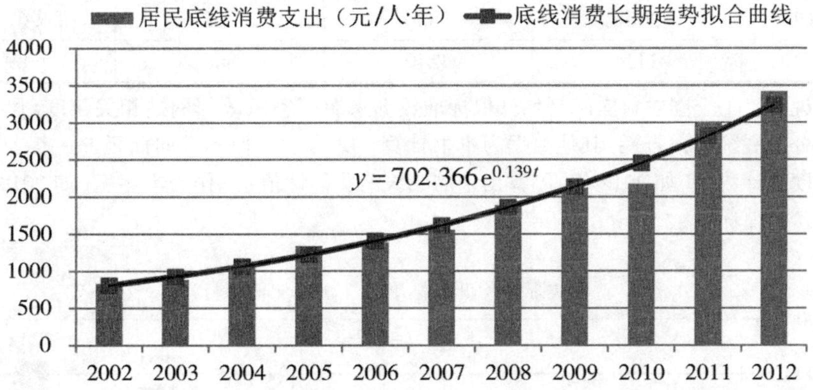

图 5-6　全国农村居民零分位底线消费长期趋势拟合
（2002—2012 年）

根据自然贫困线 $z_0^{*} = y_{0t}^{*}$ 定义，表 5-12 中各年度 t 的全国农村居民零分位点底线人均消费时间序列长期趋势估计值 y_{0t}^{*}，就是我们所要估计的各年度 t 的全国农村低保自然标准 z_0^{*}（以年度为时间计量单位）。

二、实际平均低保标准与自然低保标准比较

国家民政部官方网站公布了 2008—2013 年全国农村平均低保标准（见表 5-14），与测算出的自然低保标准相比，各年度实际平均低保标准均低于自然标准，存在较大缺口。并且，绝对缺口逐年扩大，由 2008 年的 630 元扩大至 2013 年的 806 元；但相对缺口率呈下降趋势，由 2008 年的 38.93%，下降至 2013 年的 24.89%（见图 5-7、图 5-8）。比较结果说明，2008—2013 年期间，我国农村实际平均低保标准明显偏低，与农村居民底线生活消费支出水平有一定距离。

表 5-14 全国农村实际平均低保标准与自然低保标准比较（2008—2013 年）

年份	全国农村实际平均低保标准（元/年）	全国农村测算自然低保标准（元/年）	实际标准与自然标准相比	
			绝对缺口（元/年）	相对缺口率（%）
2008	988	1617	630	38.93
2009	1210	1858	648	34.88
2010	1404	2135	731	34.25
2011	1718	2454	736	29.97
2012	2068	2820	752	26.67
2013	2434	3240	806	24.89

说明：①全国农村实际平均低保标准数据来源国家民政部网站相关年度《民政社会服务发展统计报告》；其他数据为本书计算。②自然低保标准向前延伸一年，即用上年度统计数据（如 2012 年）测算出来的底线消费估计值 y_0^* 作为本年度（如 2013 年）的自然低保标准 z_0^* 。

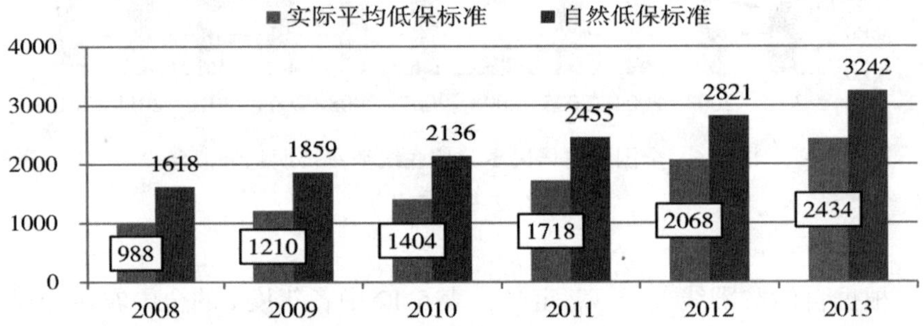

图 5-7 全国农村实际平均低保标准与自然低保标准比较（2008—2013 年，单位：元/（人·年））

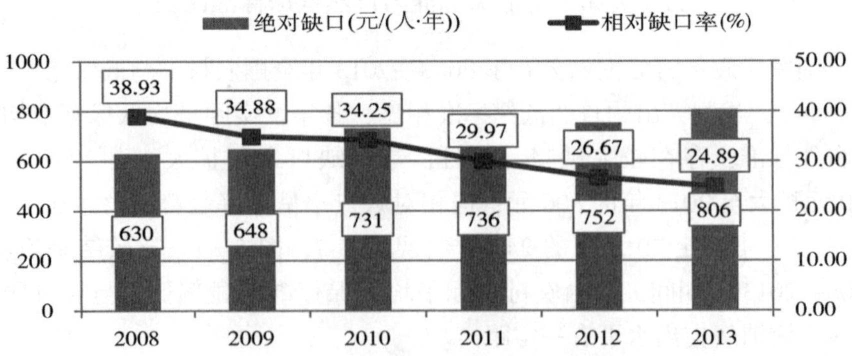

图 5-8 全国农村实际平均低保标准相对自然低保标准缺口（2008—2013 年）

第五节　地区农村自然低保标准测算与比较例证

本节主要讨论了江苏省和重庆市农村居民自然低保标准测算结果(计量模型与测算过程与第四章第四节的例子相同，故其过程本节全部省略)，以及与这两省市近些年实际农村低保标准进行比对分析的情况。比对结果表明，2013 年、2014 年江苏省农村实际平均低保标准已经十分接近自然低保标准，相对缺口率不到 5%；而重庆市农村实际低保标准则明显低于自然低保标准，且相对缺口率呈上升趋势，2014 年达到 28%以上。

需要说明的是，选择江苏省和重庆市作为地区例子讨论农村自然低保标准测算问题，完全是基于这两省市统计部门公开公布的农村住户调查数据条件的考量，尤其是历史数据连续性条件比较符合自然贫困线长期趋势估算要求(江苏是连续 11 年的数据，重庆是连续 10 年的数据)。而其他省(区、市)的数据条件尤其是历史数据的连续性和可获得性较差，所以在进行长期趋势分析方面缺乏说服力。以江苏省和重庆市农村为例，只是为了证明自然贫困线的原理、方法在测算地区性农村自然低保标准方面是适用的、可行的。这一实证的有效性，主要与地区的数据条件有关，而与地区的代表性无关。

一、江苏农村自然低保标准测算与比较

我们以 2004—2014 年《江苏统计年鉴》公布的江苏省农村居民家庭基本情况分组截面数据为依据，应用分位数函数零点法计算出了 2003—2013 年江苏省农村居民人均消费支出期望值 μ_y 、消费洛伦兹曲线零分位点处一阶导数 $L'_y(0)$ 和底线人均消费支出 y_0 。这三个指标的各年度计算结果见表 5-15。

采用 SPSS 统计分析软件，对表 5-15 中的底线消费支出时间序列进行长期趋势曲线拟合，分别得到三个曲线(线性、二次曲线和指数曲线)回归模型及参数估计值输出结果(见表 5-16)。

比较表 5-16 中的三个模型，二次曲线模型拟合优度最高(R^2 = 0.9537)。因此，确定 2003—2013 年江苏农村居民零分位点底线人均消费支出时间序列长期趋势由二次曲线回归模型来表达：

表 5-15 2003—2013 年江苏农村居民零分位底线人均消费时间序列及长期趋势值

年份	年度 t	农村居民人均消费期望值（元/年）	消费洛伦兹曲线零分位一阶导数	农村居民零分位人均底线消费（元/年）	人均底线消费长期趋势值（元/年）
		μ_y	$L'_y(0)$	y_0	y^*_{0t}
2003	1	2698	0.5089	1373	1424
2004	2	3041	0.5170	1572	1646
2005	3	3567	0.6319	2254	1919
2006	4	4135	0.4727	1954	2240
2007	5	4784	0.6491	3105	2610
2008	6	5332	0.4869	2597	3030
2009	7	5801	0.5259	3050	3499
2010	8	6540	0.6700	4382	4018
2011	9	7664	0.6085	4664	4585
2012	10	8664	0.6280	5441	5202
2013	11	9906	0.5704	5651	5869

表 5-16 2003—2013 年江苏省农村居民零分位底线人均消费时间序列长期趋势曲线拟合 SPSS 输出结果

长期趋势拟合曲线模型	R^2	F 值	回归模型参数估计值	回归模型参数估计值	回归模型参数估计值
			β_0	β_0	β_0
线性模型	0.9314	122.234	609.70	444.49	
二次曲线	0.9537	82.444	1250.08	148.93	24.63
指数曲线	0.9452	155.322	1244.57	0.14	

$$y^*_{0t} = 1250.08 + 148.93t + 24.63t^2 \tag{5-10}$$

将表 5-15 中的年度 $t=1$，2，…，分别代入回归模型(5-10)，得到各年度 t 的江苏农村居民零分位点底线生活消费支出的长期趋势估计值 y^*_{0t}（见表

5-15)，并绘制了长期趋势拟合曲线(见图 5-9)。

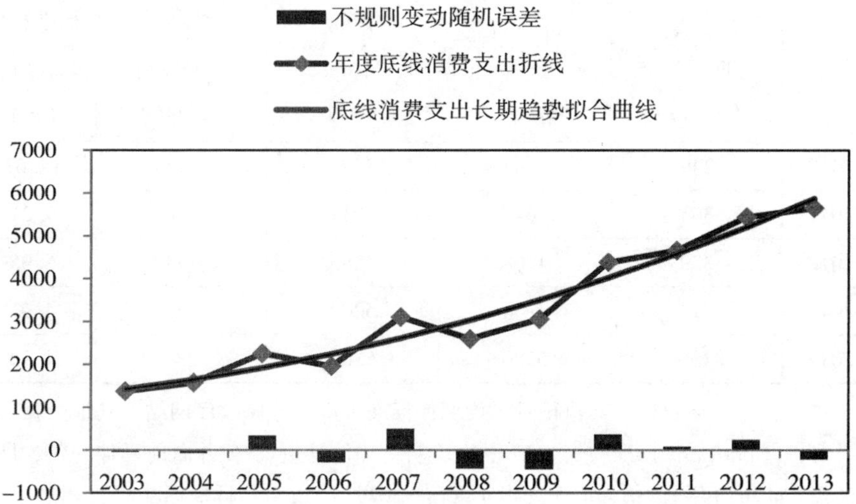

图 5-9 江苏农村居民人均底线消费长期趋势拟合曲线
(2003—2013 年，单位：元/年)

根据底限自然贫困线 $z_0^* = y_{0t}^*$ 定义，表 5-15 中各年度 t 的江苏农村居民零分位点底线生活消费时间序列长期趋势回归估计值 y_{0t}^*，就是我们所要估计的各年度 t 的江苏农村自然低保标准 z_0^*（现价，以年度为时间计量单位)。

江苏省民政厅网站公布的 2010—2014 年江苏农村居民最低生活保障平均月标准见表 5-17，将其乘以 12，得到以年为时间计量单位的实际低保标准。与测算出的自然低保标准相比，各年度实际低保标准均低于自然低保标准，存在一定的缺口。不过，缺口呈下降趋势。绝对缺口由 2010 年的 511 元，下降到 2014 年的 289 元；相对缺口率由 2010 年的 14.62%，下降到 2014 年的 4.92%(见图 5-10)。江苏省 2013 年、2014 年实际执行的农村平均低保标准，已经十分接近自然低保标准；两年的绝对缺口每月仅为 22—24 元，相对缺口率不到 5%。江苏省个案给我们传递了一个重要信息：(1)应用自然贫困线原理和方法来测算或确定自然低保标准是可行的；(2)比较分析过程中出现自然低保标准均高于实际低保标准的现象，其问题并不出在自然低保标准(自然贫困线)测算原理和方法上，而是出在实际低保标准的制定缺乏科学性而导致人为定标偏低。

表 5-17 江苏省农村实际低保标准与自然低保标准比较（2010—2014 年）

年份	实际执行月低保标准（元/月）	实际执行年低保标准（元/年）	自然低保标准 z_0^*（元/年）	实际标准与自然标准相比	
				绝对缺口（元/年）	相对缺口率（%）
2010	249	2988	3499	511	14.62
2011	304	3648	4018	370	9.21
2012	359	4308	4585	277	6.05
2013	412	4944	5202	258	4.97
2014	465	5580	5869	289	4.92

说明：①江苏农村实际执行月平均低保标准来源江苏民政厅网站；其他数据为本书计算。②自然低保标准为表 5-15 中的长期趋势估计值y_{0t}^*，并向前延伸一年，即用上年度（如 2013 年）的估计值作为本年度（如 2014 年）的自然低保标准。

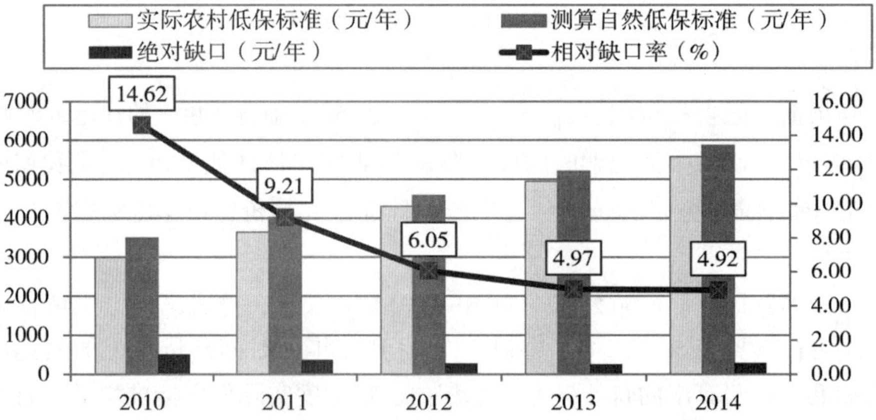

图 5-10 江苏省农村实际平均低保标准与自然标准比较（2010—2014 年）

二、重庆农村自然低保标准测算与比较

我们以 2005—2014 年《重庆统计年鉴》公布的重庆市农村居民家庭住户调查分组截面数据为依据，应用分位数函数零点法计算出了 2004—2013 年重庆市农村居民的人均消费期望值μ_y、消费洛伦兹曲线零分位点处一阶导数$L_y'(0)$和底线人均消费支出y_0。这三个指标的各年度计算结果见表 5-18。

采用 SPSS 统计分析软件，对表 5-18 中的底线消费支出时间序列进行长期趋势曲线拟合，分别得到以下三个曲线(线性、二次曲线和指数曲线)回归模型及参数估计值输出结果(见表 5-19)。

表 5-18　**2004—2013 年重庆市农村居民零分位底线人均消费时间序列及长期趋势值**

年份	年度 t	农村居民人均消费期望值(元/年)	消费洛伦兹曲线零分位一阶导数	农村居民零分位人均底线消费(元/年)	人均底线消费长期趋势值(元/年)
		μ_y	$L'_y(0)$	y_0	y^*_{0t}
2004	1	1862	0.7197	1340	1207
2005	2	2148	0.6466	1389	1322
2006	3	2213	0.5858	1296	1479
2007	4	2535	0.5619	1424	1678
2008	5	2884	0.6775	1954	1920
2009	6	3137	0.7427	2330	2205
2010	7	3627	0.6906	2505	2532
2011	8	4511	0.6385	2880	2901
2012	9	5057	0.7590	3838	3313
2013	10	5831	0.5776	3368	3767

说明：采用 GQ 回归估计，得到 2010 年重庆农村居民消费洛伦兹曲线零分位一阶导数是一个奇异值 $L'(0)=0.3472$，这可能与统计数据质量有关。本表采用上下年度平均值作技术处理得到 $L'(0)=0.6906$。

表 5-19　**2004—2013 年重庆市农村居民零分位底线人均消费时间序列长期趋势曲线拟合 SPSS 输出结果**

长期趋势拟合曲线模型	R^2	F 值	回归模型参数估计值	回归模型参数估计值	回归模型参数估计值
			β_0	β_0	β_0
线性模型	0.8916	65.832	667.933	284.448	
二次曲线	0.9234	42.201	1134.850	50.990	21.223
指数曲线	0.9213	93.656	1019.620	0.129	

比较表 5-19 中的三个模型，二次曲线模型拟合优度最高（R^2 = 0.9234）。因此，我们确定 2004—2013 年重庆市农村居民零分位点底线人均消费时间序列长期趋势由二次曲线回归模型来表达：

$$y_{0t}^{*} = 1134.85 + 50.99t + 21.223t^{2} \tag{5-11}$$

将表 5-18 中的年度 $t=1, 2, \cdots$，分别代入回归模型（5-11），得到各年度 t 的重庆市农村居民零分位点底线生活消费支出的长期趋势回归估计值 y_{0t}^{*}（见表 5-18），并绘制出长期趋势拟合曲线（见图 5-11）。

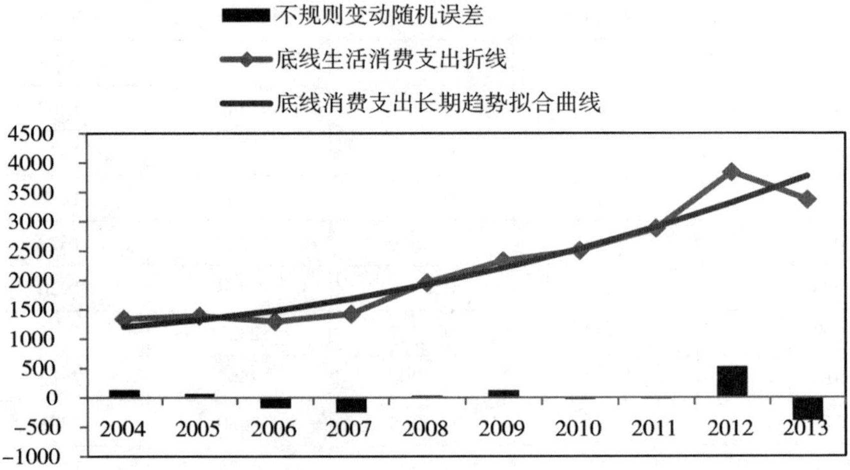

图 5-11 重庆市农村居民人均底线消费长期趋势拟合曲线
（2004—2013 年；单位：元/年）

根据低自然贫困线 $z_0^{*} = y_{0t}^{*}$ 定义，表 5-18 中各年度 t 的重庆市农村居民零分位点底线人均消费长期趋势估计值 y_{0t}^{*}，就是我们所要估计的各年度 t 的重庆农村自然低保标准 z_0^{*}（现价，以年度为时间计量单位）。

重庆市人民政府公布的 2011—2014 年农村居民最低生活保障平均月标准见表 5-20，将其乘以 12，得到以年为时间计量单位的实际低保标准。与测算出的自然低保标准相比，各年度实际低保标准均低于自然低保标准，存在一定的缺口，并且缺口呈扩大趋势。绝对缺口由 2011 年的 492 元，扩大到 2014 年的 1067 元；相对缺口率由 2011 年的 19.42%，上升到 2014 年的 28.33%（见图 5-12）。这说明，重庆市农村实际低保标准离农村居民零分位底线生活成本费用水平还有较大距离。

表 5-20 **重庆市农村实际执行低保标准与自然低保标准比较**
(2011—2014 年)

执行时间	实际月低保标准(元/月)	实际年低保标准(元/年)	自然低保标准(元/年)	实际标准与自然标准相比	
				绝对缺口(元/年)	相对缺口率(%)
2011 年 10 月~	170	2040	2532	492	19.42
2012 年 10 月~	190	2280	2901	621	21.41
2013 年 10 月~	205	2460	3313	853	25.74
2014 年 10 月~	225	2700	3767	1067	28.33

说明：①重庆市农村实际执行月平均低保标准来源重庆市民政局网站；其他数据为本书计算。②自然低保标准为表 5-18 中的长期趋势估计值y_{0t}^*，并向前延伸一年，即用上年度(如 2013 年)的估计值作为本年度(如 2014 年)的自然低保标准。

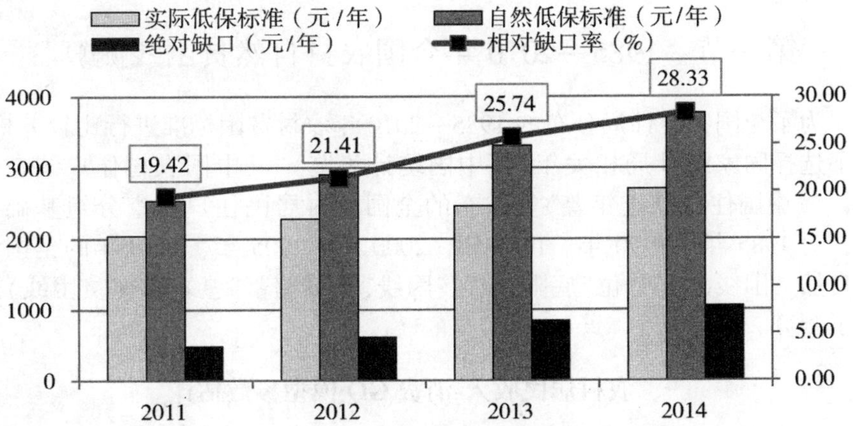

图 5-12 重庆市农村实际低保标准与自然低保标准比较
(2011—2014 年)

第六章　全国农村自然贫困线测算与比较分析

本章根据前几章介绍的自然贫困线原理、计量模型和测算方法，估算了1985—2010年全国农村零分位和零储蓄自然贫困线，并与1985—2010年国家农村贫困标准和2010年新的国家农村贫困标准(现行农村贫困标准)进行了比较和合宜性检验。在此基础上，对农村贫困标准五年一周期自然调整的可行性进行了探讨。

第一节　1985—2010年全国农村自然贫困线测算

为了与国家统计局公布的1985—2010年农村贫困标准进行比较分析，本书选择国家统计局相关年度《中国统计年鉴》、《中国农村住户调查年鉴》、《中国住户调查年鉴》等公布的全国农村居民住户调查分组基础数据，对1985年、1990年、1995年、2000年、2005年、2010年的全国农村自然贫困线("零分位"底限自然贫困线、"零储蓄"基本自然贫困线)进行了测算。

一、农村居民收入-消费GQ模型参数估计

应用SPSS统计软件，采用最小二乘法(OLS)对国家统计局公布的1985年、1990年、1995年、2000年、2005年、2010年全国农村居民住户调查分组基础数据(数据表略)进行线性回归估计，以确定各年度全国农村居民人均纯收入和人均消费支出广义二次洛伦兹曲线GQ模型的回归系数a、b、c，并对回归估计结果进行拟合优度R^2、t值和F值的检验分析。回归估计结果及各年度人均纯收入和人均消费期望值(现价)见表6-1。表6-1中的数据说明，GQ模型拟合优度很高，R^2均达到0.9999以上，t值和F值均达到1%显著性水平。

回归系数a、b、c确定后，根据第四章表4-1中的相关公式，计算出农村居民收入-消费广义二次洛伦兹曲线GQ模型的相关参数值，如e、m、n、r，以及s_1、s_2等，从而为测算自然贫困线和计算基尼系数Gini及FGT贫困指数作准备。相关参数计算结果见表6-2。

根据公式(4-11)和表6-1、表6-2中的相关参数，我们计算出1985—2010年相关年份全国农村居民收入和消费分配基尼系数Gini(见表6-3)。由表6-3可以看出，1985—2010年这25年间，农村居民人均纯收入分配不平等加剧，收入基尼系数由0.2737上升至0.3770；而农村居民人均消费基尼系数基本上在0.2至0.24之间徘徊，处于较平等水平。

表6-1　**全国农村居民收入-消费GQ回归模型参数估计值汇总表（1985—2010年）**

年份	模型类别	指标	GQ回归模型参数估计与特征值					
			a	*b*	*c*	R^2	*F*值	期望值
1985	消费模型	系数值	0.8868	−1.6658	0.2125	0.999998	1230855	μ_y = 318
		标准误	0.0055	0.0115	0.0108			
		*t*值	160.1433	−145.2864	19.6556			
	收入模型	系数值	0.9470	−1.5872	0.1456	0.999992	382310	μ_x = 383
		标准误	0.0056	0.0139	0.0101			
		*t*值	168.6866	−114.1500	14.4059			
1990	消费模型	系数值	0.8766	−1.5814	0.2397	0.999995	604415	μ_y = 584
		标准误	0.0064	0.0161	0.0141			
		*t*值	136.8873	−98.5244	16.9866			
	收入模型	系数值	0.9402	−1.4469	0.1835	0.999987	236525	μ_x = 686
		标准误	0.0059	0.0187	0.0122			
		*t*值	159.3089	−77.2877	15.0183			
1995	消费模型	系数值	0.7861	−1.4596	0.3098	0.999973	198588	μ_y = 1306
		标准误	0.0158	0.0332	0.0270			
		*t*值	49.6813	−44.0000	11.4810			
	收入模型	系数值	0.9614	−1.3370	0.1577	0.999967	160126	μ_x = 1577
		标准误	0.0067	0.0210	0.0117			
		*t*值	142.6075	−63.6487	13.5149			
2000	消费模型	系数值	0.7704	−1.4085	0.3357	0.999996	1409870	μ_y = 1668
		标准误	0.0055	0.0137	0.0111			
		*t*值	139.0858	−102.5200	30.3119			
	收入模型	系数值	0.9768	−1.3099	0.1340	0.999980	270458	μ_x = 2260
		标准误	0.0042	0.0163	0.0081			
		*t*值	231.5826	−80.3161	16.5500			

续表

年份	模型类别	指标	GQ 回归模型参数估计与特征值					
			a	b	c	R^2	F 值	期望值
2005	消费模型	系数值	0.7328	−1.3632	0.4072			
		标准误	0.0158	0.0401	0.0354	0.999999	525845	μ_y = 2559
		t 值	46.4607	−33.9527	11.4984			
	收入模型	系数值	0.9831	−1.2466	0.1204			
		标准误	0.0053	0.0218	0.0101	0.999998	285923	μ_x = 3334
		t 值	185.7168	−57.2416	11.9173			
2010	消费模型	系数值	0.7254	−1.2810	0.4360			
		标准误	0.0003	0.0008	0.0006	1.000000	1261413	μ_y = 4386
		t 值	2608.7847	−1647.8877	673.4074			
	收入模型	系数值	1.0368	−1.1811	0.1339			
		标准误	0.0057	0.0218	0.0098	0.999998	296508	μ_x = 6010
		t 值	180.6880	−54.0821	13.7118			

表 6-2　**全国农村居民收入-消费分布 GQ 模型相关参数值汇总表（1985—2010 年）**

年份	模型类别	相关参数值计算结果					
		e	m	n	r	s_1	s_2
1985	消费分布模型	−0.4335	−0.7723	0.5942	0.9662	−0.2409	1.0103
	收入分布模型	−0.5054	−1.2689	1.0220	1.5301	−0.2002	1.0056
1990	消费分布模型	−0.5350	−1.0057	0.7331	1.2995	−0.2816	1.0105
	收入分布模型	−0.6767	−1.6671	1.2244	2.1338	−0.2727	1.0072
1995	消费分布模型	−0.6362	−1.0137	0.6181	1.4225	−0.3967	1.0065
	收入分布模型	−0.7821	−2.0580	1.4606	2.6774	−0.2956	1.0053
2000	消费分布模型	−0.6977	−1.0978	0.6223	1.5889	−0.4402	1.0071
	收入分布模型	−0.8009	−2.1913	1.5621	2.8395	−0.2915	1.0043
2005	消费分布模型	−0.7769	−1.0730	0.4891	1.6821	−0.5559	1.0117
	收入分布模型	−0.8568	−2.3782	1.6547	3.1180	−0.3077	1.0034
2010	消费分布模型	−0.8804	−1.2606	0.5116	2.0420	−0.6070	1.0129
	收入分布模型	−0.9895	−2.7521	1.8020	3.7452	−0.3530	1.0078

表 6-3　　1985—2010 年全国农村居民收入-消费基尼系数

年份	农村居民人均纯收入基尼系数	农村居民人均消费支出基尼系数
1985	0. 2737	0. 2003
1990	0. 3004	0. 2252
1995	0. 3396	0. 2312
2000	0. 3556	0. 2378
2005	0. 3745	0. 2227
2010	0. 3770	0. 2388

二、农村零分位底限自然贫困线测算

将表 6-1、表 6-2 中的各年度农村消费 GQ 模型相关参数 b、e、n 和消费期望值 μ_y 代入公式(4-38)，计算得到各年度农村消费累积分布函数 $F(y)=p=0$ 时的消费分位数函数 y_0（即零分位底线生活成本费用 y_0，见表 6-4)。

表 6-4　1985—2010 年全国农村居民零分位底线消费支出(现价)测算结果

年份	全国农村居民人均消费支出期望值（元/年）	消费洛伦兹曲线零分位一阶导数	全国农村居民零分位人均底线消费支出（元/年）
	μ_y	$L'_y(0)$	$z_0 = y_0$
1985	318	0. 4902	156
1990	584	0. 4481	261
1995	1306	0. 4869	636
2000	1668	0. 4812	803
2005	2559	0. 5242	1341
2010	4386	0. 4952	2172

由于表 6-4 中的农村居民零分位底线生活成本费用 y_0 是每隔 5 年的周

期性数据，即使存在波动也不属于以年度为单位的短期波动，对其序列可不进行长期趋势平滑，直接将其视为“零分位”底限自然贫困线，即 $z_0 = y_0$ 。这里的底限自然贫困线 z_0 无上标“ * ”号，表示是未经过长期趋势平滑运算的底限自然贫困线，而 z_0^* 则是经过长期趋势平滑后的底限自然贫困线。

三、农村零储蓄基本自然贫困线测算

首先，测算各年度的农村居民零分位底线收入 x_0 ，并与各年度相应的 y_0 做对应比较，以判断收入累积分布曲线与消费累积分布曲线是否存在交叉点，即是否存在“零储蓄”收支均衡点。将表 6-1、表 6-2 中的相关参数代入公式(4-37)，计算出了各年度的农村居民零分位底线收入 x_0 ，并与各年度相应的 y_0 做对应比较，均满足 $y_0 > x_0$ 条件(见表 6-5)，说明收入累积分布曲线与消费累积分布曲线存在“零储蓄”收支均衡点。

表 6-5　**1985—2010 年全国农村居民零分位底线收入与底线消费比较**

年份	全国农村居民零分位人均底线纯收入(元/年)	全国农村居民零分位人均底线消费支出(元/年)	y_0 是否大于 x_0
	x_0	y_0	
1985	110	156	是
1990	186	261	是
1995	318	636	是
2000	378	803	是
2005	468	1341	是
2010	813	2172	是

其次，应用第四章介绍的复合迭代法计算各年度“零储蓄点”人均收支均衡值，并将收支均衡值作为各年度的基本自然贫困线。所测算的各年度全国农村居民收入-消费“零储蓄点” S 处的人均纯收入与人均消费均衡值 $y_s = x = y$ ，以及收入与消费累积分布函数均衡值即贫困发生率 $p_s = p_x = p_y$ (见表 6-6)。

表 6-6　　**1985—2010 年全国农村居民零储蓄收入-消费均衡值**

年份	农村居民“零储蓄点”人均纯收入-人均消费均衡值	农村居民“零储蓄点”收入-消费贫困发生率均衡值
	$z_s = y_s = x = y$（元/年）	$p_s = p_x = p_y$（%）
1985	213	16.91
1990	399	22.98
1995	938	28.80
2000	1081	20.59
2005	1849	28.96
2010	2935	24.42

同样，由于表 6-6 中的农村居民零储蓄人均纯收入与人均消费支出均衡值(即人均基本生活费用) y_0 是每隔 5 年的周期性数据，即使存在波动也不属于以年度为单位的短期波动，对其序列无需进行长期趋势平滑，可直接将其视为“零储蓄”基本自然贫困线，即 $z_s = y_s$。

第二节　1985—2010 年国家贫困标准与自然贫困线比较

我国第一个农村贫困标准是国家统计局农村社会经济调查总队于 1985 年，在 1984 年全国农村住户抽样调查数据基础上，采用食物支出比例法测算出的。测算结果是 200 元。1985 年，这一标准按农村居民消费价格指数调整为 206 元。此后至 2010 年期间，1990 年、1994 年、1997 年，国家统计局农村社会经济调查总队根据全国农村住户调查资料对农村贫困标准进行了测定，其他年份则使用农村居民消费价格指数进行更新。其中，1990 年、1994 年的测定方法仍为食物支出比例法；而 1997 年采用的是世界银行马丁法，其低贫困线为绝对贫困标准，高贫困线为 2000 年以后的低收入标准。国家统计局公布的农村贫困标准在一个时期被社会有关方面所质疑，尤其 2000—2010 年期间当全国农村贫困发生率下降为 3%以下以后，国家农村贫困标准之低更是成为人们关注的焦点话题之一。人们往往将当时的中国农村贫困标准与世界银行的 1 天 1 美元国际标准相比较，或与其他有关发展中国家的贫困线相比较。

本书以为，评价一国的贫困标准是高还是低，除了与世界银行国际贫困标准和其他发展中国家的贫困线相比较以外，更重要的是要与本国居民收入-消费分布的“零分位”最底线生活成本费用(底限自然贫困线)和“零储蓄”基本生活成本费用(基本自然贫困线)进行比对，否则就缺乏对比的“准星”，各执一词，难以形成共识。本节在第一节测算基础上，将1985—2010年国家农村贫困标准与自然贫困线体系进行对比分析，从而验证说明，自20世纪90年代至2010年，我国以消费为基础的农村贫困标准一直明显偏低，并且低得无法从消费累积分布函数上找到它们的位置，不能满足第三章第五节提出的实际贫困线“合宜性最低检验原则”。

一、现价贫困标准比较

表6-7给出了国家统计局在《2012年中国住户调查年鉴》中公布的相关年度国家农村贫困标准(我们记为 z_G 、当年价)。将这些年度的国家农村贫困标准与表6-4、表6-6中的各年度底限自然贫困线 z_0 和基本自然贫困线 z_s (当年价)相对比，得到其绝对差值和相对差值。表6-7告诉我们，1985年和1990年的国家农村贫困标准 z_G 均高于当年底限自然贫困线 z_0 ，满足实际贫困线“合宜性最低检验原则”。这说明，1985年和1990年制定的国家农村贫困标准是比较适宜的或恰当的。而1995年、2000年、2005年、2010年的国家农村贫困标准 z_G 明显偏低，其阈值均小于当年底限自然贫困线 z_0 ，不满足实际贫困线“合宜性最低检验原则”。并且，1995—2010年，国家农村贫困标准 z_G 与底限自然贫困线 z_0 相比，其绝对缺口由

表6-7 **1985—2010年国家农村贫困标准与自然贫困线(当年价)比较**

年份	国家公布贫困线 z_G	与底限自然贫困线相比 $z_G - z_0$	与基本自然贫困线相比 $z_G - z_s$	与底限自然贫困线相对缺口率	与基本自然贫困线相对缺口率	是否满足“合宜性最低检验原则”
	(元)	(元)	(元)	(±%)	(±%)	
1985	206	+50	−7	+32.2	−3.5	满足
1990	300	+39	−99	+14.7	−24.8	满足
1995	530	−106	−408	−16.7	−43.5	不满足
2000	625	−178	−456	−22.1	−42.2	不满足
2005	683	−658	−1166	−49.1	−63.1	不满足
2010	1274	−898	−1661	−41.3	−56.6	不满足

1995 年的 106 元扩大到 2010 年的 898 元，相对缺口率由 1995 年的 16.7% 增加到 2010 年的 41.3%。当然，与基本自然贫困线 z_s 相比，绝对缺口和相对缺口率更大。

二、不变价贫困标准比较

在一定时期内进行不变价贫困线比较，其目的是将消费价格因素剔除后，看不变价贫困线所体现的实际购买力有何变化，即实际购买力是增加了还是下降了。我们采用国家统计局《2015 年中国统计年鉴》公布的农村居民消费价格定基指数(以 1985 年为基期，即 1985 年 = 100)来做这一分析。表 6-8 引用了国家统计局公布的相关年度农村居民消费价格定基指数。根据农村居民消费价格定基指数，我们将表 6-7 中的各年度国家贫困标准和表 6-4、表 6-6 中的自然贫困线，换算成 1985 年的不变价贫困线，换算结果见表 6-8。

表 6-8　**1985—2010 年国家农村贫困线与自然贫困线(1985 年不变价)比较**

年份	农村居民消费价格定基指数 1985 年 = 100	1985 年不变价贫困线(元)		
		国家贫困线 z_G	底限自然贫困线 z_0	基本自然贫困线 z_s
1985	100.0	206	156	213
1990	165.1	182	158	242
1995	291.4	182	218	322
2000	314.0	199	256	344
2005	343.0	199	391	539
2010	403.5	316	538	727

表 6-8 显示，1985—2010 年期间，1985 年不变价的底限自然贫困线和基本自然贫困线是逐年上升的，说明这两条自然贫困线所体现的实际购买力，随着农村居民整体收入水平和消费水平的提高而相应“水涨船高”。而 1985 年不变价国家贫困线的实际购买力，在 1990 年和 1995 年时分别比 1985 年缩水 24 元；在 2000 年和 2005 年时分别比 1985 年缩水 7 元(1997 年国家统计局采用马丁法调整贫困线后，缩水状况稍微好一些)。2010 年国家贫困线(1985 年不变价)为 316 元，比 1985 年的 206 元增加了 110 元，这是由于 2010 年改用“低收入标准”所致(不是原来意义上的绝对

贫困标准)。尽管如此，2010 年国家贫困线(1985 年不变价)的 316 元，比 2010 年的底限自然贫困线(1985 年不变价)仍少 222 元，低 41.3%。

三、贫困标准过低不能客观反映贫困率

由贫困发生率 H 公式(4-33)可知，对于任一年度采用广义二次洛伦兹曲线 GQ 模型所表达的收入分布函数来说，参数 b、m、n、r 和收入期望值 μ 是已计算出的并固定不变的，在此条件下，决定贫困发生率 H 的高或低，完全取决于贫困线 z 阈值的大或小。贫困线 z 阈值越小，贫困发生率 H 就越低；反之亦然。

自 20 世纪 90 年代后，尤其是进入 21 世纪的头 10 年，由于国家农村贫困标准长期偏低，所以农村贫困发生率也相应很低。表 6-9 给出了国家统计局在《2012 年中国住户调查年鉴》中公布的相关年度农村贫困发生率，以及我们测算的底限、基本自然贫困线所对应的农村收入贫困发生率。

表 6-9 **1985—2010 年国家贫困线与自然贫困线农村贫困发生率比较**

年份	国家贫困线农村贫困发生率(%)	底限自然贫困线农村贫困发生率(%)	基本自然贫困线农村贫困发生率(%)
1985	14.8	6.12	16.91
1990	9.4	6.74	22.98
1995	7.1	12.93	28.80
2000	3.5	11.32	20.59
2005	2.5	16.73	28.96
2010	2.8	14.62	24.42

国家贫困线农村贫困发生率数据来源：①国家统计局住户调查办公室编，《2012 年中国住户调查年鉴》2012 年版。②底限和基本自然贫困线农村贫困发生率根据公式(4-33)计算。

表 6-9 显示，自 2000 年开始到 2010 年，10 年间以国家贫困线度量的全国农村贫困发生率处于 3.5%～2.8%；而自然贫困线由于是动态贫困线，所以，底限自然贫困线的贫困发生率在 11.32%～16.73%，基本自然贫困线的贫困发生率在 20.59.32%～28.96%。两条自然贫困线从两个层次客观反映了我国农村收入贫困发生率的真实状况。

有一点特别需要指出的是，由于国家农村贫困标准过低，在 2007—

2010 年期间甚至出现了农村贫困标准低于全国农村低保平均标准、农村贫困人口少于农村低保人口、贫困发生率低于低保覆盖率的“倒挂”现象。由表 6-10 可看出，2007 年、2009 年、2010 年的农村贫困标准均低于农村低保标准；2007 年、2008 年、2009 年、2010 年的农村贫困人口均少于农村低保人口，即贫困发生率均低于低保覆盖率。更有甚者，2007 年出现了贫困发生率仅 1.6%这一“特低”现象。这显然不是对当时中国农村贫困状况的客观真实反映。

表 6-10　**2007—2010 年全国农村贫困状况与农村低保主要指标对比**

年份	全国农村贫困状况			全国农村低保情况		
	国家贫困标准(元/(人·年))	贫困人口(万人)	贫困发生率(%)	低保平均标准(元/(人·年))	低保人口(万人)	低保覆盖率(%)
2007	785	1479	1.6	840	3566.3	3.86
2008	1196	4007	4.2	988	4305.5	4.51
2009	1196	3597	3.8	1210	4760.0	5.03
2010	1274	2688	2.8	1404	5214.0	5.43

全国农村贫困状况数据来源：①国家统计局住户调查办公室编，《2012 年中国住户调查年鉴》2012 年版。②全国农村低保标准和低保人口数据来源民政部网站相关年度《民政事业发展统计公报》；③低保覆盖率根据表中数据反推计算。

总之，1995—2010 年，我国农村贫困标准明显偏低是一个不争的事实。造成这一状况的根本原因是贫困标准的一定多年不变(只进行消费价格指数调整)，所以其实际购买力与 1985 年相比早已大大“缩水”，不能客观反映农村居民底线生活成本费用和基本生活成本费用的变化。

第三节　现行农村贫困标准与自然贫困线比较

我国现行的农村扶贫标准，是 2011 年宣布开始执行的。这一全国性的农村扶贫标准阈值为“2010 年价格水平每人每年 2300 元”。为了与 2010 年的老贫困标准(1274 元)相区别，我们称 2010 年(2300 元)的贫困标准为“现行农村贫困标准”。这一标准随着各年度农村低收入居民价格指数变动调整为：2011 年为 2536 元、2012 年为 2625 元、2013 年为 2736 元、2014 年为 2800 元、2015 年为 2855 元。

2016 年 9 月出版的《统计研究》杂志发表了鲜祖德、王萍萍、吴伟的署名文章《中国农村贫困标准与贫困监测》①。这是 2011 年国家正式公布现行农村贫困标准(2010 年不变价 2300 元)以来，国家统计局有关方面负责人对该标准所做的一个最权威解读。该文认为，现行农村贫困标准，是一个“与‘两不愁、三保障’相结合的基本上达到稳定温饱的标准”，也是“农村居民跨入小康门槛”。那么，现行农村贫困标准与全国农村自然贫困线相比较，究竟是高还是低？是否符合第三章第五节提出的“合宜性最低检验原则”？这就是本节所要讨论的。

一、2010 年全国农村自然贫困线测算

表 6-11 给出了我们测算出的 2002—2010 年期间各年度全国农村居民零分位底线生活成本费用估计值 y_0 和零储蓄基本生活成本费用估计值 y_s 序列。通过绘制出的这两个时间序列折线图，发现估计值呈现出波动性上升(图 6-1)。

表 6-11 **2002—2010 年全国农村居民“双零”人均生活消费支出序列**

单位：元/(人·年)

年份	年度 t	全国农村居民零分位底线生活成本费用 y_0	全国农村居民零储蓄基本生活成本费用 y_s
2002	1	831	1112
2003	2	884	1202
2004	3	1063	1394
2005	4	1341	1849
2006	5	1389	1921
2007	6	1556	2197
2008	7	1886	2472
2009	8	2123	2722
2010	9	2172	2935

① 鲜祖德、王萍萍、吴伟：《中国农村贫困标准与贫困监测》，《统计研究》2016 年第 9 期。

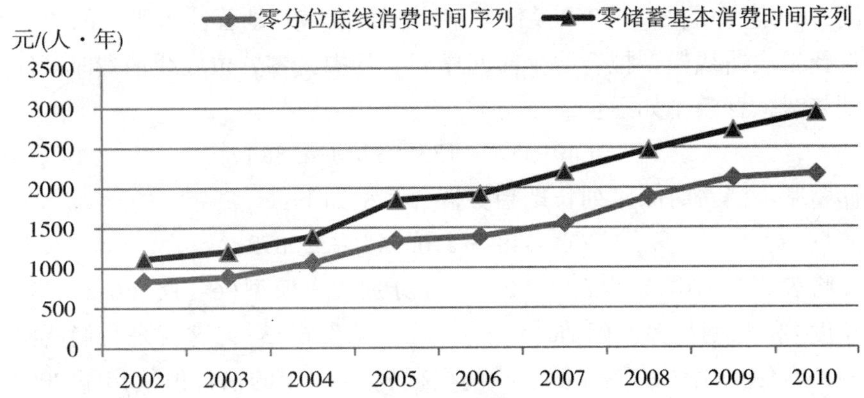

图 6-1　全国农村居民零分位零储蓄人均消费时间序列
（2002—2010 年）

为了得到 2010 年农村自然贫困线，我们根据“长期趋势边际估计占优原则”，采用 SPSS 统计软件，对 2002—2010 年全国农村居民零分位底线消费支出时间序列和零储蓄基本消费支出时间序列分别作长期趋势曲线拟合，其模型主要特征值见表 6-12。

表 6-12　**2002—2010 年全国农村居民零分位零储蓄人均消费时间序列长期趋势曲线拟合 SPSS 输出结果**

零分位人均消费长期趋势拟合模型	R^2	F 值	回归模型参数估计值	回归模型参数估计值	回归模型参数估计值
			β_0	β_1	β_2
线性模型	0.9781	312.125	559.833	182.367	
二次曲线	0.9817	160.619	649.357	133.535	4.883
指数曲线	0.9789	324.153	728.942	0.129	
零储蓄人均消费长期趋势拟合模型	R^2	F 值	回归模型参数估计值	回归模型参数估计值	回归模型参数估计值
			β_0	β_1	β_2
线性模型	0.9886	607.991	781.889	239.267	
二次曲线	0.9893	278.665	834.548	210.544	2.872
指数曲线	0.9755	278.255	991.222	0.128	

由表 6-12 可以看出，无论是零分位底线人均消费时间序列长期趋势，还是零储蓄基本生活人均消费时间序列长期趋势，二次曲线拟合优度 R^2

最高，分别为0.9817、0.9893，F 值均达到0.01显著性水平。所以，我们选择二次曲线模型拟合两个时间序列。其中，零分位底线消费时间序列长期趋势拟合模型如下：

$$y_{0t}^{*} = 649.357 + 133.535t + 4.883t^{2} \tag{6-1}$$

零储蓄基本消费时间序列长期趋势拟合模型如下：

$$y_{st}^{*} = 834.548 + 210.544t + 2.872t^{2} \tag{6-2}$$

将表6-11中的年度 $t=1, 2, \cdots$，分别代入模型(6-1)、(6-2)，得到各年度 t 的长期趋势回归估计值 y_{0t}^{*} 、y_{st}^{*}（见表6-13），这就是我们所测算的两条自然贫困线的估计值。我们根据表6-13中的估计值绘出了2002—2010年全国农村“双零”人均消费长期趋势拟合二次曲线(见图6-2)。显然，图6-2中的两条二次曲线就是对图6-1中两条折线的平滑，剔除了其不规则随机变动部分。

表6-13　**2002—2010年全国农村居民“双零”人均生活消费支出长期趋势估计值(两自然贫困线估计值)**

单位：元/(人·年)

年份	年度 t	零分位底线人均消费支出长期趋势估计值（底线自然贫困线估计值）	零储蓄基本人均消费支出长期趋势估计值（基本自然贫困线估计值）
		$z_0^{*} = y_0^{*}$	$z_s^{*} = y_s^{*}$
2002	1	788	1048
2003	2	936	1267
2004	3	1094	1492
2005	4	1262	1723
2006	5	1439	1959
2007	6	1626	2201
2008	7	1823	2449
2009	8	2030	2703
2010	9	2247	2962

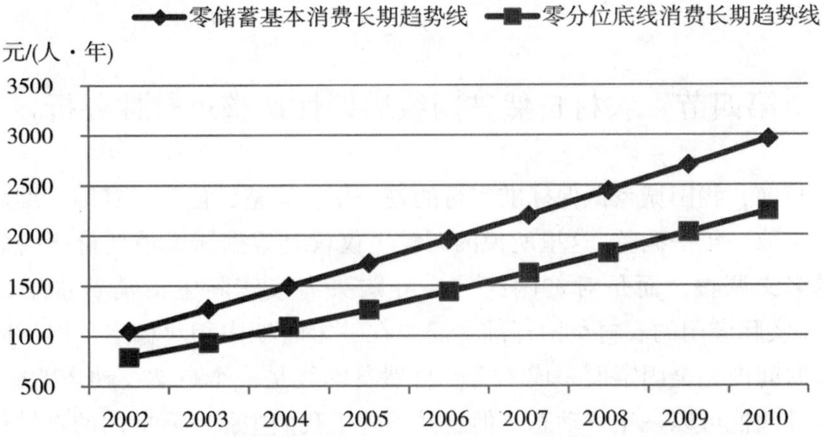

图 6-2　全国农村居民零分位零储蓄人均消费长期趋势拟合
(2002—2010 年)

二、2010 年农村贫困标准与自然贫困线比较

由表 6-11 和表 6-13 可看出，国家现行农村贫困标准 z_G = 2300 元(2010 年价)，比 2010 年的全国农村居民底线消费支出 y_0 =2172 元高 128 元；比该年的底限自然贫困线 z_0^* = 2247 元高 53 元；但比该年基本自然贫困线 z_s^* = 2962 元低 662 元，处于两自然贫困线 $[z_0^*, z_s^*]$ 区间。也就是说国家现行农村贫困标准(2010 年不变价 2300 元)，符合高于该年度底限自然贫困线的“合宜性最低检验原则”，即满足：

$$z_G > z_0^*$$

这一基本条件。由此，我们的结论是，2010 年国家新农村贫困标准制定初期的 2300 元阈值选择是比较合宜的，该标准所体现的消费水准在 2010 年全国农村居民零分位底线生活消费水平之上(见表 6-14)。

表 6-14　**2010 年国家农村贫困标准与自然贫困线比较**

单位：元/(人·年)

年份	国家贫困标准 z_G	底限自然贫困线 z_0^*		基本自然贫困线 z_s^*	
		z_0^* 阈值	差值 $z_G - z_0^*$	z_s^* 阈值	差值 $z_G - z_s^*$
2010	2300	2247	+53	2962	−662

第四节　农村自然贫困线周期性调整可行性分析

目前，我国城乡低保标准实行的是一年一调整，但农村贫困标准却不可能采取一年一调整(这里所说的调整不仅仅是根据居民消费价格指数变动的名义调整，而是对贫困线的实际购买力或实际生活消费水平的调整)。实际应用的农村贫困标准，需要在一定时期内相对稳定，但不应在较长时间内完全固定而一成不变。自然贫困线是一个自然、动态的概念，并且其阈值可以一年一动态，但这并不等于我们主张实际应用的农村贫困标准实行一年一动态调整。在第一章第二节我们曾谈到，为了使农村贫困标准实现相对稳定与自然动态调整有机结合，可采取对自然贫困线实行五年一周期的调整方式。这样做，有两点好处：一是五年一周期，可与政府任期换届或国民经济规划周期相同步，便于使用同一贫困标准对政府任期或五年规划实施的减贫业绩作出评价；二是体现了自然贫困线的自然动态调整功能，虽然这一功能的启动相隔了五年，但总比人工贫困线多年不调整要好、要客观。

本节采用底限和基本两条自然贫困线对比实证方式，对我国1990—2010年四个“五年计划”期间农村减贫情况(FGT贫困指数变化情况)进行了量化分析。分析结果表明：采用自然贫困线实行五年一周期的调整方式是可行的，它可以实现贫困标准的相对稳定与自然动态调整的有机结合。这一具有“接力棒”特征的周期性、阶梯型的自然动态调整功能，是其他人工设定贫困线所不能自动实现的。

一、自然贫困线五年周期性调整基本思路

假定我们采用分位数函数零点法，获得了一个具有11个元素的自然贫困线 z_t 年度序列：

$$z_0,\ z_1,\ z_2,\ z_3,\ z_4,\ z_5,\ z_6,\ z_7,\ z_8,\ z_9,\ z_{10}$$

那么，由元素 z_0，z_1，z_2，z_3，z_4，z_5 构成了第一个间隔五年的周期($T=1$)；由元素 z_5，z_6，z_7，z_8，z_9，z_{10} 构成了第二个间隔五年的周期($T=2$)。

对于第一个周期，我们只对基期的自然贫困线 z_0 感兴趣，并相对固定其阈值(只作消费价格调整或采用不变价形式)，用 z_0 来描述和观测本周期内各年度贫困指数变化，尤其是到第五年末(z_5 那年末)整个五年的减贫绩效如何，这是我们最关心的。

对于第二个周期，我们同样只对基期的自然贫困线 z_5 感兴趣，并相对固定其阈值(只作消费价格调整或采取不变价形式)，用 z_5 来描述和观测本周期内各年度贫困指数变化，尤其我们最关心的是到第五年末(z_{10} 那年末)整个五年的减贫绩效如何。

由此可见，z_5 那年既是第一个五年周期的末期年，又是第二个五年周期的对比基期年。就像 2005 年既是我国“十五”时期的末期年，又是“十一五”时期的对比基期年。同样，对于 z_{10} 那年，既是第二个五年周期的末期年，又是第三个五年周期的对比基期年。依此类推，等等。

由于 $z_0 < z_5 < z_{10}$ ，于是我们得到了一个具有“接力棒”特征的阶梯型的五年一周期的自然贫困线排序组合，从而为实现农村贫困标准在一定时期内相对稳定与自然动态调整有机结合提供了可能。

二、五年周期 FGT 贫困指数变动评价方法

第一步，选择国家统计部门公布的相关年度(五年一周期的基期年度)住户调查分组截面统计数据，根据第四章介绍的计量模型和方法，测算出基期年度的底限、基本两条自然贫困线阈值。

第二步，分别建立五年一周期基期年度和末期年度的广义二次收入分布洛伦兹曲线 GQ 模型，通过最小二乘法回归和表 4-1 中公式计算出相关参数。

第三步，将基期年度的自然贫困线阈值(经消费价格调整或不变价形式)和相关参数代入表 4-1 中 FGT 贫困指数公式，分别计算出基期年度和末期年度的 FGT 收入贫困指数，包括贫困发生率 H_0、H_t ；贫困缺口指数 PG_0、PG_t；贫困平方缺口指数 SPG_0、SPG_t。下标为“0”的属于基期指数，下标为“t”的属于末期指数。

第四步，用末期指数减基期指数，通过其差值看 FGT 收入贫困指数在五年周期内发生了什么变化。若差值为负值，说明贫困程度减轻(即五年减贫有正面效果；负值越大，说明减贫效果越显著)。若差值为正值，说明贫困程度加重(即五年减贫出现负面效果；正值越大，说明贫困程度越严重)；若差值为 0，说明贫困程度没有变化(即五年减贫无效果)。

上述评价方法可采取底限和基本两条自然贫困线同时对比，以通过两个层次的评估对比，对一个周期内的收入贫困状况有一个较全面的了解。

三、1990—2010 年农村 FGT 贫困指数变动评价

1990 年、1995 年、2000 年、2005 年、2010 年的两条自然贫困线阈

值(未经长期趋势拟合)见表6-15。表6-16给出了1990—1995年(“八五”时期)、1995—2000年(“九五”时期)、2000—2005年(“十五”时期)、2005—2010年(“十一五”时期)以各两条自然贫困线为尺度的全国农村FGT收入贫困指数变动情况。四个五年周期各贫困线尺度下的贫困指数变动值ΔP(包括贫困发生率H、贫困缺口指数PG和贫困平方缺口指数SPG的变动值)均为负值。这说明，在1990—2010年四个五年计划周期中，我国农村减贫成效是十分显著的。

下面，我们根据表6-16中的数据，仅就贫困发生率这一指标变动情况，做进一步的分析。

1.“八五”时期。以1990年为基期，两条自然贫困线阈值分别是261元、399元(见表6-15)，相应的贫困发生率分别为6.74%、22.98%；到1995年，两条线相应的贫困发生率分别下降到5.29%、16.25%；五年周期贫困发生率分别减少了1.45个百分点和6.73个百分点。

表6-15 **1990—2010年全国农村自然贫困线(未进行长期趋势拟合)**

单位：元/年

年份	“零分位”底限自然贫困线	“零储蓄”基本自然贫困线
	$z_0 = y_0$	$z_s = y_s$
1990	261	399
1995	636	938
2000	803	1081
2005	1341	1849
2010	2172	2935

2.“九五”时期。以1995年为基期，两条自然贫困线阈值分别是636元、938元(见表6-15)，相应的贫困发生率分别为12.93%、28.80%；到2000年，两条线相应的贫困发生率分别下降到7.84%、18.12%；五年周期贫困发生率分别减少了5.09个百分点和10.68个百分点。

3.“十五”时期。以2000年为基期，两条自然贫困线阈值分别是803元、1081元(见表6-15)，相应的贫困发生率分别为11.32%、20.59%；到2005年，两条线相应的贫困发生率分别下降到7.04%、13.18%；五年周期贫困发生率分别减少了4.29个百分点和7.41个百分点。

4.“十一五”时期。以2005年为基期，两条自然贫困线阈值分别是

1341 元、1849 元（见表 6-15），相应的贫困发生率分别为 16.73%、28.96%；到 2010 年，两条线相应的贫困发生率分别下降到 7.71%、14.65%；五年周期贫困发生率分别减少了 9.02 个百分点和 14.31 个百分点。

表 6-16 基于自然贫困线的全国农村五年周期 FGT 收入贫困指数变动（1990—2010 年）

五年周期	起止年份	以基期底限自然贫困线为尺度的FGT收入贫困指数			以基期基本自然贫困线为尺度的FGT收入贫困指数		
		H	PG	SPG	H	PG	SPG
"八五"时期	1990	0.0674	0.0093	0.0018	0.2298	0.0559	0.0189
	1995	0.0529	0.0080	0.0016	0.1625	0.0417	0.0147
	ΔP	−0.0145	−0.0014	−0.0001	−0.0673	−0.0143	−0.0042
"九五"时期	1995	0.1293	0.0305	0.0099	0.2880	0.0870	0.0364
	2000	0.0784	0.0169	0.0049	0.1812	0.0527	0.0211
	ΔP	−0.0509	−0.0136	−0.0049	−0.1068	−0.0344	−0.0153
"十五"时期	2000	0.1132	0.0284	0.0097	0.2059	0.0618	0.0257
	2005	0.0704	0.0158	0.0048	0.1318	0.0376	0.0147
	ΔP	−0.0429	−0.0125	−0.0049	−0.0741	−0.0242	−0.0110
"十一五"时期	2005	0.1673	0.0510	0.0214	0.2896	0.0994	0.0472
	2010	0.0771	0.0181	0.0058	0.1465	0.0437	0.0178
	ΔP	−0.0902	−0.0329	−0.0156	−0.1431	−0.0557	−0.0294

四、分析结论

通过对四个时期("八五"、"九五"、"十五"、"十一五")我国农村减贫情况进行实证评价分析，我们的结论是：(1)实行自然贫困线五年一周期的调整以后，评价减贫状况的 FGT 贫困指数保持了较高的敏感性，变动响应十分良好，能客观反映我国农村减贫绩效，说明采用自然贫困线实行五年一周期的调整方式是可行的。(2)自然贫困线可以实现农村贫困标准的相对稳定与自然动态调整，具有"接力棒"特征的阶梯型有机结合，并且可以从多条线、多层次角度来描述贫困程度变化，这一阶梯型、多层次的描述功能，是其他人工设定贫困线方式所不能自动实现的。

第七章　我国农村贫困线与新国际贫困线比较

世界银行于2015年10月4日宣布，国际贫困线极端贫困标准由此前的2005年购买力平价每人每日生活费1.25美元，上调至2011年购买力平价1.9美元，增幅高达52%。世界银行在一份题为《消除极端贫困与共享繁荣——进展与政策》的报告中预测，采用1.9美元新贫困线，2015年全球极端贫困人口将从2012年的9.02亿人减少到7.02亿人，占全球人口的比例从12.8%下降到9.6%①。

世界银行调整国际贫困线标准的信息引起国内广泛关注，也使人产生了一些疑惑。如，我国现行的农村贫困标准(2010年不变价2300元)与2011年购买力平价1.9美元新国际贫困线相比，究竟是低还是高？按照1.9美元新国际贫困标准，中国将有多少贫困人口？中国如仍沿用现行贫困标准是否会造成贫困人数被低估？等等。欲解疑释惑、回答这些问题，必须首先弄清我国现行农村贫困标准与2011年购买力平价PPP新国际贫困线的换算关系，在此基础上才能讨论其他相关问题。

第一节　现行农村贫困标准与新国际贫困线比较

笔者曾于2015年10月根据世界银行公布的中国农村家庭个人消费支出2011年购买力平价PPP美元与人民币换算因子，对我国现行农村贫困标准进行了换算，换算结果表明：我国现行农村贫困标准2010年不变价2300元，相当于2011年购买力平价PPP 2.29美元，比新国际贫困线1.9美元高出20.5%②。这一换算结果，与2015年12月出版的《中国农村贫

① 世界银行：《消除极端贫困与共享繁荣——进展与政策》，2015年10月，世界银行官方网站。

② 谭诗斌：《对比1.9美元新国际贫困线，我国现行标准会造成贫困人口数量被低估吗?》，《研究交流信息》2015年总第25期。

困监测报告 2015》所载王萍萍文章《每天 1.9 美元国际贫困标准衡量的中国贫困状况》①结果一致。我们认为，“十三五”期间通过实施精准扶贫方略，我国现行标准下几千万农村贫困人口脱贫目标的实现，意味着中国在 2020 年前完全消除 1.9 美元以下极端贫困现象，成为全球提前 10 年实现联合国《2030 年可持续发展议程》减贫目标的发展中国家。

一、贫困标准换算思路及结果

第一，将我国农村贫困标准 2010 年不变价 2300 元，换算成 2011 年价贫困标准。由于 2011 年国际比较项目（ICP）所测算出的购买力平价 PPP 转换因子是以 2011 年为基准年度的，我们换算贫困标准也应以 2011 年为基准年度。我国现行的农村贫困标准是 2010 年不变价 2300 元，其他年度由国家统计局每年根据当年农村低收入居民生活消费价格指数进行更新调整，从而得到当年价贫困标准。国家统计局公布的 2011 年价农村贫困标准为 2536 元。所以，我们选择 2011 年价 2536 元作为与新国际贫困标准进行换算和对比的基准年度数据。

第二，合理选择 2011 年购买力平价换算因子。2011 年国际比较项目（ICP）公布的购买力平价 PPP 美元与各国货币换算因子共有 22 个，包括国内生产总值、实际个人消费、教育、健康、家庭个人消费支出等购买力平价换算因子。② 由于贫困标准一般是以家庭个人消费为基础的，换算贫困标准只能采用家庭个人消费支出购买力平价换算因子，而不应采用国内生产总值购买力平价换算因子。世界银行公布的 2011 年购买力平价 PPP 美元与人民币家庭个人消费支出购买力换算因子为 3.696≈3.7。但是，3.696≈3.7 换算因子是一个包括中国城市家庭个人消费支出和农村家庭个人消费支出在内的全国加权平均换算因子，而我们要换算的是农村贫困标准。所以，不能简单地采用 3.696≈3.7 这一城乡加权平均换算因子，需要采用农村居民家庭个人消费支出购买力平价换算因子。

如果简单地采用 3.696 这一城乡加权平均因子来进行换算，那么得到的结果是，我国现行农村贫困标准相当于 2011 年购买力平价 1.88 美元（2536÷365÷3.696＝1.8798≈1.88），这一换算结果比 1.9 美元贫困线要低，只相当于全球 15 个最贫困国家的平均贫困线水平（如后所述）。这一

① 王萍萍：《每天 1.9 美元国际贫困标准衡量的中国贫困状况》，《中国农村贫困监测报告 2015》，中国统计出版社 2015 年版，第 106-109 页。

② 引自世界银行：《购买力平价和世界经济体量—— 2011 年国际比较项目综合报告》，世界银行官方网站。

换算结果意味着，我国现行农村贫困标准只相当于2005年购买力平价1.25美元的水平(因为2011年购买力平价1.9美元与2005年购买力平价1.25美元的真实购买力大体相当)。显然，这一换算结果与事实不相符，也与当初得出的“国家新扶贫标准2010年价2300元比2005年购买力平价1.25美元要高出一截，介于1.25美元和2美元之间”的结论相矛盾。

那么，农村家庭个人消费支出2011年购买力平价PPP美元与人民币换算因子是多少呢？世界银行2015年10月公布的政策研究工作文件7432号《全球2012年极端贫困人口规模：数据问题、方法和初步结果》(世界银行官方网站)，将中国、印度和印度尼西亚三国的全国家庭个人消费支出2011年购买力平价PPP分解为城市和农村地区PPP，以反映城市和农村地区的生活成本或消费价格差别(见表7-1)。

表7-1　**亚洲三国家庭居民个人消费2011年购买力平价PPP美元换算因子**

国　家	全国居民平均2011年PPP因子	城市居民2011年PPP因子	农村居民2011年PPP因子	城乡居民消费价格比
中国	3.7	3.90	3.04	1.29
印度	14.98	15.7	12.91	1.22
印度尼西亚	4091.9	4360.5	3666.16	1.19

说明：本表数据引自世界银行官方网站2015年10月公布的世界银行政策研究工作文件7432号，《全球2012年极端贫困人口规模：数据问题、方法和初步结果》第48页。

由表7-1可知，中国城市家庭居民个人消费2011年购买力平价PPP美元换算因子为1美元=3.9元人民币，而农村家庭居民个人消费2011年PPP美元换算因子为1美元=3.04元人民币，二者加权平均换算因子为1美元=3.7元人民币，城乡价格比为1.29(农村为1)。由此可见，我们只能以农村2011年购买力平价换算因子1美元=3.04元人民币来换算我国现行的农村贫困标准(2011年确定的新贫困标准)。

第三，将2011年价国家农村贫困标准2536元，换算成2011年购买力平价PPP美元。换算结果为：

$$2536 \div 365 \div 3.04 = 2.2855 \approx 2.29(\text{美元})$$

也就是说，我国现行的农村贫困标准，比2011年购买力平价1.9美元新国际贫困标准(极端贫困标准)要高0.39美元，即高出20.5%(但比世界银行公布的新的中度贫困标准 2011 年购买力平价 3.1 美元低 0.81 美元)。

当然，也可以将 2011 年购买力平价 1.9 美元换算成 2011 年价人民币，计算结果为：1.9×365×3.04＝2108 元人民币，这一换算结果比 2011 年价农村贫困标准 2536 元低 428 元，即低 16.9%。

二、两个标准下的贫困人口规模比较

国家统计局公布的现行国家农村贫困标准下，2010—2015 年农村贫困人口和贫困发生率见表 7-2。

表 7-2　**中国现行贫困标准下农村贫困人口规模和贫困率(2010—2015 年)**

指标＼年份	2010	2011	2012	2013	2014	2015
农村贫困人口(万人)	16567	12238	9899	8249	7017	5575
贫困发生率(%)	17.2	12.7	10.2	8.5	7.2	5.7

数据来源：国家统计局住户调查办公室编，《2016 年中国住户调查年鉴》2016 年版。

在世界银行官方网站 PovcalNet 网页，可查询基于 2011 年购买力平价 1.9 美元新标准的各国贫困人口估算数量。其中，世界银行对中国 2010—2012 年城市和农村贫困人口的估算数据见表 7-3。

表 7-3　**世界银行基于 1.9 美元新贫困标准对中国城市和农村贫困人口估计(2010—2012 年)**

年份	城市贫困人口(万人)	农村贫困人口(万人)	全国贫困人口(万人)	全国总人口(万人)	全国贫困率(%)
2010	490	14467	14957	134091	11.2
2011	365	10258	10623	134735	7.9
2012	298	8435	8733	135404	6.5

比较表 7-2、表 7-3 中的 2010—2012 年三年数据，世界银行按照 1.9 美元新标准测算的中国农村贫困人口规模，分别比国家统计局公布的现行国家农村贫困标准下农村贫困人口规模少 2100 万人、1980 万人和 1464 万人。甚至，世界银行测算的三年中国城乡贫困人口总和，也比我国现行

农村贫困标准下的农村贫困人口规模少 1610 万人、1615 万人和 1166 万人(见图 7-1)。这充分说明：由于 2011 年购买力平价 1.9 美元新标准明显低于我国现行农村贫困标准，所以世界银行按这一新标准估计的中国贫困人口规模，比国家统计局公布的农村贫困人口规模要小得多。

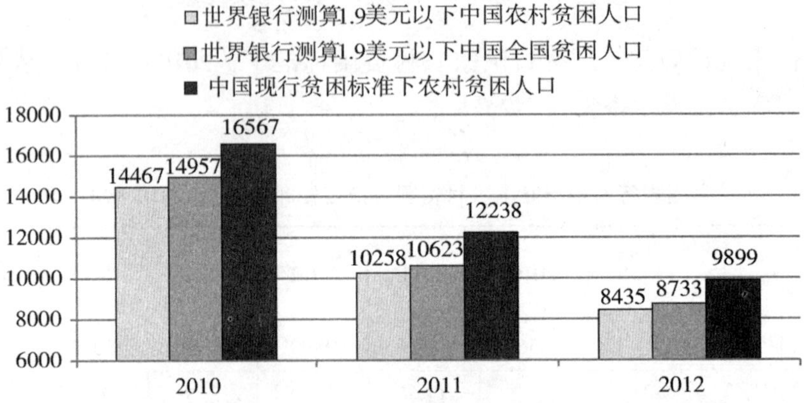

图 7-1　中国现行贫困标准与 1.9 美元国际新标准贫困人口规模比较
(2010—2012 年，单位：万人)

另外，世界银行于 2015 年 10 月公布的另一份研究报告，按 2011 年购买力平价 1.9 美元新标准，对中国近几年的贫困率进行了估计和预测(见表 7-4)。表 7-4 中的贫困率下降趋势，一方面说明 1.9 美元标准下的贫困率比我国现行标准下的贫困率要低不少；另一方面说明在未来几年，我国实现消除 2011 年购买力平价 1.9 美元极端贫困的目标指日可待。

表 7-4　**世界银行对低于 1.9 美元新标准的中国贫困率估计和预测(2013—2017 年)**

年　份	2013	2014	2015	2016	2017
贫困率(%)	5.3	4.1	3.2	2.5	1.9

数据来源：World Bank, "Staying the Course" East Asia and Pacific Economic Update, p. 99, 2015 年 10 月，世界银行官方网站。

三、正确看待国际贫困线标准的调整

首先，世界银行 2015 年 10 月宣布修订国际贫困线标准，是根据 2011

年国际比较项目(ICP)测定的2011年购买力平价，对贫困线的名义购买力所作的例行调整，而不是对贫困线的真实购买力所作的实质性提高。正如世界银行2015年10月4日的新闻稿所说："新贫困线保留了世界最贫困国家的老贫困线(根据2005年不变价每天1.25美元)的真实购买力。"

对于这个问题，世界银行研究部门高级经济学家弗朗西斯科·费雷拉2015年10月12日，在世界银行官方网站发表的一篇题为《国际贫困线标准已被上调至每日生活费1.9美元，但全球贫困状况基本未变》的文章解释说，在修订新的国际贫困线时遵循了以下三项基本原则：(1)用能够获得的最准确且最新的价格，对各国的实际生活水平进行比较；(2)尽量避免改变国际社会既定的特别是联合国可持续发展目标确定的减贫目标值，使贫困线的定义保持不变，使其按照2011年实际价格确定的新数值尽可能接近1.25美元贫困线；(3)在界定"实际价格"时，采用对衡量全球贫困程度最为相关的价格水平即全世界最贫困人口所面对的价格水平。根据上述三原则，在修订国际贫困线时采取的技术操作路线是：(1)鉴于1.25美元贫困线最初是根据全球15个相当贫困国家的贫困线的简单平均值确定的，所以这次仍采用这些国家的贫困线(以按照2005年价格计算的本币单位表示)，并按照每个国家的消费价格指数将其换算成2011年价格。(2)用2011年购买力平价将这些国家以2011年价格表示的贫困线换算成美元，然后(如以前一样)对其进行简单平均。上述两个操作的计算结果是：每人每日生活费1.88美元，取整后为1.9美元，即世界银行新的国际贫困线。

由于1.9美元贫困线所体现的真实购买力与1.25美元贫困线并没有实质性改变，用它们测算全球贫困率(占全球总人口比率)并没有很大变动。以2011年为例，世界银行采用1.25美元旧贫困线测算的2011年全球贫困率为14.2%(10.11亿人)；而采用1.9美元新贫困线测算的2011年全球贫困率为14.5%(9.87亿人)。新旧贫困线测算结果比较，贫困率仅上升0.3%，贫困人口总规模反而少了2400万人。这是由于各国或地区的购买力平价汇率差别所致。弗朗西斯科·费雷拉说："由于从实际价格角度看实际贫困线并未发生多大变化，因此(某一特定年度的)总体贫困程度也不会有多大变化。"

其次，如前所述，既然我国现行的农村贫困标准比2011年购买力平价1.9美元新国际贫困线标准要高，所覆盖的贫困人口规模和贫困率都比新国际贫困线标准要大，所以，我们没有必要对我国现行贫困标准产生"疑惑"或"纠结"。

最后，世界银行一再强调，制定国际贫困线标准主要是为全球性机构设定全球性减贫目标，为评估全球贫困状况及各国减贫进展，提供一个通用的度量标准，它并不是为了取代各国根据本国实际而制定的国家贫困线和扶贫政策。正如世界银行贫困与公平全球实践局高级局长阿娜·雷文加所说："各个国家设定的国家贫困线，反映出他们自身的生活水准。它对于政府和政策制定者至关重要，有助于他们制订改善民生的计划和促进最贫困人口脱贫的政策。"

四、中国完全消除极端贫困指日可待

中国是全球最早实现千年发展目标中减贫目标的发展中国家，为全球减贫事业作出了重大贡献。据世界银行预测，按照1.9美元新的国际贫困标准，到2017年，中国的极端贫困(指收入贫困)发生率仅为1.9%(见表7-4)。毫无疑问，只要我们按照中央既定的脱贫攻坚目标和精准扶贫精准脱贫方略，心无旁骛、聚精会神地推进精准扶贫工作，经过几年的不懈努力，习近平总书记在2015年减贫与发展高层论坛主旨演讲中，代表中国政府郑重宣布的"未来5年，我们将使中国现有标准下7000多万贫困人口全部脱贫"的目标，就一定能实现。届时，中国将在2020年前完全消除1.9美元以下极端收入贫困现象，成为全球提前10年实现联合国《2030年可持续发展议程》提出的"到2030年消除1.9美元以下极端贫困"减贫目标的发展中国家。

第二节　农村自然贫困线与新国际贫困线比较

本节重点讨论2011年农村自然贫困线(包括底限自然贫困线和基本自然贫困线)与世界银行公布的2011年购买力平价PPP美元新国际贫困线(包括1.9美元极端贫困标准和3.1美元中度贫困标准)的比较结果。尤其是底限自然贫困线 $z_0^* = 2774$ 元(相当于2011年购买力平价PPP 2.5美元)，说明2011年中国农村居民的零分位底线生活消费水平(长期趋势估计值)高出1.9美元国际极端贫困标准一大截。这意味着，就消费分布贫困测量而言(而不是就收入分布贫困测量而言)，2011年中国农村居民从整体上消除了1.9美元极端消费贫困现象。

一、2011 年价农村自然贫困线测算

表 7-5 给出了我们测算出的 2002—2011 年期间各年度全国农村居民零分位底线生活成本费用估计值 y_0 序列，以及零储蓄基本生活成本费用估计值 y_s 序列。

表 7-5　**2002—2011 年全国农村居民“双零”人均生活消费支出序列**　单位：元/(人·年)

年份	(t)	全国农村居民零分位底线生活成本费用 y_0	全国农村居民零储蓄基本生活成本费用 y_s
2002	1	831	1112
2003	2	884	1202
2004	3	1063	1394
2005	4	1341	1849
2006	5	1389	1921
2007	6	1556	2197
2008	7	1886	2472
2009	8	2123	2722
2010	9	2172	2935
2011	10	2991	3829

为了得到 2011 年农村自然贫困线，根据长期趋势末期估计“边际占优原则”，采用 SPSS 统计软件，对 2002—2011 年全国农村居民零分位底线消费支出时间序列和零储蓄基本消费支出时间序列分别作长期趋势曲线拟合，其模型主要特征值见表 7-6。

由表 7-6 可看出，无论是零分位底线人均消费时间序列长期趋势，还是零储蓄基本生活人均消费时间序列长期趋势，指数曲线拟合优度 R^2 最高，分别为 0.9802、0.9806，F 值均达到 0.01 显著性水平。所以，我们选择指数曲线模型拟合两个时间序列。农村居民零分位底线消费支出时间序列长期趋势拟合模型如下：

表 7-6 2002—2011 年全国农村居民“双零”消费值时间序列长期趋势曲线拟合 SPSS 输出结果

零分位人均消费长期趋势拟合模型	R^2	F 值	回归模型参数估计值		
			β_0	β_1	β_2
线性模型	0.9305	107.055	438.333	215.503	
二次曲线	0.9660	99.555	804.750	32.295	16.655
指数曲线	0.9802	396.534	712.042	0.136	
零储蓄人均消费长期趋势拟合模型	R^2	F 值	回归模型参数估计值		
			β_0	β_1	β_2
线性模型	0.9512	155.990	651.000	274.964	
二次曲线	0.9733	127.436	1015.083	92.922	16.549
指数曲线	0.9806	403.937	976.268	0.132	

$$y_{0t}^{*} = 712.042\, e^{0.136t} \tag{7-1}$$

农村居民零储蓄基本消费支出时间序列长期趋势拟合模型如下：

$$y_{st}^{*} = 976.268\, e^{0.132t} \tag{7-2}$$

将表 7-5 中的年度 $t=1, 2, \cdots$，分别代入模型(7-1)、(7-2)，得到各年度 t 的长期趋势回归估计值 y_{0t}^{*}、y_{st}^{*}（见表 7-7）。于是，我们得到了 2011 年的底限、基本两条自然贫困线的估计值，它们分别是 $z_0^{*} = y_{0t}^{*} =$ 2774 元和 $z_s^{*} = y_{st}^{*} = 3655$ 元。

表 7-7 2002—2011 年全国农村居民零分位零储蓄人均生活消费支出长期趋势估计(当年价)

单位：元/(人·年)

年 份	零分位底线生活消费支出长期趋势估计值	零储蓄基本生活消费支出长期趋势估计值
	y_0^{*}	y_s^{*}
2002	816	1114
2003	935	1271
2004	1071	1451
2005	1227	1655
2006	1405	1889

续表

年 份	零分位底线生活消费支出长期趋势估计值	零储蓄基本生活消费支出长期趋势估计值
	y_0^*	y_s^*
2007	1610	2155
2008	1845	2460
2009	2114	2807
2010	2421	3203
2011	2774	3655

说明：本表零分位底线消费长期趋势估计值 y_0^* 序列属 2011 年边际占优，所以与表 5-14 中的估算值 y_0^* 序列（2012 年边际占优）略有不同。

二、与新国际贫困线标准的比较

依据世界银行公布的农村家庭个人消费支出 2011 年购买力平价 PPP 美元与人民币换算因子（1 美元 = 3.04 元人民币），将 2011 年价中国农村自然贫困线，换算成 2011 年购买力平价 PPP 美元。

2011 年价全国农村零分位底限自然贫困线（2774 元）的换算结果是：

$$2774 \div 365 \div 3.04 = 2.5（美元）$$

也就是说，2011 年价全国农村底限自然贫困线（2.5 美元），比 2011 年购买力平价 1.9 美元新国际贫困标准（极端贫困标准）要高 0.6 美元；但比世界银行公布的新的中度贫困标准 3.1 美元低 0.6 美元。也就是说，2011 年价全国农村底限自然贫困线，恰好等于新国际贫困标准（极端贫困标准）1.9 美元与（中度贫困标准）3.1 美元的中间值。

2011 年价全国农村零储蓄基本自然贫困线（3655 元）的换算结果是：

$$3655 \div 365 \div 3.04 \approx 3.29（美元）$$

也就是说，2011 年价全国农村基本自然贫困线（3.29 美元），不仅比 2011 年购买力平价 1.9 美元新国际贫困标准高 1.39 美元，还比 3.1 美元中度贫困标准高出 0.19 美元。上述比较结果见表 7-8。

2011 年价全国农村低自然贫困线（2774 元人民币 = 2.5 美元），比 2011 年购买力平价 1.9 美元国际极端贫困标准高出 0.6 美元，说明 2011 年中国农村居民零分位底线生活消费水平（长期趋势估计值），比国际极端贫困标准高出一大截。这意味着，就消费分布贫困测量而言（而不是就收入分布贫困测量而言)，2011 年中国农村居民已经消除了 1.9 美元极端消费贫困现象。

表 7-8 **2011 年全国农村自然贫困线与新国际贫困线标准比较结果**

自然贫困线 / 新国际贫困线		底限自然贫困线 z_0^*	基本自然贫困线 z_s^*
		2774 元人民币 = 2.5 美元	3655 元人民币 = 3.29 美元
国际新极端贫困标准	1.9 美元	+0.6 美元	+1.39 美元
国际新中度贫困标准	3.1 美元	−0.6 美元	+0.19 美元

第八章　基于自然贫困线的中国城镇贫困分析

由于国家从未正式制定和公布全国统一的城镇贫困标准，所以关于城镇贫困问题的研究，一直缺乏一个公认的衡量尺度。多年来，一些有关中国城镇贫困问题的研究文章或报告，要么是以城镇低保标准及低保问题来代替城镇贫困标准及贫困问题；要么是采用扩展线性支出系统法先确定某个区域某个年度的城镇贫困线，然后再讨论该区域的城镇贫困发生率；还有的直接采用世界银行公布的国际贫困线来讨论我国城镇贫困问题。这些讨论和研究都有其可取之处，但也存在一定的缺陷或局限性。因为，这些研究所采用的衡量贫困尺度(贫困线)在一定程度上存在“不接地气”的问题，不能真正反映我国城镇贫困线的客观事实存在。本章的研究路径是，先测算出我国城镇居民“零储蓄”点的基本自然贫困线；然后依据基本自然贫困线来分析城镇贫困问题及变化趋势；最后再根据“2+1”贫困线体系分析我国城镇贫困的阶段变化及所处的贫困阶段。

第一节　2002—2011 年全国城镇零储蓄贫困线测算

本节以国家统计局公布的 2002—2012 年全国城镇住户调查分组数据，测算出了 2002—2011 年全国城镇零储蓄基本自然贫困线。这里有两点需要说明：一是之所以选择 2002—2012 年的全国城镇住户调查分组数据，是因为 2002 年以前的城镇住户调查数据口径不同，缺乏可比性；另外，2013 年及以后国家实行城乡一体化住户调查方式改革，调查数据口径也有所不同(关于城乡一体化住户调查方式改革后的自然贫困线问题，我们将在第十一章进行专题讨论)。二是 2012 年的零分位点处的全国城镇居民人均可支配收入(x_0 = 5988 元)，大于零分位点处的全国城镇居民人均消费支出(y_0 =5893 元)，不满足居民零储蓄收支相抵点的存在条件 $y_0 > x_0$ ，所以 2012 年全国城镇零储蓄点基本自然贫困线不存在(这是否是一个关于中国城镇贫困阶段发生变化的重要信息？本章第三节将作进一步分析）。

一、全国城镇居民收入-消费 GQ 模型回归参数

本书第五章的表 5-3，给出了国家统计局公布的 2002—2012 年全国城镇居民住户调查分组的户均人口和人均消费支出截面数据，在此基础上我们建立了全国城镇居民人均消费 GQ 回归模型并计算出相关参数（见表 5-4）。本节中表 8-1 给出了国家统计局公布的 2002—2012 年全国城镇居民住户调查分组的人均可支配收入截面数据。

应用 SPSS 统计分析软件，我们采用最小二乘法（OLS）对表 5-3、表8-1 中的数据进行线性回归估计，以确定各年度全国城镇居民人均可支配收入广义二次洛伦兹曲线 GQ 模型的回归系数 a、b、c，并对回归估计结果进行拟合优度 R^2、t 值和 F 值的检验分析。回归估计结果及各年度人均纯收入和人均消费期望值（现价）见表 8-2。表 8-2 中的数据说明，GQ 模型拟合优度很高，调和 R^2 均达到 0.9999 以上，t 值和 F 值均达到 1%显著性水平。

表 8-1　**2002—2012 年全国城镇居民人均可支配收入分组截面数据**

单位：元/年

年份	最低收入户 10%	低收入户 10%	中等偏下户 20%	中等收入户 20%	中等偏上户 20%	高收入户 10%	最高收入户 10%
2002	2409	3649	4932	6657	8870	11773	18996
2003	2590	3970	5377	7279	9763	13123	21837
2004	2826	4429	6024	8167	11057	14971	25377
2005	3135	4885	6711	9190	12603	17203	28773
2006	3569	5541	7554	10270	14049	19069	31967
2007	4210	6505	8901	12042	16386	22234	36785
2008	4754	7363	10196	13984	19254	26250	43614
2009	5253	8162	11244	15400	21018	28387	46826
2010	5948	9285	12702	23189	17224	31044	51432
2011	6876	10672	14498	19545	26420	35579	58842
2012	8215	12489	16761	22419	29814	39605	63824

数据来源：国家统计局相关年度《中国统计年鉴》、《中国住户调查年鉴》。

表 8-2　**2002—2012 年全国城镇居民收入 GQ 回归模型参数估计值汇总表**

年份	指标	GQ 回归模型参数估计与特征值					
		a	*b*	*c*	调整 R^2	*F* 值	期望值 μ_x
2002	系数值	0.9771	−1.4051	0.1730	0.999997	1008563	7460
	标准误	0.003	0.009	0.006			
	t 值	368.834	−152.947	30.920			
2003	系数值	0.9564	−1.3660	0.1718	0.999995	531333	8296
	标准误	0.004	0.013	0.007			
	t 值	272.051	−107.362	23.281			
2004	系数值	0.9491	−1.3431	0.1665	0.999991	263013	9412
	标准误	0.005	0.018	0.010			
	t 值	194.685	−74.579	16.543			
2005	系数值	0.9584	−1.2685	0.1910	0.999988	193558	10637
	标准误	0.006	0.022	0.012			
	t 值	170.760	−57.443	15.969			
2006	系数值	0.9530	−1.2920	0.1885	0.999983	134414	11885
	标准误	0.007	0.026	0.015			
	t 值	139.818	−48.784	12.877			
2007	系数值	0.9582	−1.3121	0.1858	0.999987	179813	13822
	标准误	0.006	0.023	0.013			
	t 值	160.963	−57.728	14.561			
2008	系数值	0.9689	−1.2671	0.1920	0.999991	286713	16054
	标准误	0.005	0.018	0.010			
	t 值	209.57	−69.671	19.495			
2009	系数值	0.9774	−1.2930	0.1899	0.999993	346341	17523
	标准误	0.004	0.016	0.009			
	t 值	227.618	−79.126	20.961			
2010	系数值	0.9716	−1.3624	0.1675	0.999994	463552	19466
	标准误	0.004	0.013	0.008			
	t 值	258.205	−101.109	21.701			
2011	系数值	0.9573	−1.3383	0.1793	0.999988	211141	22229
	标准误	0.006	0.021	0.012			
	t 值	172.357	−64.581	15.155			

续表

年份	指标	GQ 回归模型参数估计与特征值					
		a	b	c	调整 R^2	F 值	期望值 μ_x
2012	系数值	0.9671	−1.3953	0.1795	0.999995	480498	25068
	标准误	0.004	0.014	0.008			
	t 值	251.180	−102.642	21.638			

回归系数 a、b、c 确定后(见表 8-2)，根据表 4-1 中的相关公式，计算出全国城镇居民收入广义二次洛伦兹曲线 GQ 模型的相关参数值，如 e、m、n、r，以及 s_1、s_2等，从而为测算自然贫困线和计算基尼系数 Gini 及 FGT 贫困指数作准备。

二、零分位人均收入与人均消费比较

将各年度城镇居民收入 GQ 模型相关参数 b、e、n 和收入期望值 μ_x 代入公式(4-10)、(4-37)，计算得到各年度城镇居民收入累积分布函数 $F(x)=p=0$ 时的人均收入分位数函数 x_0，即各年度城镇居民零分位底线人均收入 x_0，并与表 5-3 中的各年度城镇居民零分位底线人均消费支出 y_0 进行比较，看是否满足 $y_0 > x_0$ 或满足 $\frac{y_0}{x_0} > 1$，即看是否满足零储蓄收支相抵点存在的条件(见表 8-3)。

表 8-3　　全国城镇居民零分位底线消费与底线收入比较

年 份	零分位底线人均可支配收入(元/年)	零分位底线人均消费支出(元/年)	y_0 与 x_0 比较	差值	消费倾向
	x_0	y_0		y_0-x_0	$\frac{y_0}{x_0}$
2002	1733	1855	$y_0 > x_0$	122	1.07
2003	1870	2014	$y_0 > x_0$	144	1.08
2004	2029	2206	$y_0 > x_0$	177	1.09
2005	2306	2399	$y_0 > x_0$	93	1.04
2006	2637	2696	$y_0 > x_0$	242	1.10
2007	3087	3239	$y_0 > x_0$	597	1.23

续表

年份	零分位底线人均可支配收入（元/年）	零分位底线人均消费支出（元/年）	y_0 与 x_0 比较	差值	消费倾向
	x_0	y_0		$y_0 - x_0$	$\frac{y_0}{x_0}$
2008	3448	3661	$y_0 > x_0$	831	1.29
2009	3806	3968	$y_0 > x_0$	951	1.32
2010	4197	4237	$y_0 > x_0$	1032	1.32
2011	4993	5371	$y_0 > x_0$	378	1.08
2012	5988	5893	$y_0 < x_0$	−95	0.98

由表8-3可看出，除2012年以外，2002—2011年均满足 $y_0 > x_0$ 或 $\frac{y_0}{x_0} > 1$ 的零储蓄收支相抵点存在的条件。也就是说，对2002—2011年各年度的城镇居民收入-消费分位数函数，采用迭代法可以测算出它们的收支相抵均衡点处的消费值(或收入值)。

三、收入-消费均衡值测算与长期趋势拟合

应用第四章介绍的复合迭代法，我们计算出了2002—2011年全国城镇居民零储蓄点人均可支配收入与人均消费支出均衡值 $x_s = y_s$ 时间序列，并在此基础上计算了均衡值的一阶差分 $x_{t+1} - x_t$。由表8-4、图8-1可看出，收入-消费均衡值序列波动较大，尤其在2005年出现了一阶差分为负值的情况，所以，不能直接采用 x_s 作为零储蓄自然贫困线。于是，需要对收入-消费均衡值 x_s 时间序列进行长期趋势回归拟合估计，并将其估计值作为零储蓄自然贫困线。

采用SPSS统计分析软件，对表8-4中的收入-消费均衡值时间序列进行长期趋势曲线拟合，分别得到三个曲线(线性、二次曲线和指数曲线)回归模型及参数估计值输出结果(见表8-5)。

比较表8-5中的三个模型，指数曲线模型拟合优度最高（R^2 = 0.9465)。因此，我们确定2002—2011年全国城镇居民零储蓄点收入-消费均衡值时间序列长期趋势由指数曲线回归模型来表达：

$$x_s^* = y_s^* = 1990.734\, e^{0.097t} \quad (8\text{-}1)$$

表 8-4 **2002—2011 年全国城镇居民零储蓄收入-消费均衡值长期趋势(基本自然贫困线)估计** 单位：元/年

年份	年度 t	城镇居民零储蓄点人均收入-人均消费均衡值	一阶差分	收入-消费均衡值长期趋势(基本自然贫困线)估计值
		$x_s = y_s$	$x_{t+1} - x_t$	$z_s^* = x_s^* = y_s^*$
2002	1	2245		2193
2003	2	2458	213	2416
2004	3	2822	364	2661
2005	4	2778	−44	2931
2006	5	2885	106	3229
2007	6	3657	772	3556
2008	7	4099	443	3917
2009	8	4256	157	4315
2010	9	4309	53	4753
2011	10	5817	1508	5236

表 8-5 **全国城镇居民零储蓄收入-消费均衡时间序列长期趋势曲线拟合 SPSS 输出结果**

长期趋势拟合曲线模型	R^2	F 值	回归模型参数估计值		
			β_0	β_1	β_2
线性模型	0. 8964	69. 212	1632. 267	345. 515	
二次曲线	0. 9408	55. 660	2301. 350	10. 973	30. 413
指数曲线	0. 9465	141. 658	1990. 734	0. 097	

将表 8-4 中的年度 $t=1, 2, \cdots$，分别代入回归模型(8-1)，我们得到各年度 t 的全国城镇居民零储蓄点收入-消费均衡值时间序列长期趋势回归估计值 $x_s^* = y_s^*$，并绘制出了长期趋势回归估计值拟合曲线(见图 8-1)。根据 $z_s^* = y_s^*$ 的定义，表 8-4 中的长期趋势回归估计值 y_s^* 就是我们所得到的零储蓄点自然贫困线 z_s^* 阈值。

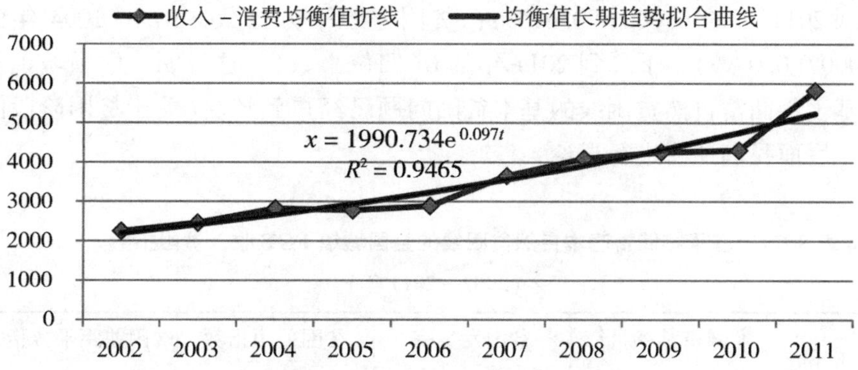

图 8-1　全国城镇居民零储蓄收入-消费均衡值趋势拟合

第二节　中国城镇贫困变化趋势及阶段分析

本节对中国城镇贫困变化趋势的分析，是建立在上一节测算出的"零储蓄"动态自然贫困线基础之上的，重点讨论了以下四个问题：(1)全国城镇 2002—2011 年 FGT 收入贫困指数变化趋势；(2)全国城镇收入贫困人口规模变化；(3)城镇居民零分位底线消费(自然低保标准)与零储蓄基本生活消费(基本自然贫困线)"两线合一"趋势分析；(4)基于"2+1"贫困线体系的中国城镇贫困进入相对贫困阶段的量化判断问题。

一、全国城镇 FGT 贫困指数变化趋势

我们以表 8-4 中的全国城镇居民零储蓄收入-消费均衡值长期趋势估计值作为自然贫困线 z_s^*，在计算各年度全国城镇居民人均可支配收入广义二次洛伦兹曲线 GQ 模型及相关参数基础上，应用表 4-1 中的 FGT 贫困指数公式，估算出了 2002—2011 年全国城镇收入贫困发生率 H、贫困差距指数 PG、贫困差距平方指数 SPG(见表 8-6、图 8-2)。

表 8-6 和图 8-2 显示，2002—2011 年间，尽管全国城镇居民零储蓄收入-消费均衡值长期趋势估计值(基本自然贫困线) z_s^* 呈指数增长态势(指数曲线方程见式(8-1))，但收入贫困发生率 H、贫困差距指数 PG 和贫困差距平方指数 SPG 均呈现波动下降趋势。三个收入贫困指数，在 2002—2004 年间出现单调上升(2004 年达到峰值)，2004—2011 年间出现单调下降。其中，贫困发生率 H 由 2004 年的 0. 0392(3. 92%)，下降到 2011 年

的0.0062(0.62%)；贫困差距指数PG由2004年的0.0045(0.45%)，下降到2011年的0.0001(0.01%)；贫困差距平方指数SPG由2004年的0.0007(0.07%)，下降到2011年的0(四位小数)。这说明，中国城镇居民基于零储蓄自然贫困线的基本贫困问题已经得到解决(关于贫困阶段问题，后面我们还将进行讨论)。

表8-6 基于零储蓄基本自然贫困线的全国城镇FGT收入贫困指数(2002—2011年)

年份	零储蓄基本自然贫困线 z_s^*（元）	贫困发生率 H	贫困差距指数 PG	贫困差距平方指数 SPG
2002	2193	0.0347	0.0036	0.0005
2003	2416	0.0382	0.0042	0.0006
2004	2661	0.0392	0.0045	0.0007
2005	2931	0.0372	0.0039	0.0006
2006	3229	0.0308	0.0028	0.0003
2007	3556	0.0204	0.0013	0.0001
2008	3917	0.0180	0.0011	0.0001
2009	4315	0.0175	0.0010	0.0001
2010	4753	0.0157	0.0009	0.0001
2011	5236	0.0062	0.0001	0.0000

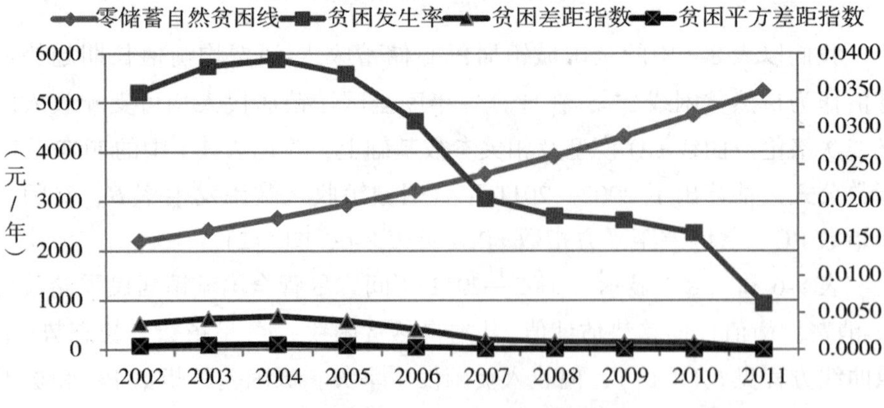

图8-2 全国城镇FGT收入贫困指数变化趋势(2002—2011年)

二、全国城镇贫困人口规模测算

表 8-7 给出了国家统计局《中国统计年鉴 2015》公布的 2002—2011 年全国城镇常住人口数量，同时还给出了本研究基于零储蓄基本自然贫困线所测算出来的贫困发生率及全国城镇收入贫困人口规模。数据显示，全国城镇收入贫困人口数量由 2004 年的 2125 万人下降至 2011 年的 431 万人(见图 8-3)。

也许有人会提出疑问，为什么测算出来的全国城镇贫困人口比城镇低保人口(如 2011 年全国城市低保人口为 2276. 8 万人)还要少？当然，我们不能说城市吃低保的人口中究竟有多少是不符合政策条件的“水分人口”。但我们可以解释说，政府公布的城镇低保人口与测算出来的城镇贫困人口是两个不同统计口径的人口。低保人口是其家庭市场收入不足以保障家庭成员基本生活且纳入政府低保救助对象并获得低保资助的困难居民；而某年度的城镇贫困人口是指居民的各项可支配收入(包括获得的政府再分配转移支付收入)低于贫困线的困难居民。我们知道，国家统计部门的城镇居民住户调查分组数据中的“居民人均可支配收入”，包括已获得的政府再分配转移支付收入(含包括低保金在内的各种社会保障收入)，并不是单指居民的市场收入。一部分低保人口通过政府“托底”获得低保资助后，其可支配收入水平越过了贫困线。在此情况下，测算出来的贫困人口比低保人口要少，是符合事物内在逻辑的。我国政府这些年来高度重视民生，加大了财政转移支付，使生活在贫困线下的城镇贫困人口大大减少。这是我国政府不断推进城镇减贫事业所取得的重要成效，从而使测算出来的全国城镇贫困人口数量比城镇低保人口数量要少一些。

表 8-7　基于零储蓄基本自然贫困线的全国城镇贫困人口规模测算(2002—2011 年)

年 份	全国城镇常住人口(万人)	贫困发生率 H(%)	全国城镇贫困人口(万人)
2002	50212	3. 47	1742
2003	52376	3. 82	2002
2004	54283	3. 92	2125
2005	56212	3. 72	2092
2006	58288	3. 08	1798

续表

年 份	全国城镇常住人口（万人）	贫困发生率 H（%）	全国城镇贫困人口（万人）
2007	60633	2.04	1235
2008	62403	1.80	1125
2009	64512	1.75	1129
2010	66978	1.57	1055
2011	69079	0.62	431

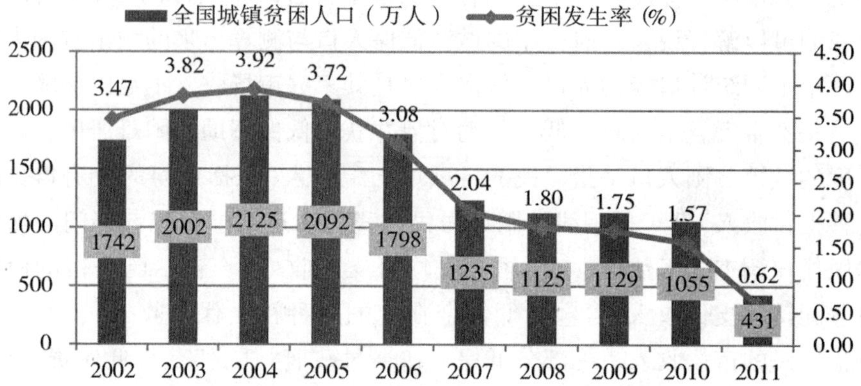

图 8-3 基于零储蓄自然贫困线全国城镇贫困人口下降趋势(2002—2011 年)

三、城镇贫困“两线合一”趋势分析

据第三章第四节，“两线合一”是指基于居民消费分位函数的零储蓄基本自然贫困线阈值 z_s^* ，与零分位底限自然贫困线阈值 z_0^* 趋于相等或相等。“两线合一”也意味着收入零分位点 x_0 、消费零分位点 y_0 和收支均衡零储蓄点 y_s 的“三点重合”。“两线合一”和“三点重合”，是社会经济发展和人民生活水平提高的结果，也是一个社会的绝对贫困和基本贫困被消除的重要标志之一。不过，是否真正实现稳定的“两线合一”，不能仅凭一、两年短期数据来作出判断，需要多年的后续观察与分析来加以验证。

由前面讨论可知，2002—2011 年间，尽管全国城镇居民零储蓄基本自然贫困线 z_s^* 由 2002 年的 2193 元增加到 2011 年的 5236 元，增长了 1.39 倍，但贫困发生率却由 2002 年的 0.0347(3.47%)下降到 2011 年的 0.0062(0.62%)，也就是说收支均衡点的贫困发生率接近 0(零分位数)。

这说明，在 2011 年，中国城镇居民的零储蓄基本自然贫困线与零分位底限自然贫困线在阈值上几乎相等，两线几乎“合二为一”。这属于偶然现象还是属于一种长期趋势？

表 8-8 和图 8-4 比较清楚地说明了 2002—2013 年的全国城镇“两线合一”趋势。从差值曲线呈指数下降趋势看，2002 年，零储蓄自然贫困线 z_s^* 比零分位自然贫困线 z_0^* 高出 431 元；而 2012 年只多出 29 元；但到 2013 年 z_s^* 反而比 z_0^* 低 105 元，即−105 元(2013 年为趋势预测值)。零分位自然贫困线 z_0^* 与零储蓄自然贫困线 z_s^* 逐年靠拢，并在 2012—2013 年期间出现相交点。这似乎告诉我们，经过 11 年多时间实现了“两线合一”。

“两线合一”趋势及时间进程，可以通过对两个自然贫困线曲线拟合方程进行比较和测算分析得出。2002—2012 年全国城镇零分位贫困线 z_0^* 拟合方程是第五章公式(5-7)：

$$z_0^* = 1567.155\, e^{0.118t}$$

而 2002—2011 年全国城镇零储蓄贫困线 z_s^* 的拟合方程是公式(8-1)：

$$z_s^* = 1990.734\, e^{0.097t}$$

比较这两个方程，零分位贫困线的增长指数是 $0.118t$，而零储蓄贫困线的增长指数是 $0.097t$，这说明零分位贫困线阈值的增长速度比零储蓄贫困线阈值要快。令上述两方程相等并两边取对数，可求出 $t = 11.4$ (年)。也就是说，从 2002 年算起，“两线合一”的时间是 11.4 年。事实上，表 8-8 中的数据和图 8-4 中的趋势，已经证明了这一计算结果。

表 8-8　　**全国城镇零储蓄、零分位自然贫困线阈值及差值**

(2002—2012 年)　　单位：元/(人・年)

年份		零分位自然贫困线	零储蓄自然贫困线	差值
t		z_0^*	z_s^*	$z_s^* - z_0^*$
2002	1	1763	2193	429
2003	2	1984	2416	431
2004	3	2233	2661	428
2005	4	2512	2931	419
2006	5	2827	3229	401
2007	6	3181	3556	375

续表

年 份		零分位自然贫困线	零储蓄自然贫困线	差值
t		z_0^*	z_s^*	$z_s^* - z_0^*$
2008	7	3580	3917	338
2009	8	4028	4315	287
2010	9	4532	4753	221
2011	10	5100	5236	136
2012	11	5739	5767	29

说明：2012 年的零储蓄自然贫困线根据长期趋势拟合曲线方程预测。

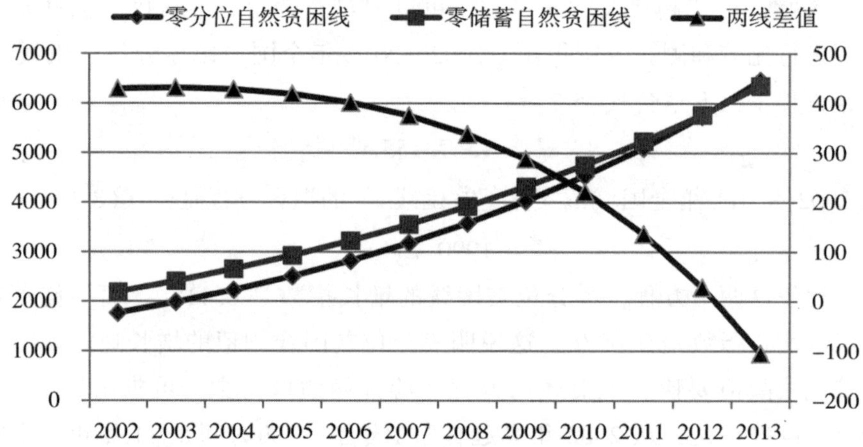

图 8-4 全国城镇“两线合一”与差值趋势(2002—2013 年，单位：元)

前面我们谈到，“两线”是否真正实现稳定的“合一”，不能仅凭一、两年短期数据来作出判断，需要进行多年的后续观察与分析。所以，我们不能仅凭 2012 年数据就断言我国城镇“双零”自然贫困线就已经稳定实现“两线合一”了。至于 2013—2015 年是否延续着“两线合一”的趋势，我们将在第十一章单独进行讨论(因为 2013—2015 年的国家住户调查数据统计口径与 2002—2012 年不一样)。

四、中国城镇贫困处于相对贫困阶段的量化判断

社会上一直有一种说法：中国城镇贫困问题主要是相对贫困问题，早已处于相对贫困阶段。但是，人们会进一步问，说中国城镇贫困问题主要是相对贫困问题，或者说中国城镇贫困早已处在相对贫困阶段，其量化根

据是什么？现在，我们有了自然贫困线和基于自然贫困线的“2+1”贫困线体系，我们就可以对这一问题作出分析和回答。

事实上，以上分析的全国城镇自然贫困线“两线合一”趋势，已经说明了这个问题，因为“两线合一”意味着绝对贫困发生率和基本贫困发生率均很小，或趋于0。显然，在此情况下，全国城镇贫困问题主要是相对贫困问题了，而不是基本贫困问题，更不是绝对贫困问题。为了进一步说明我国城镇贫困处于相对贫困阶段，下面我们应用第三章第四节关于“2+1”贫困线体系的贫困阶段判断方法，作进一步的量化分析。分析的思路是对三条贫困线的贫困发生率进行比较，并依据贫困消除和基本消除的“门槛值”作出贫困阶段的量化判断。

根据表5-3的2002—2011年的全国城镇底线趋势估计值即底限自然贫困线 z_0^* ，我们测算出了基于“零分位”底限自然贫困线 z_0^* 的2002—2011年全国城镇收入贫困FGT指数(见表8-9)。同时，表8-6给出了基于“零储蓄”基本自然贫困线 z_s^* 的2002—2011年全国城镇收入贫困FGT指数。另外，根据表4-1中的公式，我们估算出了2002—2012年期间各年度全国城镇居民 $p=50\%$ 点处的中位数收入，以及中位数收入的一半的相对贫困线阈值，并由此测算出了基于相对贫困线的FGT贫困指数(见表8-10)。

表8-9　**基于零分位底限自然贫困线的全国城镇FGT收入贫困指数（2002—2011年）**

年份	零分位底限自然贫困线 z_0^*（元）	贫困发生率 H (%)	贫困差距指数 PG (%)	贫困平方差距指数 SPG (%)
2002	1763	0.22	0.00	0.00
2003	1984	0.76	0.02	0.00
2004	2233	1.21	0.05	0.00
2005	2512	1.19	0.05	0.00
2006	2827	0.96	0.03	0.00
2007	3181	0.40	0.01	0.00
2008	3580	0.50	0.01	0.00
2009	4028	0.75	0.02	0.00
2010	4532	0.94	0.03	0.00
2011	5100	0.27	0.00	0.00

表 8-10　　基于相对贫困线的全国城镇 FGT 收入贫困指数（2002—2012 年）

年 份	P=50% 中位数收入（元）	相对贫困线（中位数收入 1/2）（元）	贫困发生率 H（%）	贫困差距指数 PG（%）	贫困平方差距指数 SPG（%）
2002	6371	3186	12.41	2.67	0.79
2003	6985	3493	12.80	2.81	0.84
2004	7852	3926	13.26	3.02	0.94
2005	8797	4399	13.85	3.14	0.97
2006	9867	4934	13.45	2.98	0.90
2007	11535	5768	13.30	2.93	0.89
2008	13304	6652	14.01	3.22	1.01
2009	14630	7315	13.81	3.15	0.98
2010	16400	8200	13.30	3.06	0.97
2011	18360	9180	12.57	2.72	0.80
2012	21358	10679	12.16	2.52	0.72

基于三条贫困线（底限自然贫困线、基本自然贫困线和相对贫困线）的 2002—2012 年全国城镇贫困发生率变化趋势见图 8-5。根据第三章第四节提出的关于贫困消除“门槛值”（ $H < 2\%$ ）、基本消除“门槛值”（ $H <$

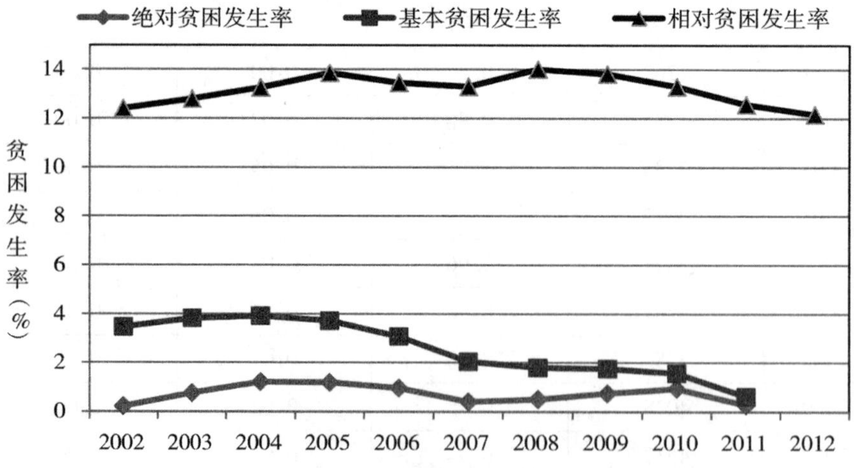

图 8-5　2002—2012 年全国城镇三类贫困变化趋势

5%）和贫困阶段变化判断依据和方法，我们对表 8-9、表 8-6、表 8-10 中的全国城镇三类贫困（绝对贫困、基本贫困、相对贫困）的贫困发生率 H 依次进行分析，得出的初步结论是：

1. 2002—2011 年，全国城镇以底限自然贫困线 z_0^* 为衡量标准的绝对贫困发生率均低于 2%，这意味着至少是自 2002 年以来（当然，这一时间有可能追溯得更早一些），全国城镇的绝对贫困已经消除。

2. 2002—2007 年，全国城镇以基本自然贫困线 z_s^* 为衡量标准的基本贫困发生率均低于 5%（实际上均低于 4%），这意味着这一期间全国城镇的基本贫困已基本消除。而到了 2008—2011 年，全国城镇的基本贫困发生率均低于 2%，这意味着这一期间全国城镇的基本贫困已经消除。也就是说，2002—2011 年，全国城镇的基本贫困先是基本消除，然后是消除。这意味着至少是自 2002 年开始（当然，这一时间有可能追溯得更早一些），全国城镇的贫困阶段已转入相对贫困阶段。

3. 2002—2012 年，以相对贫困线（p = 50% 中位数收入一半）为衡量标准的全国城镇相对贫困发生率一直在 12%~14%内波动，且从 2008 年开始呈逐年下降趋势，从 14.01%下降至 2012 年的 12.16%。但从这一数值来看，消除相对贫困乃是我国城镇减贫的主要任务。

4. 基于以上三点，可得出以下初步结论：随着我国经济发展和城镇社会保障制度的逐步建立与不断完善，城镇绝对贫困和基本贫困问题已经消除，我国现阶段城镇贫困问题的基本面是相对贫困问题，即我国现阶段的城镇贫困处在相对贫困阶段。

第九章　基于自然贫困线的 FGT 指数变动分解

对 FGT 贫困指数(包括贫困发生率、贫困距指数、贫困距平方指数)进行变动分析，主要是对影响 FGT 贫困指数变动的因素所做贡献进行分解。通常，人们在假定贫困线 z 固定不变的情况下，主要对收入增长 μ 和收入分配 $L(p)$ 这两个因素的贡献进行分解，却很少有关于三因素(增长 μ、分配 $L(p)$ 和贫困线 z)对 FGT 贫困指数变动贡献分解的文献报道。有了自然贫困线，我们就可以探索对 FGT 贫困指数变动进行三因素贡献分解分析。本章在回顾两因素分解法演进历程的基础上，较详细介绍了沙普利值分解原理和方法，对 FGT 贫困指数变动二因素、三因素沙普利值分解进行了模式化处理。同时，还实证了我国城镇基于自然贫困线的 FGT 贫困指数变动三因素分解。最后，讨论了贫困指数变动空间向量全投影分解方法。

第一节　贫困指数变动两因素分解法的演进

FGT 贫困指数 $p(\alpha)$ 公式，是 1984 年 Foster、Greer 和 Thorbecke 三人合作在一篇研究论文中提出来的。由此，对 FGT 贫困指数的变动分析，从 20 世纪 80 年代末 90 年代初就开始了。之所以开展对影响 FGT 贫困指数 $p(\alpha)$ 变动两因素(增长 μ 和分配 $L(p)$)的贡献分解分析，是为了测量在一个给定时期，一国或一地区贫困程度变化，究竟与社会平均收入 μ 的变化和居民收入分配不平等程度 $L(p)$ 的变化有多大的关系，它们各自对 $p(\alpha)$ 的变化值 Δp 作出了多大贡献。进行这一量化分解分析的最终目的是改进和完善宏观经济政策和政府再分配政策，以促进有利于穷人的增长提供决策参考依据。

一、FGT 贫困指数函数的可分解性

当贫困人口收入 x 为离散随机变量时，FGT 贫困指数函数的一般数学表达式为：

$$P(\alpha) = \frac{1}{N}\sum_{i=1}^{q}\left(\frac{z - x_i}{z}\right)^{\alpha} \tag{9-1}$$

当贫困人口收入 x 为连续随机变量时，FGT 贫困指数函数的一般数学表达式为：

$$P(\alpha) = \int_0^z \left(\frac{z - x}{z}\right)^{\alpha} f(x)\,\mathrm{d}x \tag{9-2}$$

在上两式中，z 是贫困线，$f(x)$ 是贫困人口的收入-人口分布概率密度函数，α 是特征指数。当 α=0 时，$P(\alpha)$ 表示的是贫困发生率 $P(0) = H$；当 α=1 时，$P(\alpha)$ 表示的是贫困距指数 $P(1)$ = PG；当 α=2 时，$P(\alpha)$ 表示的是贫困距平方指数 $P(2)$ = SPG。

不难理解，FGT 贫困指数公式(9-1)和公式(9-2)都是可加性函数式。公式(9-1)直接采用了加总运算形式，公式(9-2)采用了定积分运算形式，而定积分的几何意义本身就是被积分面积的加总。由于 FGT 贫困指数函数是可加性函数，所以具有可分解性。而可加性和可分解性，正是沙普利值分解成立的公理条件之一(见本章第二节公理条件之三)。

虽然有了 FGT 贫困指数函数 $P(\alpha)$ 一般表达式(9-2)，但该式不能直接用来测算一国或一地区的 FGT 贫困指数。因为我们并不知道一国或一地区居民收入随机变量的概率密度函数 $f(x)$，究竟是何具体数学形式。为解决这一问题，经济学家们利用分布函数(或分位数函数)与洛伦兹曲线函数 $L(p)$ 之间的内在关系，将 FGT 贫困指数函数 $P(\alpha)$ 公式(9-2)转化为基于洛伦兹曲线分布函数 $L(p)$ 的表达方式：

$$P(\alpha) = \int_0^H \left(1 - \frac{\mu}{z}L'(p)\right)^{\alpha} \mathrm{d}p \tag{9-3}$$

显然，在新的 FGT 贫困指数函数 $P(\alpha)$ 公式(9-3)中，当 α 分别设定为 $\alpha = 0$，1，2 时，$P(\alpha)$ 是自变量社会平均收入 μ、收入不平等洛伦兹曲线 $L(p)$（简写成“L”)和贫困线 z 的函数。于是，公式(9-3)可表达成以下最一般的函数形式：

$$P(\alpha) = P(\mu,\ L,\ z) \tag{9-4}$$

根据贫困指数变动分析需要，我们将公式(9-4)的三个自变量 μ，L，z 分别标注下标 i，j，k，即 μ_i，L_j，z_k。同时，也给 $P(\alpha)$ 或 P 标注下标，

即 P_{ijk}。于是有：

$$P_{ijk} = P(\mu_i, L_j, z_k) \tag{9-5}$$

设定下标 i，j，k 是为了标记变量取值的时间，当 i，j，k 分别取 0 时，表示是基期 $t=0$ 的变量值；当 i，j，k 分别取 1 时，表示是末期 $t=1$ 的变量值。

当假定在一定时期内贫困线 z 固定不变（等于常数）时，公式(9-5)就是一个两因素表达形式：

$$P_{ij} = P(\mu_i, L_j) \tag{9-6}$$

那么，$t=0$ 基期的两因素贫困指数 P 为：

$$P_{00} = P(\mu_0, L_0) \tag{9-7}$$

而 $t=1$ 末期的两因素贫困指数 P 为：

$$P_{11} = P(\mu_1, L_1) \tag{9-8}$$

于是，在 $t=0$ 至 $t=1$ 期间，人们将两因素贫困指数变动 ΔP 定义为：

$$\Delta P = P_{11} - P_{00} = P(\mu_1, L_1) - P(\mu_0, L_0) \tag{9-9}$$

人们十分关注的是，对于 $t=0$ 至 $t=1$ 期间贫困指数变动值 ΔP，μ 和 L 各作出了多少贡献，即当收入水平由 $\mu_0 \to \mu_1$ 的变化，以及当收入不平等由 $L_0 \to L_1$ 的变化，它们各自为 ΔP 作出了多少贡献？这就需要寻找一个科学合理的方法，将收入 μ 的变化对 ΔP 所作的贡献（记为 ΔP_μ）和收入分配 L 的变化对 ΔP 所作的贡献（记为 ΔP_L）全部分解出来，并使下式成立：

$$\Delta P = \Delta P_\mu + \Delta P_L \tag{9-10}$$

如果上式满足或成立，则称为完全分解，因为它不存在余项或残差项。否则，就是一种不完全分解。

二、两因素分解法的演进

为寻找科学合理的贫困指数变动两因素分解方法，国际学术界从 20 世纪 90 年初就开始进行了不懈探索。经过多年努力和不断完善，其分解方法已经模式化、规范化。具体来说，主要有两种分解思路和方法：一是变量假想控制分解法；二是沙普利值分解法。这两种方法反映了贫困指数变动分解的两个阶段。

（一）变量假想控制分解法

1990 年，Kakwani and Subbarao 提出了以下贫困指数两因素分解公式：

$$\Delta P_\mu = P(\mu_1, L_0) - P(\mu_0, L_0) = P_{10} - P_{00} \tag{9-11-a}$$

$$\Delta P_L = P(\mu_1, L_1) - P(\mu_1, L_0) = P_{11} - P_{10} \tag{9-11-b}$$

这一分解思路是：(1)假想控制 L 保持基期值 L_0 不变，那么收入由 $\mu_0 \to \mu_1$ 增长部分对 ΔP 的贡献是 $\Delta P_\mu = P_{10} - P_{00}$。(2)假想控制 μ 保持末期值 μ_1 不变，那么分配由 $L_0 \to L_1$ 变动对 ΔP 的贡献是 $\Delta P_L = P_{11} - P_{10}$。于是，由(9-10)式得到：

$$\Delta P = (P_{10} - P_{00}) + (P_{11} - P_{10}) \tag{9-12}$$

1990 年，Jain and Tendulkar (1990)提出了另一种贫困指数两因素分解方法。

$$\Delta P_\mu = P(\mu_1, L_1) - P(\mu_0, L_1) = P_{11} - P_{01} \tag{9-13-a}$$

$$\Delta P_L = P(\mu_0, L_1) - P(\mu_0, L_0) = P_{01} - P_{00} \tag{9-13-b}$$

即：

$$\Delta P = (P_{11} - P_{01}) + (P_{01} - P_{00}) \tag{9-14}$$

这一分解结果表示：(1)假想控制 L 保持末期值 L_1 不变，那么收入由 $\mu_0 \to \mu_1$ 增长部分对 ΔP 的贡献是 $\Delta P_\mu = P_{11} - P_{01}$。(2)假想控制 μ 保持基期值 μ_0 不变，那么分配由 $L_0 \to L_1$ 变动对 ΔP 的贡献是 $\Delta P_L = P_{01} - P_{00}$。

仔细对比式(9-12)和式(9-14)，不难发现这两个分解式的假想控制变量的时期值正好是相反或对称的。就增长部分而言，前者将 L 保持基期值 L_0 不变，后者将 L 保持末期值 L_1 不变；就分配部分而言，前者将 μ 保持末期值 μ_1 不变，后者将 μ 保持基期值 μ_0 不变。这说明，分解式(9-12)和分解式(9-14)是互补的，即互为对方的未完全分解部分(在本章附录我们将用贫困指数空间向量投影分解来说明这一点)。

Jain and Tendulkar (1990)原本提出的 ΔP 分解式是两个公式：

$$\Delta P = G_{ij} + I_{ij}^* \tag{9-15-a}$$

或

$$\Delta P = G_{ij}^* + I_{ij} \tag{9-15-b}$$

并设

$$G_{ij}^* = P_{11} - P_{01} \tag{9-16-a}$$

$$I_{ij}^* = P_{11} - P_{10} \tag{9-16-b}$$

而 Jain and Tendulkar (1990)推出的式(9-14)实质上是公式(9-15-b)。其推导过程如下(引自 Kakwani(2000))：

将式(9-9) $\Delta P = P_{11} - P_{00}$ 和式(9-16-a)代入式(9-15-b)，解出：

$$I_{ij} = \Delta P - G_{ij}^* = P_{01} - P_{00} \tag{9-17}$$

再将式(9-16-a)和式(9-17)代入式(9-15-b)，便得到分解公式(9-14)。

如果我们用同样方式推导(9-15-a)式，可得到 Kakwani 和 Subbarao (1990)提出的分解式(9-12)。将式(9-9) $\Delta P = P_{11} - P_{00}$ 和式(9-16-b)代入式(9-15-a)，解出：

$$G_{ij} = \Delta P - I_{ij}^{*} = P_{10} - P_{00} \qquad (9\text{-}18)$$

再将式(9-16-b)和式(9-18)代入式(9-15-a)，便得到式(9-12)。

可见，式(9-15-a)就是式(9-12)，式(9-15-b)就是式(9-14)。这是两个互补的分解式。最后，将这二者统一合并的仍然是 Kakwani(2000)。

由于式(9-12)和式(9-14)都不是完全分解，也就是说这两式中的 ΔP_{μ} 和 ΔP_{L} 都不是很"纯"，还夹杂着其他待分解部分。1992 年 Datt 和 Ravallion 提出了另一种带残差余项 R 的分解方式①：

$$\Delta P = \Delta P_{\mu} + \Delta P_{L} + R \qquad (9\text{-}19)$$

其中，增长部分 ΔP_{μ} 定义为，在假定分配 L 保持为基期状态 L_0 不变的情况下，收入 μ 由 $\mu_0 \to \mu_1$ 时对 ΔP 所产生的影响：

$$\Delta P_{\mu} = P(\mu_1,\ L_0) - P(\mu_0,\ L_0) = P_{10} - P_{00} \qquad (9\text{-}20)$$

分配部分 ΔP_{L} 定义为，在假定收入 μ 保持为基期状态 μ_0 不变情况下，洛伦兹曲线 L 由 $L_0 \to L_1$ 时对 ΔP 所产生的影响：

$$\Delta P_{L} = P(\mu_0,\ L_1) - P(\mu_0,\ L_0) = P_{01} - P_{00} \qquad (9\text{-}21)$$

将式(9-20)和式(9-21)代入式(9-19)得到：

$$\Delta P = (P_{10} - P_{00}) + (P_{01} - P_{00}) + R \qquad (9\text{-}22)$$

R 被解释为收入增长 μ 和收入分配洛伦兹曲线 L 交叉变动而引起的残差部分。

我们将式(9-22)同式(9-12)和式(9-14)进行对比，发现式(9-22)的增长部分就是式(9-12)的增长部分，式(9-22)的分配部分就是式(9-14)的分配部分。显然，式(9-22)只是在式(9-12)和式(9-14)的基础上有选择地进行了简单的综合，未综合部分被纳入 R 残差余项。由于 Datt 和 Ravallion(1992)提出的分解式(9-22)带有残差部分，所以，也没实现真正意义上的完全分解。

采用变量假想控制组合法，最终实现贫困指数两因素完全分解的还是 Kakwani(2000)②。他将前述的具有互补性质的一对"凹凸分解式"进行了合并，将式(9-12)和式(9-14)两边进行加总，得到：

$$2\Delta P = (P_{10} - P_{00}) + (P_{11} - P_{10}) + (P_{11} - P_{01}) + (P_{01} - P_{00})$$

将上式右边增长部分和分配部分进行归类整理，再将等式两边除以 2，最

---

① Datt, Gaurav and Martin Ravallion: "Growth and Redistribution Components of Changes in Poverty Measures: A Decomposition with Applications to Brazil and India in the 1980s", Journal of Development Economics, 1992, No. 38, pp. 275-295.

② Kakwani, N.: "On Measuring Growth and Inequality Components of Poverty with Application to Thailand", Journal of Quantitative Economics, Vol. 16, No. 1, January 2000, pp. 67-79.

后得到了一个无残差的完全分解式：

$$\Delta P = \frac{1}{2}[(P_{10} - P_{00}) + (P_{11} - P_{01})] + \frac{1}{2}[(P_{01} - P_{00}) + (P_{11} - P_{10})] \tag{9-23}$$

上式右边中前一部分是增长的贡献，后一部分是分配的贡献。这一分解结果与采用沙普利值分解法所得到的结果完全一致。式中的 1/2 在沙普利值分解法中被解释为权重，意味着在分解中增长贡献和分配贡献被一视同仁，赋予了同等权重，而二者权重之和正好等于 1。

即使通过变量假想控制组合法人们得到了完全分解式(9-23)，但变量假想控制组合分解法毕竟是一种“试算法”。在自变量因素只有 $n = 2$ 的(简单博弈)情况下，变量假想控制组合法还是可以应付的。但一旦自变量因素为 $n \geqslant 3$ 时，变量假想控制组合法就难以奏效了，尤其关于贡献分解组合的权重系数如何确定，变量假想控制组合法难以给出带规律性的解释。

(二)沙普利值分解法

在贫困指数变动分析领域，对变量假想控制组合法这一陈旧范式进行改革的是 Shorrocks(1999)。Shorrocks 在其一篇研究报告中①，针对 Datt 和 Ravallion(1992)提出的带残差项公式(9-22)，提出引用合作博弈论中的沙普利值分解原理和方法，对贫困指数变动进行完全分解。

Shorrocks 推导出的贫困指数变动两因素沙普利值分解式，正是式(9-23)。式中的 1/2 在沙普利值分解法中被解释为权重，意味着在分解中增长贡献和分配贡献这两部分被一视同仁、同等对待，赋予了同等权重(均为 1/2)，而二者权重之和正好等于 1。

Shorrocks 在研究报告中提出了在经济发展相关领域应用沙普利值分解法的技术框架，不过研究报告没有提及贫困指数变动的三因素 (μ, L, z) 沙普利值分解问题。

也许人们已形成一种思维定式，贫困线 z 在贫困指数变动分析框架中，从来是或应该是假定它固定不变。即使人们有时同时使用几种不同的贫困线来测量、比较贫困指数变动情况，但这些贫困线相对 μ, L 而言，相对贫困指数函数 P 而言，属于收入-消费分布函数的外生变量，是人们

① Shorrocks A. F. “Decomposition Procedures for Distributional Analysis: A Unified Framework Based on the Shapley Value”, University of Essex, 1999.

人工设定后"强加"的，不是真正意义上的自变量。而本书提出的自然贫困线属于收入-消费分布函数的内生变量，具有自然动态性质和自变量特性，从内在逻辑上看，它是可以纳入贫困指数变动三因素（μ，L，z）框架，应用沙普利值法来进行贡献分解分析。

第二节　沙普利值分解原理与模型

沙普利值(Shapley value)是美国数学家、经济学家劳埃德·S. 沙普利于1953年在一篇题为《n 人博弈的值》的著名论文中提出来的。它是用于解决 n 个人合作分配问题的一种数学方法。在 n 个人从事某项经济活动或社会活动时，对于他们之中若干人组合的每一种合作联盟形式，都会产出一定的效益(经济效益或社会效益)。当人们之间的利益活动为非对抗性时，合作联盟中参与人数的增加会引起效益的增加，即产生合作剩余。那么，随之而来的问题是，如何将合作效益在参与人之间进行公平分配，或者说合作参与人对联盟效益所作贡献各是多少？沙普利值方法就是为实现合作效益公平分配的一种优化方案(当然，也可以用于拟定合作费用的公平分摊方案)。它的基本原理和量化方法是，赋予每个合作参与人同等权重并按照每个参与人在合作联盟中的贡献大小进行绩效分配。沙普利值分解规则充分体现了机会均等和结果公平的有机结合，所以是一种公平的分配方案，易于被合作参与各方所接受。

一、基本概念与公平分配问题

对于一个有 n 个人参与的博弈（N，v），参与人的集合用 $N=\{1, 2, \cdots, n\}$ 来表示；N 的任意子集 S 称为一个合作联盟，简称联盟 S，显然 S 包含于 N 或等于 N，记为 $S \subseteq N$；空集 Φ 和全集 N 也可以看成是一个联盟；参与人集合 N 中的任意一个人也可成为一个集合，称为单点集 $\{i\}$，当然，单点集也是一个联盟。

联盟 S 所对应的特征函数(实函数)用 $v(S)$ 来表示，它描述的是联盟 S 所产生的合作效益。定义 $v(S)$ 满足以下条件：

$$v(\Phi)=0 \tag{9-24}$$

$$v(S_1 \cup S_2) \geqslant v(S_1)+v(S_2) \tag{9-25}$$

式(9-24)表示，空集 Φ 的特征函数值为0。这里的"0"是一个有实际意义的实数，它并不完全都是代表"无"；$v(\Phi)=0$ 也可以理解为在联盟 S

合作开展之前的原初函数值或基期函数值。式(9-25)中，$S_1 \subseteq N$，$S_2 \subseteq N$，并设定 $S_1 \cap S_2 = \Phi$(即 S_1、S_2 是两个相互独立的联盟，无成员交叉或交集)。

式(9-25)称为"超可加性"条件，表示两个相互独立的联盟合并扩展为一个新的大联盟 $S_1 \cup S_2$ 后，其所产生的效益大于或等于原先两个联盟的各自效益之和。当(9-25)式为等式时(即"可加性"时)，这种合作博弈称为非本质的，因为这种合作没有给参与者带来新增效益。当(9-25)式为严格不等式时(即"超加性"时)，这种合作博弈称为本质的，因为这种合作给参与者带来新增效益。合作博弈论及沙普利值规则重点讨论的就是这种本质性合作。

一个有 n 个人参与的合作博弈(N, v)，其博弈值函数 $\varphi[v]$ 就是一个对合作效益 $v(N)$ 进行分配的方案。用 $\varphi_i[v]$ 表示每个参与人 i 从合作收益 $v(N)$ 中所获收益，于是这一合作分配方案 $\varphi[v]$ 记为：

$$\varphi[v] = \{\varphi_1[v], \varphi_2[v], \cdots, \varphi_n[v]\} \tag{9-26}$$

那么，如何找到一个使所有合作参与者能接受的公平、合理的分配方案 $\varphi_i[v]$ 呢？1953 年，劳埃德·S. 沙普利在《n 人博弈的值》这篇著名论文中提出了一个被人称为"沙普利值"的分解方案。

二、沙普利值存在的公理条件

沙普利首先归纳出了几条合理分配原则，即应当满足的基本性质(用公理形式表示)，进而证明满足这些基本性质的合作对策及分配方案是存在的，并且是唯一存在的。

1. 对称性公理。每个参与人 i 获得的收益分配，与他被赋予的记号(或在合作联盟 S 中的位置或排序)无关，即下式成立：

$$\varphi_{\pi i}[\pi v] = \varphi_i[v] \tag{9-27}$$

上式中，π_i 为原参与人 i 在联盟 S 中重新排序记号，πv 为联盟 S 重新排序后的特征函数。式(9-27)表示，对于每个参与人 i 所获得的收益，在重新排序联盟中的所得与原排序联盟中的所得是完全相同的。这条公理又称为匿名原则。

2. 有效性公理。凡加入联盟 S 的参与人 i，必须是对合作有贡献的有效成员；同时，也只有有效成员才应参与分配并得到分配。一个对合作没有贡献的成员($v(i) = 0$)，不应成为联盟 S 的有效成员和全集 N 的有效成员，从而也不应参与分配。这意味着，全集 N 中没有"吃空响"的无效成员，也意味着合作效益对全集 N 中每个成员的分配是一个完全分配(大家都获得分配)；或者说，每个成员所分配收益之和恰好等于全集 N 合作的总效益：

$$\sum_{N} \varphi_i[v] = v(N) \tag{9-28}$$

3. 可加性公理。合作博弈分配具有可加性，对任意两个独立的博弈 v 和 ω，下式成立：

$$\varphi[v + \omega] = \varphi[v] + \varphi[\omega] \tag{9-29}$$

这意味着，N 中的成员 i 可以同时参加若干个 N 的子集合作联盟 S，其 i 所获总收益等于参与各子集联盟 S 的收益之和。沙普利称这一公理为“加法法则”。

“加法法则”与“减法法则”是等价的，而“减法法则”对于测算联盟 S 中某个成员 i 所作的边际贡献是多少，有很大的实用价值。假设 i 是联盟 S 中的一个新加入成员，那么在 i 加入之前的联盟为 $(S - \{i\})$，根据式(9-29)有：

$$v(S) = v(S - \{i\}) + v(\{i\})$$

显然，i 作为一个新加入成员，在联盟 S 中所作出的边际贡献就是式(9-29)的“减法法则”的应用。于是，对上式变形就得到了联盟新加入成员 i 的边际贡献表达式：

$$v(\{i\}) = v(S) - v(S - \{i\}) \tag{9-30}$$

公式(9-30)非常重要(同时也说明“可加性公理”很重要)，它是沙普利值分解数学模型的核心部分。

三、沙普利值定理与数学模型

沙普利值定理表述如下①：对于每个具有有限载体的博弈(N, v)，存在满足公理 1 至公理 3 的唯一值函数，它由下面公式给出：

$$\varphi_i[v] = \sum_{S \subseteq N} \gamma_i(S)[v(S) - v(S - \{i\})] \quad (\text{所有 } i \in N) \tag{9-31}$$

其中：

$$\gamma_i(S) = (|S| - 1)!\,(n - |S|)!\,/n! \tag{9-32}$$

公式(9-31)就是沙普利提出的“n 人博弈的值”的数学模型。由这一模型计算得出的博弈值 $\varphi_i[v]$，被称为“沙普利值”。公式中的 $|S|$ 表示参

① [美]劳埃德·S. 沙普利：《n 人博弈的值》，载约翰·F. 纳什等著、韩松等译：《博弈论经典》，中国人民出版社 2013 年版，第 79 页。

与联盟 S 的局中人数。对沙普利值定理，可以作如下理解：

1. 对于每个人 i（所有 $i \in N$），其所得收益分配值 $\varphi_i[v]$ 是由其在联盟 S 中对特征函数 $v(S)$ 的边际贡献所决定的。

2. 每个人 i 在联盟 S 中的边际贡献由 $[v(S)-v(S-\{i\})]$ 计算出。$v(S)$ 表示 i 加入后的新联盟 S 的特征函数值，$v(S-\{i\})$ 表示 i 未加入之前的联盟（$S-\{i\}$）的特征函数值，特征函数的增量 $[v(S)-v(S-\{i\})]$ 就是 i 在联盟 S 中所作出的边际贡献。

3. 在博弈（N, v）全部联盟组合中，包含 i 的联盟 S 最多有 2^{n-1} 个（也就是 i 参加各种联盟 S 全部组合的种类有 2^{n-1} 个。于是，i 对所参与的每个联盟 S 都有一个贡献值 $[v(S)-v(S-\{i\})]$，所以，计算 i 的全部贡献 $\varphi_i[v]$ 需要进行加总运算。

4. 由于 i 加入联盟 S 的个数最多有 2^{n-1} 个，但 i 加入各个联盟的概率是多少呢？$\gamma_i(S)$ 就是 i 加入各个联盟 S 的概率，这一概率意味着 i 对加入 S 所作边际贡献值 $[v(S)-v(S-\{i\})]$ 的权重。i 在各个联盟 S 中的边际贡献值权重并不是完全一样的，它取决于每个联盟 S 的参与人数。但 i 在全部联盟中的边际贡献值权重之和等于 1。

5. 更重要的是，权重 $\gamma_i(S)$ 意味着，对于所有参与同一联盟 S 的成员 i 来说，计算每个成员贡献的权重是相同的。也就是说，权重只与参与人的数量 $|S|$ 有关，而与每个成员在联盟 S 中的排序、位置或所谓的重要性无关，这体现了对参与人的公平对待、一视同仁或机会均等。

6. 必须严格区分的是，联盟 S 中各个成员 i 的边际贡献权重相等，并不意味着各个成员 i 的边际贡献值 $[v(S)-v(S-\{i\})]$ 相等。因为边际贡献值大小与成员的能力和态度有关。权重相同体现了机会均等，但机会均等并不意味着结果均等（因为各个成员的边际贡献不一定是相同的，所以在相同权重下的“按贡献分配原则”所产生的分配结果可能是不相同的，但这恰恰体现了分配的公平性）。所以说，沙普利值分配方案充分体现了机会均等和结果公平，体现了分配的正当性。

第三节　贫困指数变动沙普利值法应用的模式化

沙普利值数学模型（9-31）是一个抽象模型。也正因它是一个抽象模型，所以在许多领域得到广泛应用，包括合作利益分配、成本费用分摊、绩效贡献评价、贫困变动分析等。但是，运用抽象的沙普利值数学模型来解决具体实际问题，往往需要一个过渡性的“对接”过程，这样，才有利于将实际问题与沙普利值模型“对号入座”。本节将沙普利值法在 FGT 贫困指数变动分析方面的应用，加以具体化、表格化、规范化，使之成为一种十分便利的实际应用框架模式。

一、两因素沙普利值法应用的模式化

将沙普利值法运用于 FGT 贫困指数变动因素分析，我们首先假定以下问题已经得到解决：

1. 基于洛伦兹曲线的 FGT 贫困指数公式已经建立。如本书采用的是基于广义二次洛伦兹曲线(GQ 模型)的 FGT 贫困指数公式(见表 4-1)。

2. 贫困指数变动影响因素已经确定下来。如在两因素分析中，将影响因素确定为社会平均收入 μ 和收入分配不平等洛伦兹曲线 $L(p)$（在三因素分析中，还增加了贫困线 z）。

3. 确定了贫困指数变动对比期。即确定了 $t=0$ 的基期年度和 $t=1$ 的末期(或报告期)年度。

4. 对各因素的基期值和末期值(如 μ_0，μ_1 和 L_0，L_1)，通过相关途径和公式可获得。

5. 通过 FGT 贫困指数公式，当我们输入各因素(自变量)的基期值或末期值(如 μ_0，μ_1 和 L_0，L_1)后，便可获得不同组合的贫困指数 p_{ij}。两因素自变量输入与贫困指数值输出对应关系见表 9-1(三因素对应关系可照此类推)。

表 9-1　两因素变动分析中自变量输入与贫困指数输出对应关系

自变量输入 (μ_i, L_j)	贫困指数输出 $P_{ij} = P(\mu_i, L_j)$	说 明
(μ_0, L_0)	$P_{00} = P(\mu_0, L_0)$	贫困指数基期值
(μ_1, L_0)	$P_{10} = P(\mu_1, L_0)$	贫困指数中间交叉值
(μ_0, L_1)	$P_{01} = P(\mu_0, L_1)$	贫困指数中间交叉值
(μ_1, L_1)	$P_{11} = P(\mu_1, L_1)$	贫困指数末期值

在假定上述问题已经解决的基础上，我们将沙普利值法运用于 FGT 贫困指数变动两因素分析的过程和结果，列成了两个表。第一个表是两因素 μ_i、L_j 参与联盟组合的模式表(见表 9-2-a)。此表的主要内容有：(1) 各种合作联盟 S 的编号；(2) 两因素 μ_i、L_j 参与相关联盟的具体组合方

式，其中联盟 $S_0=\{0, 0\}$ 是一个空集，表示两因素 μ_i、L_j 都取的是基期值。(3) μ_i、L_j 两因素取值状态，或取基期值，或取末期值，用“✓”来表示。(4)每个联盟 S 中两因素 μ_i、L_j 取末期值的数量，用 $|S|$ 表示。因为相对于贫困指数基期值 p_{00} 而言，只有因素 μ_i 或L_j 取末期值时，才算是真正意义上的联盟 S 有效成员，才能为贫困指数变动作出贡献。(5)合作博弈特征函数 $v(S)$，即贫困指数函数 P_{ij}，它与两因素 μ_i、L_j 取值状况相对应(见表 9-1)。

有了表 9-2-a，就可以根据沙普利值分解原理和数学模型(9-31)来计算收入因素 μ 和分配因素 L 对贫困指数变动 Δp 所作的贡献(见表 9-2-b)，由此表可看出：(1)因素 μ 和因素 L 参与各个联盟所做的边际贡献，由相对应的贫困指数增加值计算公式来表示，而贫困指数增加值计算公式则是根据沙普利值数学模型中的边际贡献公式 $v(S)-v(S-\{i\})$ 而导出的。(2)因素 μ 和因素 L 参与各个联盟所做边际贡献的权重，是根据公式(9-32) $\gamma_i(S)=(|S|-1)!\ (n-|S|)!\ /n!$ 计算出来的。因素 μ 或因素 L 的两项边际贡献权重相同，均为 1/2，体现了对每项边际贡献的一视同仁。(3)因素 μ 或因素 L 对贫困指数变动 Δp 所作贡献，等于它们各自的各项边际贡献与权重乘积的和。

表 9-2-a　　**FGT 贫困指数变动两因素参与联盟组合模式表**

编号	合作联盟 S 组合方式	各因素参与联盟合作情况（贫困指数函数自变量取值状态）				因素取末期值数量 $\|S\|$	特征函数 $v(S)$（贫困指数 p_{ij}）
		社会平均收入 μ_i		收入分配 L_j			
		基期值	末期值	基期值	末期值		
		μ_0	μ_1	L_0	L_1		
0	$S_0=\{0, 0\}$	✓		✓		0	p_{00}
1	$S_1=\{1, 0\}$		✓	✓		1	p_{10}
2	$S_2=\{0, 1\}$	✓			✓	1	p_{01}
3	$S_3=\{1, 1\}$		✓		✓	2	p_{11}
说明	①下标 i，j 分别表示 μ，L 取值状态，等于“0”时为基期值，等于“1”时为末期值；由此产生相对应的贫困指数函数值 p_{ij}。 ②表中“✓”表示 μ，L 的取值状态，或取基期值，或取末期值；取末期值表示参与了联盟合作，取基期值表示未参与联盟合作。 ③μ 参与联盟的个数为 $2^{n-1}=2$，分别是 S_1 和S_3；L 参与联盟的个数也为 $2^{n-1}=2$，分别是 S_2 和S_3。						

表 9-2-b　　**FGT 贫困指数变动二因素沙普利值分解模式表**

各因素参与联盟 S 对 Δp 的贡献		权重 $\gamma_i(S)$	边际贡献值 $v(S)-v(S-\{i\})$
μ 对 Δp 的贡献	参与 S_1 的边际贡献	1/2	$p_{10}-p_{00}$
	参与 S_3 的边际贡献	1/2	$p_{11}-p_{01}$
	贡献合计 $\sum$	$\Delta p_u=\frac{1}{2}[(p_{10}-p_{00})+(p_{11}-p_{01})]$	
L 对 Δp 的贡献	参与 S_2 的边际贡献	1/2	$p_{01}-p_{00}$
	参与 S_3 的边际贡献	1/2	$p_{11}-p_{10}$
	贡献合计 $\sum$	$\Delta p_L=\frac{1}{2}[(p_{01}-p_{00})+(p_{11}-p_{10})]$	
贫困指数变动总量 Δp		$\Delta p=\Delta p_\mu+\Delta p_L$	

说明：权重系数根据(9-32)式 $\gamma_i(S)=(|S|-1)!\ (n-|S|)!\ /n!$ 计算。

采用列表方式来表述沙普利值法在 FGT 贫困指数变动分析中的应用，有三点好处：(1)可对沙普利值法应用的过程和结果，有一个很直观、系统的了解和掌握。(2)提供了模式化的解决方案。实际应用时，可直接采用表 9-2-b 中 Δp_μ 和 Δp_L 的最终分解表达式，增加了便利性。(3)更重要的是，可以完全避免重犯 20 世纪 90 年代出现的将增长和分配的分解项给遗漏掉了的错误(见本章第一节)。由表 9-1 可看出，μ 参与的联盟个数为 $2^{n-1}=2$，分别是 S_1 和S_3；L 参与的联盟个数也为 $2^{n-1}=2$，分别是 S_2 和 S_3。而 Kakwani 和 Subbarao（1990）提出的分解式（9-12）、Jain 和 Tendulkar（1990）提出的分解式(9-14)、Datt 和 Ravallion(1992)提出的分解式(9-22)，增长和分配的分解项均只有一项，均为不完全分解，其根本原因是遗漏了收入因素 μ 和分配因素 L 参与合作联盟的个数。

需要说明的是，这里我们虽然讨论的是 FGT 贫困指数变动两因素沙普利值法应用的表格化、模式化问题，但对于其他可分解贫困指数变动两因素分析，以及对于其他可分解贫困指标变动两因素分析，只要它们满足沙普利值分解条件，表 9-2-a 和表 9-2-b 的模式都是通用的，只是指标符号表示不同而已。这是我们称这两个表为“模式表”的原由所在。

二、三因素沙普利值法应用的模式化

基于洛伦兹曲线 FGT 贫困指数三因素沙普利值分解，是指采用沙普

利值法将 $t=0$ 至 $t=1$ 期间的 FGT 贫困指数变动值 ΔP ，分解成 μ、L、z 三因素的贡献值，并使下式成立：

$$\Delta P = \Delta P_{\mu} + \Delta P_{L} + \Delta P_{z} \tag{9-33}$$

上式中，ΔP_{μ} 是由社会平均收入 μ 的变化对 ΔP 所作的贡献（若 μ 增加，则 ΔP_{μ} 为负值；若 μ 减少，则 ΔP_{μ} 为正值；若 μ 不变，则 ΔP_{μ} 为 0）。ΔP_{L} 是收入分配洛伦兹曲线变化对 ΔP 所作的贡献（若 L 所表达的收入分配不平等程度减轻，则 ΔP_{L} 为负值；若 L 所表达的收入不平等程度加重，则 ΔP_{L} 为正值；若 L 不变，则 ΔP_{L} 为 0）。ΔP_{z} 是贫困线 z 变化对 ΔP 所作的贡献（若贫困线 z 阈值减少，即居民最低或基本生活成本费用降低，则 ΔP_{z} 为负值；贫困线 z 阈值增加，即居民最低或基本生活成本费用上升，则 ΔP_{z} 为正值；若贫困线 z 阈值不变，则 ΔP_{z} 为 0）。显然，三因素沙普利值分解是两因素分解的扩展（两因素分解是假定贫困线 z 不变、ΔP_{z} 为 0 的情景）。

根据贫困指数变动分解需要，设定三因素 μ，L，z 分别标注下标 i，j，k，即 μ_i，L_j，z_k。同时，也给 $P(\alpha)$ 或 P 标注下标，即 P_{ijk}。于是有：

$$P_{ijk} = P(\mu_i,\ L_j,\ z_k) \tag{9-34}$$

我们约定，当 i，j，k 分别取 0 时，表示的是基期 $t=0$ 的变量值；当 i，j，k 分别取 1 时，表示的是末期 $t=1$ 的变量值。当我们输入各因素（自变量）的基期值或末期值（如 μ_0，μ_1；L_0，L_1；z_0，z_1）后，便可获得不同组合的贫困指数 P_{ijk}。三因素自变量输入与贫困指数值输出对应关系见表 9-3。由表 9-3，我们将 $t=0$ 至 $t=1$ 期间，三因素贫困指数变动 ΔP 定义为：

$$\Delta P = P_{111} - P_{000} \tag{9-35}$$

表 9-3　三因素变动分析中自变量输入与贫困指数输出对应关系

自变量输入 $(\mu_i,\ L_j,\ z_k)$	贫困指数输出 $P_{ijk} = P(\mu_i,\ L_j,\ z_k)$	说 明
$(\mu_0,\ L_0,\ z_0)$	$P_{000} = P(\mu_0,\ L_0,\ z_0)$	贫困指数基期值
$(\mu_1,\ L_0,\ z_0)$	$P_{100} = P(\mu_1,\ L_0,\ z_0)$	贫困指数中间交叉值
$(\mu_0,\ L_1,\ z_0)$	$P_{010} = P(\mu_0,\ L_1,\ z_0)$	贫困指数中间交叉值
$(\mu_0,\ L_0,\ z_1)$	$P_{001} = P(\mu_0,\ L_0,\ z_1)$	贫困指数中间交叉值

续表

自变量输入 (μ_i, L_j, z_k)	贫困指数输出 $P_{ijk} = P(\mu_i, L_j, z_k)$	说 明
(μ_1, L_1, z_0)	$P_{110} = P(\mu_1, L_1, z_0)$	贫困指数中间交叉值
(μ_1, L_0, z_1)	$P_{101} = P(\mu_1, L_0, z_1)$	贫困指数中间交叉值
(μ_0, L_1, z_1)	$P_{011} = P(\mu_0, L_1, z_1)$	贫困指数中间交叉值
(μ_1, L_1, z_1)	$P_{111} = P(\mu_1, L_1, z_1)$	贫困指数末期值

表 9-4-a　　**FGT 贫困指数变动三因素参与联盟组合模式表**

编号	合作联盟 S 组合形式	各因素参与联盟情况（贫困指数函数自变量取值状态）						因素取末期值数量 $\|S\|$	特征函数 $v(S)$（贫困指数 P_{ijk}）
		社会平均收入 μ_i		收入分配 L_j		贫困线 z_k			
		基期值	末期值	基期值	末期值	基期值	末期值		
		μ_0	μ_1	L_0	L_1	z_0	z_1		
0	$S_0 = \{0, 0, 0\}$	✓		✓		✓		0	p_{000}
1	$S_1 = \{1, 0, 0\}$		✓	✓		✓		1	p_{100}
2	$S_2 = \{0, 1, 0\}$	✓			✓	✓		1	p_{010}
3	$S_3 = \{0, 0, 1\}$	✓		✓			✓	1	p_{001}
4	$S_4 = \{1, 1, 0\}$		✓		✓	✓		2	p_{110}
5	$S_5 = \{1, 0, 1\}$		✓	✓			✓	2	p_{101}
6	$S_6 = \{0, 1, 1\}$	✓			✓		✓	2	p_{011}
7	$S_7 = \{1, 1, 1\}$		✓		✓		✓	3	p_{111}
说明	①下标 i，j，k 分别表示 u，L，z 取值的合作组合排序状态，等于“0”时为基期值，等于“1”时为终期值；由此产生相对应的贫困指数函数值 p_{ijk}。 ②表中“✓”表示 u，L，z 的取值状态，或取基期值，或取终期值。取末期值表示参与了联盟合作，取基期值表示未参与联盟合作。 ③μ 参与联盟个数 $2^{n-1} = 4$，分别是 S_1，S_4，S_5，S_7；L 参与联盟个数 $2^{n-1} = 4$，分别是 S_2，S_4，S_6，S_7；z 参与联盟个数 $2^{n-1} = 4$，分别是 S_3，S_5，S_6，S_7。								

表 9-4-b　　**FGT 贫困指数变动三因素沙普利值分解模式表**

<table>
<tr><th colspan="2">各因素参与联盟 S 对 Δp 的贡献</th><th colspan="2">权重 $\gamma_i(S)$</th><th>边际贡献值 $v(S)-v(S-\{i\})$</th></tr>
<tr><td rowspan="5">μ 对 Δp 的贡献</td><td colspan="2">参与 S_1 的边际贡献</td><td>1/3</td><td>$p_{100}-p_{000}$</td></tr>
<tr><td colspan="2">参与 S_4 的边际贡献</td><td>1/6</td><td>$p_{110}-p_{010}$</td></tr>
<tr><td colspan="2">参与 S_5 的边际贡献</td><td>1/6</td><td>$p_{101}-p_{001}$</td></tr>
<tr><td colspan="2">参与 S_7 的边际贡献</td><td>1/3</td><td>$p_{111}-p_{011}$</td></tr>
<tr><td>Σ</td><td colspan="3">$\Delta p_\mu=\frac{1}{3}\left[(p_{100}-p_{000})+\frac{1}{2}(p_{110}-p_{010})+\frac{1}{2}(p_{101}-p_{001})+(p_{111}-p_{011})\right]$</td></tr>
<tr><td rowspan="5">L 对 Δp 的贡献</td><td colspan="2">参与 S_2 的边际贡献</td><td>1/3</td><td>$p_{010}-p_{000}$</td></tr>
<tr><td colspan="2">参与 S_4 的边际贡献</td><td>1/6</td><td>$p_{110}-p_{100}$</td></tr>
<tr><td colspan="2">参与 S_6 的边际贡献</td><td>1/6</td><td>$p_{011}-p_{001}$</td></tr>
<tr><td colspan="2">参与 S_7 的边际贡献</td><td>1/3</td><td>$p_{111}-p_{101}$</td></tr>
<tr><td>Σ</td><td colspan="3">$\Delta p_L=\frac{1}{3}\left[(p_{010}-p_{000})+\frac{1}{2}(p_{110}-p_{100})+\frac{1}{2}(p_{011}-p_{001})+(p_{111}-p_{101})\right]$</td></tr>
<tr><td rowspan="5">z 对 Δp 的贡献</td><td colspan="2">参与 S_3 的边际贡献</td><td>1/3</td><td>$p_{001}-p_{000}$</td></tr>
<tr><td colspan="2">参与 S_5 的边际贡献</td><td>1/6</td><td>$p_{101}-p_{100}$</td></tr>
<tr><td colspan="2">参与 S_6 的边际贡献</td><td>1/6</td><td>$p_{011}-p_{010}$</td></tr>
<tr><td colspan="2">参与 S_7 的边际贡献</td><td>1/3</td><td>$p_{111}-p_{110}$</td></tr>
<tr><td>Σ</td><td colspan="3">$\Delta p_z=\frac{1}{3}\left[(p_{001}-p_{000})+\frac{1}{2}(p_{101}-p_{100})+\frac{1}{2}(p_{011}-p_{010})+(p_{111}-p_{110})\right]$</td></tr>
<tr><td colspan="3">贫困指数变动总量 Δp</td><td colspan="2">$\Delta p=\Delta P_\mu+\Delta P_L+\Delta P_z$</td></tr>
</table>

说明：权重系数根据(9-32)式 $\gamma_i(S)=\frac{(|S|-1)!\,(n-|S|)!}{n!}$ 计算。

同样，我们将沙普利值法运用于 FGT 贫困指数变动三因素分析的过程和结果，并列成了两个表。第一个表是三因素 μ_i，L_j，z_k 参与联盟组合的模式表(见表 9-4-a)；第二个表是收入因素 μ、分配因素 L 和贫困线 z 对

贫困指数变动 Δp 所作的贡献(见表 9-4-b)。

表 9-4-a、表 9-4-b 已将基于洛伦兹曲线的 FGT 贫困指数三因素沙普利值分解具体化、规范化、模式化。有了这两个模式表，对 FGT 贫困指数三因素沙普利值分解就非常便利了。需要说明的是，对于其他贫困指标变动三因素沙普利值分解，这两个模式表也是可直接使用的，只需改变三因素和被分解贫困指标的数学符号即可。

第四节　全国城镇 FGT 指数变动三因素沙普利值分解

国内一些文献关于中国城镇 FGT 贫困指数变动沙普利值分解研究，其基本路径是，在假定贫困线固定不变情况下进行两因素分解。由于国家没有制定全国统一的城镇贫困标准，所以这些文献关于两因素分解所选择的固定贫困线，要么是采用“扩展线性支出系统”(ELES)方法测算出来的贫困线(关于应用 ELES 方法测算贫困线的缺陷，我们在第一章第四节已进行了讨论)，要么是直接套用世界银行公布的“1 美元”或“2 美元”国际贫困线(国际贫困线适用于国际比较，在国内分析方面有一定的局限性)。本研究自然贫困线概念及测算方法的提出，为确定全国或地区的自然动态城镇贫困标准提供了可能，同时也为开展城镇 FGT 贫困指数变动三因素沙普利值分解研究提供了可能。

一、2002—2011 年全国城镇 FGT 贫困指数的变动

第八章第一节，我们测算出了 2002—2011 年期间，基于全国城镇居民零储蓄点基本生活消费支出及其趋势估计值——基本自然贫困线 z_s^*，以及基于基本自然贫困线 z_s^* 的各年度贫困发生率 H、贫困差距指数 PG 和平方贫困差距指数 SPG(见表 8-6)。

2002—2011 年期间，全国城镇减贫趋势可分为两个阶段：一个是贫困程度加重阶段(2002—2004 年)；一个是贫困程度减缓阶段(2004—2011 年)。我们用表格给出了 2002—2004 年、2004—2011 年两个时间段的中国城镇 FGT 贫困指数变动值 Δp (见表 9-5)。需要说明的是，Δp 值若取负号，表示贫困指数下降，减贫有效果；Δp 值若取正号(正号往往省略)，表示贫困指数上升，贫困程度加重；Δp 值若为 0，表示贫困指数无变化。

表 9-5　　2002—2011 年中国城镇 FGT 贫困指数变动值

时间段	ΔH	ΔPG	ΔSPG
2002—2004 年	0. 0045	0. 0010	0. 0002
2004—2011 年	-0. 0329	-0. 0044	-0. 0007

由表 9-5 可知，2002—2004 年期间，贫困发生率 H、贫困差距指数 PG 和贫困差距平方指数 SPG 分别上升了 0. 0045(0. 45%)、0. 001(0. 1%)和 0. 0002(0. 02%)；而 2004—2011 年期间，H、PG 和 SPG 分别下降了 0. 0329(3. 29%)、0. 0044(0. 44%)和 0. 0007(0. 07%)。那么，从三因素影响或作用的角度看，我们需要了解的是：社会平均收入 μ 的变化、收入洛伦兹曲线 L 的变化和基本自然贫困线(居民基本生活成本费用) z_s^* 的变动，对贫困指数 Δp 的贡献各是多少呢?

二、FGT 指数变动的三因素沙普利值分解

表 9-6 给出了 2002 年、2004 年、2011 年三个年度的全国城镇居民人均可支配收入期望值 μ 和零储蓄自然贫困线 z_s^*，以及广义二次洛伦兹曲线(GQ 模型)的相关参数和基尼系数(根据表 4-1 中的基尼系数公式计算)。需要说明的是，为了实现贫困指数变动沙普利值完全分解，对于基期和末期的收入期望值 μ 和贫困线 z_s^*，必须统一采用不变价形式，否则，会影响 μ 和 z_s^* 之间交叉变动的测算结果。表 9-6 中的 μ 和 z_s^*，均采用的是 2002 年不变价(根据《中国统计年鉴 2015 年》公布的城镇居民消费价格定基指数计算)。

有了表 9-6 中的三因素数据，就可以根据表 4-1 中的 FGT 贫困指数公式，计算出表 9-3 中所示的贫困指数 P_{ijk} 的值(见表 9-7)。

表 9-6　　用于沙普利值分解的收入 μ、分配 L 和贫困线 z_s^* 三因素基期和末期取值相关数据

单位：元

年度	全国城镇居民年人均可支配收入期望值 μ (2002 年不变价)	零储蓄收支相抵点自然贫困线 z_s^* (2002 年不变价)	广义二次洛伦兹曲线 L 相关参数 b, e, m, n, r	城镇居民收入基尼系数 Gini
2002	7460	2193	运用 GQ 回归模型及表 4-1 中相关公式计算	0. 3163

续表

年度	全国城镇居民年人均可支配收入期望值μ（2002年不变价）	零储蓄收支相抵点自然贫困线z_s^*（2002年不变价）	广义二次洛伦兹曲线L相关参数b，e，m，n，r	城镇居民收入基尼系数Gini
2004	9030	2553	运用GQ回归模型及表4-1中相关公式计算	0.3346
2011	17404	4099	运用GQ回归模型及表4-1中相关公式计算	0.3300

表 9-7　　　　**贫困指数P_{ijk}值计算结果**

贫困指数P_{ijk}	2002—2004年			2004—2011年		
	贫困发生率H	贫困差距指数PG	贫困差距平方指数SPG	贫困发生率H	贫困差距指数PG	贫困差距平方指数SPG
p_{000}	0.0347	0.0036	0.0005	0.0392	0.0045	0.0007
p_{100}	0.0057	0.0001	0.0000	-0.0353	0.0085	-0.003
p_{010}	0.0462	0.0060	0.0011	0.0346	0.0035	0.0005
p_{001}	0.0648	0.0100	0.0021	0.1469	0.0349	0.0114
p_{110}	0.0097	0.0004	0.0000	-0.0408	0.0111	-0.0040
p_{101}	0.0280	0.0025	0.0003	0.0111	0.0005	0.0000
p_{011}	0.0780	0.0139	0.0034	0.1581	0.0375	0.0122
p_{111}	0.0392	0.0045	0.0007	0.0062	0.0001	0.0000

表 9-8　　　　**全国城镇FGT贫困指数变动三因素沙普利值分解**
（2002—2011年）

贫困指数变动贡献分类	2002—2004年			2004—2011年		
	贫困发生率	贫困差距指数	贫困差距平方指数	贫困发生率	贫困差距指数	平方贫困差距指数
	ΔH	ΔPG	ΔSPG	ΔH	ΔPG	ΔSPG
总变动Δp	0.0045	0.0010	0.0002	-0.0329	-0.0044	-0.0007

续表

贫困指数变动贡献分类	2002—2004 年			2004—2011 年		
	贫困发生率	贫困差距指数	贫困差距平方指数	贫困发生率	贫困差距指数	平方贫困差距指数
	ΔH	ΔPG	ΔSPG	ΔH	ΔPG	ΔSPG
收入贡献 Δp_{μ}	-0. 0348	-0. 0065	-0. 0015	-0. 1106	-0. 0156	-0. 0078
分配贡献 Δp_{L}	0. 0104	0. 0022	0. 0005	-0. 0022	0. 0004	-0. 0002
贫困线贡献 Δp_{z}	0. 0289	0. 0053	0. 0012	0. 0799	0. 0108	0. 0073

将表 9-7 中的贫困指数 P_{ijk} 值代入贫困指数变动三因素沙普利值分解模式表 9-4-b 中的计算公式，可以很方便地分别计算出 2002—2004 年和 2004—2011 年这两个阶段的三因素沙普利值。计算结果见表 9-8。

三、沙普利值分解结果分析

对表 9-8 中的沙普利值分解结果进行分析，可以得到以下结论：

1. FGT 贫困指数变动得到完全分解。

表 9-5 中的 2002—2004 年和 2004—2011 年两个阶段的中国城镇 FGT 贫困指数变动值 Δp 得到了完全分解，没有任何余项或残差，即表 9-8 的沙普利值分解结果(包括 ΔH 、ΔPG、ΔSPG)均满足以下分解公式：

$$\Delta P = \Delta P_{\mu} + \Delta P_{L} + \Delta P_{z}$$

2. 全国城镇居民人均可支配收入期望值 μ 的增加，始终是贫困指数减少的主要贡献因素。收入增长减贫弹性为 0. 12~0. 18。

2002—2004 年，人均收入 μ 由 7460 元增加到 9030 元(2002 年不变价)，增长 21%，所作的贡献是：贫困发生率下降 3. 84 个百分点；贫困差距指数下降 0. 65 个百分点；贫困差距平方指数下降 0. 15 个百分点。收入增长减贫弹性 0. 18，即人均收入 μ 每增长 1 个百分点导致贫困发生率减少 0. 18 个百分点。

2004—2011 年，人均收入 μ 由 9030 元增加到 17404 元(2002 年不变价)，增长 92. 7%，所作的贡献是：贫困发生率下降 11. 06 个百分点；贫困差距指数下降 1. 56 个百分点；贫困差距平方指数下降 0. 78 个百分点。收入增长减贫弹性 0. 12，即人均收入 μ 每增长 1 个百分点导致贫困发生率减少 0. 12 个百分点。

3. 收入分配不平等程度 L 的加重(或缓解)，对贫困指数的上升(或下降)影响较大。

2002—2004 年，全国城镇居民收入分配不平等程度 L 的加重，基尼系数由 0.3163 上升到 0.3346，所作的贡献是：贫困发生率上升 1.04 个百分点；贫困差距指数上升 0.22 个百分点；贫困差距平方指数上升 0.05 个百分点。

2004—2011 年，全国城镇居民收入分配不平等程度 L 略有缓解，基尼系数由 0.3346 下降到 0.3300，所作的贡献是：贫困发生率下降 0.22 个百分点；贫困差距平方指数下降 0.02 个百分点。

4. 居民基本生活成本费用(基本自然贫困线 z_s^*)始终是上升的，对贫困指数的增加影响最大。

2002—2004 年，全国城镇居民零储蓄收支相抵基本生活成本费用(基本自然贫困线 z_s^*)，由 2193 元增加到 2553 元(2002 年不变价)，增长 16.4%，所作的贡献是：贫困发生率上升 2.89 个百分点；贫困差距指数上升 0.53 个百分点；贫困差距平方指数上升 0.12 个百分点。

2004—2011 年，全国城镇居民零储蓄收支相抵基本生活成本费用(基本自然贫困线 z_s^*)，由 2553 元增加到 4099 元(2002 年不变价)，增长 60.6%，所作的贡献是：贫困发生率上升 7.99 个百分点；贫困差距指数上升 1.08 个百分点；贫困差距平方指数上升 0.73 个百分点。

5. 在居民基本生活成本费用(基本自然贫困线 z_s^*)逐年上升这一不可逆的前提条件下，消除贫困现象需要人均收入增长和分配不平等改善“双管齐下”。

本节沙普利值分解结果进一步证明：消除贫困(无论是城市贫困还是农村贫困)，不仅需要持续的收入增长，而且需要收入分配不平等结构的改善。如果收入分配不平等得不到改善或不断恶化，将会大大抵消收入增长的减贫效果。

第五节 贫困指数变动空间向量全投影分解法

关于贫困指数变动 ΔP 的分解方法，除了前述的“变量假想控制分解法”和“沙普利值分解法”(两种代数方法) 以外，这里我们试图探讨另一种比较直观的几何方法 —— 空间向量全投影分解法。

一、二维空间向量全投影分解法

我们先讨论二维因素($n = 2$) 分解问题。设下标 i、j 分别是社会平均收入μ和收入分配不平等L的取值时间标记，当i、j分别取0时，表示是基期$t=0$的变量值(即μ_0、L_0)，对应的贫困指数值是P_{00}；当i、j分别取1时，表示是末期$t=1$的变量值(即μ_1、L_1)，对应的贫困指数值是P_{11}。假设在$t=0$至$t=1$期间，贫困指数存在变动实数值ΔP，则：

$$\Delta P = P_{11} - P_{00} \tag{9-36}$$

二维因素分解，就是将贫困指数变动ΔP分解为由社会平均收入μ变化所引起的变动ΔP_μ，以及由收入分配不平等L变化所引起的变动ΔP_L，并使下式成立：

$$\Delta P = \Delta P_\mu + \Delta P_L \tag{9-37}$$

需要指出的是，式(9-36)和式(9-37)都是代数式。我们设：

(1)μ和L为二维空间直角坐标系的两个坐标轴，μ为横轴，L为纵轴，坐标原点为(μ_0, L_0)(见图9-1)。

(2)$\boldsymbol{\Delta P}$为与直角坐标系第一象限45°射线l_0相重合的贫困指数变动向量；向量$\boldsymbol{\Delta P}$的始点坐标为(μ_0, L_0)，终点坐标为(μ_1, L_1)。

(3)设$\boldsymbol{\Delta P_\mu}$是向量$\boldsymbol{\Delta P}$在$\mu$轴方向的投影向量，$\boldsymbol{\Delta P_L}$是向量$\boldsymbol{\Delta P}$在$L$轴方向的投影向量。我们设定：

$$\boldsymbol{\Delta P} = \boldsymbol{\Delta P_\mu} + \boldsymbol{\Delta P_L} \tag{9-38}$$

式(9-38)表示，向量$\boldsymbol{\Delta P}$可分解为μ轴方向和L轴方向的向量之和。

我们定义，$\boldsymbol{\Delta P_\mu}$是向量$\boldsymbol{\Delta P}$在$\mu$轴方向的全投影向量之和。所谓全投影向量，是指既包括$\boldsymbol{\Delta P}$在以(μ_0, L_0)为坐标原点μ轴上的投影向量，还包括$\boldsymbol{\Delta P}$在以(μ_1, L_1)为终点的且与μ轴相平行方向的投影向量。那么，向量$\boldsymbol{\Delta P}$在μ轴方向的全投影向量有多少个呢？对于二维因素(空间)来说，有$2^{n-1}=2$个。它们是：在以(μ_0, L_0)为坐标原点μ轴上的投影向量$\boldsymbol{\Delta P_{\mu 1}}$，以及在以$(\mu_1, L_1)$为终点的且与$\mu$轴相平行方向的投影向量$\boldsymbol{\Delta P_{\mu 2}}$(见图9-1)。也就是说，$\boldsymbol{\Delta P_\mu}$是$\boldsymbol{\Delta P_{\mu 1}}$和$\boldsymbol{\Delta P_{\mu 2}}$之和：

$$\boldsymbol{\Delta P_\mu} = \boldsymbol{\Delta P_{\mu 1}} + \boldsymbol{\Delta P_{\mu 2}} \tag{9-39}$$

同理，我们定义，$\boldsymbol{\Delta P_L}$是向量$\boldsymbol{\Delta P}$在L轴方向的全投影向量之和。它既包括$\boldsymbol{\Delta P}$在以(μ_0, L_0)为坐标原点L轴上的投影向量$\boldsymbol{\Delta P_{L1}}$，还包括$\boldsymbol{\Delta P}$在以$(\mu_1, L_1)$为终点的且与$L$轴相平行方向的投影向量$\boldsymbol{\Delta P_{L2}}$(见图9-1)。也就是说，$\boldsymbol{\Delta P_L}$是$\boldsymbol{\Delta P_{L1}}$和$\boldsymbol{\Delta P_{L2}}$之和：

$$\boldsymbol{\Delta P_L} = \boldsymbol{\Delta P_{L1}} + \boldsymbol{\Delta P_{L2}} \tag{9-40}$$

于是，由μ轴方向投影向量$\boldsymbol{\Delta P_{\mu 1}}$、$\boldsymbol{\Delta P_{\mu 2}}$和$L$轴方向的投影向量$\boldsymbol{\Delta P_{L1}}$、$\boldsymbol{\Delta P_{L2}}$，构成了一个在$\mu-L$二维平面上的封闭性的向量正方形。向量$\boldsymbol{\Delta P_{\mu 1}}$、$\boldsymbol{\Delta P_{\mu 2}}$、$\boldsymbol{\Delta P_{L1}}$、$\boldsymbol{\Delta P_{L2}}$是这一正方形的四条边，而向量$\boldsymbol{\Delta P}$则是这一正

方形的对角向量(见图 9-1)。

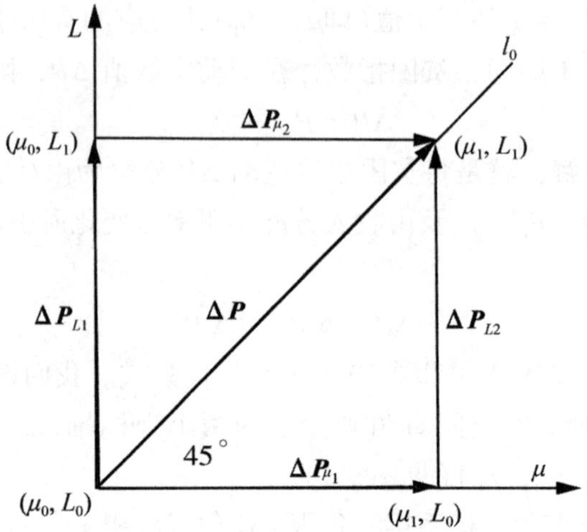

图 9-1　贫困指数变动 $\Delta \boldsymbol{P}$ 二维空间向量全投影分解

我们将图 9-1 中五个向量的始点坐标及贫困指数值、终点坐标及贫困指数值列成表格(见表 9-9)，并定义向量的模为终点贫困指数值与始点贫困指数值的差(即贫困指数变动值)。

表 9-9　　**二维空间向量全投影坐标与贫困指数变动值**

向量	向量始点坐标	始点贫困指数值	向量终点坐标	终点贫困指数值	向量模(贫困指数变动值)
$\Delta \boldsymbol{P}$	(μ_0, L_0)	p_{00}	(μ_1, L_1)	p_{11}	$\Delta p = p_{11} - p_{00}$
$\Delta \boldsymbol{P}_{\mu 1}$	(μ_0, L_0)	p_{00}	(μ_1, L_0)	p_{10}	$\Delta p_{\mu 1} = p_{10} - p_{00}$
$\Delta \boldsymbol{P}_{\mu 2}$	(μ_0, L_1)	p_{01}	(μ_1, L_1)	p_{11}	$\Delta p_{\mu 2} = p_{11} - p_{01}$
$\Delta \boldsymbol{P}_{L1}$	(μ_0, L_0)	p_{00}	(μ_0, L_1)	p_{01}	$\Delta p_{L1} = p_{01} - p_{00}$
$\Delta \boldsymbol{P}_{L2}$	(μ_1, L_0)	p_{10}	(μ_1, L_1)	p_{11}	$\Delta p_{L2} = p_{11} - p_{10}$

由式(9-39)，可直接得到向量 $\Delta \boldsymbol{P}_{\mu}$ 的数值是向量 $\Delta \boldsymbol{P}_{\mu 1}$ 与向量 $\Delta \boldsymbol{P}_{\mu 2}$ 的加权和：

$$\Delta P_{\mu} = \lambda_1 \Delta P_{\mu 1} + \lambda_2 \Delta P_{\mu 2} \tag{9-41}$$

那么，如何确定上式中的加权因子 λ_1、λ_2 呢?

确定加权因子 λ 的取值，需考虑两个因素：一是空间的维度，即空间坐标系的坐标轴个数。现在我们讨论的是二维空间($n=2$)，所以坐标轴个数只有两个(μ 轴和 L 轴)。二是投影向量类型。凡投影向量与向量 $\Delta \boldsymbol{P}$ 端点(或始点或终点)相交，我们称这类投影向量为一次直接投影向量。当投影向量与向量 $\Delta \boldsymbol{P}$ 的两个端点(或始点或终点)不相交，则称为二次或多次间接投影向量(间接投影向量只会在 $n \geqslant 3$ 维度空间出现)。对于一次直接投影向量，在计算其数值时赋予权重因子为 $1/n$(对二维空间，就是 1/2，对三维空间就是 1/3)。对于间接投影向量，其权重因子视维度和间接次数而定。

如图 9-1 所示，$\Delta \boldsymbol{P}_{\mu 1}$ 和 $\Delta \boldsymbol{P}_{L1}$、$\Delta \boldsymbol{P}_{\mu 2}$ 和 $\Delta \boldsymbol{P}_{L2}$，都是 $\Delta \boldsymbol{P}$ 的一次直接投影向量。$\Delta \boldsymbol{P}_{\mu 1}$ 和 $\Delta \boldsymbol{P}_{L1}$ 是由向量 $\Delta \boldsymbol{P}$ 在 μ 轴和 L 轴上的直接投影，且与 $\Delta \boldsymbol{P}$ 在坐标原点(0，0) 处相交，所以在计算向量数值时本着“一视同仁、平等对待”原则，对向量 $\Delta \boldsymbol{P}_{\mu 1}$ 和 $\Delta \boldsymbol{P}_{L1}$ 分别赋予 $1/n=1/2$ 权重。同理，$\Delta \boldsymbol{P}_{\mu 2}$ 和 $\Delta \boldsymbol{P}_{L2}$ 是由向量 $\Delta \boldsymbol{P}$ 在 μ 轴和 L 轴方向上的直接投影，且与 $\Delta \boldsymbol{P}$ 在终点(1，1) 处相交，所以在计算向量数值时本着“一视同仁、平等对待”原则，对向量 $\Delta \boldsymbol{P}_{\mu 2}$ 和 $\Delta \boldsymbol{P}_{L2}$ 分别赋予 $1/n=1/2$ 权重。于是，式(9-41) 改写为：

$$\Delta p_{\mu}=\frac{1}{2} \Delta p_{\mu 1}+\frac{1}{2} \Delta p_{\mu 2} \tag{9-42}$$

将表 9-9 中的$\Delta p_{\mu 1}$ 和$\Delta p_{\mu 2}$ 的贫困指数变动值代入上式得到：

$$\Delta p_{\mu}=\frac{1}{2}\left[\left(p_{10}-p_{00}\right)+\left(p_{11}-p_{01}\right)\right] \tag{9-43}$$

同理，我们得到计算向量 $\Delta \boldsymbol{P}_{L}$ 的数值公式：

$$\Delta p_{L}=\frac{1}{2} \Delta p_{L1}+\frac{1}{2} \Delta p_{L2} \tag{9-44}$$

将表 9-9 中的$\Delta p_{\mu 1}$ 和$\Delta p_{\mu 2}$ 的贫困指数变动值代入上式得到：

$$\Delta p_{L}=\frac{1}{2}\left[\left(p_{01}-p_{00}\right)+\left(p_{11}-p_{10}\right)\right] \tag{9-45}$$

式(9-43) 和式(9-45) 就是我们最终得到的贫困指数二因素 μ 和 L 的分解式，它与沙普利值分解式(见表 9-2-b) 完全一致。

图 9-1 所示的“贫困指数二维空间向量全投影分解”是一个很直观的完全分解。现在，让我们对照图 9-1，回头再来讨论和验证本章第一节介绍的采用“变量假想控制分解法”得到的三个分解公式(9-12)、(9-14) 和(9-22)，看看这三个公式的问题究竟出在哪里？

显然，Kakwani and Subbarao(1990) 提出的分解公式(9-12)，只包含图 9-1 中的向量 $\Delta \boldsymbol{P}_{\mu 1}$ 和 $\Delta \boldsymbol{P}_{L2}$，漏掉了向量 $\Delta \boldsymbol{P}_{\mu 2}$ 和 $\Delta \boldsymbol{P}_{L1}$。而 Jain 和

Tendulkar（1990）提出的分解公式(9-14)，恰恰与公式(9-12)相反，只包含图 9-1 中的向量 $\Delta \boldsymbol{P}_{\mu 2}$ 和 $\Delta \boldsymbol{P}_{L1}$，漏掉了向量 $\Delta \boldsymbol{P}_{\mu 1}$ 和 $\Delta \boldsymbol{P}_{L2}$。Datt 和 Ravallion(1992) 提出的分解式(9-22)，只包含图 9-1 中的向量 $\Delta \boldsymbol{P}_{\mu 1}$ 和 $\Delta \boldsymbol{P}_{L1}$，而向量 $\Delta \boldsymbol{P}_{\mu 2}$ 和 $\Delta \boldsymbol{P}_{L2}$ 被包含在残差项 R 中。所以说，基于"变量假想控制分解法"得出来的三个分解公式(9-12)、(9-14) 和(9-22)，都是不完全分解式。

二、三维空间向量全投影分解法

三维因素($n=3$) 分解，就是将贫困指数变动 ΔP 分解为：(1) 由社会平均收入 μ 变化所引起的变动 ΔP_{μ}；(2) 由收入分配不平等 L 变化所引起的变动 ΔP_L；(3) 由动态贫困线 z 变化所引起的变动 ΔP_z；并使以下代数式成立：

$$\Delta P = \Delta P_{\mu} + \Delta P_L + \Delta P_z \tag{9-46}$$

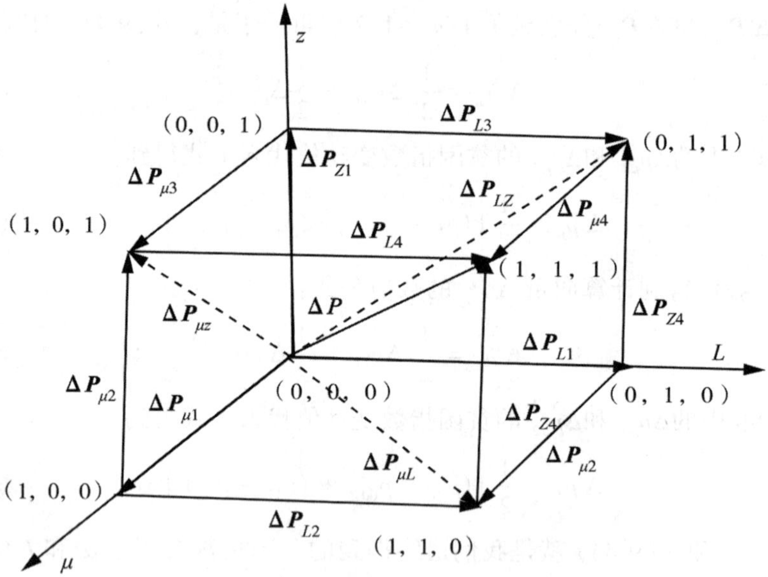

图 9-2　贫困指数变动 $\Delta \boldsymbol{P}$ 三维空间全投影向量分解

我们设：

(1)μ、L、z 为三维空间直角坐标系的三个坐标轴，坐标原点为(μ_0，L_0，z_0)(见图 9-2)。为了书写简便，我们在图中将坐标原点(μ_0，L_0，z_0) 表示为(0，0，0)，其他坐标点视 μ、L、z 取值(取 0 或 1) 也进行类似简化。

(2) 从μ、L、z 三维直角坐标系原点(0, 0, 0) 出发, 在第一象限画一条射线l_0, 射线l_0 的方向满足与μ、L、z 三个坐标轴的夹角相等条件。我们设定贫困指数变动向量 $\Delta \boldsymbol{P}$ 是一个与射线l_0 相重合的向量, 其始点坐标为坐标原点(0, 0, 0), 终点坐标为(1, 1, 1)(见图 9-2)。

(3) 以μ、L、z 三维空间直角坐标系为基准, 构建一个六面正方体, 向量 $\Delta \boldsymbol{P}$ 则是这一正方体的对角向量(见图 9-2)。

(4) 设$\Delta \boldsymbol{P}_{\mu}$ 是向量$\Delta \boldsymbol{P}$ 在μ 轴方向的投影向量, $\Delta \boldsymbol{P}_L$ 是向量$\Delta \boldsymbol{P}$ 在L轴方向的投影向量, $\Delta \boldsymbol{P}_z$ 是向量 $\Delta \boldsymbol{P}$ 在 z 轴方向的投影向量, 于是有:

$$\Delta \boldsymbol{P} = \Delta \boldsymbol{P}_{\mu} + \Delta \boldsymbol{P}_L + \Delta \boldsymbol{P}_z \tag{9-47}$$

我们定义, $\Delta \boldsymbol{P}_{\mu}$ 是向量$\Delta \boldsymbol{P}$ 在μ 轴方向的全投影向量之和。向量$\Delta \boldsymbol{P}$ 在μ 轴方向的全投影向量共有$2^{n-1} = 4$ 个(见图 9-3), 它们是:

(1) 由 $\Delta \boldsymbol{P}$ 在μ 轴上直接投影得到的向量 $\Delta \boldsymbol{P}_{\mu 1}$, 始点坐标(0, 0, 0), 终点坐标(1, 0, 0)。

(2) 由 $\Delta \boldsymbol{P}$ 在μ 轴平行方向直接投影得到的向量$\Delta \boldsymbol{P}_{\mu 4}$, 始点坐标(0, 1, 1), 终点坐标(1, 1, 1)。

(3) 由 $\Delta \boldsymbol{P}$ 在μ 轴平行方向间接投影的向量有两个: 一是$\Delta \boldsymbol{P}_{\mu 2}$, 始点坐标(0, 1, 0), 终点坐标(1, 1, 0), 它是由 $\Delta \boldsymbol{P}$ 二次间接投影形成的, 即由 $\Delta \boldsymbol{P}$ 先向$\mu - L$ 坐标平面投影得到一个对角向量$\Delta \boldsymbol{P}_{\mu L}$(在图 9-3 中用虚线表示), 然后再由 $\Delta \boldsymbol{P}_{\mu L}$ 向μ 轴平行方向投影得到$\Delta \boldsymbol{P}_{\mu 2}$。二是$\Delta \boldsymbol{P}_{\mu 3}$, 始点坐标(0, 0, 1), 终点坐标(1, 0, 1), 它也是由 $\Delta \boldsymbol{P}$ 二次间接投影形成的, 即由 $\Delta \boldsymbol{P}$ 先向$\mu - z$ 坐标平面投影得到一个对角向量$\Delta \boldsymbol{P}_{\mu z}$(在图 9-3 中用虚线表示), 然后再由 $\Delta \boldsymbol{P}_{\mu z}$ 向μ 轴平行方向投影得到 $\Delta \boldsymbol{P}_{\mu 3}$。

显然, $\Delta \boldsymbol{P}_{\mu}$ 是向量 $\Delta \boldsymbol{P}$ 在 μ 轴方向的全投影向量之和, 其表达式如下:

$$\Delta \boldsymbol{P}_{\mu} = \Delta \boldsymbol{P}_{\mu 1} + \Delta \boldsymbol{P}_{\mu 2} + \Delta \boldsymbol{P}_{\mu 3} + \Delta \boldsymbol{P}_{\mu 4} \tag{9-48}$$

同理, $\Delta \boldsymbol{P}_L$ 是向量$\Delta \boldsymbol{P}$ 在L轴方向的全投影向量之和(见图9-4), 可用下式表达:

$$\Delta \boldsymbol{P}_L = \Delta \boldsymbol{P}_{L1} + \Delta \boldsymbol{P}_{L2} + \Delta \boldsymbol{P}_{L3} + \Delta \boldsymbol{P}_{L4} \tag{9-49}$$

$\Delta \boldsymbol{P}_z$ 是向量$\Delta \boldsymbol{P}$ 在z轴方向的全投影向量之和(见图9-5), 可用下式表达:

$$\Delta \boldsymbol{P}_z = \Delta \boldsymbol{P}_{z1} + \Delta \boldsymbol{P}_{z2} + \Delta \boldsymbol{P}_{z3} + \Delta \boldsymbol{P}_{z4} \tag{9-50}$$

由上述 12 个投影向量(相当于 12 条棱线, 每个轴方向有 4 条棱线), 构成了一个三维空间的六面正方体, 向量 $\Delta \boldsymbol{P}$ 则是这一正方体的对角向量。

我们将图9-2 中的13 个向量(1个主向量和12个投影向量) 的始点坐标

及贫困指数值、终点坐标及贫困指数值列成表格(见表9-10)，并定义向量的模为终点贫困指数值与始点贫困指数值之差(贫困指数变动值)。

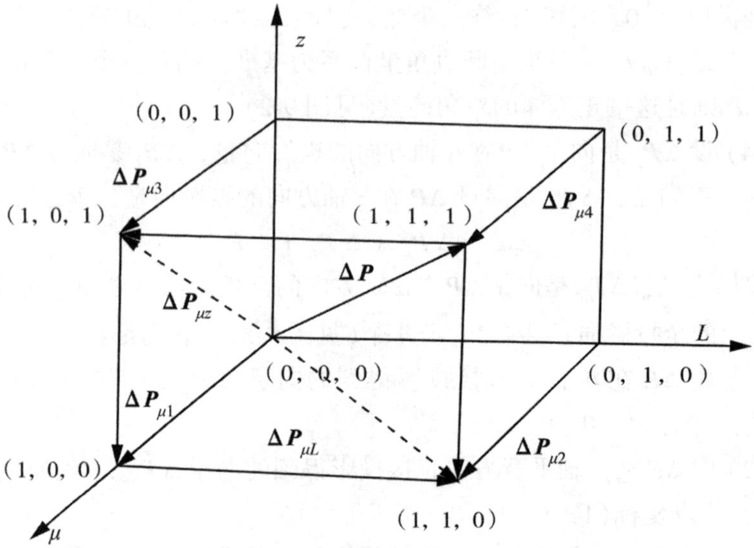

图9-3 贫困指数变动 $\Delta \boldsymbol{P}$ 在 μ 轴方向全投影分解

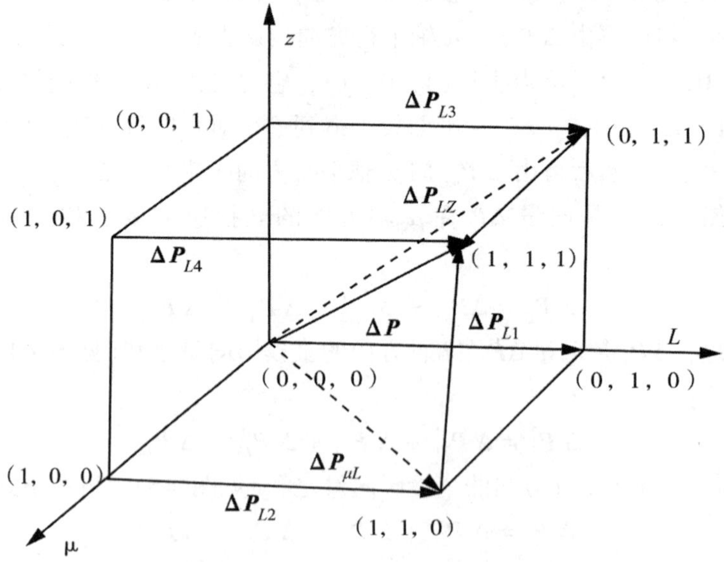

图9-4 贫困指数变动 $\Delta \boldsymbol{P}$ 在 L 轴方向全投影向量分解

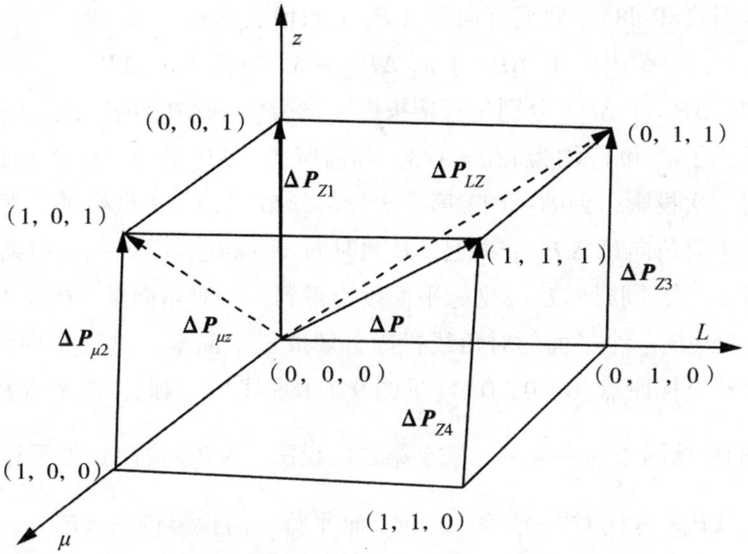

图 9-5　贫困指数变动 $\Delta \boldsymbol{P}$ 在 z 轴方向全投影向量分解

表 9-10　　三维空间向量全投影坐标与贫困指数变动值

向量	向量始点坐标	始点贫困指数	向量终点坐标	终点贫困指数	向量的模（贫困指数变动值）
$\Delta \boldsymbol{P}$	(μ_0, L_0, z_0)	p_{000}	(μ_1, L_1, z_1)	p_{111}	$\Delta p = p_{111} - p_{000}$
$\Delta \boldsymbol{P}_{\mu1}$	(μ_0, L_0, z_0)	p_{000}	(μ_1, L_0, z_0)	p_{100}	$\Delta p_{\mu1} = p_{100} - p_{000}$
$\Delta \boldsymbol{P}_{\mu2}$	(μ_0, L_1, z_0)	p_{010}	(μ_1, L_1, z_0)	p_{110}	$\Delta p_{\mu2} = p_{110} - p_{010}$
$\Delta \boldsymbol{P}_{\mu3}$	(μ_0, L_0, z_1)	p_{001}	(μ_1, L_0, z_1)	p_{101}	$\Delta p_{\mu3} = p_{101} - p_{001}$
$\Delta \boldsymbol{P}_{\mu4}$	(μ_0, L_1, z_1)	p_{011}	(μ_1, L_1, z_1)	p_{111}	$\Delta p_{\mu4} = p_{111} - p_{011}$
$\Delta \boldsymbol{P}_{L1}$	(μ_0, L_0, z_0)	p_{000}	(μ_0, L_1, z_0)	p_{010}	$\Delta p_{L1} = p_{010} - p_{000}$
$\Delta \boldsymbol{P}_{L2}$	(μ_1, L_0, z_0)	p_{100}	(μ_1, L_1, z_0)	p_{110}	$\Delta p_{L2} = p_{110} - p_{100}$
$\Delta \boldsymbol{P}_{L3}$	(μ_0, L_0, z_1)	p_{001}	(μ_0, L_1, z_1)	p_{011}	$\Delta p_{L3} = p_{011} - p_{001}$
$\Delta \boldsymbol{P}_{L4}$	(μ_1, L_0, z_1)	p_{101}	(μ_1, L_1, z_1)	p_{111}	$\Delta p_{L4} = p_{111} - p_{101}$
$\Delta \boldsymbol{P}_{z1}$	(μ_0, L_0, z_0)	p_{000}	(μ_0, L_0, z_1)	p_{001}	$\Delta p_{z1} = p_{001} - p_{000}$
$\Delta \boldsymbol{P}_{z2}$	(μ_1, L_0, z_0)	p_{100}	(μ_1, L_0, z_1)	p_{101}	$\Delta p_{z2} = p_{101} - p_{100}$
$\Delta \boldsymbol{P}_{z3}$	(μ_0, L_1, z_0)	p_{010}	(μ_0, L_1, z_1)	p_{011}	$\Delta p_{z3} = p_{011} - p_{010}$
$\Delta \boldsymbol{P}_{z4}$	(μ_1, L_1, z_0)	p_{110}	(μ_1, L_1, z_1)	p_{111}	$\Delta p_{z4} = p_{111} - p_{110}$

根据式(9-48)，我们有向量$\Delta \boldsymbol{P}_{\mu}$的数值表达式：

$$\Delta P_{\mu} = \lambda_1 \Delta P_{\mu 1} + \lambda_2 \Delta P_{\mu 2} + \lambda_3 \Delta P_{\mu 3} + \lambda_4 \Delta P_{\mu 4} \qquad (9\text{-}51)$$

上式中，$\Delta P_{\mu 1}$和$\Delta P_{\mu 4}$分别是直接投影向量$\Delta \boldsymbol{P}_{\mu 1}$和$\Delta \boldsymbol{P}_{\mu 4}$的数值，所以它们的权重因子$\lambda_1$和$\lambda_4$均为$1/n = 1/3$。如前所述，$\Delta P_{\mu 2}$是向量$\Delta \boldsymbol{P}_{\mu 2}$的值，它是经过二次投影得到的：(1) 第一次投影。$\Delta \boldsymbol{P}$向$\mu - L$坐标平面直接投影得到一个对角向量$\Delta \boldsymbol{P}_{\mu L}$；并且$\Delta \boldsymbol{P}$同时向$\mu - z$坐标平面投影得到一个对角向量$\Delta \boldsymbol{P}_{\mu z}$，同时向$L - z$坐标平面投影得到一个对角向量$\Delta \boldsymbol{P}_{Lz}$，($\Delta \boldsymbol{P}$“一分为三”地向三个平面的对角线投影分解成三个向量，这三个向量与$\Delta \boldsymbol{P}$均相交于坐标原点(0，0，0))(见图9-2中虚线)。因此，向量$\Delta \boldsymbol{P}_{\mu L}$数值$\Delta P_{\mu L}$的权重因子为$\frac{1}{n} = \frac{1}{3}$。(2) 第二次投影。$\Delta \boldsymbol{P}_{\mu L}$再向$\mu$轴平行方向投影得到$\Delta \boldsymbol{P}_{\mu 2}$(并同时“一分为二”向$L$轴平行方向投影得到$\Delta \boldsymbol{P}_{L2}$)，所以向量$\Delta \boldsymbol{P}_{\mu 2}$数值$\Delta P_{\mu 2}$的权重因子$\lambda_2$为$\frac{1}{3} \times \frac{1}{2} = \frac{1}{6}$。同理，向量$\Delta \boldsymbol{P}_{\mu 3}$数值$\Delta P_{\mu 3}$的权重因子$\lambda_3$也为$\frac{1}{3} \times \frac{1}{2} = \frac{1}{6}$。为了清楚起见，表(9-11)给出了各投影向量的权重因子。

表9-11　　三维空间全投影向量的投影类型与向量数值权重因子

投影向量	投影向量的数值 (贫困指数变动值)	投影类型	权重因子
$\Delta \boldsymbol{P}_{\mu 1}$	$\Delta p_{\mu 1} = p_{100} - p_{000}$	一次直接投影	$\frac{1}{3}$
$\Delta \boldsymbol{P}_{\mu 2}$	$\Delta p_{\mu 2} = p_{110} - p_{010}$	二次间接投影	$\frac{1}{6}$
$\Delta \boldsymbol{P}_{\mu 3}$	$\Delta p_{\mu 3} = p_{101} - p_{001}$	二次间接投影	$\frac{1}{6}$
$\Delta \boldsymbol{P}_{\mu 4}$	$\Delta p_{\mu 4} = p_{111} - p_{011}$	一次直接投影	$\frac{1}{3}$
$\Delta \boldsymbol{P}_{L1}$	$\Delta p_{L1} = p_{010} - p_{000}$	一次直接投影	$\frac{1}{3}$
$\Delta \boldsymbol{P}_{L2}$	$\Delta p_{L2} = p_{110} - p_{100}$	二次间接投影	$\frac{1}{6}$
$\Delta \boldsymbol{P}_{L3}$	$\Delta p_{L3} = p_{011} - p_{001}$	二次间接投影	$\frac{1}{6}$

续表

投影向量	投影向量的数值 （贫困指数变动值）	投影类型	权重因子
$\Delta \boldsymbol{P}_{L4}$	$\Delta p_{L4} = p_{111} - p_{101}$	一次直接投影	$\frac{1}{3}$
$\Delta \boldsymbol{P}_{z1}$	$\Delta p_{z1} = p_{001} - p_{000}$	一次直接投影	$\frac{1}{3}$
$\Delta \boldsymbol{P}_{z2}$	$\Delta p_{z2} = p_{101} - p_{100}$	二次间接投影	$\frac{1}{6}$
$\Delta \boldsymbol{P}_{z3}$	$\Delta p_{z3} = p_{011} - p_{010}$	二次间接投影	$\frac{1}{6}$
$\Delta \boldsymbol{P}_{z4}$	$\Delta p_{z4} = p_{111} - p_{110}$	一次直接投影	$\frac{1}{3}$

将表 9-11 中的投影向量的数值和权重因子代入式(9-51)，得到社会平均收入 μ 的变化对贫困指数变动 ΔP 的贡献表达式：

$$\Delta p_{\mu} = \frac{1}{3}\left[(p_{100} - p_{000}) + \frac{1}{2}(p_{110} - p_{010}) + \frac{1}{2}(p_{101} - p_{001}) + (p_{111} - p_{011})\right] \tag{9-52}$$

同理，可得到收入分配 L 的变化对贫困指数变动 ΔP 的贡献表达式：

$$\Delta p_{L} = \frac{1}{3}\left[(p_{010} - p_{000}) + \frac{1}{2}(p_{110} - p_{100}) + \frac{1}{2}(p_{011} - p_{001}) + (p_{111} - p_{101})\right] \tag{9-53}$$

得到自然贫困线 z 的变化对贫困指数变动 ΔP 的贡献表达式：

$$\Delta p_{z} = \frac{1}{3}\left[(p_{001} - p_{000}) + \frac{1}{2}(p_{101} - p_{100}) + \frac{1}{2}(p_{011} - p_{010}) + (p_{111} - p_{110})\right] \tag{9-54}$$

上述三个分解公式与表 9-4-b 中的沙普利值法分解结果完全一致。

第十章　贫困地区自然贫困线测算与减贫分析

测算自然贫困线的分位数函数零点法，不仅适用于全国、省、市等不同层级的行政区域，而且还适用于不同经济类型的社会区域(包括贫困地区)。当然，前提条件是，这些区域本身开展了居民住户家计调查，并且每年权威发布了高质量的、能反映区域总体特征的住户调查统计数据。本章根据国家统计局发布的2003—2011年《中国农村贫困监测报告》数据，应用分位数函数零点法，测算了2002—2011年国家扶贫开发工作重点县(以下简称"国家重点县")农村"双零"(零分位和零储蓄)自然贫困线。同时，应用自然贫困线估算了国家重点县贫困指数变动情况(减贫进展情况)，并对贫困指数变动进行了"三因素"沙普利值分解分析。

第一节　国家重点县农村自然贫困线测算

自2000年起，国家统计局开始对国家扶贫开发工作重点县实施贫困监测工作，每年开展约5.3万农村住户抽样调查，并定期公开出版《中国农村贫困监测报告》，向社会各界发布我国农村贫困状况，描述贫困变化的宏观背景，介绍各地、各部门和全社会的扶贫实践及减贫效果。本节根据国家统计局2002—2011年《中国农村贫困监测报告》公布数据，应用分位数函数零点法，测算了2002—2011年国家重点县农村零分位和零储蓄自然贫困线。

一、重点县农村居民分组基本数据

表10-1给出了2002—2011年《中国农村贫困监测报告》公布的全国592个国家重点县农村居民按人均纯收入分组排序的相关数据。表中数据除2003年按人均纯收入人口比例五等份分组以外，其他各年度数据是按人均纯收入农户比例五等份分组。

表 10-1 **592 个国家扶贫重点县农村居民五等份分组基本数据**

（2002—2011 年）

年份	指标	低收入户 20%	中低收入户 20%	中等收入户 20%	中高收入户 20%	高收入户 20%
2002	户均人口(人)	4.6	4.6	4.5	4.2	3.8
	人均纯收入(元)	456.5	850.1	1167.5	1586.6	2721.8
	人均消费支出(元)	842.0	926.8	1074.3	1242.5	1668.9
2003	人口比重(%)	20	20	20	20	20
	人均纯收入(元)	478.6	896.8	1219.1	1636.6	2800.1
	人均消费支出(元)	874.7	977.9	1119.4	1323.4	1804.7
2004	户均人口(人)	4.8	4.6	4.4	4.1	3.6
	人均纯收入(元)	567.4	1050.8	1446.2	1958.8	3354.4
	人均消费支出(元)	975.1	1139.2	1323.0	1580.1	2148.4
2005	户均人口(人)	4.7	4.6	4.4	4.2	3.7
	人均纯收入(元)	649.4	1172.1	1589.6	2106.1	3506.6
	人均消费支出(元)	1115.3	1263.6	1450.9	1694.2	2284.2
2006	户均人口(人)	4.7	4.6	4.4	4.1	3.6
	人均纯收入(元)	734.4	1284.9	1746.8	2359.2	4048.0
	人均消费支出(元)	1159.7	1346.9	1578.6	1895.6	2662.7
2007	户均人口(人)	4.7	4.6	4.4	4.1	3.6
	人均纯收入(元)	810.3	1504.8	2066.3	2785.2	4830.6
	人均消费支出(元)	1306.0	1536.0	1807.8	2198.4	3097.2
2008	户均人口(人)	4.8	4.6	4.3	4.0	3.6
	人均纯收入(元)	1007.5	1761.4	2392.0	3218.2	5421.7
	人均消费支出(元)	1523.0	1749.2	2087.9	2514.4	3465.3

续表

年份	指标	低收入户20%	中低收入户20%	中等收入户20%	中高收入户20%	高收入户20%
2009	户均人口(人)	4.7	4.6	4.3	4.0	3.5
	人均纯收入(元)	1081.5	1894.3	2590.2	3502.5	5984.5
	人均消费支出(元)	1604.5	1860.5	2226.3	2664.5	3880.6
2010	户均人口(人)	4.8	4.6	4.3	4.0	3.5
	人均纯收入(元)	1203.8	2193.4	2999.7	4074.5	6929.2
	人均消费支出(元)	1795.2	2124.6	2503.1	3025.2	4319.1
2011	户均人口(人)	4.5	4.5	4.2	3.8	3.3
	人均纯收入(元)	1370	2584	3647	5027	8695

数据来源：国家统计局 2002—2011 年《中国农村贫困监测报告》和 2011 年《农村贫困监测资料》。

二、重点县农村居民收入-消费 GQ 模型及参数

应用 SPSS 统计软件，采用最小二乘法(OLS)对表 10-1 中的数据进行线性回归估计，以确定各年度国家重点县农村居民收入-消费广义二次洛伦兹曲线 GQ 模型的回归系数 a、b、c，并对回归估计结果进行拟合优度 R^2、t 值和 F 值的检验分析。回归估计结果及各年度人均纯收入和人均消费期望值见表 10-2。表 10-2 中的数据说明，GQ 模型拟合优度很高，R^2 均达到 0.9999 以上，t 值和 F 值均达到 1%显著性水平(极个别 t 值除外)。

回归系数 a、b、c 确定后，根据表 4-1 的公式，计算出国家重点县农村居民收入-消费广义二次洛伦兹曲线 GQ 模型的相关参数值，如 e、m、n、r，以及 s_1、s_2等，从而为测算自然贫困线和计算基尼系数 Gini 及 FGT 贫困指数作准备。相关参数计算结果见表 10-3。

根据公式(4-11)和表 10-2、表 10-3 中的相关参数，计算出了 2002—2011 年国家重点县农村居民人均纯收入和人均消费支出基尼系数 Gini(见表 10-4)。由表 10-4 可看出，2002—2011 年间，国家重点县农村居民人均纯收入分配不平等程度加重，收入基尼系数由 2002 年的 0.33 上升至 2011 年的 0.341。不过，与全国平均水平相比(全国农村平均收入基尼系

数 2002 年为 0.3697，2011 年为 0.3888），国家重点县农村居民收入分配不平等程度要相对轻一些，即收入分配差距要相对小一些。

表 10-2　　国家重点县农村居民收入-消费 GQ 回归模型参数估计值汇总表（2002—2011 年）

年份	模型类别	指标	GQ 回归模型参数估计与特征值					
			a	b	c	调整 R^2	F 值	期望值
2002	消费模型	系数值	0.7123	−1.4942	0.4918	0.999967	50474	1130.47
		t 值	4.467	−5.157	1.439			
	收入模型	系数值	1.0592	−1.4757	0.0996	0.999993	244750	1302.80
		t 值	138.462	−73.97	8.551			
2003	消费模型	系数值	−0.0074	−0.8764	2.1860	0.999999	746345	1220.02
		t 值	−0.270	−15.584	64.777			
	收入模型	系数值	1.0642	−1.5141	0.0833	0.999998	296777	1406.24
		t 值	128.856	−82.777	7.608			
2004	消费模型	系数值	0.7492	−1.4568	0.5174	0.999999	5832065	1393.24
		t 值	49.6813	−44.0000	11.4810			
	收入模型	系数值	1.0652	−1.4695	0.1012	0.999997	668211	1582.67
		t 值	233.146	−118.543	14.047			
2005	消费模型	系数值	0.7307	−1.4953	0.4934	0.999967	50474	1528.04
		t 值	23.256	−24.856	6.932			
	收入模型	系数值	1.0665	−1.5526	0.0927	0.999999	7056105	1724.91
		t 值	207.156	−73.179	9.178			
2006	消费模型	系数值	0.6929	−1.3649	0.5679	0.999998	871707	1679.90
		t 值	30.682	−28.258	10.814			
	收入模型	系数值	1.0195	−1.4452	0.1367	0.999997	722226	1929.61
		t 值	254.088	−110.480	17.100			
2007	消费模型	系数值	0.7108	−1.3698	0.5501	0.999999	4538380	1929.21
		t 值	81.122	−69.366	26.010			
	收入模型	系数值	1.0451	−1.4869	0.0912	0.999999	1732536	2272.51
		t 值	360.900	−200.322	21.147			

续表

年份	模型类别	指标	GQ 回归模型参数估计与特征值					
			a	b	c	调整 R^2	F 值	期望值
2008	消费模型	系数值	0. 5965	−1. 1057	0. 8640	0. 999964	47104	2200. 35
		t 值	4. 583	−3. 734	2. 645			
	收入模型	系数值	1. 0406	−1. 4428	0. 1442	0. 999997	582741	2611. 03
		t 值	218. 469	−96. 296	15. 512			
2009	消费模型	系数值	0. 6907	−1. 3635	0. 5250	0. 999976	70436	2365. 53
		t 值	9. 273	−8. 582	3. 224			
	收入模型	系数值	1. 0281	−1. 4261	0. 1450	0. 999997	798562	2838. 41
		t 值	265. 816	−112. 001	18. 763			
2010	消费模型	系数值	0. 7211	−1. 3923	0. 5164	0. 999999	5815227	2659. 01
		t 值	99. 201	−86. 171	30. 358			
	收入模型	系数值	1. 0597	−1. 4491	0. 1199	0. 999997	798562	3269. 66
		t 值	145. 893	−68. 903	9. 652			
2011	收入模型	系数值	1. 0764	−1. 3872	0. 1198	0. 999998	778297	3985. 54
		t 值	257. 605	−115. 352	18. 322			

说明：2011 年消费数据缺失。

表 10-3　国家重点县农村居民收入-消费分布 GQ 模型相关参数值汇总表（2002—2011 年）

年份	模型类别	相关参数值计算结果					
		e	m	n	r	s_1	s_2
2002	消费分布模型	−0. 7099	−0. 6165	0. 1542	1. 1253	−0. 7876	1. 0378
	收入分布模型	−0. 6832	−2. 0591	1. 6176	2. 5418	−0. 2244	1. 010
2003	消费分布模型	−3. 1786	0. 0298	−8. 7440	8. 6749	292. 7088	1. 1600
	收入分布模型	−0. 6333	−1. 9640	1. 5846	2. 3795	−0. 2024	1. 009
2004	消费分布模型	−0. 8098	−0. 8746	0. 2899	1. 5422	−0. 7159	1. 0474
	收入分布模型	−0. 6969	−2. 1014	1. 6433	2. 6044	−0. 2287	1. 011
2005	消费分布模型	−0. 7288	−0. 6869	0. 2060	1. 2256	−0. 7421	1. 0420
	收入分布模型	−0. 6066	−1. 8554	1. 5128	2. 2405	−0. 1961	1. 011

续表

年份	模型类别	相关参数值计算结果					
		e	m	n	r	s_1	s_2
2006	消费分布模型	-0. 8960	-0. 9088	0. 1741	1. 7171	-0. 8490	1. 0405
	收入分布模型	-0. 7110	-1. 9895	1. 5084	2. 5096	-0. 2516	1. 010
2007	消费分布模型	-0. 8912	-0. 9669	0. 2408	1. 7690	-0. 7903	1. 0393
	收入分布模型	-0. 6495	-1. 9698	1. 5665	2. 4038	-0. 2125	1. 008
2008	消费分布模型	-1. 3548	-1. 1632	-0. 4601	2. 9583	-1. 4694	1. 0738
	收入分布模型	-0. 7419	-2. 0804	1. 5641	2. 6509	-0. 2612	1. 013
2009	消费分布模型	-0. 8523	-0. 9037	0. 2239	1. 6358	-0. 7812	1. 0289
	收入分布模型	-0. 7469	-2. 0786	1. 5506	2. 6539	-0. 2654	1. 011
2010	消费分布模型	-0. 8452	-0. 9461	0. 2881	1. 6692	-0. 7299	1. 0345
	收入分布模型	-0. 7305	-2. 1390	1. 6376	2. 6921	-0. 2465	1. 012
2011	收入分布模型	-0. 8089	-2. 3812	1. 7653	3. 0576	-0. 2714	1. 013

表 10-4　　国家重点县农村居民收入-消费基尼系数

（2002—2011 年）

年 份	农村居民人均纯收入基尼系数	农村居民人均消费支出基尼系数
2002	0. 3300	0. 1409
2003	0. 3278	0. 1519
2004	0. 3307	0. 1601
2005	0. 3135	0. 1455
2006	0. 3217	0. 1688
2007	0. 3313	0. 1751
2008	0. 3191	0. 1691
2009	0. 3228	0. 1796
2010	0. 3276	0. 1777
2011	0. 3410	—

三、重点县农村零分位自然贫困线测算

将表 10-2、表 10-3 中各年度国家重点县农村消费 GQ 模型相关参数

b、e、n 和消费期望值 μ_y 代入公式(4-10)、(4-38)，计算得到各年度农村消费累积分布函数 $F(y)=p=0$ 时的消费分位数函数 y_0(见表 10-5)。由于国家统计局《农村贫困监测资料(2011)》没有发布 2011 年国家重点县农村居民住户调查分组消费数据，作数据空缺处理。采用 SPSS 统计软件，对 2002—2010 年国家重点县农村居民零分位人均底线消费支出 y_0 时间序列作长期趋势曲线拟合，其模型主要特征值见表 10-6。

表 10-5 国家重点县农村居民零分位人均消费及长期趋势测算结果

年份	t	重点县农村居民人均消费期望值(元/年)	重点县农村居民消费洛伦兹曲线零分位一阶导数	零分位人均底线消费支出(元/年)	零分位人均底线消费长期趋势估计值(元/年)
		μ_y	$L'(p)$	y_0	$z_0^* = y_0^*$
2002	1	1130.47	0.6928	783.18	776.95
2003	2	1220.02	0.6877	839.05	838.13
2004	3	1393.24	0.6389	890.13	912.32
2005	4	1528.04	0.6770	1034.50	999.51
2006	5	1679.90	0.6339	1064.87	1099.72
2007	6	1929.21	0.6173	1190.96	1212.94
2008	7	2200.35	0.6378	1403.31	1339.16
2009	8	2365.53	0.6161	1457.31	1478.40
2010	9	2659.01	0.6109	1624.45	1630.64
2011	10	—	—	—	1795.90(趋势值)

由表 10-6 可看出，三种模型比较，二次曲线拟合优度 R^2 最高，为 0.9886，F 值达到 0.01 显著性水平。所以，我们选择二次曲线模型拟合零分位人均底线消费 y_0 长期趋势，于是得到零分位底限自然贫困线 z_0^* 的拟合模型如下：

$$z_0^* = y_0^* = 728.782 + 41.664t + 6.505t^2 \tag{10-1}$$

将表 10-5 的年度 t 代入上式，测算出 2002—2011 年国家重点县农村零分位底限自然贫困线 z_0^* 阈值(见表 10-5)。需要说明的是，2011 年的 z_0^* 是根据模型(10-1)所计算的一个趋势预测值。2002—2011 年国家重点县 y_0 和 z_0^* 拟合曲线见图 10-1。由此图可看出，y_0 的波动性得到了平滑或熨平，z_0^* 表示了 2002—2011 年国家重点县农村零分位底线生活成本费用呈稳健增加趋势。

表 10-6 国家重点县农村居民零分位人均消费时间序列长期趋势曲线拟合 SPSS 输出结果

零分位人均消费长期趋势拟合模型	R^2	F 值	回归模型参数估计值	回归模型参数估计值	回归模型参数估计值
			β_0	β_1	β_2
线性模型	0.9701	226.84	609.528	106.711	
二次曲线	0.9886	259.43	728.782	41.664	6.505
指数曲线	0.9870	532.97	694.315	0.094	

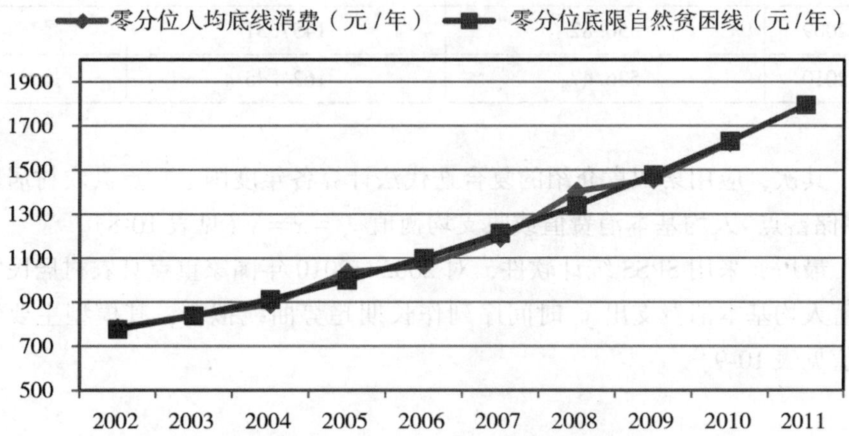

图 10-1 国家重点县零分位底线消费及长期趋势拟合曲线

四、重点县农村零储蓄自然贫困线测算

首先，测算重点县各年度农村居民零分位底线收入 x_0，并与各年度相应的底线消费 y_0 做对应比较，以判断收入累积分布曲线与消费累积分布曲线是否存在交叉点，即是否存在"零储蓄"收支均衡点。将表 10-2、表 10-3 中的相关参数代入公式(4-37)，计算出了 2002—2010 年国家重点县农村居民零分位底线收入 x_0，并与各年度相应的 y_0 做对应比较，均满足 $y_0 > x_0$ 条件(见表 10-7)。这说明，2002—2010 年国家重点县农村居民收入累积分布曲线与消费累积分布曲线存在"零储蓄"收支均衡点。

表 10-7 **2002—2010 年国家重点县农村居民零分位底线收入与底线消费比较**

年份	重点县农村居民零分位人均底线纯收入(元/年)	重点县农村居民零分位人均底线消费(元/年)	y_0 是否大于x_0
	x_0	y_0	
2002	190.01	783.18	是
2003	184.95	839.05	是
2004	229.88	890.13	是
2005	263.61	1034.50	是
2006	370.95	1064.87	是
2007	319.24	1190.96	是
2008	507.47	1403.31	是
2009	550.82	1457.31	是
2010	536.47	1624.45	是

其次，应用第四章介绍的复合迭代法计算各年度国家重点县农村居民“零储蓄点”人均基本消费值或收支均衡值 $y_s = x = y$（见表 10-8）。

最后，采用 SPSS 统计软件，对 2002—2010 年国家重点县农村居民零储蓄人均基本消费支出 y_s 时间序列作长期趋势曲线拟合，其模型主要特征值见表 10-9。

表 10-8 **2002—2011 年国家重点县农村居民零储蓄基本消费值及长期趋势(基本自然贫困线)估计**

年份	t	重点县农村居民零储蓄人均基本消费或收支均衡值(元/年)	人均基本消费长期趋势估计值(基本自然贫困线)(元/年)
		$y_s = x = y$	$z_s^* = y_s^*$
2002	1	992.28	972.83
2003	2	1017.77	1069.85
2004	3	1206.52	1178.50
2005	4	1329.69	1298.78
2006	5	1401.33	1430.69

续表

年份	t	重点县农村居民零储蓄人均基本消费或收支均衡值(元/年)	人均基本消费长期趋势估计值(基本自然贫困线)(元/年)
		$y_s = x = y$	$z_s^* = y_s^*$
2007	6	1560.94	1574.24
2008	7	1765.12	1729.42
2009	8	1868.45	1896.24
2010	9	2083.13	2074.69
2011	10	—	2264.77(趋势预测值)

表 10-9 **国家重点县农村居民零储蓄人均基本消费时间序列长期趋势曲线拟合 SPSS 输出结果**

零储蓄人均消费长期趋势拟合模型	R^2	F 值	回归模型参数估计值	回归模型参数估计值	回归模型参数估计值
			β_0	β_1	β_2
线性模型	0.9841	432.804	780.813	137.732	
二次曲线	0.9931	431.377	887.451	79.565	5.817
指数曲线	0.9904	721.566	885.912	0.095	

由表 10-9 可看出，三种模型相比较，二次曲线拟合优度 R^2 最高，为 0.9931，F 值达到 0.01 显著性水平。所以，我们选择二次曲线模型拟合零储蓄人均基本消费 y_s 长期趋势，于是得到零储蓄基本自然贫困线 z_s^* 拟合模型如下：

$$z_s^* = y_s^* = 887.451 + 79.565t + 5.817t^2 \tag{10-2}$$

将表 10-8 的年度 t 代入上式，测算出 2002—2011 年国家重点县农村零储蓄基本自然贫困线 z_s^* 阈值(见表 10-8)。表中 2011 年的 z_s^* 是根据模型(10-2)所估算的一个趋势预测值。2002—2011 年国家重点县 y_s 和 z_s^* 拟合曲线见图 10-2。由此图可看出，y_s 的波动性得到了平滑或熨平，z_s^* 表示了 2002—2011 年国家重点县农村零储蓄收支均衡基本生活成本呈稳健增加趋势。

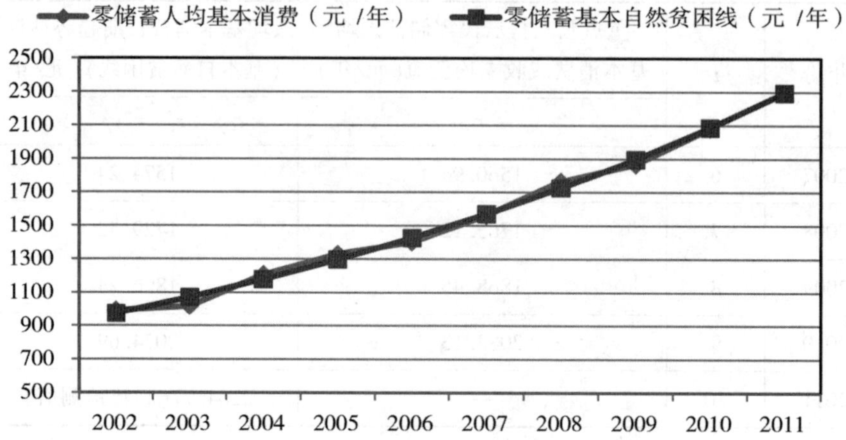

图 10-2 国家重点县零储蓄人均消费及长期趋势拟合曲线(2002—2011 年)

第二节 基于自然贫困线的重点县减贫分析

本节采用动态的底限自然贫困线 z_0^* 和基本自然贫困线 z_s^* ，测算了 2002—2011 年国家重点县各年度的农村收入贫困 FGT 指数(包括贫困发生率 H、贫困差距指数 PG 和贫困差距平方指数 SPG)，并对 FGT 指数变化即减贫情况进行了动态分析。分析结果表明：由于 2002—2011 年期间国家重点县农村居民收入增长速度快于消费增长速度，即使在“双零”自然贫困线(z_0^* 和z_s^*)动态增长情况下，国家重点县的 FGT 收入贫困指数也呈现出逐年下降趋势，农村收入贫困状况得到明显缓解。

一、基于自然贫困线的重点县 FGT 指数测算

将表 10-5 中各年度的零分位底限自然贫困线 z_0^* 和相关参数代入表4-1 中 FGT 贫困指数公式，以及将表 10-8 中各年度的零储蓄基本自然贫困线 z_s^* 和相关参数代入表 4-1 中 FGT 贫困指数公式，我们分别测算出了 2002—2011 年国家重点县农村收入贫困发生率 H、贫困差距指数 PG 和贫困平方差距指数 SPG(见表 10-10)。两条贫困线的 FGT 贫困指数变化趋势分别见图 10-3、图 10-4。

表 10-10　**基于自然贫困线的国家重点县 FGT 收入贫困指数**

（2002—2011 年）

年份	以底限自然贫困线为尺度的 FGT 收入贫困指数			以基本自然贫困线为尺度的 FGT 收入贫困指数		
	H	PG	SPG	*H*	PG	SPG
2002	0. 2734	0. 0909	0. 0427	0. 4005	0. 1403	0. 0692
2003	0. 2677	0. 0905	0. 0434	0. 4066	0. 1437	0. 0720
2004	0. 2588	0. 0857	0. 0400	0. 3995	0. 1405	0. 0695
2005	0. 2400	0. 0768	0. 0349	0. 3870	0. 1310	0. 0632
2006	0. 2456	0. 0732	0. 0305	0. 3959	0. 1303	0. 0599
2007	0. 2229	0. 0726	0. 0333	0. 3537	0. 1218	0. 0594
2008	0. 1989	0. 0564	0. 0223	0. 3239	0. 1024	0. 0453
2009	0. 2085	0. 0597	0. 0238	0. 3332	0. 1060	0. 0471
2010	0. 1971	0. 0600	0. 0255	0. 3059	0. 1008	0. 0466
2011	0. 1778	0. 0551	0. 0236	0. 2678	0. 0896	0. 0418
Δp （2002—2011）	−0. 0956	−0. 0358	−0. 0190	−0. 1327	−0. 0507	−0. 0274

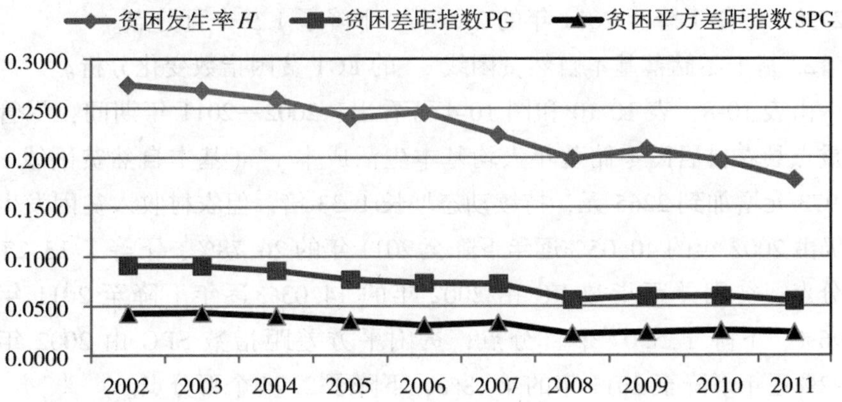

图 10-3　基于底限自然贫困线国家重点县 FGT 指数变化趋势（2002—2011 年）

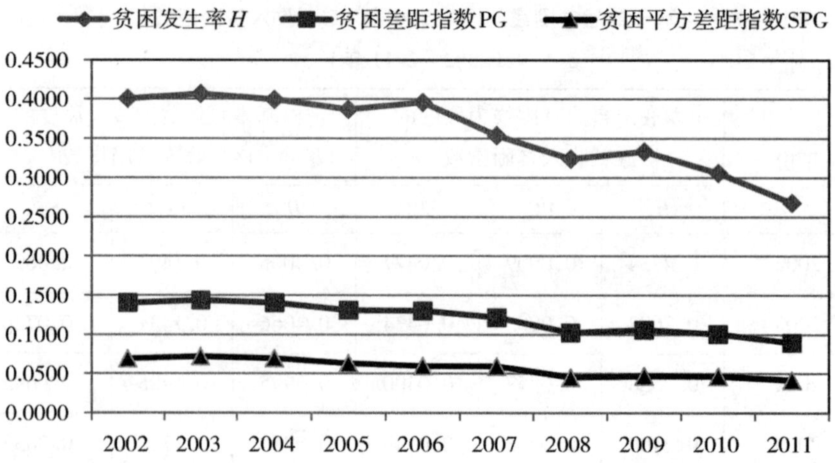

图 10-4　基于基本自然贫困线国家重点县 FGT 指数变化趋势(2002—2011 年)

二、重点县 FGT 贫困指数变化分析

1. 基于零分位底限自然贫困线 z_0^* 的 FGT 贫困指数变化分析。

由表 10-5、表 10-10 和图 10-3 可看出，2002—2011 年期间，尽管国家重点县农村居民零分位年人均底线生活成本 y_0^*（底限自然贫困线 z_0^*）由 777 元增加到 1796 元，持续动态增长 1. 31 倍，但农村收入贫困发生率 *H* 仍由 2002 年的 27. 34%，逐年下降至 2011 年的 17. 78%，下降了 9. 56 个百分点；贫困差距指数 PG 由 2002 年的 9. 09%，逐年下降至 2011 年的 5. 51%，下降了 3. 58 个百分点；贫困平方差距指数 SPG 由 2002 年的 4. 27%，逐年下降至 2011 年的 2. 36%，下降了 1. 9 个百分点。

2. 基于零储蓄基本自然贫困线 z_s^* 的 FGT 贫困指数变化分析。

由表 10-8、表 10-10 和图 10-4 可看出，2002—2011 年期间，尽管国家重点县农村居民零储蓄年人均基本生活成本 y_s^*（基本自然贫困线 z_s^*）由 973 元增加到 2265 元，持续动态增长 1. 33 倍，但农村收入贫困发生率 *H* 仍由 2002 年的 40. 05%逐年下降至 2011 年的 26. 78%，下降了 13. 27 个百分点；贫困差距指数 PG 由 2002 年的 14. 03%逐年下降至 2011 年的 8. 96%，下降了 5. 07 个百分点；贫困平方差距指数 SPG 由 2002 年的 6. 92%逐年下降至 2011 年的 4. 18%，下降了 2. 74 个百分点。

3. 为什么在自然贫困线动态增长情况下 FGT 贫困指数还能逐年下降?

其主要原因是，2002—2011 年期间国家重点县的农村居民收入增长速度快于消费增长速度。表 10-11 给出了 2002—2011 年期间国家重点县农村居民的人均纯收入期望值 μ_x 、人均生活消费支出期望值 μ_y 、零分位人均纯收入 x_0 、零分位人均生活消费支出 y_0 和零储蓄人均生活消费支出 y_s 。为了便于比较，我们对这五项指标的时间序列统一进行指数增长曲线模型拟合，得到各拟合模型方程(见表 10-11)。同时，给出了 2002—2011 年期间五项指标增长及趋势拟合曲线(见图 10-5)。

表 10-11　**国家重点县农村居民收入-消费指标及增长模型比较(2002—2011 年)**

年份	t	人均纯收入期望值	人均生活消费期望值	零分位人均纯收入	零分位人均生活消费	零储蓄人均生活消费
		μ_x	μ_y	x_0	y_0	y_s
2002	1	1303	1130	190	783	992
2003	2	1406	1220	185	839	1018
2004	3	1583	1393	230	890	1207
2005	4	1725	1528	264	1035	1330
2006	5	1930	1680	371	1065	1401
2007	6	2273	1929	319	1191	1561
2008	7	2611	2200	507	1403	1765
2009	8	2838	2366	551	1457	1868
2010	9	3270	2659	536	1624	2083
2011	10	3985	2968	590	1774	2295
拟合指数增长模型		$\mu_x = 1093.4e^{0.123t}$ $R^2 = 0.9909$	$\mu_y = 996.15e^{0.1092t}$ $R^2 = 0.9978$	$x_0 = 154.8e^{0.1445t}$ $R^2 = 0.9341$	$y_0 = 694.26e^{0.0938t}$ $R^2 = 0.9905$	$y_s = 885.86e^{0.0952t}$ $R^2 = 0.993$

比较表 10-11 中的五个指数曲线模型，不难看出，2002—2011 年期间国家重点县的农村居民人均纯收入增长速度快于消费增长速度。具体来说：(1)人均纯收入期望值 μ_x 的增长指数为 $0.123t$，比人均生活消费支出期望值 μ_y 的增长指数($0.1092t$)快 $0.0138t$，比零储蓄人均基本生活消费支出 y_s 的增长指数($0.0952t$)快 $0.0278t$。(2)零分位人均纯收入 x_0 的增长指数为 $0.1445t$，比零分位人均底线生活消费支出 y_0 的增长指数($0.0938t$)快 $0.0507t$。

由于农村居民收入增长速度快于消费增长速度，所以，即使在“双

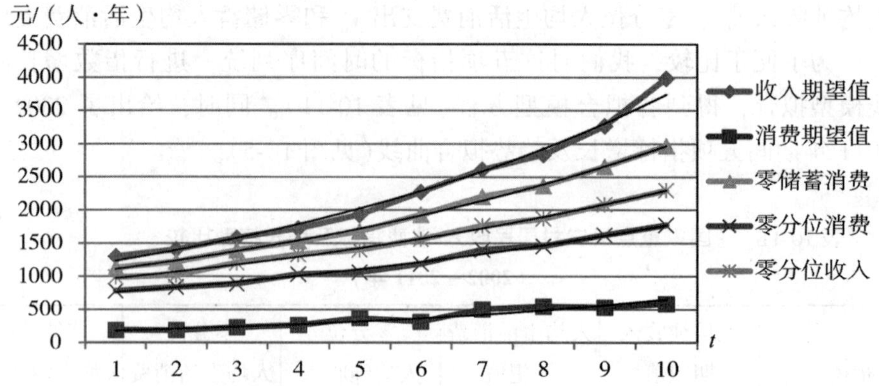

图 10-5 国家重点县农村居民人均纯收入与消费增长趋势

零”自然贫困线(z_0^* 和z_s^*)动态增长情况下，国家重点县的 FGT 收入贫困指数(贫困发生率 H、贫困缺口指数 PG 和贫困平方缺口指数 SPG)也呈现出逐年下降趋势，农村收入贫困状况得到明显缓解。

第三节 重点县 FGT 指数变动三因素沙普利值分解

上一节的分析说明了这样一个基本事实：由于国家重点县农村居民收入增长速度快于消费增长速度，即使在“双零”自然贫困线(z_0^* 和z_s^*)动态增长情况下，重点县的 FGT 收入贫困指数仍呈现出逐年下降趋势，农村贫困状况得到明显缓解。现在我们想知道的是，对于国家重点县来说，究竟农村居民的收入 μ 增长、收入分配 L 的变化和居民生活必需成本(自然贫困线 z)的持续动态上升，对 FGT 收入贫困指数有多大影响，这三个因素对减贫各作出了多大贡献(包括正面贡献或负面贡献)？这就是本节所要讨论的。

一、基于三因素的 FGT 指数变动沙普利值分解

表 10-12 给出了 2002、2011 两个年度的国家重点县农村居民人均纯收入期望值 μ、“双零”自然贫困线 z_0^* 和z_s^*，以及广义二次洛伦兹曲线(GQ 模型)的相关参数和基尼系数(根据表 4-1 中的基尼系数公式计算)。为了实现贫困指数变动沙普利值完全分解，对于基期(2002 年)和末期(2011 年)的收入期望值 μ 和贫困线 z_0^* 和z_s^*，需要统一采用不变价形式，

否则，会影响μ与z_0^*或z_s^*之间交叉变动的测算结果。表 10-12 中的μ、z_0^*和z_s^*，均采用的是 2002 年不变价(由于历年《中国农村贫困监测报告》没有公布国家重点县农村居民消费价格指数，我们采用《中国统计年鉴 2015 年》公布的全国农村居民消费价格定基指数来换算不变价)。

有了表 10-12 的三因素基期和末期数据，就可以根据表 4-1 中的 FGT 贫困指数公式，计算出表 10-13 中所示的贫困指数 P_{ijk} 的值(见表 10-13)。

将表 10-13 中的贫困指数 P_{ijk} 值代入贫困指数变动三因素沙普利值分解模式表 9-4-b 中的计算公式，可以很方便地分别计算出国家重点县 2002—2011 年三因素沙普利值。计算结果见表 10-14。

表 10-12　**用于沙普利值分解的国家重点县农村居民收入、分配和自然贫困线基期末期相关数据(2002 年不变价，单位：元)**

年度	重点县农民人均纯收入期望值μ	零分位底限自然贫困线z_0^*	零储蓄基本自然贫困线z_s^*	广义二次洛伦兹曲线 L 相关参数 b, e, m, n, r	农村居民收入基尼系数 Gini
2002 (基期)	1303	777	973	通过 GQ 回归模型及表 4-1 中相关公式计算	0. 3300
2011 (末期)	2942	1326	1672	通过 GQ 回归模型及表 4-1 中相关公式计算	0. 3410

表 10-13　**2002—2011 年国家重点县贫困指数 P_{ijk} 值计算结果**

贫困指数 P_{ijk}	基于零分位底限自然贫困线的 FGT 指数			基于零储蓄基本自然贫困线的 FGT 指数		
	贫困发生率 H	贫困差距指数 PG	贫困差距平方指数 SPG	贫困发生率 H	贫困差距指数 PG	贫困差距平方指数 SPG
p_{000}	0. 2734	0. 0909	0. 0427	0. 4005	0. 1403	0. 0692
p_{100}	0. 0527	0. 0113	0. 0033	0. 0882	0. 0232	0. 0084
p_{010}	0. 2904	0. 0985	0. 0466	0. 4148	0. 1497	0. 0749
p_{001}	0. 6172	0. 2395	0. 1259	0. 7664	0. 3343	0. 1866
p_{110}	0. 0584	0. 0124	0. 0036	0. 0974	0. 0255	0. 0091
p_{101}	0. 1635	0. 0502	0. 0215	0. 2509	0. 0825	0. 0382
p_{011}	0. 6194	0. 2486	0. 1333	0. 7606	0. 3411	0. 1942
p_{111}	0. 1778	0. 0551	0. 0236	0. 2678	0. 0896	0. 0418

表 10-14 国家重点县 FGT 贫困指数变动三因素沙普利值分解（2002—2011 年）

贫困指数变动贡献分类	基于零分位底限自然贫困线的 FGT 指数			基于零储蓄基本自然贫困线的 FGT 指数		
	贫困发生率	贫困差距指数	贫困差距平方指数	贫困发生率	贫困差距指数	平方贫困差距指数
	ΔH	ΔPG	ΔSPG	ΔH	ΔPG	ΔSPG
总变动 Δp	-0.0956	-0.0358	-0.0190	-0.1327	-0.0507	-0.0274
收入贡献 Δp_u	-0.3350	-0.1369	-0.0743	-0.4072	-0.1855	-0.1068
分配贡献 Δp_L	0.0118	0.0059	0.0033	0.0110	0.0070	0.0045
贫困线贡献 Δp_z	0.2277	0.0952	0.0519	0.2636	0.1278	0.0749

二、三因素沙普利值分解结果分析

结合表 10-12 中的三因素变化数据，对表 10-14 中的沙普利值分解结果进行分析，我们可以得到以下结论：

1. FGT 贫困指数变动得到完全分解。

表 10-10 中的 2002—2011 年的重点县 FGT 贫困指数变动值 Δp 得到了完全分解，没有任何余项，即表 10-14 中的沙普利值分解结果（ΔH、ΔPG、ΔSPG）均满足以下分解公式：

$$\Delta P = \Delta P_{\mu} + \Delta P_{L} + \Delta P_{z}$$

2. 重点县农村居民人均收入期望值 μ 的增加，始终是贫困指数减少的主要贡献因素。收入增长贫困变动弹性分别为-0.266 和-0.323。

2002—2011 年，国家重点县的农民人均纯收入 μ 由 1303 元增加到 2942 元(2002 年不变价)，增长了 1.26 倍，对本期间基于“双零”自然贫困线 FGT 贫困指数变动所作的贡献是：(1) 基于零分位底限自然贫困线的贫困发生率下降 33.5 个百分点；贫困距指数下降 13.69 个百分点；贫困距平方指数下降 7.43 个百分点。收入增长贫困变动弹性为-0.266，即人均收入 μ 每增长 1 个百分点，导致贫困发生率减少 0.266 个百分点。(2) 基于零储蓄基本自然贫困线的贫困发生率下降 40.72 个百分点；贫困距指数下降 18.55 个百分点；贫困距平方指数下降 10.68 个百分点。收入增长贫困变动弹性为-0.323，即人均收入 μ 每增长 1 个百分点，导致贫困发生率减少 0.323 个百分点。

3. 收入分配不平等程度 L 的加重，对贫困指数的上升影响较大，收入分配贫困变动弹性分别为 1.073 和 1。

2002—2011 年，全国国家重点县农村居民收入分配不平等程度 L 加重，基尼系数由 0.33(33%)上升到 0.341(34.1%)，增加了 1.1 个百分点，对本期间基于“双零”自然贫困线 FGT 贫困指数变动所作的贡献是：(1)基于零分位底限自然贫困线的贫困发生率上升 1.18 个百分点；贫困距指数上升 0.59 个百分点；贫困距平方指数上升 0.33 个百分点。收入分配贫困变动弹性为 1.073，即基尼系数每增加 1 个百分点，导致贫困发生率上升 1.073 个百分点。(2)基于零储蓄基本自然贫困线的贫困发生率上升 1.1 个百分点；贫困距指数上升 0.7 个百分点；贫困距平方指数上升 0.45 个百分点。收入分配贫困变动弹性为 1，即基尼系数每增加 1 个百分点，导致贫困发生率上升 1 个百分点。

4. 居民底线和基本生活成本费用(“双零”自然贫困线）始终是上升的，对贫困指数的上升影响最大，生活成本贫困变动弹性分别为 0.322 和 0.367。

2002—2011 年，全国国家重点县农村居民零分位底线生活成本费用(即底限自然贫困线 z_0^*)，由 777 元增加到 1326 元(2002 年不变价)，增长了 70.66%，对 FGT 贫困指数变动所作贡献是：贫困发生率上升 22.77 个百分点；贫困距指数上升 9.52 个百分点；贫困距平方指数上升 5.19 个百分点。居民底线生活成本贫困变动弹性为 0.322，即居民底线生活成本每增加 1 个百分点，导致贫困发生率上升 0.322 个百分点。

2002—2011 年，全国国家重点县农村居民零储蓄基本生活成本费用(即基本自然贫困线 z_s^*)，由 973 元增加到 1672 元(2002 年不变价)，增长了 71.84%，对 FGT 贫困指数变动所作贡献是：贫困发生率上升 26.36 个百分点；贫困距指数上升 12.78 个百分点；贫困距平方指数上升 7.49 个百分点。居民基本生活成本贫困变动弹性为 0.367，即居民基本生活成本每增加 1 个百分点，导致贫困发生率上升 0.367 个百分点。

5. 在居民底线和基本生活成本费用逐年上升这一不可逆的前提条件下，消除贫困现象需要实施人均收入持续增长和分配不平等改善“双管齐下”减贫战略。

由上面分析可知，收入基尼系数的上升对贫困发生率变动的弹性系数为 1 或 1.07(在三因素中弹性系数最大)。这充分说明，在居民底线和基本生活成本费用逐年上升这一不可逆的前提条件下，如果收入分配不平等得不到改善甚至不断恶化，将在一定程度上抵消收入增长的减贫效果。因此，消除贫困(无论是城市贫困还是农村贫困，或是不同类型地区的贫困)，不仅需要持续的收入增长，而且需要改善收入分配结构，实现有利于穷人的包容性增长。

在本章讨论结束时，最后谈谈国家重点县自然贫困线阈值与2011年新的国家农村贫困标准阈值的比较问题。2011年国家农村贫困标准是农民年人均纯收入2300元(2010年价)。这一全国性农村贫困标准，对于我国非重点贫困地区来说或许有些偏低，但对于全国592个国家重点县农村平均水平来说，这是一个比较高的贫困标准。本章我们测算出来的2010年国家重点县零分位底限自然贫困线 $z_0^* = 1631$ 元，零储蓄基本自然贫困线 $z_s^* = 2075$ 元，这两个阈值均比国家贫困标准低。这说明，国家确定新的农村贫困标准对于国家重点县来说，并不在 $[z_0^*, z_s^*]$ 区间，是一个比较高或偏高的贫困线标准了。当然，国家确定全国性的农村贫困标准，不仅要考虑中西部重点贫困县农村情况，而且还要兼顾非重点贫困地区农村情况，所以，全国农村贫困标准高于国家重点县“零储蓄”自然贫困线 z_s^*，也属于一种正常情况。这也从另一个侧面说明，2011年国家确定的农村贫困标准2300元(2010年价)并不低，它是合宜的，是符合中西部地区农村总体实际的。

第十一章　城乡一体化自然贫困线估算与比较

前述各章关于自然贫困线测算及贫困实证分析，均属于城市与农村分开讨论的方式。从权威数据的可获得性来说，长期以来我国统计部门对居民住户家计调查，一直采取城镇与农村分开的方法，并且城镇和农村居民的收支统计口径有较大区别，无法将其“合二为一”。由此而来，人们对于贫困线(包括居民最低生活保障标准和通常意义上的贫困标准)、贫困指数、基尼系数等的测算，只能采取城市与农村分开进行。从 2013 年开始，国家统计部门在全国范围内推行居民住户调查城乡一体化改革，这为我们讨论城乡一体化数据条件下的贫困问题提供了可能。本章主要讨论了以下内容：(1)依据 2014—2015 年全国城乡一体化住户调查数据，对全国城乡一体化自然贫困线及贫困指数等进行了测算，并与城乡一体化数据条件下的城镇常住居民和农村常住居民分开测算结果进行了对比分析。(2)通过比较分析，对我国 2020 年后的扶贫战略、贫困标准和政策选择等，提出了若干建议。

由于受数据年限的有限性影响，本章分析所得出的结论只是初步的。但即便如此，至少可以说明以下两个问题：(1)自然贫困线的原理和方法，对基于城乡一体化住户调查分组数据的贫困状况分析是适用的。(2)通过比较分析城乡一体与城乡分开的自然贫困标准(包括自然低保标准)及不同标准下的贫困人口规模数量，对于政府制定城乡统筹扶贫战略与政策具有一定的参考意义。

第一节　2014—2015 年一体化自然贫困线及 FGT 指数

本节运用 2014 年、2015 年全国城乡一体化住户调查按收入分组三项数据，测算了全国城乡一体的自然贫困线及 FGT 贫困指数。全国城乡一体化住户调查按收入五等份分组三项数据是：(1)各分组的户均人口数；(2)各分组的年人均可支配收入；(3)各分组的年人均生活消费支出。这三项数据是我们运用“分位数函数零点法”描述一个国家或地区居民收入-消费分布，并测算自然贫困线及贫困指数的基本数据条件。

一、全国城乡一体化住户调查分组数据来源

从2013年开始，国家统计部门对实行了50多年的城乡“二元”居民住户调查方式进行了“一体化”改革，改革的主要内容是“四个统一”：(1)统一指标和口径。即统一了居民可支配收入、消费支出、常住人口等指标，不再分为城镇居民与农村居民两种不同统计口径。(2)统一抽样。全国共抽选了1650个县(市、区)约16万住户参加调查。(3)统一数据采集。所有被列为抽样的居民住户，无论其户口是什么性质、在何处进行户口登记，均以户为单位在常住地参加调查。(4)统一数据处理。全国、省、市、县各级汇总数据均根据住户基础数据，采取加权汇总方式生成。各级汇总权数由国家统计局统一根据抽样设计来制定①。住户调查城乡一体化改革，为我们讨论基于一体化住户调查数据的全体居民(如全国全体居民和各省(区、市)全体居民)的自然贫困线、贫困指数和贫困状况的估算问题提供了可能。

由于我国居民住户调查城乡一体化改革推行时间不长，目前仍处于磨合和完善的过程，有些数据没有对外公开发布。如国家统计局编辑出版的2014—2016年《中国住户调查年鉴》，只公布了按常住居民家庭收入高低五等份分组的人均可支配收入数据，而五等份分组的户均人口数和人均生活消费支出数据没有公布。本课题为此专程到国家统计局住户调查办公室请求支援，国家统计局住户调查办公室领导和业务处室同志对本课题给予了大力支持，迅速为我们提供了2013—2015年五等份分组三项数据，使本章的研究分析得以顺利进行。

需要说明的是，鉴于数据来源渠道原因，本章没有列出具体的分组三项数据，只是介绍了基于2014—2015年全国一体化分组三项数据所测算的简要过程和主要分析结果。

① 王冉：《住户调查一体化改革中的居民收入统计》，载许宪春主编：《中国收入分配统计问题研究》，北京大学出版社，2015年版。

二、2014—2015 年城乡一体底限自然贫困线测算

（一）计算 GQ 模型回归系数及相关参数

应用 SPSS 软件，根据表 4-1 中的 GQ 回归模型，采用最小二乘法（OLS）对全国城乡一体全体居民分组消费数据进行线性回归估计，得到 2014 年、2015 年全国城乡一体全体居民消费洛伦兹曲线 GQ 模型的回归系数 a、b、c。表 11-1、表 11-2 中的数据说明，应用广义二次曲线 GQ 模型拟合全国城乡一体全体居民的消费洛伦兹曲线，拟合优度很高，调整 R^2 达到 0.999 以上。

表 11-1　**2014 年全国城乡一体全体居民消费洛伦兹曲线 GQ 模型回归结果**

回归参数	a	b	c	调整 R^2	F 值
回归系数	0.6264	0.9234	1.4533	0.9997	5762.9
标准误差	0.0844	0.7100	0.4048		
t 值	7.424	1.300	3.591		

表 11-2　**2015 年全国城乡一体全体居民消费洛伦兹曲线 GQ 模型回归结果**

回归参数	a	b	c	调整 R^2	F 值
回归系数	0.7008	0.5781	1.3216	0.9997	5164.6
标准误差	0.0772	0.7059	0.4191		
t 值	9.076	0.347	3.154		

运用表 11-1、表 11-2 中的回归系数 a、b、c，根据表 4-1 中的相关模型，计算出 GQ 消费洛伦兹曲线一阶导数 $L'_y(p)$ 的相关参数，如 e、m、n 等，将 $p=0$ 和 b 、e、m、n 等参数代入一阶导数方程 $L'_y(p)$，运用 Excel 计算出 2014 年、2015 年全国全体居民消费洛伦兹曲线在 $p=0$ 处的一阶导数，分别为 $L'_y(0)=0.3630$ 和 $L'_y(0)=0.3671$（见表 11-3）。

表 11-3　**2014—2015 年全国城乡一体全体居民基于消费 GQ 模型相关参数**

年份	e	m	n	$L'_y(0)$
2014	-4.0031	-1.6529	-13.206	0.3630
2015	-3.6004	-2.4689	-9.4488	0.3671

（二）计算零分位底限自然贫困线

《2016 中国住户调查年鉴》公布的 2014 年、2015 年全国居民人均生活消费支出 μ_y 为 14491.4 元和 15712.4 元。有了 μ_y 和表 11-3 中的 $L'_y(0)$，是否可以直接运用公式(3-3)，即：

$$z_0 = y_{\min} = y_0 = L'_y(0)\,\mu_y$$

计算出全国全体居民的底线消费值即底限自然贫困线呢？我们认为不可以。这是因为，国家住户调查城乡一体化改革后，新口径的居民人均生活消费支出指标包括一项虚拟消费指标（自有住房折算租金）。在计算自然贫困线时，应先将虚拟消费加以扣除，然后用实际人均生活消费支出进行测算。如果不扣除虚拟消费（自有住房折算租金），会使得计算出的自然贫困线阈值偏高，且不能客观反映居民实际发生的底线消费或均衡消费生活成本费用。表 11-4 给出了 2014—2015 年全国全体居民的人均消费支出、人均自有住房折算租金，以及扣除自有住房折算租金后的实际人均生活消费支出。

表 11-4 **2014—2015 年全国居民人均自有住房折算租金与消费支出**

单位：元

年份	人均消费支出	人均自有住房折算租金	扣除自有住房折算租金后的实际人均消费支出
2014	14491.4	1934.5	12556.9
2015	15712.4	2126.4	13586.0

数据来源：国家统计局住户调查办公室编，《2016 中国住户调查年鉴》2016 年版。

将表 11-3 中的 $L'_y(0)$ 和表 11-4 中扣除自有住房折算租金后的实际人均消费支出代入公式(3-3)，计算出 2014 年、2015 年全国城乡一体全体居民的底线消费值分别为 $z_0 = y_0 = 4558.71$（元）、$z_0 = y_0 = 4986.96$（元）。这就是我们测算出的 2014 年、2015 年全国全体居民底限自然贫困线阈值。

三、2014—2015 年城乡一体基本自然贫困线测算

（一）测算城乡一体居民零分位底线收入值

运用上述方法，我们分别得到 2014 年、2015 年全国城乡一体全体居

民人均可支配收入洛伦兹曲线 GQ 回归模型的回归系数 a、b、c，收入洛伦兹曲线拟合优度高，调整 R^2 达到 0.999(见表 11-5、表 11-6)。

表 11-5　**2014 年全国居民可支配收入洛伦兹曲线 GQ 模型计算结果**

回归参数	a	b	c	调整 R^2	F 值
回归系数	1.3014	−0.6802	0.1285	0.9999	623665
标准误差	0.0059	0.0018	0.0052		
t 值	218.759	−38.856	24.795		

表 11-6　**2015 年全国居民可支配收入洛伦兹曲线 GQ 模型计算结果**

回归参数	a	b	c	调整 R^2	F 值
回归系数	1.3723	−0.6500	0.1409	0.9999	121508
标准误差	0.0156	0.0411	0.0122		
t 值	88.047	−15.823	11.567		

运用表 11-5、表 11-6 中的回归系数 a、b、c，根据表 4-1 中的相关模型，计算出 GQ 收入洛伦兹曲线一阶导数 $L'_x(p)$ 的相关参数，如 e、m、n 等，将 $p=0$ 和 b 、e、m、n 等参数代入一阶导数方程 $L'_x(p)$ ，运用 Excel 计算出 2014 年、2015 年全国城乡一体居民人均可支配收入洛伦兹曲线在 $p=0$ 处的一阶导数分别为 $L'_x(0) = 0.0734$ 和 $L'_x(0) = 0.0756$(见表 11-7)。

表 11-7　　**2014—2015 年全国居民可支配收入 GQ 模型相关参数**

年份	e	m	n	$L'_x(0)$
2014	−4.0031	−1.6529	−13.206	0.0734
2015	−1.8632	−5.0667	1.8586	0.0756

《2016 中国住户调查年鉴》公布的 2014 年、2015 年全国居民人均可支配收入 μ_x 分别为 20167.1 元和 21966.2 元。需要说明的是，国家住户调查城乡一体化改革后，新口径的居民人均可支配收入指标构成中的财产净收入，包括房屋净租金这项虚拟收入(可用“财产净收入−现金财产净收入”计算大致得到)。在计算自然贫困线时，我们先将这项虚拟收入(房屋净租金)加以扣除，然后用实际人均可支配收入进行测算。如果不扣除虚

拟收入(房屋净租金)，会使得计算出的自然贫困线阈值偏高。表 11-8 给出了 2014—2015 年全国城乡一体全体居民的人均可支配收入、人均财产净收入、人均现金财产净收入，以及扣除虚拟收入(房屋净租金)后实际所得的人均可支配收入。

表 11-8　**2014—2015 年全国居民扣除虚拟收入后的实际收入**

单位：元

年份	人均可支配收入	人均财产净收入	人均现金财产净收入	人均房屋净租金估算	扣除房屋净租金后的实际人均可支配收入
2014	20167.1	1587.8	621.8	966.0	19201.1
2015	21966.2	1739.6	689.5	1050.1	20916.1

数据来源：国家统计局住户调查办公室编，《2016 年中国住户调查年鉴》2016 年版。

将表 11-7 中的 $L_x'(0)$ 和表 11-8 中扣除虚拟收入(房屋净租金)后的实际人均可支配收入和相关参数代入公式(4-37)，计算得到 2014 年、2015 年全国城乡一体居民零分位底线人均可支配收入值分别为 $z_0 = x_0 = 1410.14$(元)、$z_0 = x_0 = 1581.81$(元)。

(二)估算城乡一体居民零储蓄收支均衡值

比较零分位人均消费支出与零分位人均可支配收入，由于 2014 年 $y_0 = 4558.71$ 元大于 $x_0 = 1410.14$ 元，2015 年 $y_0 = 4986.96$ 元大于 $x_0 = 1581.81$ 元，所以，2014 年、2015 年的全国全体居民的人均收入分布与人均消费分布分别存在唯一的相交点(零储蓄收支均衡点)。

应用第四章的复合迭代法，我们计算出 2014 年全国全体居民"零储蓄点"S 处的人均可支配收入与人均生活消费支出均衡值 $y_s = x = y = 5872.28$ 元。与此同时，相应计算出收入与消费的累积分布函数均衡值即贫困发生率 $p_s = p_x = p_y = 0.1707(17.07\%)$。

同理，我们计算出 2015 年全国全体居民"零储蓄点"S 处的人均可支配收入与人均生活消费支出均衡值 $y_s = x = y = 6502.21$ 元；并相应计算出收入与消费的累积分布函数均衡值即贫困发生率 $p_s = p_x = p_y = 0.1728(17.28\%)$。

于是，我们得到了 2014 年、2015 年基于城乡一体化数据的全国全体居民两条"双零"自然贫困线：一条是"零分位点"的底限自然贫困线 z_0；

一条是“零储蓄点”的基本自然贫困线 z_s（见表11-9）。2015年与2014年相比，底限自然贫困线增长幅度为9.4%；基本自然贫困线增长幅度为10.7%。

表11-9　**2014年、2015年全国“双零”自然贫困线**　单位：元

年份	零分位底限自然贫困线 z_0	零储蓄基本自然贫困线 z_s
2014	4558.71	5872.28
2015	4986.96	6502.21

四、2014—2015年城乡一体FGT贫困指数测算

将表11-9中的2014年两个自然贫困线阈值和该年度收入洛伦兹曲线GQ回归模型参数分别代入表4-1的FGT指数模型，便得到2014年基丁两条自然贫困线的全国性FGT收入贫困指数（见表11-10）。

表11-10　**2014年基于全国自然贫困线的FGT收入贫困指数**

“双零”自然贫困线	贫困发生率 H	贫困矩指数 PG	贫困平方矩指数 SPG
基于零分位底限贫困线 FGT收入贫困指数	0.1191	0.0406	0.0186
基于零储蓄基本贫困线 FGT收入贫困指数	0.1707	0.0639	0.0321

同理，将表11-9中的2015年两个自然贫困线阈值和该年度收入洛伦兹曲线GQ回归模型参数分别代入表4-1的FGT指数模型，便得到2015年基于两条自然贫困线的全国性FGT收入贫困指数（见表11-11）。其中，基于零分位底限贫困线的收入贫困发生率为11.84%，基于零储蓄基本贫困线的收入贫困发生率为17.28%。

比较表11-10与表11-11数据，2015年基于零分位底限贫困线的FGT收入贫困指数，均比2014年略低一点；而2015年基于零储蓄基本贫困线的FGT收入贫困指数，均比2014年略高一点。这与两条自然贫困线的增长幅度差别有关。由表11-9可知，底限自然贫困线增长幅度为9.4%，基本自然贫困线增长幅度为10.7%。而表11-8中的实际人均可支配收入增

长幅度为8.9%。当贫困线增长幅度快于收入增长幅度且抵消收入分配改善基尼系数下降幅度所产生的减贫效果时，FGT收入贫困指数就会出现上升情况。当然，也不排除年度之间因数据的随机波动性而导致相邻年度的贫困指数出现小幅波动现象。

表11-11　**2015年基于全国自然贫困线的FGT收入贫困指数**

“双零”自然贫困线	贫困发生率 H	贫困矩指数 PG	贫困平方矩指数 SPG
基于零分位底限贫困线 FGT收入贫困指数	0.1184	0.0400	0.0181
基于零储蓄基本贫困线 FGT收入贫困指数	0.1728	0.0646	0.0324

第二节　2014—2015年全国城镇自然贫困线及FGT指数

基于2014—2015年全国城乡一体化住户调查中的城镇常住居民按收入分组的三项数据(户均人口、人均可支配收入、人均消费支出)，我们测算了城乡一体化数据条件下，2014—2015年全国城镇的自然贫困线及FGT贫困指数。

一、2014—2015年全国城镇底限自然贫困线测算

应用SPSS软件，根据表4-1中的GQ回归模型，采用最小二乘法(OLS)对全国城镇常住居民分组消费数据进行线性回归估计，确定2014年、2015年城乡一体化数据条件下，全国城镇常住居民消费洛伦兹曲线GQ回归模型的回归系数 a、b、c。表11-12、表11-13中的数据说明，应用广义二次曲线GQ模型拟合全国城镇常住居民的消费洛伦兹曲线，拟合优度很高，调整 R^2 达到0.9999以上。

运用表11-12、表11-13中的回归系数 a、b、c，根据表4-1的相关模型，计算出GQ消费洛伦兹曲线一阶导数 $L'_y(p)$ 的相关参数，如 e、m、n 等，将 $p=0$ 和 b、e、m、n 等参数代入一阶导数方程 $L'_y(p)$，运用Excel计算出2014年、2015年全国城镇居民消费洛伦兹曲线在 $p=0$ 处的一阶导数分别为 $L'_y(0)=0.3381$ 和 $L'_y(0)=0.3628$（见表11-14）。

表 11-12　**2014 年全国城镇居民消费洛伦兹曲线 GQ 模型回归结果**

回归参数	a	b	c	调整 R^2	F 值
回归系数	0. 9409	−1. 4552	0. 2481	0. 9999	1140521
标准误差	0. 0035	0. 0149	0. 0116		
t 值	271. 79	−97. 83	21. 44		

表 11-13　**2015 年全国城镇居民消费洛伦兹曲线 GQ 模型回归结果**

回归参数	a	b	c	调整 R^2	F 值
回归系数	0. 9225	−1. 4569	0. 2650	0. 9999	241946
标准误差	0. 0081	0. 0346	0. 0278		
t 值	114. 21	−42. 13	9. 54		

表 11-14　**2014—2015 年全国城镇居民基于消费 GQ 模型相关参数**

年份	e	m	n	$L'_y(0)$
2014	−0. 7338	−1. 6460	1. 143	0. 3381
2015	−0. 7305	−1. 5671	1. 0686	0. 3628

《2016 中国住户调查年鉴》公布的 2014 年、2015 年全国城镇常住居民消费支出分别为 19968. 1 元、21392. 4 元，人均自有住房折算租金(虚拟消费)分别为 2836. 9 元、3039. 5 元。我们将自有住房折算租金扣除后，计算得到 2014 年、2015 年全国城镇常住居民实际人均消费支出分别为 17131. 2 元、18352. 9 元(见表 11-15)。

表 11-15　**2014—2015 年全国城镇居民自有住房折算租金与消费支出**

单位：元

年份	人均消费支出	人均自有住房折算租金	扣除自有住房折算租金后的实际人均消费支出
2014	19968. 1	2836. 9	17131. 2
2015	21392. 4	3039. 5	18352. 9

将表 11-14 中的 $L'_y(0)$ 和表 11-15 中扣除自有住房折算租金后的实际人均消费支出代入公式(3-3)，计算出 2014 年、2015 年城乡一体化数据

条件下，全国城镇常住居民零分位底线消费支出分别为 $z_0 = y_0 = 5792.32$（元）、$z_0 = y_0 = 6657.73$（元）。这就是我们测算出的 2014 年、2015 年全国城镇底限自然贫困线阈值。

二、2014—2015 年全国城镇基本自然贫困线测算

（一）测算城镇居民零分位底线收入值

运用上述方法，我们分别得到 2014 年、2015 年全国城乡一体全体居民人均可支配收入洛伦兹曲线 GQ 回归模型的回归系数 a、b、c，收入洛伦兹曲线拟合优度很高，调整 R^2 达到 0.9999（见表 11-16、表 11-17）。

表 11-16　**2014 年全国城镇居民收入洛伦兹曲线 GQ 模型回归结果**

回归参数	a	b	c	调整 R^2	F 值
回归系数	1.0153	−1.4168	0.1396	0.9999	2844314
标准误差	0.002	0.007	0.004		
t 值	511.497	−201.578	32.473		

表 11-17　**2015 年全国城镇居民收入洛伦兹曲线 GQ 模型回归结果**

回归参数	a	b	c	调整 R^2	F 值
回归系数	1.0413	−1.4606	0.1305	0.9999	91485103
标准误差	0.0004	0.0012	0.0007		
t 值	2730.4	−1212.36	175.42		

运用表 11-16、表 11-17 中的回归系数 a、b、c，根据表 4-1 中的相关模型，计算出 GQ 收入洛伦兹曲线一阶导数 $L'_x(p)$ 的相关参数，如 e、m、n 等，将 $p=0$ 和 b 、e、m、n 等参数代入一阶导数方程 $L'_x(p)$ ，运用 Excel 计算出 2014 年、2015 年全国城镇常住居民人均可支配收入洛伦兹曲线在 $p=0$ 处的一阶导数分别为 $L'_x(0) = 0.1892$ 和 $L'_x(0) = 0.1835$（见表 11-18）。

《2016 中国住户调查年鉴》公布的 2014 年、2015 年全国城镇常住居民人均可支配收入、人均财产净收入、人均现金财产净收入，均见表 11-19。我们在扣除虚拟收入（房屋净租金）后得到的实际人均可支配收入也见表 11-19。

表 11-18 **2014—2015 年全国城镇居民可支配收入 GQ 模型相关参数**

年份	e	m	n	$L'_x(0)$
2014	−0.7381	−2.0538	1.5330	0.1892
2015	−0.7112	−2.0319	1.5556	0.1835

表 11-19　**2014—2015 年全国城镇居民扣除虚拟收入后的实际收入**

单位：元

年份	人均可支配收入	人均财产净收入	人均现金财产净收入	人均房屋净租金估算	扣除房屋净租金后的实际人均可支配收入
2014	28843.9	2812.1	977.8	1834.3	27009.6
2015	31194.8	3041.9	1072.8	1969.1	29225.7

将表 11-18 中的 $L'_x(0)$ 和表 11-19 中扣除虚拟收入(房屋净租金)后的实际人均可支配收入及相关参数代入公式(4-37)，计算得到 2014 年、2015 年全国城镇常住居民零分位底线人均可支配收入值分别为 $z_0 = x_0 = 5109.57$(元)、$z_0 = x_0 = 5362.11$(元)。

(二)测算城镇居民零储蓄收支均衡值

比较全国城镇常住居民零分位人均消费支出与零分位人均可支配收入，由于 2014 年 $y_0 = 5792.32$ 元大于 $x_0 = 5109.57$ 元，2015 年 $y_0 = 6657.73$ 元大于 $x_0 = 5362.11$ 元，所以，2014 年、2015 年的全国城镇居民的人均收入分布与人均消费分布分别存在唯一的相交点(即零储蓄收支均衡点)。

应用第四章的复合迭代法，我们计算出 2014 年全国城镇居民“零储蓄点”S 处的人均可支配收入与人均生活消费支出均衡值 $y_s = x = y = 6383.47$ 元。与此同时，相应计算出收入与消费的累积分布函数均衡值即贫困发生率 $p_s = p_x = p_y = 0.0233(2.33\%)$。

同理，我们计算出 2015 年全国城镇居民“零储蓄点” S 处的人均可支配收入与人均生活消费支出均衡值 $y_s = x = y = 7552.82$ 元，并相应计算出收入与消费的累积分布函数均衡值即贫困发生率 $p_s = p_x = p_y = 0.0356(3.56\%)$。于是，我们得到了 2014 年、2015 年基于城乡一体化数据的全国城镇两条“双零”自然贫困线：一条是“零分位点”的底限自然贫困线

z_0；一条是“零储蓄点”的基本自然贫困线 z_s（见表 11-20）。

表 11-20　**2014 年、2015 年全国城镇“双零”自然贫困线**　单位：元

年份	零分位底限自然贫困线 z_0	零储蓄基本自然贫困线 z_s
2014	5792. 32	6383. 47
2015	6657. 73	7552. 82

三、2014—2015 年全国城镇 FGT 贫困指数测算

将表 11-20 中的 2014 年两个自然贫困线阈值和该年度收入洛伦兹曲线 GQ 回归模型参数分别代入表 4-1 中的 FGT 指数模型，便得到 2014 年基于两条自然贫困线的全国城镇 FGT 收入贫困指数(见表 11-21)。同理，将表 11—20 中的 2015 年两个自然贫困线阈值和该年度收入洛伦兹曲线 GQ 回归模型参数分别代入表 4-1 的 FGT 指数模型，便得到 2015 年基于两条自然贫困线的全国城镇 FGT 收入贫困指数(见表 11-22)。

表 11-21　**2014 年基于全国城镇自然贫困线的 FGT 收入贫困指数**

“双零”自然贫困线	贫困发生率 H	贫困矩指数 PG	贫困平方矩指数 SPG
基于零分位底限贫困线 FGT 收入贫困指数	0. 0122	0. 0007	0. 0001
基于零储蓄基本贫困线 FGT 收入贫困指数	0. 0233	0. 0023	0. 0003

表 11-22　**2015 年基于全国城镇自然贫困线的 FGT 收入贫困指数**

“双零”自然贫困线	贫困发生率 H	贫困矩指数 PG	贫困平方矩指数 SPG
基于零分位底限贫困线 FGT 收入贫困指数	0. 0204	0. 0020	0. 0003
基于零储蓄基本贫困线 FGT 收入贫困指数	0. 0356	0. 0050	0. 0010

比较表 11-22 与表 11-21 的数据，2015 年全国城镇基于零分位底限贫

困线和零储蓄基本贫困线的 FGT 收入贫困指数，均比 2014 年略高一点。这与两条自然贫困线的增长幅度较大有关。由表 11-20 可知，底限自然贫困线增长幅度为 14.94%，基本自然贫困线增长幅度为 18.32%。而表 11-19 中的实际人均可支配收入增长幅度为 8.2%。显然，当贫困线增长幅度明显快于收入增长幅度时，FGT 收入贫困指数出现上升现象就不足为奇了。

第三节　2014—2015 年全国农村自然贫困线及 FGT 指数

基于 2014—2015 年全国城乡一体化住户调查中的农村常住居民按收入分组的三项数据(户均人口、人均可支配收入、人均消费支出)，我们测算了城乡一体化数据条件下，2014—2015 年全国农村的自然贫困线及 FGT 贫困指数。

一、2014—2015 年全国农村底限自然贫困线测算

应用 SPSS 软件，根据表 4-1 中的 GQ 回归模型，采用最小二乘法(OLS)对全国农村常住居民分组消费数据进行线性回归估计，确定 2014 年、2015 年城乡一体化数据条件下，全国农村常住居民消费洛伦兹曲线 GQ 回归模型的回归系数 a、b、c。表 11-23、表 11-24 中的数据说明，应用广义二次曲线 GQ 模型拟合全国农村常住居民的消费洛伦兹曲线，拟合优度很高，调整 R^2 达到 0.9999 以上(回归系数 b 由计算机回归估计时自动剔除)。

表 11-23　**2014 年全国农村居民消费洛伦兹曲线 GQ 模型回归结果**

回归参数	a	b	c	调整 R^2	F 值
回归系数	0.0271	—	1.8931	0.9999	30562
标准误差	0.021	—	0.0187		
t 值	1.292	—	101.195		

运用表 11-23、表 11-24 中的的回归系数 a、b、c，根据表 4-1 的相关模型，计算出 GQ 消费洛伦兹曲线一阶导数 $L'_y(p)$ 的相关参数，如 e、m、n 等，将 $p=0$ 和 b 、e、m、n 等参数代入一阶导数方程 $L'_y(p)$ ，运用

Excel 计算出 2014 年、2015 年全国农村常住居民消费洛伦兹曲线在 $p=0$ 处的一阶导数分别为 $L_y'(0)=0.6483$ 和 $L_y'(0)=0.6295$（见表 11-25）。

表 11-24 **2015 年全国农村居民消费洛伦兹曲线 GQ 模型回归结果**

回归参数	a	b	c	调整 R^2	F 值
回归系数	0.5602	−1.0623	0.8461	0.9999	254375
标准误差	0.0547	0.1201	0.1247		
t 值	10.24	−8.848	6.786		

表 11-25 **2014—2015 年全国农村居民基于消费 GQ 模型相关参数**

年份	e	m	n	$L_y'(0)$
2014	−2.9202	−0.1084	−7.572	0.6483
2015	−1.3440	−1.1123	−0.5289	0.6295

《2016 中国住户调查年鉴》公布的 2014 年、2015 年全国农村常住居民消费支出分别为 8382.6 元、9222.6 元，人均自有住房折算租金(虚拟消费)分别为 927.8 元、1083.2 元。我们将自有住房折算租金扣除后，计算得到 2014 年、2015 年全国农村常住居民实际人均消费支出分别为 7454.8 元、8139.4 元(见表 11-26)。

表 11-26 **2014—2015 年全国农村居民自有住房折算租金与消费支出**

单位：元

年份	人均消费支出	人均自有住房折算租金	扣除自有住房折算租金后的实际人均消费支出
2014	8382.6	927.8	7454.8
2015	9222.6	1083.2	8139.4

将表 11-25 中的 $L_y'(0)$ 和表 11-26 中扣除自有住房折算租金后的实际人均消费支出代入公式(3-3)，计算出 2014 年、2015 年城乡一体化数据条件下，全国农村常住居民零分位底线消费支出分别为 $z_0=y_0=4832.78$(元)、$z_0=y_0=5123.89$(元)。这就是我们测算出的 2014 年、2015 年全国

农村底限自然贫困线阈值。

二、2014—2015 年全国农村基本自然贫困线测算

(一)测算农村居民零分位底线收入值

我们分别得到 2014 年、2015 年全国农村常住居民人均可支配收入洛伦兹曲线 GQ 回归模型的回归系数 a、b、c，收入洛伦兹曲线拟合优度很高，调整 R^2 达到 0. 9999(见表 11-27、表 11-28)。

表 11-27　**2014 年全国农村居民收入洛伦兹曲线 GQ 模型回归结果**

回归参数	a	b	c	调整 R^2	F 值
回归系数	1. 1664	-1. 4456	-0. 0014	0. 9999	64487
标准误差	0. 0166	0. 0316	0. 0134		
t 值	70. 234	-45. 762	-0. 1076		

表 11-28　**2015 年全国农村居民收入洛伦兹曲线 GQ 模型回归结果**

回归参数	a	b	c	调整 R^2	F 值
回归系数	1. 1459	-1. 4480	0. 0072	0. 9999	57628
标准误差	0. 0170	0. 0380	0. 0146		
t 值	65. 523	-42. 838	0. 489		

运用表 11-27、表 11-28 中的回归系数 a、b、c，根据表 4-1 中的相关模型，计算出 GQ 收入洛伦兹曲线一阶导数 $L'_x(p)$ 的相关参数，如 e、m、n 等，将 $p=0$ 和 b 、e、m、n 等参数代入一阶导数方程 $L'_x(p)$ ，运用 Excel 计算出 2014 年、2015 年全国农村常住居民人均可支配收入洛伦兹曲线在 $p = 0$ 处的一阶导数分别为 $L'_x(0) = 0$ 和 $L'_x(0) = 0.0102$ (见表 11-29)。

表 11-29　**2014—2015 年全国农村居民基于收入 GQ 模型相关参数**

年份	e	m	n	$L'_x(0)$
2014	-0. 7194	-2. 5759	2. 0856	0. 00
2015	-0. 7051	-2. 4869	2. 0131	0. 0102

需要说明的是，国家住户调查城乡一体化改革对于农村居民可支配收入的统计口径，并不包括虚拟收入(农村房屋净租金)，所以，国家统计部门公布的农村居民可支配收入，实质上就是实际可支配收入。《2016 中国住户调查年鉴》公布的 2014 年、2015 年全国农村常住居民人均可支配收入分别为 10488.9 元、11421.7 元。于是，根据公式(4-37)，我们计算得到 2014 年、2015 年全国农村常住居民零分位底线人均可支配收入值分别为 $z_0 = x_0 = 0$ (元)、$z_0 = x_0 = 116.91$(元)。比较全国农村常住居民零分位人均消费支出与零分位人均可支配收入，由于 2014 年 $y_0 = 4832.78$ 元大于 $x_0 = 0$ 元，2015 年 $y_0 = 5123.89$ 元大于 $x_0 = 116.91$ 元，所以，2014 年、2015 年的全国城镇常住居民的人均收入分布与人均消费分布分别存在唯一的相交点(即零储蓄收支均衡点)。

(二)计算农村居民零储蓄收支均衡值

应用第四章的复合迭代法，我们计算出 2014 年全国农村常住居民“零储蓄点”S 处的人均可支配收入与人均生活消费支出均衡值 $y_s = x = y = 5569.91$ 元。与此同时，相应计算出收入与消费的累积分布函数均衡值即贫困发生率 $p_s = p_x = p_y = 0.2645$(26.45%)。

同理，我们计算出 2015 年全国农村居民“零储蓄点” S 处的人均可支配收入与人均生活消费支出均衡值 $y_s = x = y = 6130.87$ 元，并相应计算出收入与消费的累积分布函数均衡值即贫困发生率 $p_s = p_x = p_y = 0.2654$ (26.54%)。

于是，我们得到了 2014 年、2015 年基于城乡一体化数据的全国农村常住居民两条“双零”自然贫困线：一条是“零分位点”的底限自然贫困线 z_0；一条是“零储蓄点”的基本自然贫困线 z_s (见表 11-30)。

表 11-30 **2014 年、2015 年全国农村“双零”自然贫困线** 单位：元

年份	零分位底限自然贫困线 z_0	零储蓄基本自然贫困线 z_s
2014	4832.78	5569.91
2015	5123.89	6130.87

三、2014—2015 年全国农村 FGT 贫困指数测算

将表 11-30 中的 2014 年两条自然贫困线阈值和该年度收入洛伦兹曲线 GQ 回归模型参数分别代入表 4-1 中的 FGT 指数模型，便得到 2014 年基于两条自然贫困线的全国农村 FGT 收入贫困指数(见表 11-31)。同理，将表 11-30 中的 2015 年两条自然贫困线阈值和该年度收入洛伦兹曲线 GQ

回归模型参数分别代入表 4-1 中的 FGT 指数模型，便得到 2015 年基于两条自然贫困线的全国农村 FGT 收入贫困指数(见表 11-32)。

表 11-31　**2014 年基于全国农村自然贫困线的 FGT 收入贫困指数**

"双零"自然贫困线	贫困发生率 *H*	贫困矩指数 PG	贫困平方矩指数 SPG
基于零分位底限贫困线 FGT 收入贫困指数	0.2174	0.0957	0.0597
基于零储蓄基本贫困线 FGT 收入贫困指数	0.2645	0.1149	0.0710

表 11-32　**2015 年基于全国农村自然贫困线的 FGT 收入贫困指数**

"双零"自然贫困线	贫困发生率 *H*	贫困矩指数 PG	贫困平方矩指数 SPG
基于零分位底限贫困线 FGT 收入贫困指数	0.2059	0.0885	0.0538
基于零储蓄基本贫困线 FGT 收入贫困指数	0.2654	0.1126	0.0680

从表 11-31、表 11-32 的数据可看出，2015 年与 2014 年相比，基于零分位底限自然贫困线的贫困发生率、贫困矩指数、贫困平方矩指数均出现下降，分别下降 1.15 个、0.72 个、0.59 个百分点；基于零储蓄基本自然贫困线的贫困发生率与上年基本持平(仅上升 0.09 个百分点)，贫困矩指数、贫困平方矩指数也略有下降，分别下降 0.23 个、0.3 个百分点。

第四节　两种测量方式的贫困人口规模比较

所谓两种测量贫困方式，是指在城乡一体化数据条件下，(1)采取全体居民城乡一体测量贫困方式；(2)采取城镇常住居民与农村常住居民分开测量贫困方式。那么，人们要问的是，这两种测量方式的测量结果有什么区别？尤其在贫困人口规模估计上会有什么不同？当使用统一的贫困线标准时，它们所估计的贫困人口规模会具有"可加性"或"可分解性"吗？这就是本节所要讨论的。

本节以2014年、2015年为例，选择两类贫困线，对比了两种贫困测量方式所估计的贫困人口规模：一是基于自然贫困线的贫困人口规模比较；二是基于统一贫困线标准的贫困人口规模比较。比较分析结果表明，无论采用哪一类贫困线，城乡一体测量的贫困人口规模均大于城乡分开测量合计的贫困人口规模。这种因城乡一体测量所导致的“规模溢出”现象值得我们高度重视，这为我们下一步科学制定国家减贫战略与政策提供了某些参考。

一、基于自然贫困线的贫困人口规模比较

(一)2014年贫困人口规模“溢出”情况

由表11-33可看出，采用城乡分开测算方式，2014年全国城镇零分位线贫困人口为915.21万人，农村零分位线贫困人口为13446.6万人，二者合计零分位线贫困人口总量为14361.8万人。而采用城乡一体测算方式，2014年全国零分位线贫困人口总量规模为16289.33万人，比城乡分开测算合计规模多出1927.53万人。此多出的贫困人口数量，我们称为城乡一体贫困人口“规模溢出”，它是由城乡一体测算方式而自动产生的规模“溢出”。

表11-33 **2014年全国基于自然贫困线的城乡一体贫困人口“规模溢出”**

<table>
<tr><th rowspan="2">指　标</th><th rowspan="2">城乡一体测算</th><th colspan="3">城乡分开测算</th></tr>
<tr><th>城镇</th><th>农村</th><th>城乡合计</th></tr>
<tr><td>常住人口(万人)</td><td>136782</td><td>74916</td><td>61866</td><td></td></tr>
<tr><td>零分位线贫困发生率(%)</td><td>11.91</td><td>1.22</td><td>21.74</td><td></td></tr>
<tr><td>零分位线贫困人口(万人)</td><td>16289.33</td><td>915.21</td><td>13446.60</td><td>14361.80</td></tr>
<tr><td>零储蓄线贫困发生率(%)</td><td>17.07</td><td>2.33</td><td>26.45</td><td></td></tr>
<tr><td>零储蓄线贫困人口(万人)</td><td>23351.94</td><td>1745.04</td><td>16360.61</td><td>18105.65</td></tr>
<tr><td>城乡一体测算
贫困人口“规模溢出”</td><td colspan="4">①零分位线贫困人口“规模溢出”1927.53万人。
②零储蓄线贫困人口“规模溢出”5246.29万人。</td></tr>
</table>

说明：表中常住人口数据来源，国家统计局编，《中国统计年鉴(2015)》。

同时，由表11-33可看出，采用城乡分开测算方式，2014年全国城镇零储蓄线贫困人口数量为1745.04万人，农村零储蓄线贫困人口数量为

16360.61 万人，二者合计零储蓄线贫困人口总量为 18105.65 万人。而采用城乡一体测算方式，计算得到 2014 年全国零储蓄贫困人口总量规模为 23351.94 万人。这一规模比城乡分开测算合计“溢出”5246.29 万人。

（二）2015 年贫困人口规模“溢出”情况

由表 11-34 可看出，采用城乡分开测算方式，2015 年全国城镇零分位线贫困人口为 1575.76 万人，农村零分位线贫困人口为 12424.47 万人，二者合计零分位线贫困人口总量为 14000.22 万人。而采用城乡一体测算方式，2015 年全国零分位线贫困人口总量规模为 16273.01 万人，比城乡分开测算合计规模“溢出”2272.78 万人。

由表 11-34 还可看出，采用城乡分开测算方式，2015 年全国城镇零储蓄线贫困人口数量为 2748.35 万人，农村零储蓄线贫困人口数量为 16016.87 万人，二者合计零储蓄线贫困人口总量为 18765.22 万人。而采用城乡一体测算方式，计算得到 2015 年全国零储蓄贫困人口总量规模为 23748.35 万人。这一规模比城乡分开测算合计“溢出”4983.13 万人。

表 11-34　**2015 年全国基于自然贫困线的城乡一体贫困人口“规模溢出”**

指　标	城乡一体测算	城乡分开测算		
		城镇	农村	城乡合计
常住人口(万人)	137462	77116	60346	
零分位线贫困发生率(%)	11.84	2.04	20.59	
零分位线贫困人口(万人)	16273.01	1575.76	12424.47	14000.22
零储蓄线贫困发生率(%)	17.28	3.56	26.54	
零储蓄线贫困人口(万人)	23748.35	2748.35	16016.87	18765.22
城乡一体测算 贫困人口“规模溢出”	①零分位线贫困人口“规模溢出”2272.78 万人。 ②零储蓄线贫困人口“规模溢出”4983.13 万人。			

说明：表中常住人口数据来源，国家统计局编，《中国统计年鉴(2016)》。

二、基于统一贫困线的贫困人口规模比较

上述 2014 年、2015 年基于自然贫困线的贫困人口规模测算结果表明，采用城乡一体测算方式的贫困人口数量，比采用城乡分开测算合计的数量要大得多，这种“规模溢出”是否属于偶然现象？或者说，是否属于

自然贫困线的动态特性所导致的特有现象？为了分析这个问题，我们采用预设统一贫困标准(运用同一把尺子)的方法，来分别测算2014年、2015年全国城乡一体、城镇、农村的贫困人口规模，再来比较分析城乡一体测算方式是否存在贫困人口“规模溢出”。

我们假设采用6500元作为统一贫困标准。将这个假定的统一贫困标准，分别代入2014年、2015年全国城乡一体、城镇常住居民、农村常住居民的“GQ-FGT”贫困分析模型组合(这一模型组合由表4-1中的相关公式表达)，得到了相应的贫困发生率，并根据2014年、2015年全国总人口、城镇常住人口、农村常住人口数量，分别计算出相应的贫困人口规模(见表11-35)。

表11-35 **全国基于统一贫困线的城乡一体贫困人口“规模溢出”(2014—2015年)**

年份	统一贫困线(元)	测算方法	贫困发生率(%)	贫困人口(万人)	城乡一体测算贫困人口“规模溢出”(万人)
2014	6500	城乡一体测算	21.53	26746.92	4549.4
		城镇测算	2.55	1912.81	
		农村测算	32.79	20284.71	
		城乡分开测算合计	—	22197.52	
2015	6500	城乡一体测算	17.27	23737.43	4952.12
		城镇测算	1.78	1376.36	
		农村测算	28.85	17408.95	
		城乡分开测算合计	—	18785.31	

表11-35中的测算结果说明，在统一使用6500元贫困标准情况下，2014年全国城乡一体测算出来的贫困人口为26746.92万人，比城乡分开测算合计贫困人口(22197.52万人)“溢出”4549.4万人。2015年全国城乡一体测算出来的贫困人口为23737.43万人，比城乡分开测算合计贫困人口(17408.95万人)“溢出”4952.12万人。这一比较结果说明，即使在使用统一的贫困线标准情况下，采用城乡一体测算出来的贫困人口要比城乡分开测算合计的要多。这进一步证明，城乡一体的贫困发生率及贫困人口规模，与城镇、农村各自分开的贫困发生率及贫困人口规模之间，并不存

在线性可加性或可分解关系。

三、城乡一体贫困人口"规模溢出"理论分析

以上无论是从自然贫困线角度，或是从统一贫困线标准角度，都实证了采用城乡一体测算出来的贫困人口数量，均比城乡分开测算合计的贫困人口规模数量要大得多。可见，这种贫困人口城乡一体"规模溢出"现象并不是偶然的。我们以为，主要是居民住户调查城乡一体化所形成新的居民收入分布，其收入不平等程度明显加剧而导致的。

一个基本的客观事实是，现阶段我国的城市化水平并不是很高，城乡居民收入-消费差别仍然很大，采取城乡居民一体化统一建构新的收入分层分布体系，其收入不平等程度必然大于城镇、农村各自分开的收入不平等程度。因为，城乡居民一体化后的收入分层分布结构发生了重大变化，农村的最穷群体与城市高收入群体被统一纳入同一个收入分层分布体系，参照系发生了变化，其不平等程度必然加剧、基尼系数必然上升。这符合数理统计规律。

我们应用洛伦兹曲线 GQ 回归模型，对 2014 年、2015 年全国一体化住户调查分组数据进行测算，得到 2014 年、2015 年全国城镇常住居民可支配收入基尼系数分别是 0. 3205、0. 3274；得到全国农村常住居民可支配收入基尼系数分别是 0. 3773、0. 3743；得到全国全体居民可支配收入基尼系数分别是 0. 4246、0. 4191(需要说明的是，国家统计局公布的 2014 年、2015 年全国城乡一体全体居民可支配收入基尼系数分别为 0. 469、0. 462。这一计算结果是国家统计局在对高收入户住户调查数据经过校准后得出的①)。总之，一个带规律性的现象是，当城乡收入差距较大时，采取城镇居民和农村居民分开测量计算收入基尼系数，要明显低于城乡一体测算计算的全体居民收入基尼系数。这些年，我国城镇居民可支配收入基尼系数一般在 0. 32 左右，农村居民收入基尼系数一般在 0. 37 左右；而采取城乡一体测算的全体居民收入基尼系数却在 0. 4~0. 5。这说明，城乡一体测算的全体居民收入分配更显得不平等了。

根据贫困学基本理论，一个社会的居民收入分布不平等加剧，基尼系数上升，必然导致该社会的贫困指数上升或恶化。据公式(9-4)，贫困指数 P 是自变量社会平均收入 μ 、收入不平等洛伦兹曲线 $L(p)$ （简写成

① 王萍萍：《居民收入基尼系数的测算》，载许宪春主编：《中国收入分配统计问题研究》，北京大学出版社，2015 年版。

“L”)和贫困线 z 的函数:

$$P = P(\mu, L, z) \tag{11-1}$$

当上式中的 μ 和 z 一定时，贫困指数 P 的高低主要取决于收入不平等程度 L。

由于采取城乡居民一体化统一建构收入分层分布体系，其居民收入不平等程度 L 必然大于城镇、农村各自分开的收入不平等程度 L。再加上城乡一体的 FGT 贫困指数与城镇、农村各自分开的 FGT 贫困指数之间，并不存在线性可加性或可分解关系。所以，在社会总人口一定的情况下，城乡一体测算时的贫困指数有加重趋势，其贫困人口规模大于城乡分开测算时的贫困人口规模，出现“规模溢出”也就成为一种合乎贫困计量规律的必然现象。

第五节　关于 2020 年后我国扶贫战略政策的若干思考

习近平总书记在党的十九大报告中郑重宣布：“经过长期努力，中国特色社会主义进入了新时代，这是我国发展新的历史方位。”进入新时代，我国社会主要矛盾已经转化为人民日益增长的美好生活需要和不平衡不充分的发展之间的矛盾；进入新时代，我国仍处于并将长期处于社会主义初级阶段的基本国情没有变，我国是世界最大发展中国家的国际地位没有变。党的十九大关于新时代我国社会主要矛盾和“两个没有变”的科学判断，具有全局性、战略性，对党和国家工作提出了许多新要求。同时，对以“消除贫困、缩小差距、实现共同富裕”为最终目标的扶贫开发工作也提出了新要求。到 2020 年，我国将夺取脱贫攻坚的伟大胜利，现行国家贫困标准下的农村贫困人口将实现脱贫，全面建成小康社会目标将如期实现。但是，我们应当清醒地认识到，发展不平衡不充分的问题仍将存在，地区发展差距过大、居民收入分配差距过大和新标准下的贫困问题仍将存在。这就决定了 2020 年后，仍需坚持不懈地深入推进扶贫开发。通过深入推进扶贫开发和共享发展，继续解决好地区发展差距过大问题、居民收入分配差距过大问题和新标准下的贫困问题，这本身就是解决发展不平衡不充分问题，就是解决社会主要矛盾，从而满足人民群众日益增长的对美好生活向往的需要。从这个意义上来看，2020 年后我国扶贫开发工作任务不是轻了，而是更加繁重了，要求更高了。

通过本章前四节对全国居民住户调查城乡一体化数据条件下的自然贫

困线、贫困指数和贫困人口规模估计的对比分析，使我们从中获得了一些启示，并对我国2020年后的减贫战略与政策，有了一些思考或建议。

一、贫困估计：慎用城乡一体测量方法

2020年后，我国是否可采用(或何时采用)城乡统一贫困标准和城乡一体方法来估计贫困？这个问题与两个前提条件相关：一个是城市化率(城镇人口占总人口比例)；一个是城乡居民收入比率(假定农村居民收入为1)。一般来说，城市化率达到70%以上称为高水平城市化；城乡居民收入比率低于1.5∶1，可视为较合理的城乡差距。而当城市化率低于70%，城乡居民收入比率大于1.5∶1时，则视为城乡二元经济结构特征较为明显。在城乡二元经济结构特征较为明显的情况下，不宜采用城乡一体方法来估计全社会贫困人口规模。否则，所估计出来的贫困人口规模，会明显大于采用城乡分开测量再加总的贫困人口规模，这不利于用有限的财政转移支付资金去瞄准最需要的贫困群体实施精准扶贫。

表11-36　**2014—2016年全国城市化率与城乡收入-消费差距**

指　标	2014年	2015年	2016年
全国总人口(万人)	136782	137462	138271
城镇常住人口(万人)	74916	77116	79298
常住人口城市化率(%)	54.77	56.1	57.35
城镇居民人均可支配收入(元)	28844	31195	33616
农村居民人均可支配收入(元)	10489	11422	12363
城乡居民收入比率(农村为1)	2.75∶1	2.73∶1	2.72∶1
城镇居民人均消费支出(元)	19968	21392	23079
农村居民人均消费支出(元)	8383	9223	10130
城乡居民消费比率(农村为1)	2.38∶1	2.32∶1	2.28∶1

数据来源：2014年、2015年、2016年国民经济和社会发展统计公报(国家统计局官网)。

如表11-36所示，2014年、2015年、2016年我国的常住人口城市化率分别为54.8%、56.1%、57.35%；城乡居民人均可支配收入比率分别为2.75∶1，2.73∶1，2.72∶1；城乡居民人均消费支出比率分别为2.38∶1，2.32∶1，2.28∶1。所以，采用城乡一体方法估计出的全国贫困人口

规模，必然明显大于采用城乡分开测量再加总的贫困人口规模，并且“规模溢出”可能达到数千万。这将是一个十分庞大的人口数量。

本研究的看法是，我国现阶段仍是一个二元经济结构特征较为明显的发展中国家，尽管这一状况正在逐步改变，但要达到城市化率 70%以上、城乡居民收入比率低于 1.5∶1，还需要一个较长时间。因此，考虑到贫困人口规模与政府转移支付财政能力密切相关，与扶贫的精准度密切相关，现阶段仍应采用城乡分开测算再加总的方法来估计全社会贫困人口规模，而慎用城乡一体方法来测算贫困人口规模。

二、扶贫战略：实行城乡统筹分类施策

进入 21 世纪以来，特别是党的十八大以来，我国推行城乡一体化发展战略，加快城乡统筹改革步伐，在消除城乡二元经济社会结构方面取得了明显成效。但我国城市化水平并不高，仍处在中期发展阶段；城乡经济社会发展差距和城乡居民收入-消费差距仍然偏大，城乡二元经济社会结构特征尚未从根本上得到改变。这一基本国情，决定了当前和今后一个较长时期，我国推进扶贫事业宜采取“城乡统筹、分类施策”的统分结合减贫战略。

1. 在宏观战略上要加强“统”，实行扶贫城乡统筹战略。长期以来，我国扶贫实行的是城乡分割的实施机制和管理体制，城市居民的扶贫济困与农村居民的扶贫开发“分轨”运行。现在城乡扶贫的大环境发生了重大变化，尤其是以下两个方面的客观现实，要求我们调整扶贫战略思想，实行城乡扶贫“一盘棋”，统筹规划，统筹推进。

一是农村人口流动性增强，许多农村户籍扶贫对象的常住处所发生了变化。近些年，我国属于农村户籍的且在城镇常住的流动人口多达 2.25 亿人。一直以来，城市扶贫与农村扶贫的对象识别与确定，是建立在城乡二元户籍制度基础之上的，根据居民的户籍性质或户口所在地来确定扶贫对象。即使是现在实行的农村贫困人口建档立卡精准识别机制，也仍然是依据农村户籍人口来进行识别或确定。有一部分农村扶贫对象虽然是农村户籍人口，但却流入城镇并成为城镇常住居民(按国家统计口径在城镇居住半年以上)。这样，很有可能造成部分流动农村扶贫对象在扶贫政策惠及上“两头落空”：一方面由于没有常年居住在农村，不能享受到相关的农村扶贫政策；另一方面，由于他们绝大多数未能获得城镇居住证或城镇户籍，也不能享受到城镇相关扶贫政策和基本公共服务。

二是靠传统的“就农村扶贫谈农村扶贫”的减贫思路，不能从根本上

解决农村贫困问题。我国农村人多地少，耕地资源缺乏，农村贫困人口仅仅依靠“一亩三分地”是不可能从根本上摆脱贫困的。因此，解决我国农村贫困问题，最终还得从城乡统筹发展上寻找出路。在“四化同步”(工业化、信息化、城镇化、农业现代化同步发展)的大战略下，通过转移农民、减少农民，通过推进城乡一体化、农村工业化、农村城镇化、农业现代化，最终实现农村消除贫困。

2. 在微观策略上要注重“分”，实行城乡减贫分类指导、分类施策。本章前述分析充分说明，我国城乡经济社会发展差别依然很大，城乡常住居民的收入水平和消费水平差距依然偏大，这是一个客观现实。因此，针对城乡常住居民贫困人口的贫困标准、扶持政策、扶贫方式等，不能搞“一刀切”。应当在城乡统筹扶贫发展大战略规划框架下，实行城乡减贫的分类定标、分类指导、分类施策，采取差异化、有针对性的精准扶持政策措施。唯有如此，才能提高城乡扶贫成效。

这种城乡减贫分类施策机制，与传统的按城乡户籍分割的减贫机制有很大不同。它是针对城乡常住居民中的贫困人口，实行城镇常住居民中的贫困人口与农村常住居民中的贫困人口的分类施策。这其中，也自然(或当然)包括城镇常住居民中的农村户籍贫困人口。并且，这种城乡减贫分类施策，是在城乡统筹扶贫发展大的战略规划框架下来推进施行的。

三、低保制度：完善城乡分类施保政策

如前所述，在城乡居民收入-消费差距仍然较大、二元经济结构特征仍然较为明显的情况下，不宜采用城乡一体方法和城乡统一贫困标准(城乡同一把“尺子”)来度量贫困、估计规模。否则，所估计出来的贫困人口规模，会明显大于采用城乡分开测量再加总的贫困人口规模，这不利于用有限的财政转移支付资金去瞄准最需要的贫困群体实施精准扶贫。在现阶段，我国城镇和农村常住居民的人均收入水平、人均消费水平差别很大的情况下，仍应继续实行城乡“分类施保”的政策策略，切不可操之过急地提出“城乡低保标准一体化”的政策主张。

当然，继续实行城乡“分类施保”，需要进一步完善现行的低保制度和政策。比如，应将城镇常住居民中在城镇定居落户的农村户籍贫困人口，只要符合城镇低保条件的，应纳入城镇低保范围。再比如，进一步改进城乡低保标准制定方法，最大限度地消除人为主观因素。建议有数据条件的省、市，最好采用“分位数函数零分位法+长期趋势法”，分别测算本地区城镇和农村居民的底线人均生活消费支出费用，并以此作为制定城镇

和农村居民最低生活保障标准的重要参考依据。

四、农村扶贫：依次重点解决基本和相对贫困

根据第三章讨论的贫困类型“三分法”原理(绝对贫困、基本贫困和相对贫困)和基于“2+1”自然贫困线体系的贫困阶段划分以及“词典式”排序关系，通过对2014年、2015年全国农村分析(见表11-33、表11-34)，至少可以说明，“十三五”时期我国农村减贫尚处于以消除绝对贫困为主，并进而向消除基本贫困(社会性收支均衡贫困)过渡的阶段。可以预料，随着“十三五”以精准扶贫为基本方略的脱贫攻坚战取得全面胜利，到2020年末全面建成小康社会时，我国农村绝对贫困现象可基本消除(包括完全消除1.9美元以下的极端贫困现象)；同时，基本贫困现象也将大大缓解。

2015年，全国农村“零储蓄”基本贫困发生率为26.45%(见表11-34)，到2020年是否可以下降至2%这一“转段”水平，目前很难预测。几年之后，我们通过对“十三五”全国住户调查数据进行分析，从自然贫困线体系角度可以对农村贫困问题所处阶段得出一个基本的判断。或许从目前的基本走势来看，2020年后我国农村扶贫的重点，将依次由以消除基本贫困为主，逐步转入以消除相对贫困为主。

五、城市扶贫：缓解相对贫困应摆上重要议程

根据第八章第二节关于中国城镇贫困已进入相对贫困阶段的基本判断，以及本章关于2014年、2015年全国城镇基于“零储蓄”基本自然贫困线的贫困发生率分别仅为2.33%和3.56%的测算结果，我们以为，我国现阶段的城镇减贫，除继续编织好城镇居民最低生活保障“兜底网”以外，缓解低收入群体的相对贫困应摆上重要议事日程，成为城镇扶贫的重点任务之一。主要采取包容性政策措施，促进机会平等。包括：加大对城镇低收入人群的职业培训和人力资本投资，提供公平就业机会，给予优惠小额创业贴息贷款，进一步改善教育、卫生、基本住房保障等基本公共服务等，使相对贫困的城镇低收入人群能有更多机会参与包容性增长过程，分享经济增长成果，通过体面劳动和社会政策过上体面的生活。

参考文献

中外图书

[1]阿马蒂亚·森. 贫困与饥荒[M]. 王宇, 王文玉, 译. 北京: 商务印书馆, 2001.

[2]马丁·瑞沃林. 贫困的比较[M]. 赵俊超, 译. 北京: 北京大学出版社, 2005.

[3]伯纳德·范普拉格, 等. 幸福测定——满足度计量方法[M]. 文燕平, 傅红春, 等, 译. 格致出版社, 上海人民出版社, 2009.

[4]柏拉图. 柏拉图全集(第三卷)[M]. 王晓朝, 译. 北京: 人民出版社, 2003.

[5]德布拉吉·瑞. 发展经济学[M]. 陶然, 等, 译. 北京: 北京大学出版社, 2002.

[6]速水佑次郎, 神门善久. 发展经济学[M]. 3 版. 李周, 译. 北京: 社会科学文献出版社, 2009.

[7]亚当·斯密. 国民财富的性质和原因研究[M]. 郭大力, 王亚南, 译. 北京: 商务印书馆, 1972.

[8]约翰·梅纳德·凯恩斯. 就业、利息和货币通论[M]. 高鸿业, 译. 北京: 商务印书馆, 1999.

[9]保罗·萨缪尔森, 威廉·诺德豪斯. 经济学[M]. 14 版, 上下册. 胡代光, 等, 译. 北京: 北京经济学院出版社, 1996.

[10]约翰·肯尼迪·加尔布雷思. 富裕社会[M]. 赵勇, 等, 译. 南京: 江苏人民出版社, 2009.

[11]马克·罗伯特·兰克. 国富民穷[M]. 屈腾龙, 朱丹, 译. 重庆: 重庆大学出版社, 2014.

[12]劳埃德·S. 沙普利. n 人博弈的值[M]//约翰·F. 纳什, 等. 博弈论经典. 韩松, 等, 译. 北京: 中国人民出版社, 2013.

[13]A. B. 阿特金森. 贫穷[M]//约翰·伊特韦尔, 等. 新帕尔格雷夫经

济学大辞典，第 3 卷．北京：经济科学出版社，1996.

[14]尼古拉斯·巴尔．福利国家经济学[M]．郑秉文，穆怀中，等，译．北京：中国劳动社会保障出版社，2003.

[15]达摩达尔·N. 古扎拉蒂，等．计量经济学基础[M]．5 版，上下册．费剑平，译．北京：中国人民大学出版社，2011.

[16]威廉·H. 格林．计量经济分析[M]．6 版，上下册．张成思，译．北京：中国人民大学出版社，2011.

[17]詹姆斯·D. 汉密尔顿．时间序列分析[M]．上下册．夏晓华，译．北京：中国人民大学出版社，2015.

[18]皮特·肯尼迪．计量经济学指南[M]．陈彦斌，等，译．北京：中国人民大学出版社，2010.

[19]纳纳克·卡瓦尼．洛伦兹曲线[M]．//约翰·伊特韦尔，等．新帕尔格雷夫经济学大辞典，第 3 卷．北京：经济科学出版社，1996.

[20]郝令昕，奈曼．估计不平等[M]．巫锡炜，译．格致出版社，上海人民出版社，2012.

[21]郝令昕，奈曼．分位数回归模型[M]．肖东亮，译．格致出版社，上海人民出版社，2012.

[22]布莱洛克．社会统计学[M]．傅正元，等，译．北京：中国社会科学出版社，1988.

[23]李红松，邓旭东．统计数据分析方法与技术[M]．北京：经济管理出版社，2014.

[24]关治，陆金甫．数值方法[M]．北京：清华大学出版社，2006.

[25]艾尔·巴比．社会研究方法[M]．邱泽奇，译．北京：华夏出版社，2005.

[26]范小建．完善国家扶贫战略和政策体系研究[M]．北京：中国财政经济出版社，2011.

[27]范小建．扶贫开发常用词汇释义[M]．北京：中国财政经济出版社，2013.

[28]周彬彬．向贫困挑战[M]．北京：人民出版社，1991.

[29]许宪春．中国收入分配统计问题研究[M]．北京：北京大学出版社，2015.

[30]张建华，等．贫困测度与政策评估[M]．北京：人民出版社，2010.

[31]唐钧．中国城市居民贫困线研究[M]．上海：上海社会科学院出版社，1998.

[32]杨立雄，胡姝．中国农村贫困线研究[M]．北京：中国经济出版社，2013.
[33]汪三贵，李文．中国农村贫困问题研究[M]．北京：中国财政经济出版社，2005.
[34]岳希明，等．透视中国农村贫困[M]．北京：经济科学出版社，2007.
[35]王小林．贫困测量：理论与方法[M]．2 版．北京：社会科学文献出版，2017.
[36]米勇生．社会救助与贫困治理[M]．北京：中国社会出版社，2012.
[37]王永红．美国贫困问题与扶贫机制[M]．上海：上海人民出版社，2011.
[38]谭诗斌．现代贫困学导论[M]．武汉：湖北人民出版社，2012.
[39]石小玉．世界经济社会统计新进展 2009[M]．北京：中国统计出版社，2009.
[40]世界银行．1990 年世界发展报告[R]．北京：中国财政经济出版社，1990.
[41]世界银行．2000/2001 年世界发展报告[R]．北京：中国财政经济出版社，2001.
[42]国家统计局．中国统计年鉴[J]．北京：中国统计出版社，相关年度.
[43]国家统计局住户调查办公室．中国住户调查年鉴[J]．北京：中国统计出版社，2011—2016.
[44]国家统计局农村社会经济调查司．中国农村住户调查年鉴[J]．北京：中国统计出版社，2005，2006.
[45]国家统计局农村社会经济调查司．中国农村贫困监测报告[R]．北京：中国统计出版社，2002—2011.
[46]上海市统计局，国家统计局上海调查总队．上海统计年鉴[J]．北京：中国统计出版社，相关年度.
[47]浙江省统计局，国家统计局浙江调查总队．浙江统计年鉴[J]．北京：中国统计出版社，相关年度.
[48]江苏省统计局，国家统计局江苏调查总队．江苏统计年鉴[J]．北京：中国统计出版社，相关年度.
[49]重庆市统计局，国家统计局重庆调查总队．重庆统计年鉴[J]．北京：中国统计出版社，相关年度.
[50] United Nations Statistics Division. Handbook on Poverty Statistics:

Concepts, Methods and Policy Use. New York, 2005.

[51] Rio Group. Compendium of best practices in poverty measurement. Rio de Janeiro, 2006.

[52] Jonathan Haughton Shahidur R. Khandker. Handbook on Poverty and Inequality, 2009.

中外论文及网站资料

[1]李实，古斯塔夫森．八十年代末中国贫困规模和程度的估计[J]．中国社会科学，1996(6)．

[2]汤敏．共享式增长与中国新阶段扶贫[J]．中国发展研究基金会研究项目，2008.

[3]林伯强．中国的经济增长，贫困减少与政策选择[J]．经济研究，2003(6)．

[4]国家统计局农调总队《农村贫困问题研究》课题组．九十年代中国农村贫困标准研究[J]．调研世界，1996(1)．

[5]鲜祖德，王萍萍，吴伟．中国农村贫困标准与贫困监测[J]．统计研究，2016(9)．

[6]王萍萍，等．中国贫困标准问题研究[J]．调研世界，2015(8)．

[7]王萍萍．贫困标准问题研究[R]//中国农村贫困监测报告 2015. 北京：中国统计出版社，2015.

[8]王萍萍．中国贫困标准与国际贫困标准的比较[J]．调研世界，2007(1)．

[9]童星，林闽钢．我国农村贫困标准线研究[J]．中国社会科学，1994(3)．

[10]池振勇，杨宜勇．贫困线研究综述[J]．经济理论与经济管理，2012(7)．

[11]曲大维．主观贫困线研究述评[J]．当代经济，2011(18)．

[12]中国国际扶贫中心课题组．世界各国贫困标准研究[J]．研究报告，2010(1)．

[13]段美枝．中国农村贫困线分析及贫困规模测算[J]．内蒙古财经大学学报，2015(13)．

[14]关信平．我国城市居民最低生活保障制度研究[M]//米勇生．社会救助与贫困治理. 北京：中国社会出版社，2012.

[15]杨国涛，王广金．中国农村贫困的测度与模拟[J]．中国人口资源与

环境，2005(6).
[16]阮敬，詹婧．亲贫增长分析中的 Shapley 分解规则[J]. 统计研究，2010，27(5).
[17]黄安年．战后美国的贫困、贫困结构和贫困线[J]. 史学月刊，1997(4).
[18]陈立中，张建华．中国城镇主观贫困线测度[J]. 财经科学，2006(9).
[19]郭建军．应用扩展的线性支出系统模型分析和预测城市居民消费结构[J]. 数量经济技术经济研究，1989(2).
[20]刘钟钦．应用扩展的线性支出系统模型分析农村居民消费结构[J]. 沈阳农业大学学报，1991，22(3).
[21]姚金琢，杨道杰．中国城镇居民贫困线测算方法之研究[J]. 财贸研究，1994(1).
[22]祝梅娟．贫困线测量方法的最优选择[J]. 经济问题探索，2003(6).
[23]朱新玲．利用扩展线性支出系统确定贫困线[J]. 统计科学与实践，2003(6).
[24]骆祚炎．利用线性支出系统 ELES 测定贫困线——兼比较几种贫困线的测定方法[J]. 统计与决策，2006(18).
[25]姚金海．基于 ELES 方法的贫困线测量[J]. 统计与决策，2007(2).
[26]汪晓文，马凌云，李玉洁．基于 ELES 方法的甘肃农村贫困线测定分析[J]. 甘肃联合大学学报(社会科学版)，2011，27(5).
[27]世界银行．消除极端贫困与共享繁荣——进展与政策(英文)[R/OL]. (2015-10-5). http：www. worldbank. org.
[28]世界银行．购买力平价和世界经济体量——2011 年国际比较项目综合报告(英文)[R/OL]. 2011. http：www. worldbank. org.
[29]世界银行政策研究工作文件 7432 号．全球 2012 年极端贫困人口规模：数据问题，方法和初步结果(英文)[R/OL]. 2012. http：www. worldbank. org.
[30]西奥·戈德哈特，等．贫困线：概念与测量[M]//国务院贫困地区经济开发办公室，译．国外贫困研究文献译丛(第一册). 北京：改革出版社，1993.
[31]伯纳德·范普拉赫，等．贫困线：欧洲的一次试点调查[M]//国务院贫困地区经济开发办公室，译．国外贫困研究文献译丛(第一册). 北京：改革出版社，1993.

[32]大卫·皮亚乔德．贫穷及不平等的定义和度量[M]//尼古拉斯·巴尔，大卫·怀恩斯．福利经济学前沿问题．贺晓波，王艺，译．北京：中国税务出版社，2000.

[33]郑辛，谭诗斌．中国农村减贫的增长与分配因素实证分析[J]．统计与决策，2015(16).

[34]谭诗斌．农村贫困标准体系研究[M]//扶贫开发机制创新研究．武汉：湖北人民出版社，2006.

[35]谭诗斌．贫困概念的三维要素[J]．脱贫与致富，2003(8).

[36]谭诗斌．我国现行农村贫困标准与1.9美元新国际标准比较[J]．减贫与发展研究，2015(4).

[37]World Bank. Staying the Course. East Asia and Pacific Economic Update [R/OL].（2015-10）. http：www. worldbank. org.

[38] Mollie Orshansky. Children of the Poor [J]. Social Security Bulletin, 1963, 26(7)：3-13.

[39]Mollie Orshansky. Counting the Poor：Another Look at the Poverty Profile [J]. Social Security Bulletin, 1965, 28(1)：3-29.

[40]Victor R Fuchs. Redefining poverty and redistributing income[J]. Poverty &Policy, 1967 (1).

[41]Constantino L luch. The extended linear expenditure system[J]. European Economic Review, 1973, 4(1)：21-32.

[42]Foster J, J Greer, E Thorbecke. A Class of Decomposable Poverty Measures[J]. Econometrica, 1984, 52：761-766.

[43]Kakwani N, K Subbarao. Rural Poverty and Its Alleviation in India[J]. Economic and Political Weekly, 1990, 25：2-16.

[44]Jain L R, S D Tendulkar. The Role of Growth and Distribution in the Observed Change in Head-Count Ratio-Measure of Poverty：A Decomposition Exercise for India[J]. Indian Economic Review, 1990, xxv(2)：165-205.

[45]Datt Gaurav, Martin Ravallion. Growth and Redistribution Components of Changes in Poverty Measures：A Decomposition with Applications to Brazil and India in the 1980s[J]. Journal of Development Economics, 1992, 38：275-295.

[46] M Shaukat Ali. Poverty Assessment：Pakistan's Case[J]. The Pakistan Development Review, 1995, 34(1)：43-54.

[47] G Datt. Computational Tools for Poverty Measurement and Analysis [J]. FCND Discussion Paper, 1998(50).

[48] Shorrocks A F. Decomposition Procedures for Distributional Analysis: A Unified Framework Based on the Shapley Value [J]. University of Essex, 1999.

[49] Kakwani N. On Measuring Growth and Inequality Components of Poverty with Application to Thailand [J]. Journal of Quantitative Economics, 2000, 16(1): 67-79.

[50] Martin Ravallion. Poverty Lines in Theory and Practice [J]. LSMS Working Paper, 1998(133).

[51] Martin Ravallion. Poverty Lines across the World [J]. Policy Research Working Paper, 2010.

[52] Björn Gustafsson, Li Shi, Hiroshi Sato. Can a subjective poverty line be applied to China? Assessing poverty among urban residents in 1999 [J]. 2004, 16(8): 1089-1107.

[53] Carlos C Bautista. Subjective poverty thresholds in the Philippines [J]. The Philippines Review of Economics, 2010, XLVII(1): 147-155.